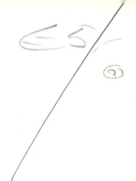

Osnabrücker Jahrbuch
Frieden und Wissenschaft
I/1994

Osnabrücker Jahrbuch

Frieden und Wissenschaft

I/1994

Dialog
Wissenschaft – Gesellschaft – Politik – Kultur

Universitätsverlag Rasch   Osnabrück

Herausgeber:

Der Oberbürgermeister der Stadt Osnabrück
Der Präsident der Universität Osnabrück

Wissenschaftlicher Rat:
(Mitglieder und beratende Mitglieder)

Prof. Günter Bierbrauer PhD (Sozialpsychologie), Vorsitzender
Claudia Glunz M.A. (Literaturwissenschaft)
Dr. Stefan Hanheide (Musikwissenschaft)
Prof. Dr. Wolfgang Klein (Kath. Theologie)
Dr. Jaroslav Krejci (Erziehungswissenschaft)
Prof. Dr. Mohssen Massarrat (Politikwissenschaft)
Dr. Thomas Schneider (Literaturwissenschaft)
Prof. Dr. Wulf Eckart Voß (Rechtswissenschaft), stellv. Vorsitzender
Prof. Dr. Tilman Westphalen (Anglistik)

Verantwortlicher Redakteur:

Dr. Rolf Düsterberg
Redaktion im Auftrag des
Wissenschaftlichen Rates der *Osnabrücker Friedensgespräche*

Die Deutsche Bibliothek – CIP-Einheitsaufnahme

Osnabrücker Jahrbuch Frieden und Wissenschaft : Dialog:
Wissenschaft, Gesellschaft, Politik, Kultur / Hrsg.: Der
Oberbürgermeister der Stadt Osnabrück ; Der Präsident der
Universiät Osnabrück. – Bramsche : Rasch.
  Erscheint jährl. – Aufnahme nach 1. 1994
NE: Frieden und Wissenschaft
1. 1994 –

Redaktionsadresse:
Dr. Rolf Düsterberg
c/o Universität Osnabrück, Neuer Graben/Schloß
D-49069 Osnabrück
Tel.: 05 41 / 9 69 - 46 68, Fax.: 05 41 / 9 69 - 45 70

Umschlaggestaltung:
Rudolf Huwatscheck, Osnabrück
Gesamtherstellung:
Druckerei Rasch, 49565 Bramsche

Printed inGermany

ISBN 3-93-0595-02-8

Inhalt

I. *Osnabrücker Friedensgespräche* 1993

Welchen Beitrag leisten die Religionen für den Frieden?
(Podiumsdiskussion, 15. Dezember)
Statements

Beitrag

II. Osnabrücker Beiträge zur Friedens- und Konfliktforschung

III. Materialien und Dokumente

Grußwort

Gefährdungen des Friedens durch Konflikte oder Kriege scheinen in den letzten Jahren eine auch für uns Deutsche konkretere, verstärkt spürbare Bedeutung erlangt zu haben. Ein regional begrenzter Krieg inmitten Europas – vor einem halben Jahrzehnt noch unvorstellbar – und die nach der Wiedererlangung der deutschen Einheit und der Auflösung des Ost-West-Gegensatzes virulent gewordene Frage nach der Beteiligung deutscher Soldaten an UN-Aktionen zeigen neue Problematiken auf, denen sich Staat, Gesellschaft und jeder einzelne Bürger stellen muß.

Aber auch der innere Frieden ist neuen Bedrohungen ausgesetzt: die Diskriminierung von Ausländern, Asylanten, Andersgläubigen, ja schlechthin »Andersartigen« hat wieder eine Intensität erlangt, wie sie in dem Land, das mit der Hypothek des Holocaust belastet ist, nicht denkbar schien. Nicht selten endet sie in Gewalt bis hin zum Mord.

Friedlosigkeit und Gewalt sind keine abstrakten Phänomene. Sie brechen nicht wie Naturkatastrophen herein. Kriege und Gewalt sind vielmehr konkret von Menschen verursacht; nicht nur von Regierungen und Armeen. Die Ursachen zu erkennen und zu reflektieren, Lösungswege aufzuzeigen sind erste notwendige Schritte mit Blick auf das Ziel: Frieden im umfassenden Sinne.

Dazu leistet nach dem Willen seiner Herausgeber das *Osnabrücker Jahrbuch Frieden und Wissenschaft* einen Beitrag. Stadt und Universität Osnabrück realisieren damit eine in Niedersachsen bisher einmalige publizistische Initiative. Das Konzept der wechselseitigen Ergänzung aktueller friedenspolitischer Positionen und friedenswissenschaftlicher Erkenntnisse bietet dem Leser Information, Diskussion, theoretische Hinterfragung, Reflexion und damit Orientierung.

Osnabrück hat sich mit der 1992 vom Rat der Stadt beschlossenen »Konzeption Friedensförderung« eine Selbstverpflichtung auferlegt, die als richtungweisend auch für andere Städte und Gemeinden unseres Landes gelten kann. Mit dem nun erstmals erscheinenden *Jahrbuch* löst sie damit gemeinsam mit der Universität einen nicht unwesentlichen Teil dieser Aufgabe ein und präsentiert damit zugleich ein nachahmenswertes Modell der Zusammenarbeit.

Ich wünsche dem *Osnabrücker Jahrbuch Frieden und Wissenschaft* allen Erfolg!

Hannover, im Juni 1994

Gerhard Schröder
Niedersächsischer Ministerpräsident

9

Vorwort der Herausgeber

Osnabrück ist einer der beiden Abschlußorte des Westfälischen Friedens von 1648, der einen der blutigsten und folgenreichsten Kriege der europäischen Geschichte beendete. Die Stadt begreift dieses historische Erbe als Verpflichtung und besondere Chance, der Sache des Friedens nach Kräften zu dienen. Neben dem 1991 gestifteten Erich-Maria-Remarque-Friedenspreis, den jährlichen Aktivitäten aus Anlaß des Friedenstages (25. Oktober) und den *Friedensgesprächen* fördert die Stadt vielfältige Initiativen der zahlreichen einschlägig arbeitenden Gruppen und Organisationen.

Eine ähnlich exponierte Stellung nehmen auch die Untersuchungen über die Ursachen und Auswirkungen, aber auch über die Möglichkeiten der Verhinderung von Friedlosigkeit und Kriegen an der Universität Osnabrück ein. Zahlreiche Wissenschaftlerinnen und Wissenschaftler aus Pädagogik, Psychologie, Theologie, Geschichts-, Literatur-, Musik-, Rechts-, Sozial- und Sprachwissenschaften arbeiten hier in unterschiedlichsten Forschungsprojekten. Historische Perspektiven spielen dabei immer wieder eine große Rolle, auch mit Bezügen zu jenem Friedensschluß, durch den unsere Stadt in die Geschichte eingegangen ist.

Mit der im Teil III des vorliegenden *Jahrbuchs* veröffentlichten »Konzeption Friedensförderung«, vom Rat der Stadt Osnabrück im Oktober 1992 einstimmig beschlossen, hat die Stadt ihre friedenspolitischen Ziele formuliert und eine Organisationsstruktur vorgestellt, durch die eine solide, langfristige Perspektiven eröffnende Arbeit ermöglicht wird und die demokratische Mitwirkung aller im Bereich der Friedensförderung und -sicherung engagierten gesellschaftlichen Gruppen in der Kommune sichergestellt ist.

Der Zusammenarbeit mit der Universität wird dabei eine herausragende Bedeutung beigemessen. Insbesondere die *Osnabrücker Friedensgespräche* – eine öffentliche Veranstaltungsreihe in Form von Vorträgen, Diskussionen, Streitgesprächen – sollen dazu beitragen, die allgemeine Verantwortung zur Wahrung des nationalen und internationalen Friedens in der Öffentlichkeit wachzuhalten und zu intensivieren. Die *Friedensgespräche*, in der Verantwortung eines aus Wissenschaftlern und Wissenschaftlerinnen der örtlichen Hochschulen konstituierten Wissenschaftlichen Rates, thematisieren – neben grundlegenden Friedensaspekten – vor allem auch aktuelle, die Menschen bewegende Probleme. Dabei sollen nach Möglichkeit Persönlichkeiten zu Wort kommen, die in hervorragender Weise im Bereich der Friedensforschung, -sicherung und -politik tätig sind oder darin besondere Verantwortung tragen.

Das *Osnabrücker Jahrbuch Frieden und Wissenschaft*, das mit dem vorliegenden Band erstmals erscheint, ist ein weiterer Baustein zur Entwicklung einer von einer Kommune ausgehenden Friedenskultur, die sich nicht regional begrenzt, sondern den komplexen Verflechtungen und den vielfältigen Aspekten der mit der Friedensförderung und -sicherung zusammenhängenden Problematiken gerecht werden will. Das *Jahrbuch* dokumentiert einerseits Beiträge, die im Rahmen der *Osnabrücker Friedensgespräche* diskutiert wurden; andererseits berichtet es über aktuelle Arbeiten zur Friedens- und Konfliktforschung, die an der Universität Osnabrück in verschiedenen Disziplinen unternommen werden. In einer zunehmend komplizierten und gewaltbedrohten Welt wollen wir damit einen Beitrag dazu leisten, den Menschen Orientierung und Wege aufzuzeigen, sie nachdenklich zu stimmen und Humanität, Toleranz, Achtung und Integration von Menschen anderer Kultur, Ethnie, Weltanschauung und Religion als unabdingbare Voraussetzungen für ein friedliches und perspektivenreiches Zusammenleben zu begreifen. Wir möchten sie gleichzeitig zum couragierten Eintreten für diese Ziele ermuntern.

Die öffentliche Diskussion über Probleme der Friedenssicherung und deren wissenschaftliche Erforschung sind zwei Seiten derselben Medaille. Ihre Komplementarität zu verdeutlichen und damit die Notwendigkeit des Zusammenwirkens von politischer Meinungsbildung und wissenschaftlicher Erkenntnis zu demonstrieren, rechtfertigt die Form der publizistischen Präsentation, die wir hier gewählt haben. Wir wollen mit dem *Osnabrücker Jahrbuch Frieden und Wissenschaft* aktuelle politische sowie theoretisch-reflektierende Aspekte der Friedensförderung und -sicherung gleichermaßen berücksichtigen und damit auch möglichst viele Menschen verschiedener Interessenlagen ansprechen. Ziel ist es dabei, den kritischen Dialog zwischen Wissenschaft, Gesellschaft, Politik und Kultur zu fördern.

Wie der Friede unteilbar ist, so ist auch die Verantwortung für ihn als unteilbare Aufgabe zu begreifen: Kooperation ist das zwingende Gebot. Stadt und Universität Osnabrück stellen sich daher ihrer gemeinsamen Verantwortung.

Herzlich danken wir all jenen, die zur Realisierung des *Osnabrücker Jahrbuchs Frieden und Wissenschaft* beigetragen haben: den Referentinnen und Referenten der *Friedensgespräche*, den Autorinnen und Autoren der wissenschaftlichen Beiträge sowie den Damen und Herren des Wissenschaftlichen Rates.

Osnabrück, im Juli 1994

Hans-Jürgen Fip
Oberbürgermeister

Prof. Dr. Rainer Künzel
Präsident der Universität

Editorial

Das *Osnabrücker Jahrbuch Frieden und Wissenschaft* möchte mit seinen drei Teilabschnitten eine breite Leserschaft erreichen.

Die Rubrik I: *Osnabrücker Friedensgespräche* dokumentiert die jeweils im vorangegangenen Jahr stattgefundenen Veranstaltungen dieses Namens, soweit die Referenten und Referentinnen bzw. die Mitglieder der Diskussionsrunden bereit waren, ihre Beiträge in schriftlicher Form zur Publikation zur Verfügung zu stellen – teilweise auch detaillierter und in größerer Ausführlichkeit, als dies ein Vortrag oder Statement erlaubt. Diese zum größten Teil politisch aktuellen essayistischen Beiträge sollen Menschen ansprechen, die im allgemeinen die einschlägige politische Diskussion und die Bemühungen der Kommune zur Förderung des inneren und äußeren Friedens verfolgen, aber nicht unbedingt an fachwissenschaftlichen Aufsätzen interessiert sind. Darüber hinaus soll in dieser Rubrik auch ein Stück Geschichte der Stadt des Westfälischen Friedens fixiert werden.

Für das vorliegende erste *Jahrbuch* 1994 haben sich ausnahmslos alle Teilnehmer und Teilnehmerinnen der *Friedensgespräche* bereiterklärt, ihre Positionen an dieser Stelle einer interessierten Öffentlichkeit auch schriftlich zugänglich zu machen. Lediglich Willy Gafni (Tel Aviv), der Referent des ersten *Friedensgesprächs* nach der Neukonzeption der städtischen Friedensförderung, konnte aufgrund einer langwierigen schweren Erkrankung dem Wunsch nicht nachkommen, uns seinen Vortragstext publikationsgerecht zukommen zu lassen. Ausnahmsweise wird daher ein kurzer Bericht seine zentralen Positionen zum israelisch-palästinensischen Friedensprozeß skizzieren.

Unter der Rubrik II: Osnabrücker Beiträge zur Friedens- und Konfliktforschung stellen wir Aufsätze hiesiger Wissenschaftler und Wissenschaftlerinnen vor, die an verschiedenen Themen arbeiten, in ihrer Disziplin darüber lehren und forschen. Sie geben einen Eindruck von der Bandbreite und Komplexität friedenswissenschaftlichen Engagements an der Osnabrücker Universität, ergänzen teilweise die in den *Friedensgesprächen* behandelten Themen, vertiefen und spezifizieren sie, lenken darüber hinaus den Blick auf Probleme, die ebenfalls von erheblicher Bedeutung in der gesellschaftlichen und wissenschaftlichen Diskussion sind, jedoch durch den Veranstaltungsrahmen der *Osnabrücker Friedensgespräche* nicht abgedeckt werden konnten und können. Mit diesen Beiträgen sollen sowohl Fachwissenschaftler als auch ein fachwissenschaftlich interessiertes Publikum der Region und des gesamten deutschsprachigen Raumes angesprochen werden.

Die Rubrik III: Materialien und Dokumente informiert über Initiativen und Institutionen der Friedensförderung und -sicherung, die im Zusammenhang mit den unter I und II publizierten Beiträgen stehen.

Mit Ausnahme der Podiumsdiskussion »Welchen Beitrag leisten die Religionen für den Frieden?« bildeten aktuelle, nationale wie internationale friedenspolitische Themen den Schwerpunkt der *Osnabrücker Friedensgespräche* 1993. Im einzelnen handelte es sich dabei um:

- Krisenregion Naher Osten
- Militärische Interventionen in Krisengebieten
- Krieg im ehemaligen Jugoslawien
- Die Situation Polens zwischen Ost und West
- Die Lage der Juden im vereinten Deutschland.

Hinsichtlich der Jahrzehnte währenden israelisch-palästinensischen kriegerischen Auseinandersetzungen, für die sich nunmehr erstmals reelle Chancen einer dauerhaften friedlichen Konfliktregelung eröffnen, zieht Prof. Dr. Kalman Yaron vom Martin-Buber-Institut der Hebrew University of Jerusalem Parallelen zum deutsch-israelischen Verhältnis. Der Teufelskreis von Angst, Gewalt, Haß und Mißtrauen könne nur durch das Martin Bubersche Prinzip des Dialogs durchbrochen werden. Wie für die Israelis heute jene Deutschen die Dialogpartner sind, »die mit Zivilcourage gegen die Neonazis auftreten und die Machtlosen verteidigen«, so müßten im israelisch-palästinensischen Konflikt auch diejenigen miteinander ins Gespräch treten, welche »die elementare Regel« gelernt haben, »wonach das Recht des einen dort endet, wo das Recht des anderen beginnt«. An die eigene israelische Gesellschaft gerichtet resümiert Yaron: »Solange die Gründung einer palästinensischen staatlichen Einheit nicht in Betracht gezogen wird, ist die Schaffung eines dauerhaften Friedens im Nahen Osten offenbar eine Unmöglichkeit«.

Willy Gafni, stellvertretender Direktor des International Center for Peace in the Middle East (ICPME), Tel Aviv, ergänzt in seinem Vortrag »Israelisch-palästinensischer Friedensprozeß. Hindernisse und Chancen« diesen Gedanken durch konkrete politische Vorschläge: Die Initiative zu einem für beide Seiten akzeptablen Kompromiß müsse von »der Besatzungsmacht« Israel ausgehen; es sei nun an der Zeit, auf die Politik der militärischen Stärke zu verzichten. Gafnis Prognose, Frieden sei in kurzer Zeit zu erreichen, wenn Israel erste Vorleistungen zu einem Ausgleich erbringe, hat sich erfreulicherweise in den letzten Monaten verifiziert.

Daß militärische »Lösungen« kriegerischer Konflikte nicht deren Ursachen, sondern allenfalls deren Symptome kurzfristig und damit nur unzureichend beseitigen, ist auch der leitende Gedanke, von dem Flottillenadmiral a.D. Elmar Schmähling in seinem Beitrag zur innenpolitischen Debatte um die künftige Rolle der Bundeswehr, insbesondere hinsichtlich ihres möglichen Einsatzes in Krisenregionen, ausgeht. Angesichts der veränderten internationalen politischen Lage nach dem Ende des Ost-West-Konflikts plädiert er für eine grundsätzliche Neuorientierung und die kritische Überprüfung gewohnter politischer Denk- und Verhaltensmuster. Er fordert eine grundlegende Beurteilung der Sicherheitslage, an der alle gesellschaftlich relevanten Kräfte beteiligt sein müßten, wobei eine weitergehende Reduzierung des Personalbestandes der deutschen Armee, die Auftragsbeschränkung auf Verteidigung und die Abschaffung offensiver Großwaffensysteme Maßnahmen wären, die sofort durchgeführt werden könnten. Dies hätte zu geschehen im Rahmen der Bemühungen, ein internationales System der »gemeinsamen Sicherheit« zu etablieren, die UNO als eine wirklich handlungsfähige, effiziente, nicht von Einzelstaaten oder Staatengruppen hegemonialisierte Sicherheitsorganisation auszubauen.

Die Frage danach, was Europa und die Weltgemeinschaft angesichts des Krieges auf dem Balkan zu leisten hätten, stand auch im Mittelpunkt der Podiumsdiskussion »Krieg im ehemaligen Jugoslawien – Herausforderung für Europa«. Eingeladen waren mit Dr. Judith Kumin (Vertreterin der Hohen Flüchtlingskommissarin der Vereinten Nationen in der Bundesrepublik Deutschland) und Dr. Thomas Lob-Corzilius (Internationale Ärzte gegen den Atomkrieg) führende Vertreter von internationalen Hilfsorganisationen; mit Dr. Hans-Gert Pöttering (MdEP, CDU) und Eugen Wollfarth als Fachbeamter des Auswärtigen Amtes Persönlichkeiten, welche die deutsche Regierungspolitik und die europapapolitische Dimension in dieser Frage repräsentierten. Ihre im *Osnabrücker Jahrbuch Frieden und Wissenschaft* publizierten Positionen, teilweise angereichert mit persönlichen Erfahrungen, verdeutlichen die Komplexität der politischen Situation und die Schwierigkeit, angesichts divergierender Interessenlagen eine gemeinsame und vor allem wirksame politische Position in Europa und der UNO zu erreichen. Sie dokumentieren gleichzeitig die Rat- und Hilflosigkeit, geeignete Maßnahmen zur Beendigung der grauenvollen Leiden der Menschen zu ergreifen. Auch in dieser Frage setzt der Vertreter der Betroffenen, Prof. Dr. Marko Oršolić vom Internationalen Zentrum zur Förderung des interreligiösen Dialogs, der Gerechtigkeit und des Friedens *Zajedno*, Sarajevo, auf das Prinzip des Dialogs. Aber: »Zu dieser Dialogbereitschaft sind wir alleine nicht fähig, weshalb wir die Hilfe Europas, ein UNO-Protektorat für Bosnien-Herzegowina und nachhaltige Unterstützung im allgemein geistigen und im rein religiösen Bereich brauchen.«

Der Osnabrücker Friedenstag erinnert an die Unterzeichnung des Westfälischen Friedensschlusses am 25. Oktober 1648. Das zu diesem Datum stattfindende jährliche *Friedensgespräch* hatte 1993 den polnischen Botschafter in der Bundesrepublik Deutschland, Janusz Reiter, zu Gast. In seiner Begrüßung erläutert Prof. Günter Bierbrauer PhD als Vorsitzender des für die *Friedensgespräche* verantwortlichen Wissenschaftlichen Rates die an den polnischen Botschafter herangetragene Bitte, über die Rolle seines Landes »in der Entwicklung einer gesamteuropäischen Friedensordnung« zu referieren:

> »Die Geschichte Polens und Deutschlands nach 1648 ist eine Kette tragischer Auseinandersetzungen und Verstrickungen. Gerade in diesem Jahrhundert steigerten sich diese Verstrickungen ins Monströse. Auch in dieser Beziehung ist das Jahr 1648 ein Anknüpfungspunkt. Es wurden nicht nur neue politische Ordnungen geschaffen, deren Konsequenzen heute noch sichtbar sind. Das Jahr 1648 markiert auch eine geistesgeschichtliche Epochenschwelle. [...] Das moderne Denken von 1648 [...] hat aber auch geistige und politische Ordnungsmuster hervorgebracht, die in der ›Neuen Ordnung‹ und im ›Neuen Menschen‹ der Nationalsozialisten ihren grauenhaften Höhepunkt fanden. [...] Es ist die Geschichte des Holocaust, die unsere beiden Länder in diesem Jahrhundert auf schreckliche Weise verbindet, denn für die Inszenierung des Holocaust hatten die Nazis vor allem Ihr Land gewählt.«

Janusz Reiter verdeutlicht in seinem Beitrag, daß sich Polens geopolitische Lage nach der Auflösung der ideologischen und militärischen Blöcke grundlegend geändert habe, die polnische Gesellschaft sich auf der Suche nach einem Platz in Europa befinde. Das Land stehe vor einer historischen Entscheidung, es müsse und wolle sich neu orientieren. Das könne aber nur gelingen, wenn diese Orientierung ihre institutionelle Form finde, wenn Polen – wie von seinem Land gewünscht – sich in die Integrationsstrukturen Europäische Gemeinschaft und NATO einfüge. »Was heute not tut, ist eine Antwort auf die Frage, ob der Westen das Ziel unterstützt.« Das von der Europäischen Gemeinschaft repräsentierte Modell des Interessenausgleichs, welches das der traditionellen Machtpolitik abgelöst habe und erheblich effizienter sei, müsse sich nun auch bewähren im Verhältnis zu den mittelosteuropäischen Ländern, denn davon hinge auch die gesamteuropäische Stabilität weitgehend ab.

Die Gefährdung des inneren Friedens durch Neofaschismus und Rechtsextremismus ist das Thema des Beitrags von Ignatz Bubis, Vorsitzender des Zentralrats der Juden in Deutschland. In seiner Analyse zur »Situation der deutschen Juden drei Jahre nach der Vereinigung« betont er zunächst, daß s.E. das Anwachsen der rechtsradikalen Parteien und des Antisemitismus mit der deutschen Einheit »nur wenig zu tun« hätten. Es sei ein Ergebnis der nationalsozialistischen Herrschaft, daß »der Jude für die Mehrheit der deutschen Bevölkerung ein Fremder geblieben ist«. Das werde auch deutlich durch jene 15 Prozent manifeste und weiterer 15 Prozent latente Antisemiten, die es unter den Deutschen nach verläßlichen demoskopischen Untersuchungen immer noch gebe. Übergriffe gegen Ausländer, Asylanten und Juden seien dabei als Ausdruck identischer Haltungen und Motive zu erklären. Die Ursachen für verstärkte rechtsextreme Gewaltanwendung und die Ausbreitung entsprechenden Gedankengutes sieht Bubis einerseits in einer Politik der mangelnden Entschlossenheit, gegen solche Phänomene anzugehen (möglicherweise aus der Befürchtung heraus, rechtsorientierte Wähler zu verlieren), andererseits in der nur unzureichenden Ausschöpfung der gesetzlichen Möglichkeiten durch die Justiz. Die Betroffenheit über den zunehmenden Rechtsradikalismus zeigte sich im übrigen auch in dem überaus starken Interesse, das Bubis' Vortrag auslöste: nahezu 600 Menschen waren der Einladung zu diesem *Friedensgespräch* gefolgt.

Das letzte *Osnabrücker Friedensgespräch* des Jahres 1993 zielte mit der Podiumsdiskussion »Welchen Beitrag leisten die Religionen für den Frieden?« auf grundlegende weltanschauliche, religiöse Aspekte der Friedenssicherung und -bedrohung. Diese Veranstaltung stand im Zusammenhang mit dem Abschluß der Feiern zum Jahrestag der Einführung der Reformation in Osnabrück vor 450 Jahren. Insbesondere in der Diskussion mit dem Publikum spielten Bezüge zum gegenwärtigen Krieg im ehemaligen Jugoslawien eine große Rolle, u.a. durch die Frage, wie sich das christliche Friedensgebot und die z.T. religiös motivierten Kriegshandlungen dort vereinbaren ließen. Vertreter der beiden großen christlichen Kirchen, des Islams und des Judentums, deren Eingangsstatements hier publiziert werden, waren als Podiumsgäste geladen: Bischof Dr. Hermann Josef Spital, Bischöfin Maria Jepsen, Prof. Dr. Abdoldjavad Falaturi von der Islamischen Wissenschaftlichen Akademie an der Universität zu Köln und Landesrabbiner Henry G. Brandt. Der Osnabrücker Religionswissenschaftler Prof. Klaus Künkel, der die Moderation übernommen hatte, fragt in seinem hier ebenfalls veröffentlichten resümierenden Beitrag nach der Beziehung zwischen der Toleranz bzw. der Nichttoleranz der Religionen und der Verständigung zwischen den Völkern. Dabei stellt er eine Beziehung her zwischen religiöser Intoleranz und Fremdenfeindlichkeit, da die Angst vor dem Fremden einerseits und Ablehnung und Angst vor der fremden Religion der anderen ineinanderlägen, ja zumeist identisch seien.

Unter dem Titel »musica pro pace« sind im Jahre 1993 die *Friedensgespräche* erstmals um eine spezifisch kulturelle bzw. kulturwissenschaftliche Komponente erweitert worden. Hier sollen Kompositionen vorgestellt werden, welche die Verderbnis des Krieges und die Sehnsucht des Menschen nach Frieden zum Ausdruck bringen. Musikalisches Hörerlebnis und ein analysierender wissenschaftlicher Kommentar bilden eine Einheit, in der die Rezipienten die emotionale Wirkung der Musik und Aspekte ihres Aussagegehalts innerhalb des historischen Kontextes zugleich erfahren können. Unter dem Thema »Das Schicksal des Soldaten in Gustav Mahlers Liedern nach *Des Knaben Wunderhorn*« musizierten die Osnabrücker Künstler Thomas Jesatko (Baßbariton) und Peter Starke (Klavier). Der Musikwissenschaftler Dr. Stefan Hanheide, dessen Analyse hier ebenfalls publiziert ist, betont gegen Ende seines Beitrags die ästhetische Gegenwärtigkeit der musikalischen Sprache Gustav Mahlers:

> »Der Ton, in dem Mahlers Botschaft erklingt, erreicht den Menschen auch heute noch unmittelbar. Die Betroffenheit, die diese Musik auslöst, ist 1993 Gegenwart; Mahlers Lieder regen ein Nachdenken über heutige Entwicklungen und Entscheidungen an, etwa über den Auftrag deutscher Soldaten im Ausland. Sie beleuchten den, der in derartigen Diskussionen vernachlässigt wird, den Menschen als einzelnen. Deshalb müssen diese Lieder gesungen werden.«

Die Autorinnen und Autoren der Rubrik II: Osnabrücker Beiträge zur Friedens- und Konfliktforschung nehmen in ihren Texten z.T. Themen der *Friedensgespräche* auf. Der Historiker und Migrationsforscher Klaus J. Bade gibt in seinem Aufsatz »Migration und sozialer Friede im vereinten Deutschland« zunächst einen historischen Überblick über Aus- und Einwanderungsbewegungen in Deutschland und zeigt dabei Entwicklungslinien auf, die in der gegenwärtigen politischen Diskussion häufig genug ignoriert würden.

Deutlich wird dabei, daß auch in unserem Land zahlreiche sog. »Einheimische« in Wirklichkeit die Nachfahren zugewanderter »Fremder« sind – was übrigens auch umgekehrt gilt: so wanderten seit dem frühen 19. Jahrhundert nahezu 8 Millionen Deutsche allein in die USA aus. Nach einer Analyse der Einwanderungssituation heute diagnostiziert der Autor einen Zusammenhang zwischen der »Rat- und Konzeptlosigkeit« der deutschen Politik (was sich u.a. in der die Tatsachen ignorierenden Beteuerung zeige, Deutschland sei »kein Einwanderungsland«) und dem Anwachsen rechtsradikaler Gewalt. Er fordert schließlich eine als Gesellschaftspolitik verstandene Migrationspolitik. Deutschland brauche Zuwanderung, andernfalls könne es u.a. »zu unübersehbaren Folgen für Arbeitsmarktentwicklung, für die Stabilität der sozialen Leistungssysteme im ›Generationenvertrag‹ und für den Sozialstaat insgesamt« kommen.

Der evangelische Theologe Reinhold Mokrosch vertritt in seinem Beitrag »Rechtsradikalismus und christliche Friedenserziehung« die These, daß eine massive Werteverwirrung als die Ursache fremdenfeindlicher Gewalt auszumachen und alle anderen Faktoren nur deren Katalysatoren seien. Zwar gehörten Normen-Spannungen, der Widerspruch zwischen gesolltem und tatsächlichem Handeln immer schon zum Lebensalltag der Menschen; die Bereitschaft zu fremdenfeindlicher Gewalt entstehe jedoch dann, »wenn Jugendliche die Anomie, Normen- und Werteverwirrung des Alltag nicht mehr aushalten können«. Davon ausgehend skizziert der Autor auf der Grundlage der Bergpredigt sechs Schritte christlicher Friedenserziehung zur Verhinderung rechtsradikaler Gewalt.

Ebenfalls im thematischen Bereich Ethnozentrismus/Intoleranz gegenüber dem Anderen bewegen sich die Überlegungen der Anglistin Gisela Hermann-Brennecke, allerdings in Hinsicht auf die Möglichkeiten und Chancen, ethnozentrischen Sichtweisen durch die Diversifizierung (Mehrsprachigkeit) des schulischen Fremdsprachenunterrichts, der immer noch durch (vor allem) Englisch, Latein und Französisch dominiert sei, entgegenzuwirken. Der didaktische Schwerpunkt müsse langfristig auf der Verständigungsbereitschaft für mehrere Sprachen liegen, nicht mehr in erster Linie auf der Verständigungskompetenz in einer Sprache. Damit bestehe die Chance, die Lernenden in die Lage zu versetzen, »*wirksamer* mehrere Fremdsprachen zu lernen und *wendiger* das Leben in einer multikulturellen Gesellschaft zu meistern«.

Auch Sigrid Markmann, ebenfalls Anglistin, geht in ihrem thematisch verwandten Beitrag von der Auffassung aus, daß sich der Fremdsprachenunterricht für interkulturelles Lernen eigne, da er ein »wertschätzendes Umgehen mit anderen Kulturen und ihren Menschen schafft«. Der Gegenstand ihrer Untersuchung und die daraus folgenden Postulate beziehen sich jedoch nicht auf Diversifizierung, sondern auf Inhalte. So habe sich z.B. der Englischunterricht als Medium der ideologischen Vereinnahmung durch die hegemoniale Kultur nationalstaatlicher Interessen instrumentalisieren lassen und sich diesem Zugriff kaum je wirksam erwehrt. Ausgehend vom Konzept der *Cultural Studies* fordert sie einen Fremdsprachenunterricht mit handlungsorientiert-politischem Lernen, ein Ansatz, der eng mit dem von Johan Galtung entwickelten Friedensbegriff verbunden sei und »die Ebenen der internationalen, innerstaatlichen und zwischenmenschlichen Beziehungen umfaßt«.

Die zweite Rubrik der ersten Ausgabe des *Osnabrücker Jahrbuchs Frieden und Wissenschaft*, das nach dem Willen seiner Herausgeber einen »Baustein zur Entwicklung einer von einer Kommune ausgehenden Friedenskultur« darstellen soll, schließt mit einem diesbezüglichen programmatischen Beitrag, der sich als »Plädoyer für die Komplementarität und Synergie von lokaler und kommunaler Friedensarbeit« versteht. Dieter Kinkelbur (Soziologie) und Stefan Kliesch (kath. Theologie) reflektieren Aufgaben und Möglichkeiten der in demokratischen Selbstverwaltungsinstitutionen engagierten Bürgerinnen und Bürger, in friedensfördernden Prozessen auf allen ihnen zugänglichen Ebenen wirksam zu werden. Sich – wie Markmann – ebenfalls auf die friedenstheoretischen Arbeiten Johan Galtungs beziehend, beschreiben sie (metaphorisch) ein »Friedenshaus«, das die elementaren Bedürfnisse aller befriedigt und gewährleistet. Sie formulieren und problematisieren Handlungs- und Eingriffsmöglichkeiten in aktuelle lokale und kommunale Tätigkeitsfelder und präsentieren konkrete Vorschläge zu einer effizienten Friedensarbeit, welche die symbolische Praxis bisherigen Friedenshandelns überwindet.

Dr. Rolf Düsterberg

I. *Osnabrücker Friedensgespräche* 1993

Begrüßung Willy Gafnis (2. v. r.) durch Prof. Dr. Wulf Eckart Voß, Oberbürgermeister Hans-Jürgen Fip und Universitätspräsident Prof. Dr. Rainer Künzel (v. l. n. r.)   Photo: E. Scholz

Friedensgespräch

26. April 1993

»Israelisch-palästinensischer Friedensprozeß. Hindernisse und Chancen«

– Vortrag –

Willy Gafni
International Center for Peace in the Middle East (ICPME), Tel Aviv

Bericht[1]

Die zentrale Forderung des Redners, stellvertretender Direktor des International Center for Peace in the Middle East (ICPME), hinsichtlich der Beschleunigung eines dauerhaften und wirkungsvollen Friedensprozesses im Nahen Osten lautete: Die Initiative zu einem für beide Seiten – Palästinenser und Juden – akzeptablen Kompromiß muß von »der Besatzungsmacht« Israel ausgehen. Die jetzige Regierung könnte – wie es Ministerpräsident Rabin zu Beginn seiner Amtszeit auch versprochen habe – nach Gafnis Prognose tatsächlich in sechs bis neun Monaten den Frieden erreichen, wenn sie bereit wäre, den ersten Schritt, die ersten Vorleistungen für einen Ausgleich zu wagen.

Israel müsse begreifen, daß der Feind nun einmal so beschaffen sei, wie er sich darstelle, man könne sich keinen »günstigen Feind« aussuchen: das müsse eine realitätsgerechte Politik begreifen. Zwar halte auch er die PLO-Kämpfer nicht für militärische Gegner, sondern für Terroristen; gleichwohl müsse eine vernünftige Politik auf das Ziel hinarbeiten, aus den Feinden von heute hoffentlich gute Nachbarn von morgen zu machen. Pragmatisch unterstrich er, daß hinsichtlich der Handlungsalternativen schlicht eine Güterabwägung den Ausschlag geben müsse. So sollte man mit dem PLO-Chef verhandeln, um weitere Verluste zu vermeiden: »Wer den Arafat heute nicht will, bekommt morgen die Hamas!« Israel habe sich nach dem großen militärischen Erfolg im Sechs-Tage-Krieg seit 1967 sicher, »zu sicher« gefühlt und daher wenig Entgegenkommen gezeigt – mit fatalen Folgen. So sei auch die kürzliche Deportation der 415 Hamas-Leute in ein »Fiasko« für die Regierung Rabin gemündet, denn die erwünschte Wirkung – Austrocknung des Terrorismus – sei nicht nur ausgeblieben, vielmehr sei das Gegenteil erreicht worden: eine weitere Verschärfung der Lage und Stärkung der fundamentalistischen Kräfte.

Zudem verfolgten die Palästinenser ein Ziel, das Israel für sich bereits erreicht habe, nämlich die Etablierung eines selbständigen souveränen Staates in den heute noch besetzten Gebieten. Gafni kritisierte in deutlicher Form die bisherige israelische Regierungspolitik der Stärke. Sowohl der jüdische Zionismus als auch die arabische Nationalbewegung leiteten ihren Anspruch auf das Land aus moralischen Positionen ab. Im Gegensatz zu Israel aber werde den Palästinensern das Selbstbestimmungsrecht vorenthalten. Wenn keine der streitenden Parteien der Gegenseite länger die Existenzberechtigung abstreite, seien auch unkonventionelle Schritte denkbar; z.B. könne das »vom Westen befreite Kuwait« einen Teil seiner Öleinkünfte als eine Art Bruderhilfe für den wirtschaftlichen Aufbau zugunsten der Palästinenser im Gaza-Streifen einsetzen. Voraussetzung für jede weiterführende zukünftige Befriedungspolitik sei jedoch die grundsätzliche Bereitschaft Israels, die besetzten Gebiete zu räumen. »Nur dann ist Friede möglich.«

---

1 Zu unserem Bedauern mußten wir auf die Veröffentlichung des Vortrags verzichten, da es Herrn Gafni aufgrund einer langwierigen, schweren Erkrankung unmöglich war, sein Manuskript publikations- und termingerecht zu überarbeiten. Der kurze Bericht skizziert jedoch wesentliche, im Vortrag ausführlich dargelegte Positionen des Referenten. Zum ICPME s. Teil III. Materialien und Dokumente.

Friedensgespräch

12. Mai 1993

»Dialog als Hinwendung zum Anderen. Deutsche, Israelis und Palästinenser«

– Vortrag –

Prof. Dr. Kalman Yaron

Martin-Buber-Institut für Erwachsenenbildung an der Hebrew University of Jerusalem

Prof. Dr. Kalman Yaron (3. v. r.) mit seinen drei Begleitern; links Prof. Günter Bierbrauer PhD (Vorsitzender des Wissenschaftlichen Rates der *Friedensgespräche*); rechts von Prof. Yaron Prof. Dr. Rainer Künzel und Dr. Rolf Düsterberg

Photo: E. Scholz

In einer Zeit, in der Fremdenfeindlichkeit, nationale Überheblichkeit und Dialogverweigerung wachsen, gewinnt Martin Bubers humane Botschaft eine besondere Bedeutung. Bedauerlicherweise wird seine Forderung, das *Anderssein des Anderen* anzuerkennen, von atavistischer Fremdenangst konterkariert.

Xenophobie als eine pathologische Erscheinung rassistischer Vandalen polarisiert und terrorisiert die Menschen, indem sie zwischen höherwertigen Blutsverwandten und minderwertigen Fremden unterscheidet. Wer ist fremd, und was ist fremd? Fremd ist alles, was uns unbekannt ist und bedrohlich erscheint. Für den »braunen Mob« ist fremd – und daher verdächtig und gefährlich – alles das, was nicht deutsch ist, was nicht deutsch genug erscheint oder was sich »undeutsch« verhält. Fremd in seinen Augen sind die sog. »Scheinasylanten«, die »das volle Boot« Deutschland besetzen; das sind auch die Gastarbeiter, Ausländer überhaupt, die deutsche Arbeitsplätze und Wohnungen beanspruchen und die großzügigen deutschen Sozialdienste schamlos ausnutzen. Unerwünscht sind vor allem die Juden; ihnen wird offen gesagt: »Ihr gehört nicht hierher!« Die Fremden – Lebende wie Tote – sind die Opfer der Rechtsextremisten; sogar Gedenkstätten und Friedhöfe, welche die Erinnerung an die nationalsozialistische Vergangenheit wachhalten, werden verwüstet und damit entweiht.

Es ist kein Geheimnis, daß Deutschland selbst von einer tiefen Kluft zwischen den satten »Wessis« und den armen »Ossis« gespalten wird. Es ist auch bekannt, daß sich ein großer Teil der Neonazis aus jungen Menschen der ehemaligen DDR, die von zahlreichen Westdeutschen als *Stasi-Staat* betrachtet wird, rekrutiert. Deren gesamte staatliche Vergangenheit wird als absolut schlecht bezeichnet, ihre Werte, ihre Weltanschauung, ihre politische, wirtschaftliche, gesellschaftliche und kulturelle Struktur und deren Ergebnisse. Die Väter der jungen Ostdeutschen werden als potentielle Verbrecher definiert; ein großer Teil ihrer Lehrer, Dozenten und Professoren ist entlassen worden. In dieser Atmosphäre ist es kein Wunder, wenn arbeitslose und verzweifelte Jugendliche, die an gar nichts mehr glauben und auf nichts mehr hoffen, Sündenböcke brauchen. In ihren Augen sind »die« Ausländer, gewiß nicht »die« Deutschen, für ihre deprimierende Situation verantwortlich. Der bekannte antisemitische Slogan »Die Juden sind unser Unglück!«, der wieder im jetzt (nahezu) judenlosen Deutschland auftaucht, ist ein typisches Symptom irrationaler deutscher Kulturtradition.

Trotz der Terrorwelle gegen Ausländer, die Deutschland z.Zt. heimsucht, muß konstatiert werden, daß die demokratische Kultur hier Wurzeln geschlagen hat. Es ist der Weltöffentlichkeit sehr wohl bewußt, daß die Vereinigung der beiden deutschen Staaten ohne besondere Euphorie, sondern eher mit pragmatischer Überlegung vollzogen wurde; daß in diesem Lande heute – im Gegensatz zur Vergangenheit – starke antimilitaristische Neigungen vorhanden sind; daß viele Deutsche sich als integraler Bestandteil der europäischen Familie fühlen und daß diese Nation hinsichtlich des Elends und der Not in aller Welt ihre Solidarität zum Ausdruck bringt. Wir in Israel übersehen auch nicht die enorme Last, die infolge der staatlichen Vereinigung und der Masseneinwanderung von Ausländern auf dem deutschen Volk liegt. Wir begrüßen das gegenwärtige und lange vermißte Einschreiten deutscher Behörden, die Anwendung der legitimen staatlichen Gewalt gegen die braunen Vandalen und Brandstifter. Wir sind vor allem vom Massenauftreten der Bevölkerung gegen die neuen Nazigiftpilze tief beeindruckt.

Es ist uns aber klar, daß die Kerzen, die in den großartigen Lichterketten angezündet wurden, schnell abgebrannt sind, und die Frage lautet, was davon an Substanz übriggeblieben ist. Die Pessimisten unter uns behaupten, daß die bisherigen Ereignisse nur glimmende Kohlen im deutschen Wald gewesen seien; wenn der Wind schon durch die Bäume rauscht, werden sie nicht von selbst verlöschen. Der Aufstieg der *Republikaner* im neuen deutschen Politikspektrum ist unserer Meinung nach eines der Alarmsignale, das die Gefahr eines erwachenden Neonazismus anzeigt.

Natürlich sind wir uns der Tatsache bewußt, daß eine xenophobische Welle ganz Europa überrollt; aber angesichts der Geschichte dieses Landes erwarten wir besonders von den Deutschen, dem neuentflammten Terror gegen Ausländer mit voller Entschiedenheit Einhalt zu gebieten. Sie sind vor allem verpflichtet, dem Vergessen der Untaten ihres Volkes zu begegnen und Mut zu fassen, der schrecklichen Geschichte Deutschlands ins Gesicht zu schauen.

Bedauerlicherweise verhindert jener deutsche Verdrängungsmechanismus, der in dem Buch *Die Unfähigkeit zu trauern* von Alexander und Margarete Mitscherlich eindrucksvoll beschrieben worden ist, die moralische Verarbeitung der Nazivergangenheit. Der Gründer der Chasidischen Bewegung, Baal Schem Tov, hat gesagt: »Das Geheimnis der Erlösung heißt Erinnerung«. Dies gilt nicht nur für die Überlebenden der Shoah, sondern in gleichem Maße für uns alle – und besonders für diejenigen, die das Ebenbild Gottes verloren haben.

In Anbetracht der vielfältigen Erscheinungsformen von Fremdenfeindlichkeit kann sich u.a. ein fortwährendes Gespräch zwischen Menschen verschiedener Herkunft als wichtiges Element für multikulturelle Verständigung erweisen. So hat sich z.B. der ununterbrochene deutsch-israelische Jugendaustausch, der seit dem Ende des Zweiten Weltkriegs gefördert wird, als hervorragendes Mittel zur gegenseitigen Annäherung erwiesen.

Ein echter Dialog setzt aber voraus, daß sich die Gesprächspartner gleichberechtigt begegnen, sich gegenseitig in ihrer Verschiedenartigkeit akzeptieren und solidarisch miteinander umgehen. Das dialogische Prinzip wurzelt in der moralischen Forderung, die religiösen, ethnischen und kulturellen Gegensätzlichkeiten, welche die Menschenfamilie charakterisieren, zu bejahen. Es verpflichtet, das Anderssein, das Andersdenken und das Andersglauben des Mitmenschen anzuerkennen. Die Dämonisierung des Fremden ist sicherlich leichter als eine gegenseitige Anerkennung; dennoch ist ein würdiges Nebeneinanderleben unerreichbar, ohne sich dem unheimlichen Anderen zuzuwenden und ihn als den, der er ist, anzunehmen. Die Fähigkeit, mit unserem Gegner in einen wirklichen Dialog einzutreten, ist eine absolute Vorbedingung für das Überleben der heutigen Menschheit – besonders in akuten Konfliktgebieten wie im Nahen Osten.

Martin Buber stellte fest:

> »Ein echter Dialog ist einer, in dem jeder der Partner den anderen, auch wo er in einem Gegensatz zu ihm steht, als diesen existenten Anderen wahrnimmt, bejaht und bestätigt; nur so kann der Gegensatz zwar gewiß nicht aus der Welt geschafft, aber menschlich ausgetragen und der Überwindung zugeführt werden.«

Diese ethische Maxime gilt nicht nur für die Israelis und ihre palästinensischen Nachbarn, sondern auch für Juden und Deutsche und für alle anderen Völker.

Die historischen Termine – 60 Jahre nach Hitlers »Machtergreifung«, 50 Jahre nach dem Aufstand im Warschauer Ghetto, drei Jahre nach der »Wende« und 45 Jahre nach der Gründung des Staates Israel – bieten eine besondere Gelegenheit, die Frage nach der spezifischen moralischen Verantwortung der Deutschen zu thematisieren. Elie Wiesel hat recht mit seiner Feststellung: »Der nachdenkliche Christ weiß, daß in Auschwitz nicht das jüdische Volk, sondern das Christentum gestorben ist«. Hannah Arendt wies in ihrem klassischen Werk *Eichmann in Jerusalem. Ein Bericht von der Banalität des Bösen* auf die Sinnlosigkeit des deutschen sozialbiologischen Rassismus hin: »Die Nazis schienen überzeugt, daß es wichtiger sei, die Vernichtungsfabriken in Betrieb zu halten, als den Krieg zu gewinnen.«

Es ist eine traurige Tatsache, daß in Deutschland den Nazis so gut wie keine moralischen Kräfte entgegenstanden. Aber wir fühlen uns verpflichtet, zwischen den unterschiedlichen Verhaltensweisen der Deutschen gegenüber dem tragischen Schicksal des europäischen Judentums zu unterscheiden. Diejenigen, die für die organisierten Greueltaten verantwortlich waren, hatten sich offenbar aus der Sphäre der Menschlichkeit völlig entfernt, und nur Gott kann ihnen verzeihen. Auch die »schweigende Mehrheit«, die zwar nicht am gnadenlosen Völkermord teilnahm, jedoch den Naziverbrechern gegenüber gleichgültig war oder gar mit besonderer Genugtuung auf sie reagierte, kann sich ihre Hände nicht in Unschuld waschen. In Anbetracht der menschlichen Schwäche weigern wir uns aber, diejenigen Deutschen zu verdammen, die zwar mit den verfolgten Juden Mitleid hatten, aber nicht wagten, gegen den deutschen Ungeist aufzutreten. Denn wer von uns ist wirklich bereit, sich dem Märtyrertum auszusetzen? Ehrfurcht und Liebe aber empfinden wir für die sehr wenigen Deutschen, die sich weigerten, unmenschliche Befehle auszuführen und den Preis für ihre Seelengröße manchmal mit ihrem Leben bezahlten; wir betrachten sie als »Wohltäter der Menschheit«. Das gilt auch für diejenigen Polen, die unter Lebensgefahr Juden retteten; und ebenso für die Vertreter des polnischen Untergrundes, welche die Widerstandskämpfer im Warschauer Ghetto unterstützten.

Unsere Beziehung zu den Deutschen – und besonders zu den »Gerechten unter den Völkern« und der Nach-Hitler-Generation – fundiert keinesfalls auf einer historischen Kollektivschuld, sondern auf der Verantwortung für die Gegenwart und für die Zukunft. Dieser kategorische Imperativ wird vom hebräischen Propheten Hesekiel eindeutig formuliert:

>»Der Sohn soll nicht tragen die Schuld des Vaters, und der Vater soll nicht tragen die Schuld des Sohnes, sondern die Gerechtigkeit des Gerechten soll ihm allein zugute kommen, und die Ungerechtigkeit des Ungerechten soll auf ihm allein liegen!«

Unsere Dialogpartner, 60 Jahre nach Hitler, sind diejenigen Deutschen, die mit Zivilcourage gegen die Neonazis auftreten und die Machtlosen verteidigen, auch wenn dies ihre Sicherheit gefährdet. Wir ehren diejenigen, die das Ebenbild Gottes in sich bewahren und es im Nächsten respektieren. Als Israelis schätzen wir die Deutschen, die sich bemühen, die zwischen unseren beiden Völkern existierende Kluft zu überbrücken und Verständnis für Israel aufzubringen. Die Mitglieder des *Aktion Sühnezeichen-Friedensdienstes*, die in diesem Jahr den *Buber-Rosenzweig Friedenspreis* für ihren Beitrag zur Förderung der jüdisch-christlichen Zusammenarbeit erhalten haben, gehören zu denen, die uns in der Hoffnung auf eine positive Zukunft der Menschheit bestärken.

Nachdem Gerechtigkeit bekanntlich zu Hause beginnen soll, diese aber auch bei uns nicht immer anzutreffen ist, wage ich es nicht, andere über die Liebe zu Fremden zu belehren. Trotzdem möchte ich hier ein ethisches Prinzip anführen, das ich von Martin Buber gelernt habe: Er machte uns darauf aufmerksam, daß wir in unserer unerlösten Welt Unrecht nicht vermeiden können, um unsere Existenz zu sichern; daß wir jedoch verpflichtet sind, dieses Unrecht auf das absolute Minimum zu beschränken. Buber bezeichnete diese Haltung als *moralische Grenzlinie*, die man nicht überschreiten dürfe, und forderte die Realisierung dieser Regel vor allem bezüglich unserer palästinensischen Nachbarn. Bedauerlicherweise überschreiten die Israelis zuweilen – bewußt oder unbewußt – diese Linie.

Eine andere Version desselben kategorischen Prinzips findet sich bei Rabbi Hillel dem Älteren, der uns Folgendes lehrte: »Was Du nicht willst, daß man Dir tut, das füg' auch keinem anderen zu!« Dieser ethische jüdische Lehrsatz fordert von uns nicht, den Anderen zu lieben – und schon gar nicht unseren eingeschworenen Feind. Vielmehr postuliert er, ihn nicht zu unterdrücken und ihm seine elementaren Menschenrechte nicht zu verweigern. Andererseits befiehlt uns die hebräische Bibel, den in unserer Mitte lebenden Fremdling nicht nur zu tolerieren, sondern ihn zu lieben: »Du sollst den Fremdling lieben, denn du warst selbst ein Fremdling im Lande Ägypten« (Dt 10,19). Ebenso lernen wir aus den jüdischen Quellen den wichtigen Grundsatz: »Wer eine Seele rettet, es ist als habe er eine Welt gerettet; und wer eine Seele verliert, es ist als habe er eine ganze Welt verloren«. Das ist die Essenz des biblischen Humanismus, der universelle Bedeutung erlangt hat.

Man kann die Tatsache nicht verleugnen, daß auch bei uns in Israel Ungeduld, Intoleranz und interethnische Feindschaft bestehen, die durch den hundertjährigen jüdisch-arabischen Konflikt erwachsen sind. Unser erster Präsident Chaim Weizman sagte einmal: »Wir sind genauso wie die Anderen, nur mehr so.« Bedauerlicherweise hat die 26jährige israelische Herrschaft in den besetzten Gebieten einen gewissen Dehumanisierungsprozeß in der israelischen Gesellschaft verursacht und die ethnozentristischen Elemente verstärkt. Gegenüber den zahlreichen Humanisten gibt es leider auch bei uns chauvinistische Fanatiker, verrückte Fundamentalisten bis hin zu jüdischen Rassisten, die versuchen, den gegenwärtigen israelisch-arabischen Friedensprozeß zu torpedieren und denen dabei der brutale palästinensische Terror einen fruchtbaren Boden bietet.

Beide Seiten – Israelis wie Palästinenser – müssen die elementare ethische Regel lernen, wonach das Recht des einen dort endet, wo das Recht des anderen beginnt; und daß der Teufelskreis von Angst, Gewalt, Haß und Mißtrauen nur durch Gespräche durchbrochen werden kann. Ich betone, daß ein echter Dialog Respekt und Verständnis verlangt, jedoch keine Übereinstimmung voraussetzt. Ein wirkliches Gespräch mit dem Anderen befähigt uns, die Empfindungen des Nächsten zu erahnen; es bietet beiden Seiten die Chance, uns das Leiden, das wir unserem Nachbarn zugefügt haben, bewußt zu machen, ohne dabei das Übel zu verdrängen, das der Andere uns angetan hat. Es ermöglicht uns darüber hinaus, die Realität aus der Sicht des anderen Standpunktes zu verstehen, ohne notwendigerweise die eigene Ansicht aufzugeben. In einem echten Dialog werden die Interessenkonflikte, Meinungsverschiedenheiten und Gegensätze nicht verneint, sondern bestätigt und positiv behandelt.

Die Begegnung mit dem Anderen kann sich tatsächlich als eine traumatische Erfahrung erweisen. Aber wir müssen begreifen, daß ein Zwiegespräch ein unentbehrliches Podium zur Konfliktlösung darstellt. Es scheint jedoch, daß eine arabisch-jüdische Koexistenz nicht realisierbar ist, solange beide Völker die nationale Legitimität des jeweils anderen verneinen. Solange die Gründung einer palästinensischen staatlichen Einheit nicht in Betracht gezogen wird, ist die Schaffung eines dauerhaften Friedens im Nahen Osten offenbar eine Unmöglichkeit.

Trotz der Hindernisse, die sich auf dem Weg zum israelisch-arabischen Frieden auftürmen, und auch angesichts der neuen Erscheinungen von Fremdenhaß glauben wir, daß eines nicht allzu fernen Tages die Worte des Propheten Hesekiel erfüllt werden: »Werft von Euch alle Übertretungen und macht Euch ein neues Herz und einen neuen Geist!« Auch in Anbetracht der unzähligen Akte von Unmenschlichkeit in unserer Welt dürfen wir von unserem Glauben an die Würde des Menschen nicht weichen – ein Glaube, der in der messianischen Vision des Judentums wurzelt. Es ist gewiß nicht leicht, sich auf Menschen zu stützen. Aber ist es nach Auschwitz und Hiroshima nicht auch schwierig, sich auf Gott zu verlassen? Ohne unseren Mitmenschen, die nach dem Ebenbild Gottes geschaffen wurden, immer wieder Vertrauen zu schenken, ist das Leben nicht wert, gelebt zu werden.

Hätte das jüdische Volk nicht unerschütterlich an den »Felsen Israel« und an eine bessere Zukunft der Menschen geglaubt, so hätte es Verfolgung und Leid nicht überlebt. Das jüdische Existenzgeheimnis ist in dem Glauben verankert, daß die Welt morgen besser sein wird als heute; daß die Erlösung Israels und das Heil der Menschheit miteinander verbunden sind; daß beim Jüngsten Gericht kein Kriegshandwerk mehr gelehrt wird; daß der Mensch nach dem Ebenbild Gottes geschaffen wurde und fähig ist, zwischen Gut und Böse zu unterscheiden, solange er dieses Ebenbild bewahrt; daß die Erlösung des Menschen auf der Ablehnung des Unrechts und der Herrschaft der Gerechtigkeit beruht; daß Zion durch Gericht erlöst werden wird und Jerusalem durch Gerechtigkeit.

Dieser ursprüngliche Glaube an Gott und die Zukunft der Menschheit wurde von einem namenlosen Flüchtling in einem Kellerversteck in Köln während des Holocaust auf ergreifende Weise in Worte gefaßt: »Ich glaube an die Sonne, selbst wenn sie nicht scheint. Ich glaube an die Liebe, selbst wenn ich sie nicht fühle. Ich glaube an den Menschen, selbst wenn es keinerlei Grund dafür gibt. Ich glaube an Gott, selbst wenn er sein Antlitz vor mir verbirgt.«

* * *

Am 27. September 1953 – acht Jahre nach dem Ende der Naziherrschaft – wurde Martin Buber der *Friedenspreis des deutschen Buchhandels* verliehen. Ohne zu zögern und trotz starker Proteste der öffentlichen Meinung in Israel, nahm Buber den Friedenspreis an. Auch zeigte er sich bereit, in der Frankfurter Paulskirche in Anwesenheit von Bundespräsident Theodor Heuss einen Vortrag über »Das echte Gespräch und die Möglichkeiten des Friedens« zu halten. Er sagte bei dieser Gelegenheit u.a.:

> »Ich glaube trotz allem, daß die Völker in dieser Stunde ins Gespräch – in ein echtes Gespräch – miteinander kommen können. [...] Zum Beginnen dieses Gesprächs sind naturgemäß jene berufen, die heute in jedem Volk den Kampf gegen das Widermenschliche kämpfen.«

Ich bin überzeugt, daß auch wir – Deutsche, Israelis, Palästinenser – in dieser Stunde berufen sind, in ein echtes Gespräch einzutreten, um gegen das Widermenschliche in uns und unseren Mitmenschen anzutreten.

Flottillenadmiral a. D. Elmar Schmähling während seines Vortrags im Sitzungssaal des Osnabrücker Rathauses

Photo: E. Scholz

Friedensgespräch

17. Juni 1993

»Krisenbewältigung durch militärische Einsätze? Zur künftigen Rolle der Bundeswehr«

– Vortrag –

Elmar Schmähling
Flottillenadmiral a.D., Köln

Gewiß muß Deutschland, nachdem es die Einheit und seine volle Souveränität erlangt hat, in Europa und für die Welt die Rolle wahrnehmen, die ihm aufgrund seiner Geschichte, seiner Kultur und seiner Wirtschaftskraft zukommt. Ob aber die gewachsene Verantwortung Deutschlands auch eine neue deutsche Militärrolle geradezu selbstverständlich nach sich zieht, ist überhaupt nicht ausgemacht. Zwar wird von der Bundesregierung behauptet, Deutschland müsse seine aus den Verpflichtungen der UN-Charta resultierende Verantwortung gegenüber der Völkergemeinschaft in vollem Umfang wahrnehmen. In der praktischen deutschen Politik verkürzt sich aber der Streit um die neue deutsche Verantwortung seit langem auf die Forderung nach einer künftigen Teilnahme der Bundeswehr an weltweiten Kampfeinsätzen, und zwar nicht nur im Rahmen der UNO. Dabei wird die eigentlich zentrale Frage nicht gestellt, ob nämlich militärische Gewalt – sei sie durch den deutschen oder andere Staaten angewendet – zur Lösung der Probleme, die kriegerische Konflikte verursachen, überhaupt geeignet ist. Gegenüber dem Prototyp moderner Konflikte in Europa, dem Bürgerkrieg im ehemaligen Jugoslawien, versagt dieses Instrument jedenfalls.

Die Geschichte der gewaltsamen Beendigung kriegerischer Auseinandersetzungen lehrt, daß mit Gewaltanwendung gegen Gewalt unmittelbar kein Frieden erreicht, sondern meistens die Saat für künftige Kriege gelegt wird. Gewalt schafft neue Gewalt. Am Ende erweisen sich Androhung oder Gebrauch militärischer Gewalt – so rechtlich abgesichert sie auch sein und so moralisch akzeptabel sie erscheinen mögen – als das Glied, das den Teufelskreis von Gewalt und Gegengewalt immer wieder schließt. Schon deshalb ist es eine falsche politische Zielsetzung, Deutschland jetzt darauf vorzubereiten, militärisch in Konflikte eingreifen zu können, ohne diese Zusammenhänge ausführlich zu diskutieren. Bereits die Absichtserklärung und Vorbereitung darauf (wie die Aufstellung von Krisenreaktionskräften) schüren Angst und Mißtrauen bei den Menschen, die in der Vergangenheit unter deutscher Militärgewalt gelitten haben, und auch bei denjenigen, die heute offen als die Bedroher benannt werden, gegen die es sich zu rüsten gilt.

Für eine wirksame Politik der Friedensbewahrung und des friedlichen Zusammenlebens der Völker gibt es keine Alternative zu einer Politik des Ausgleichs, der Vermittlung und der Überwindung von Konfliktursachen; zu einer Politik der Beseitigung von Willkür, Zwang und Ungerechtigkeit – innerstaatlich und zwischen den Völkern. Friedenspolitik darf sich nicht auf das Niederknüppeln der Menschen reduzieren, die ihr tatsächliches oder vermeintliches Recht mit Gewalt erzwingen wollen; eine solche Politik wäre nichts als Zudecken, kurzfristiges Ruheschaffen um der Ruhe willen. Insofern sind die Begriffe »friedensschaffende«, »friedensstiftende« oder gar »friedenserzwingende« Missionen für brutale militärische Gewaltanwendung nichts als platte Euphemismen. Wortschöpfungen, in denen das freundliche Wort »Frieden« nicht fehlen darf, sollen das dahintersteckende Übel verdecken. Aber wie bei dem »arbeitsplatzschaffenden« Hinauswurf, der »wohnraumschaffenden« Entmietung und der »liebeerzwingenden« Vergewaltigung ist der »friedensschaffende« Krieg alles andere als eine Wohltat für die Objekte des »Schaffens«.

Diese Art von Demagogie setzt ganz bewußt das Ziel (besser: die Hoffnung) *Frieden* mit dem Mittel *Krieg* gleich. Während nämlich der Friede als das Ergebnis militärischer Gewaltanwendung eine äußerst vage Hoffnung bleibt, ist der Krieg als Mittel sicher: grausamer Tod und Verstümmelung Unschuldiger, Zerstörung und Verseuchung der Existenzgrundlagen der Überlebenden, Vertreibung, Elend, Not und Haß sind die wahren Elemente des »Friedensschaffens« mit militärischer Gewalt.

Bevor daher überhaupt an die Aufstellung von Interventionsstreitkräften zum »Friedensschaffen« gedacht werden kann, muß *die* zentrale Frage beantwortet sein: Ist Waffengewalt, besonders unter den Bedingungen einer vernetzten und verwundbaren Welt, überhaupt ein taugliches Mittel zur »Vorbeugung, Eindämmung und Beendigung von Konflikten jeglicher Art«[1] oder zur »Sicherung, Schaffung und Erhaltung des Friedens« (CDU-Fraktionsvorsitzender im Deutschen Bundestag Wolfgang Schäuble)?

I. Die deutsche »Kultur der Zurückhaltung«

Nach dem Zweiten Weltkrieg wurde Deutschland vollständig entmilitarisiert. Die Wiederbewaffnung der Westdeutschen in der Mitte der 1950er Jahre war dann nach einem schmerzlichen innenpolitischen Prozeß nur möglich, weil eine feste Verankerung der neuen deutschen Streitkräfte in ein Bündnis westlicher Demokratien und eine Beschränkung deutscher Militäreinsätze auf »Selbstverteidigung« im Sinne von *nur* Landesverteidigung (gem. Art. 51 UN-Charta) festgeschrieben wurde. Die Bundeswehr verzichtete auf einen eigenen Generalstab und eine eigene nationale Militärstrategie.

Die Gründe für die damalige und bis heute als Tugend, als Lehre aus der Geschichte gepriesene Zurückhaltung waren massiv. Sie haben bis heute ihr Gewicht nicht verloren, auch wenn mancher meint, das wiedervereinte und uneingeschränkt souveräne Deutschland könne nun so »normal« sein wie Frankreich, Großbritannien oder die Vereinigten Staaten von Amerika. Eine solche Haltung ist nicht nur höchst unpolitisch, sondern ganz und gar geschichtsvergessen. Deutsche Soldaten und deutscher Militarismus haben wie sonst niemand und nichts Tod und Schrecken über die Welt gebracht:

- Deutschland ist verantwortlich für den Völkermord an den Hereros und Nama-Hottentotten;
- Deutschland hat besondere Schuld am Ersten Weltkrieg, hat diese aber stets geleugnet und den Friedensvertrag von Versailles nicht eingehalten;
- es hat in diesem Krieg durch Repressalien gegen die Zivilbevölkerung (U-Boot-Blokkade, »verbrannte Erde« beim Rückzug aus Flandern) schwere Kriegsverbrechen begangen, die der Hauptgrund für die im Versailler Vertrag vereinbarten Reparationen waren. Deutschland hat auch den vom verbündeten Osmanischen Reich verübten Völkermord an den Armeniern stillschweigend geduldet;
- es hat im Spanischen Bürgerkrieg putschende rechtsradikale Truppen gegen die gewählte Regierung unterstützt und damit geholfen, die Franco-Diktatur zu errichten;
- Deutschland hat mit dem Ultimatum für die Sudetendeutschen 1938 den Frieden aufgekündigt, der dann durch das Münchner Abkommen nur mühsam gerettet werden konnte;
- es hat alsbald das Münchner Abkommen gebrochen, die Tschechoslowakei zerschlagen und deren tschechischen Teil als Protektorat vereinnahmt;
- Deutschland hat den Zweiten Weltkrieg als Angriffs-, Eroberungs- und Vernichtungskrieg durch den Überfall auf Polen initiiert und ständig ausgeweitet durch völkerrechtswidrige Überfälle auf neutrale Staaten (Belgien, Dänemark, Jugoslawien, Luxemburg, Niederlande, Norwegen, Sowjetunion) und durch Kriegserklärungen an Kriegsgegner seiner Verbündeten Italien und Japan, die ihrerseits Griechenland (Italien), die USA und weite Teile Ostasiens überfallen hatten;
- es hat im Zweiten Weltkrieg erneut Krieg gegen die Zivilbevölkerung der besetzten Gebiete geführt; darüber hinaus – in seiner Organisiertheit und Intensität einmalig in

---

1 Bundesministerium der Verteidigung (Hg.). *Militärpolitische und militärstrategische Grundlagen und konzeptionelle Grundausrichtung der Bundeswehr.* Bonn, Januar 1992.

der Weltgeschichte – Völkermord an Juden, Sinti und Roma begangen. Das deutsche Militär hat mit Geiselerschießungen, dem Mord an Kriegsgefangenen bei der Gefangennahme (sog. Kommissarbefehl und Emigrantenbefehl) und in den Lagern der Wehrmacht für östliche Kriegsgefangene (zwei Millionen verhungerte Sowjetsoldaten) ebenfalls alle bisher kriegsbekannten Greueltaten überboten. Über zehn Millionen Menschen sind auf diese Weise im Zweiten Weltkrieg vom deutschen Militär und von der Waffen-SS ermordet worden. Die vom Internationalen Militärtribunal in Nürnberg angewandten Prinzipien hat zwar die UNO als Völkerrecht übernommen; im UNO-Mitgliedstaat Deutschland gelten sie aber weiterhin als Ausdruck einer »Siegerjustiz« und sind deshalb z.B. in den Sammelbänden *Völkerrechtliche Verträge* und *Menschenrechte* der Beck-Texte (Deutscher Taschenbuchverlag) nicht aufgenommen.[2]

II. Das Militär als Mittel der Politik

In der Art und Weise, wie die Bundesregierung wider besseres Wissen Glauben machen möchte, daß die mit dem Zustrom von Flüchtlingen zusammenhängenden innenpolitischen Probleme durch eine bloße Grundgesetzänderung gelöst werden könnten, gibt sie ebenfalls vor, daß durch eine entsprechende Verfassungsänderung, die den weltweiten Einsatz der Bundeswehr erlaubt, die internationalen Krisen und Konflikte beizulegen wären. Dabei steht die große Eile, mit der eine Verfassungsänderung herbeigeführt werden soll, in einem bezeichnenden Mißverhältnis zu den realen Hinderungsgründen, deutsche Soldaten auch tatsächlich einsetzen zu können. Schließlich sind die kriegerischen Töne hierzulande auch eine Art Verzweiflungsakt gegen die vernichtende Erkenntnis, daß all das »schöne« und teure Militär am Ende zu nichts zu gebrauchen ist. Nach Auflösung der militarisierten Ost-West-Verkrampfung in eine tiefe Legitimationskrise gestürzt und in ihrem Selbstbewußtsein stark reduziert, beeilen sich die Militärlobbyisten mit und ohne Uniform, die Streitkräfte als das neue Allheilmittel zur Verhinderung und Lösung aller möglichen Krisen und Konflikte anzupreisen, um damit ihre Zukunft zu sichern.

Auf dem Balkan erleben wir geradezu den Modellfall eines modernen Konflikts. Kaum durchschaubare und ineinander verwobene politische, ethnische und religiöse Probleme brechen auf in einer Eruption von Haß und Blindwütigkeit. Militärische Gewalt erweist sich gegenüber einem derart komplexen Problemfeld als denkbar ungeeignet. Wo und wer ist der Feind? Wer sind die »Guten«, wer die »Bösen«? Wen schlagen, wem beistehen? Militärisches Eingreifen gliche in dieser Lage der Behandlung eines Kranken mit dem Holzhammer.

Die Hilflosigkeit der Weltgemeinschaft gegenüber dem Bürgerkrieg im ehemaligen Jugoslawien legt den Bankrott militärischer Gewalt als Mittel der Politik schonungslos offen. Gewaltideologien haben ausgedient; neben den Waffen müssen nun auch die falschen Glaubenssätze von der angeblichen Heilkraft militärischer Gewalt verschrottet werden. Statt dessen gebiert die Unfähigkeit, der vielfältigen innerstaatlichen und internationalen Probleme Herr zu werden, eine neue allgemeine Gewaltbereitschaft. Zuerst hat sie auf einige Friedensforscher übergegriffen, jetzt bricht sie sich auch in der SPD-Spitze Bahn. Die Sucht, dem deutschen Militär die NATO-Grenzen zu öffnen, nimmt immer mehr Züge von Fanatismus an: je unrealistischer und weiter entfernt das Ziel des gewaltsamen »Friedensschaffens«, umso heftiger die Anstrengung, ihm nachzujagen.

---

2 Aufzählung entnommen aus: Ulrich Finckh. Undatiertes Vortragsmanuskript.

III. Die neue militärische Aufgabe nach dem Verlust des Feindes

Warum erzeugen die Bundesregierung und dabei insbesondere die Regierungspolitiker der CDU/CSU einen so massiven Druck, um die Voraussetzungen zu schaffen, deutsche Soldaten an militärischen Kampfeinsätzen in aller Welt teilnehmen zu lassen? Deutschland mache sich *lächerlich*, es könne nicht immer nur einen finanziellen Beitrag leisten, die *Würde* Deutschlands verlange das »Mitmachen«, so lauten die Parolen aus dem Regierungslager, um auch öffentlichen Druck in dieser Richtung zu erzeugen. Was steckt hinter diesem fanatischen Eifer, unser Land als eine »normale« Militärmacht zu etablieren?

1. Eine der Haupttriebfedern, eine neue tragfähige Rolle für die Bundeswehr zu schaffen, ist die Auflösung des Warschauer Paktes und damit der bisherigen militärischen Bedrohung. Dies räumen Verteidigungsminister und Generalinspekteur freimütig ein. In den *Verteidigungspolitischen Richtlinien* vom 26. November 1992 heißt es unter Nr. 18: »Für Deutschland ist die existentielle Bedrohung des Kalten Krieges irreversibel überwunden. Der bedrohlichste Fall einer groß angelegten Aggression ist höchst unwahrscheinlich geworden.« Und weiter unter Nr. 25: »Militärische Konflikte, die Deutschlands Existenz gefährden könnten, sind unwahrscheinlich geworden.« Darüber hinaus: »Deutschland liegt nicht mehr in unmittelbarer Reichweite eines zur strategischen Offensive und Landnahme befähigten Staates. [...] Deutschland ist nicht länger Frontstaat. Statt dessen ist es heute ausschließlich von verbündeten und befreundeten Partnern umgeben.« (Nr. 9).[3]
2. Der Existenzsicherung der Bundeswehr nach dem Verlust einer glaubhaften militärischen Bedrohung dient auch der Versuch, Streitkräfte als natürlichen Ausdruck des Selbstbehauptungswillens eines freien und souveränen Volkes darzustellen. Streitkräfte habe nun einmal jeder Staat; nur mit solchen sei ein Staat politik- und bündnisfähig.
3. Eine weitere Argumentationslinie, der Bundeswehr neue Legitimation zu verschaffen, lautet: Nach dem Ende des Ost-West-Konflikts sei die Welt eher unsicherer geworden, neue Risiken und Instabilitäten gefährdeten die Sicherheit Europas. Obwohl diese neuen Sicherheitsgefährdungen in keiner Weise zu militärischen Risiken für die Bundesrepublik Deutschland und ihre verbündeten Staaten anwachsen können, schüren Regierung und Bundeswehrführung eine dumpfe Angst bei den Menschen vor den »neuen Gefahren« und erwecken so leichtfertig oder vorsätzlich den Eindruck, die Bundeswehr könne gegen diese Gefahren etwas ausrichten. Interessanterweise kommt der Verteidigungsminister in den *Verteidigungspolitischen Richtlinien* selbst zu folgendem Schluß: »Nach Auflösung der bipolaren Ordnungsstruktur gewinnen regionale Krisen und Konflikte und nichtmilitärische Risiken an Virulenz und Brisanz. Ihr Spektrum reicht von der innerstaatlichen Dimension sozialer, ethnischer, religiöser und ökonomischer Krisen über die regionale Dimension, die auch machtpolitische Faktoren, territoriale Ansprüche und Verteilungskämpfe umfaßt, bis hin zu globalen Dimensionen des Wohlstands- und Entwicklungsgefälles, sowie demokratischer, ökonomischer und ökologischer Fehlentwicklung. Diese Risiken sind aufgrund ihres Ursachencharakters nicht militärisch lösbar. Sie können auch nicht mit militärischen Potentialen ausbalanciert werden.«[4] In diesem Textungetüm werden tatsächlich alle denkbaren negativen Entwicklungen in dieser Welt aufgeführt.

---

3 Bundesministerium der Verteidigung (Hg.). *Verteidigungspolitische Richtlinien.* Bonn, 26. November 1992.
4 Ebd.

4. Wenn also Krisen und Konflikte mit militärischer Gewalt nicht lösbar sind, wozu dann die Aufstellung internationaler Eingreiftruppen und nationaler »Krisenreaktions-kräfte«? Wahrscheinlich steckt hinter diesen offenkundigen Widersprüchen die folgende Einsicht: Die Zerstörung weiter Teile des Globus mit der Vernichtung von Lebenschancen der Menschen geht beschleunigt weiter. Armutsflucht, Aufruhr und Widerstand gegen die örtlichen Potentaten und gegen die reichen Staaten werden immer gefährlicher. Nicht zur Lösung der Konflikte und auch nicht zu ihrer Verhinderung, jedoch zur Eindämmung solcher krisenhaften Entwicklungen, die deutsche und europäische Sicherheitsinteressen stören könnten, ist militärisches Eingreifen geplant.

Diese Absicht, künftig Gewaltanwendung mit Gegengewalt zu beenden, hat viele gefährliche Wirkungen:

a) Das gewalttätige Niederringen von Konfliktparteien behebt nicht die Ursachen der Auseinandersetzungen. Moderne Waffen gegen moderne, d.h. besonders verwundbare Gesellschaften (dies trifft auch für die Ballungszentren in Entwicklungsstaaten zu) bedeutet stets, daß die Anwendung militärischer Gewalt unverhältnismäßig ist, sehr viele zivile Opfer und die Vernichtung der Lebensgrundlagen Unschuldiger zur Folge hat. Derartige Interventionen provozieren stets Angst, Haß und Rachebedürfnisse. So wird mit jedem Gewaltakt – auch wenn er zunächst Ruhe schafft – die Saat für neue Gewalt gelegt.

b) Die Absicht, militärisch zu intervenieren, verfolgt eine Scheinlösung, die andere, nicht gewaltsame Konfliktlösungs- oder Vermeidungsstrategien verhindert. Während auf repressive Instrumente als reguläre und legitime Mittel der Politik gesetzt wird, wird die Entwicklung präventiver Mittel und Methoden versäumt. Ursachen für Krisen und Konflikte werden auf diese Weise auch weiterhin nicht behoben.

c) Ist das Mittel militärischer Intervention erst einmal etabliert, so besteht die Gefahr, daß dies immer häufiger notwendig erscheint und schließlich unkontrollierbar ausufert. Aus einzelnen Brandherden, an denen nach dem »Löschen« die Glut der Konfliktursachen weiterglimmt, kann bald ein Flächenbrand werden, der zuletzt auch die westeuropäische »Insel der Seligen« erfaßt.

d) Eine neue Politik des Interventionalismus braucht auch künftig ein starkes offensivfähiges Militärpotential; sie fördert damit militärisches Denken in der Gesellschaft, ist auf Konfrontation gerichtet und bewirkt über die Gegenrüstung der bedrohten Staaten und Regionen einen neuen Rüstungswettlauf. Diese Politik verschlingt somit weiterhin große Ressourcen, die aber dringend für die Umgestaltung der Weltwirtschaftsordnung und zum Schutz und zur Renaturierung der Umwelt gebraucht werden.

e) Eine neue Gewaltbereitschaft in der Außenpolitik der Staaten weckt auch eine neue Gewaltbereitschaft im Inneren der Gesellschaften und in der Austragung gesellschaftlicher Konflikte.

In einer Situation der Neuorientierung deutscher Außen- und Sicherheitspolitik muß vermieden werden, falsche Fragen zu stellen, weil sie immer zu falschen Antworten führen. Solche Fragen lauten z.B.:

• Muß Deutschland nach Erlangung der vollen Souveränität und nach der Wiedervereinigung seine gewachsene Verantwortung gegenüber der Völkergemeinschaft nicht endlich vollständig wahrnehmen?

• Können wir Deutsche uns weiterhin in einer Nische der Weltgeschichte verkriechen?

- Können wir Deutsche unseren Freunden, die Jahrzehnte zu unserem Schutz in Europa präsent waren, die »Drecksarbeit« überlassen, die Kastanien allein aus dem Feuer holen lassen?
- Sind wir Deutsche denn klüger und moralischer? Soll wieder – diesmal in umgekehrtem Sinn – die »Welt am deutschen Wesen genesen«?

Diese Suggestivfragen verfolgen nur ein Ziel: die Antwort soll »Nein!« lauten und die schnelle Schlußfolgerung daher: Deutschland muß an internationaler militärischer Gewaltanwendung teilnehmen! Dabei sind die Fragen, die jetzt in unserem Volk diskutiert werden müssen, ganz andere:

- Ist die »Weltunordnung« tatsächlich durch eine verstärkte Bereitschaft zu militärischer Gewaltanwendung behebbar?
- Lösen militärische Interventionen Konflikte? Verhindern sie die Entstehung neuer Konflikte?
- Ist Krieg ein geeignetes Instrument der Politik im Sinne der UN-Charta, die auf die Bewahrung bzw. Wiederherstellung des Weltfriedens gerichtet ist?
- Gibt es gewaltlose Mittel und Methoden zur Krisen- und Konflikteindämmung oder zu deren Vermeidung?
- Welche Wirkungen und Folgen wären zu erwarten, wenn das gewaltige Aufrüsten der Krisenregionen durch die Industriestaaten beendet würde?
- Welchen Einfluß werden die weitere Umweltzerstörung und das gegenwärtige System der Weltwirtschaft auf künftige Krisen und Konflikte ausüben?
- Können die Deutschen einen anderen als militärischen Beitrag zur Umgestaltung der »Weltordnung« leisten? Ergibt sich eine besondere Verpflichtung dazu aufgrund unserer spezifischen Erfahrung mit Krieg und Gewalt?

Am Ende einer gründlichen und leidenschaftlichen Erörterung dieser Fragen muß eine klare, durch einen breiten Konsens unserer Menschen getragene neue Außen- und Sicherheitspolitik stehen.

IV. Das künftige Gesicht der neuen Bundeswehr

Die neue Rolle der Bundeswehr kann erst definiert werden, wenn die genannten Fragen beantwortet und das außen- wie sicherheitspolitische Konzept formuliert sind. Deswegen ist es verfrüht, bereits heute über Auftrag, Umfang, Bewaffnung und Organisationsgrundsätze der deutschen Streitkräfte in der neuen weltpolitischen Lage zu entscheiden. Die Bundesregierung jedoch hat einen Weg eingeschlagen, der dem diametral entgegensteht. Ohne ausreichende Lageanalyse, ohne Rechtsgrundlage und ohne gesellschaftliche Legitimation wird die Armee umgestaltet. Weil dieser Planung keine langfristige Konzeption zugrunde liegt, wird der Verteidigungshaushalt – dessen gegenwärtiger Umfang hier keineswegs gerechtfertigt werden soll – zur leichten Beute der Sparpolitik.

Was ist angesichts dieser Lage zu tun? Gerade weil die Bundesrepublik Deutschland heute durch niemand und nichts militärisch bedroht wird, kann, ja muß sich unser Staat eine grundlegende Beurteilung der Sicherheitslage erlauben. Nach etwa zwei Jahren Lagebeurteilung, an der alle gesellschaftlich relevanten Gruppen teilnehmen müssen, kann dann vor dem Hintergrund eines neuen Sicherheitsbegriffs die verbleibende militärische Aufgabe Deutschlands in Europa definiert und organisatorisch umgesetzt werden.

Dieser Vorschlag bedeutet indes nicht Stillstand des Prozesses der Abrüstung und Konversion. Einige Grundfestlegungen im Sinne von Rahmenvorgaben für künftiges Militär sind als politische Entscheidungen unverzüglich zu treffen. Sie erlauben einen zügigen Abbau der Überrüstung aus der Zeit des Kalten Krieges:

1. Der künftige Personalumfang deutscher Streitkräfte wird wesentlich weniger als 370.000 Soldaten betragen. Deshalb kann der Personalabbau beschleunigt vorangetrieben werden.
2. Die Auftragsbeschränkung deutscher Streitkräfte auf Verteidigung wird nicht aufgehoben.
3. Eine zentrale und integrierte Führung der Streitkräfte in einer künftigen politischen Europäischen Union wird es nicht geben.
4. Für die voraussichtliche Übergangsfunktion für Streitkräfte in einem europäischen Sicherheitssystem werden die klassischen offensiven Großwaffensysteme nicht mehr benötigt. Deshalb werden Angriffspanzer und -flugzeuge sowie U-Boote zügig abgeschafft.
5. Die Allgemeine Wehrpflicht und das Berufssoldatentum werden aufgegeben. In den kleinen Übergangsstreitkräften werden nur noch Freiwillige beschäftigt, deren Höchstdienstzeit je nach Tätigkeit vier, acht oder zwölf Jahre beträgt.

Aufgrund solcher Prämissen – weitere und andere wären denkbar – werden einschlägige Forschungen, Entwicklung und Beschaffung von Waffen und Ausrüstung, die absehbar nicht mehr benötigt werden, sofort storniert. Investitionen in die Militärinfrastruktur werden generell gestoppt bis über den künftigen Auftrag der Bundeswehr entschieden ist.

V. Auf dem Weg zur UNO-Weltordnung

Das Bewußtsein, daß die Menschen in *einer Welt* leben, muß endlich auch auf die sog. äußere Sicherheit der Staaten übertragen werden. Weder Staaten noch Regionen können ihre Sicherheit allein oder gar auf Kosten anderer bewahren. Vordringlich sind jetzt die Umsetzung des Prinzips der »Gemeinsamen Sicherheit« (einschl. der Vorsorge gegen den Rückfall in militärische Konfrontation) und die Entwicklung eines neuen umfassenden Verständnisses von Sicherheit, und zwar im Sinne der Gesamtheit von Maßnahmen zur Vorbeugung und Abwehr der Gefahren, welche die Lebensgrundlagen und die Existenz aller Menschen bedrohen. Die Verschwendung weiterer menschlicher und materieller Ressourcen für Militär und Rüstung, die gegen die realen Gefahren machtlos sind, darf nicht länger hingenommen werden.[5]

Wer für die Zukunft Gewalt als Mittel der Politik ablehnt, muß eine Antwort auf die Frage finden, wie die Weltgemeinschaft auf Völker- und Menschenrechtsverletzungen reagieren soll. Wie soll sich die Welt gegenüber massiven Gewaltanwendungen gegen unschuldige Menschen verhalten? Wie kann das Leiden von Menschen, die Opfer grausamer Kriege werden, vermindert, wie können geschundene und gequälte Menschen in Vernichtungslagern gerettet werden?

Darauf ist nur eine pragmatische, zweiteilige Antwort möglich:

---

5 Kapitel VII und die Anlagen meines Buches *Ohne Glanz und Gloria. Die Bundeswehr – Bilanz einer neurotischen Armee.* Düsseldorf: Econ, 1991, enthalten weitere Informationen zu diesem Thema.

a) Zunächst muß auf der einen politischen Ebene alles getan werden, um die Völkergemeinschaft zu einer wirklich kollektiven Sicherheitsorganisation auszubauen, die über ein gemeinsames Gewaltmonopol verfügt und ein gemeinsames funktionsfähiges System friedlicher Konfliktvermeidungs-, -eindämmungs- und -verhinderungsstrategien entwickelt.

b) Solange dieses System noch nicht wirksam ist, muß auf einer zweiten Ebene kollektiv und solidarisch auf Völker- und Menschenrechtsverletzungen reagiert werden, was auch die Anwendung von Gewalt einschließt. Im Unterschied zu militärischen Interventionen großen Stils (die gewöhnlich unverhältnismäßig sind) ist dabei das Gebot der Verhältnismäßigkeit genauestens zu beachten (wie bei einem Polizeieinsatz). D.h., es darf jeweils nur das geringste nötige Maß an Gewalt angewandt werden; es ist streng darauf zu achten, daß nicht weitere unschuldige Menschen Opfer eines solchen Einsatzes werden.

Bei der Hilfe zum Schutz bedrohter Menschen dürfen nationale oder regionale Interessen keine Rolle spielen. Demnach dürfen diejenigen Staaten an solchen Aktionen nicht teilnehmen, die Interessen in dem betroffenen Staat verfolgen, in dem Hilfe geleistet werden muß. Entscheidend ist, daß derartige Hilfsaktionen nicht auf den militärischen Sieg über bewaffnete Kräfte zielen, nicht auf deren Bestrafung noch auf »Konfliktlösung« und auch nicht auf das zwangsweise Installieren einer neuen politischen Ordnung, sondern ausschließlich darauf, Menschen zu retten. In dem Maße, wie eine Politik der ersten Ebene erfolgreich ist (also zunehmend nationales Gewaltpotential zugunsten einer funktionierenden Völkergemeinschaft aufgegeben wird), wird die zweite Ebene der begrenzten Hilfsaktionen – auch mit den Mitteln der Gewalt – an Bedeutung verlieren.

Das Podium: Eugen Wollfarth, Dr. Hans-Gert Pöttering, Prof. Dr. Marko Oršolić, Heiko Schlottke (Moderation), Dr. Judith Kumin, Dr. Thomas Lob-Corzilius (v.l.)

Photo: D. Heese

Friedensgespräch

20. September 1993

»Krieg im ehemaligen Jugoslawien – Herausforderung für Europa«

– Podiumsdiskussion –

Judith Kumin PhD

Hohes Flüchtlingskommissariat der Vereinten Nationen (UNHCR), Bonn

Dr. Thomas Lob-Corzilius

Internationale Ärzte gegen den Atomkrieg (IPPNW), Osnabrück

Prof. Dr. Marko Oršolić

Internationales Zentrum zur Förderung des interreligiösen Dialogs,
der Gerechtigkeit und des Friedens, *Zajedno,* Sarajevo/München

Eugen Wollfarth

Auswärtiges Amt, Bonn

Dr. Hans-Gert Pöttering

Europäisches Parlament, Straßburg

Moderation:
Heiko Schlottke

Neue Osnabrücker Zeitung

Statements

Judith Kumin

Mein Beitrag widmet sich dem Schicksal der Flüchtlinge aus dem ehemaligen Jugoslawien. Ihre Flucht ist nicht nur eine Herausforderung für Europa, sondern für die internationale Staatengemeinschaft insgesamt. Vier Jahre lang war ich für den UNHCR im ehemaligen Jugoslawien tätig. Ich habe die Dimension dieser humanitären Tragödie ebenso unmittelbar erlebt wie die Frustration jener, die das Leid der Kriegsopfer zu lindern suchen. Diese Erfahrungen machen es mir schwer, nüchtern und distanziert zu berichten.

Besuchern in Belgrad habe ich gewöhnlich ein fünf- bis zehnminütiges Video gezeigt, aufgenommen in der belagerten ostbosnischen Stadt Srebrenica. 52.000 Menschen leben dort, in einer Stadt, die ursprünglich 8.000 Einwohner zählte. Vielleicht ist es falsch zu sagen, »sie leben dort«; richtig muß es wohl heißen: sie überleben von Tag zu Tag. Am Ende des Films ist eine junge Mutter zu sehen, die in einem überfüllten Schulgebäude mit Hunderten von Flüchtlingen ihre beiden Kinder am Leben zu halten versucht. Die junge Frau fragt in die Kamera hinein:

> »Warum kommt ihr hierher, um uns zu filmen und zu füttern wie Tiere im Zoo? Wenn ihr nichts für uns tun könnt, wenn ihr uns nicht das Leben zurückgeben könnt, warum laßt ihr uns nicht einfach sterben?«

Es ist diese Frage, die uns fast zwei Jahre lang bei unserer Arbeit umtrieb. Und diese Frage wird unvermeidlich in jeder Diskussion über die humanitären Anstrengungen im ehemaligen Jugoslawien auftauchen.

Die Dimension des Problems wird anhand einiger Zahlen deutlich: über 520.000 Flüchtlinge und Vertriebene in Kroatien, 460.000 Flüchtlinge in Serbien und Montenegro; über 2,2 Millionen Menschen sind von internationaler Hilfe in Bosnien-Herzegowina abhängig, 65.000 Flüchtlinge in Mazedonien und Slowenien; und über 700.000 Flüchtlinge suchten Schutz in anderen Staaten Europas, vor allem in Deutschland. Mit anderen Worten: über vier Millionen der ehemals 22 Millionen Einwohner Ex-Jugoslawiens sind heute Flüchtlinge oder müssen in belagerten Städten ausharren.

Es sei in diesem Zusammenhang darauf hingewiesen, daß die von den Kriegen in Kroatien und Bosnien-Herzegowina ausgelöste Flüchtlingstragödie leider keine traurige Ausnahme ist. Auch in anderen Teilen der Welt mußten Millionen von Menschen ihre Heimat verlassen. Über fünf Millionen flohen vor dem Krieg in Afghanistan, 1,5 Millionen Menschen verließen das Bürgerkriegsland Mosambik, über 1 Million Somalier suchten Zuflucht in den Nachbarländern. Neu ist allerdings, daß sich eine Flüchtlingstragödie dieses Ausmaßes nicht in der Dritten Welt, sondern im Herzen Europas abspielt. Zudem ist die Flucht und Vertreibung Hunderttausender von Menschen nicht eine *Folge* dieses Krieges, sondern dessen erklärtes *Ziel*. Das Unwort von der »ethnischen Säuberung« wird uns allen in unseliger Erinnerung bleiben.

In diesem Krieg wurde besonders deutlich, welch' geringen Spielraum es für humanitäres Handeln gibt. In diesem Krieg haben alle Seiten humanitäre Organisationen für ihre politischen Zwecke benutzt. Sie tun dies immer noch. Wir, die Mitarbeiterinnen und Mitarbeiter vom UNHCR, dem Internationalen Komitee vom Roten Kreuz (IKRK) oder all der anderen privaten Hilfsorganisationen fragen uns ständig, ob durch unsere Präsenz das Leiden der Opfer gelindert oder aber der Krieg verlängert wird. Jeden Tag haben wir erkennen müssen: Humanitäre Hilfe kann kein Ersatz für politisches Handeln sein. Aber welchen Sinn macht die humanitäre Arbeit, wenn politisches Handeln fehlt oder ineffektiv bleibt? Für UNHCR war es eine gänzlich neue Erfahrung, mitten in einem akuten Konfliktgebiet in enger Zusammenarbeit mit UN-Friedenstruppen zu arbeiten und angehalten zu sein, den allgemeinen Anweisungen des UN-Sicherheitsrats zu folgen. Zwar war es nichts Neues für UNHCR, die Verantwortung für den humanitären Teil einer umfassenderen politischen Regelung zu übernehmen. Neu für uns ist es allerdings, unsere Arbeit in der schwierigen Verbindung mit einer Militäroperation zu leisten, ohne daß indes eine politische Regelung in Sicht ist.

Wie kam es dazu, daß UNHCR mit einer Situation konfrontiert und mit Aufgaben betraut wurde, die für die Organisation gewissermaßen Neuland bedeuteten? Das UNHCR-Programm im ehemaligen Jugoslawien umfaßt heute 25 Prozent unseres weltweiten Budgets für Hilfsprogramme. In diesem Jahr sind für die Finanzierung derartiger Programme im ehemaligen Jugoslawien rund 420 Millionen US-Dollar veranschlagt worden. Wie erklärt es sich, daß für unsere Operationen im ehemaligen Jugoslawien (vor allem in Bosnien-Herzegowina) mehr internationale Unterstützung bereitgestellt worden ist, als für jede andere Operation in der UNHCR-Geschichte?

Ich meine, auf diese Frage gibt es mehrere Antworten. Übrigens wird diese Frage auch immer wieder von unseren Kollegen gestellt, die anderswo auf der Welt arbeiten wie z.B. in Kenia, wo UNHCR Hunderttausenden von somalischen Flüchtlingen helfen soll; oder in Guinea, wo unsere Mitarbeiter mit dem Schicksal einer ebenso großen Zahl liberianischer Flüchtlinge konfrontiert sind – ganz zu schweigen von den vielen vergessenen Flüchtlingstragödien, die keine Schlagzeilen produzieren.

a) Die erste Antwort ist hiermit bereits indirekt gegeben. Es handelt sich um ein europäisches Problem. Wir sehen die leidenden Menschen jeden Tag im Fernsehen, sie sehen aus wie wir, wir können uns mit ihnen identifizieren, ihr Schicksal berührt und ängstigt uns mehr als solche Probleme, die ganz weit weg sind.

b) Eine zweite Antwort lautet – und hier kann ich nur meine persönliche Meinung wiedergeben: Humanitäres Handeln ist von der internationalen Staatengemeinschaft benutzt worden, um das Vakuum im politischen Handeln auszugleichen.

c) Eine dritte Antwort: Westeuropa hoffte, durch seine Unterstützung von Flüchtlingen auf dem Gebiet des ehemaligen Jugoslawiens eine Massenflucht Richtung Westen zu vermeiden.

Schließlich möchte ich noch eine weitere Frage stellen: Sind wir auf das vorbereitet, was noch auf uns zukommt? Sollte es keine politische Einigung geben: Sind wir darauf vorbereitet, der bosnischen Bevölkerung zu helfen, noch einen Winter zu überleben? Und sollte es eine politische Übereinkunft geben: Welche Aussichten haben die Flüchtlinge aus Bosnien-Herzegowina?

Ich fürchte, in ein Land, das sich ethnisch definiert und teilt, werden viele Flüchtlinge nicht heimkehren können. Zudem ist der serbisch-kroatische Konflikt weit von einer Lösung entfernt. Hunderttausende von Flüchtlingen aus den serbisch kontrollierten Gebieten blicken ebenfalls in eine ungewisse Zukunft. Schließlich: Selbst wenn der Krieg morgen vorbei wäre, so bliebe die gewaltige Aufgabe des Wiederaufbaus und der Wiedereingliederung. Zerstörte Brücken, Häuser und Schulen können wiederaufgebaut werden. Doch für die psychischen Schäden und Nachwirkungen gibt es wohl keine rasche Heilung. Die Saat des nächsten Krieges ist bereits in den Kindern dieses Krieges ausgesät. Die Herausforderung für Europa und für die gesamte internationale Staatengemeinschaft besteht deshalb auch darin, mit den Folgen dieses Krieges fertig zu werden.

Thomas Lob-Corzilius

Ich möchte meinen Beitrag zur Podiumsdiskussion bewußt beschränken auf die Herausforderungen für Deutschland, die sich im Gefolge des Krieges im ehemaligen Jugoslawien ergeben, und insbesondere den Schwerpunkt legen auf die Flüchtlingsprobleme sowie auf die politischen und humanitären Konsequenzen.

Der Krieg im ehemaligen Jugoslawien und vor allem der Krieg in Bosnien-Herzegowina hat nicht nur seine Ursachen in den vielfältigen politischen und ethnischen Konflikten dort. Die Eskalation und die Dynamik der Kriegsverbrechen wie der daraus resultierenden riesigen Flüchtlingsströme von mehreren Millionen Menschen ist vielmehr auch Ausdruck des Versagens insbesondere der internationalen Politik, und zwar sowohl der UNO als auch der Europäischen Gemeinschaft. Eine Teilschuld trifft auch die deutsche Außenpolitik durch das Vorpreschen des früheren Außenministers Hans-Dietrich Genscher mit der isolierten Anerkennung Kroatiens und Sloweniens als eigenständige Staaten (Juni 1992). Durch den daraus resultierenden Druck auf die europäischen Partner wurde einseitig vor allem die Entwicklung in Kroatien anerkannt und somit auch die Tatsache akzeptiert, daß der kroatische Nationalstaat den in seinen Grenzen lebenden Serben die Minderheitenrechte verweigert hatte. Aus meiner Sicht ist unter anderem dadurch die erste Phase des innerjugoslawischen Krieges zwischen Serbien und Kroatien negativ intensiviert worden. Später erfolgte dann die Anerkennung Bosnien-Herzegowinas durch die EG und die UNO, ohne daß diesem neuen staatlichen Gebilde internationaler Schutz seiner gefährdeten Grenzen durch autorisierte Polizei- oder Militärkräfte zuerkannt wurde. Dies hat dann die zweite Phase des Krieges – und damit die Zerstörung Bosnien-Herzegowinas – in diesem Ausmaß erst ermöglicht.

Angesichts des Versagens aller bisherigen diplomatischen Bemühungen wie auch der Sanktionspolitik gegenüber Serbien besteht die große Herausforderung für Deutschland darin, effiziente humanitäre Hilfe und Unterstützung für die Flüchtlinge zu leisten. Deutschland ist umso mehr gefordert, als der militärische Einsatz der Bundeswehr im Rahmen der UNO verfassungsrechtlich (noch) nicht möglich ist, darüber hinaus auch die historische Hypothek der nationalsozialistischen Eroberungspolitik auf dem Balkan bis zum heutigen Tag nachwirkt.

Die IPPNW sieht darin allerdings auch eine große Chance. Das vereinte Deutschland kann sein internationales Engagement dadurch deutlich machen, indem es wirksame humanitäre Hilfe gleichrangig bewertet wie die Einbeziehung in militärische Optionen im Rahmen der UN. Zu befürchten ist allerdings, daß genau dies nicht die gewollte Strategie führender Politiker der Regierungskoalition aus CDU und FDP ist.

Es liegt deshalb an den (noch vorhandenen) Gruppen der Friedensbewegung in Deutschland, eine Strategie für ein umfassendes humanitäres Engagement in Ex-Jugoslawien zu formulieren. Diese Strategie muß unablässig in Verhandlungen mit der hiesigen Regierung eingebracht, aber auch so gut wie möglich im alltäglichen Einsatz vor Ort umgesetzt werden.

Wesentliche Eckpunkte einer solchen Strategie sind:

1. Eine stärkere finanzielle Unterstützung der UN-Flüchtlingshilfsorganisation (UNHCR) durch Deutschland.
2. Politischer und diplomatischer Druck auf alle Kriegsparteien in Ex-Jugoslawien (besonders auf Kroatien), sämtliche Flüchtlingslager der UNHCR zu unterstellen.

3. Umfassender diplomatischer »Flankenschutz« zur Unterstützung der Arbeit aller nichtstaatlichen Hilfsorganisationen (NGO = Non-Government-Organisation), besonders hinsichtlich der durch sie durchgeführten Hilfstransporte, der Arbeit in Flüchtlingslagern und ihres Einsatzes für Kriegsgefangene.
4. Finanzielle Unterstützung aller Initiativen, die zu einer Befriedung und Versöhnung in Ex-Jugoslawien aufrufen und einen Beitrag dazu leisten (z.B. der IPPNW-Balkan-Konferenz, zu der Ärzte aus allen früheren jugoslawischen Teilrepubliken eingeladen waren). Zu denken ist auch an eine Unterstützung der wenigen friedenstiftenden Initiativen im Bereich der Kirchen (zwischen serbisch-orthodoxer und römisch-katholischer Kirche wie auch zwischen den moslemischen Religionsorganisationen).
5. Finanzielle Unterstützung aus öffentlichen Fonds (z.B. für Regionalhilfe) wie auch Spenden für Selbsthilfeorganisationen im Kriegsgebiet von Bosnien-Herzegowina und Teilen Kroatiens, die es sich zum Ziel gesetzt haben, eine basale Ökonomie der Selbstversorgung aufzubauen.

Vor dem Hintergrund dieser strategischen Anforderungen lautet meine Zentralthese, daß das offizielle Deutschland, vertreten durch die Regierung und insbesondere durch das Außen- und das Innenministerium, sich weder politisch noch humanitär ausreichend engagiert hat, um die Flüchtlingsprobleme in Ex-Jugoslawien zu bewältigen und effiziente Hilfe vor Ort leisten zu können. Neben der Bundesregierung und den durch sie getragenen politischen Parteien trifft der mangelnde Wille zu angemessener Hilfe auch auf Bundesländer wie Bayern, Sachsen und Thüringen zu, die nämlich frühzeitig für die Abschottung der Grenzen (etwa durch den Visumzwang für Bosnier) eingetreten sind. Andere Bundesländer – z.B. Niedersachsen und Nordrhein-Westfalen – haben sich in dieser Hinsicht sehr viel kooperativer gezeigt und die Arbeit engagierter Bürgerinnen und Bürger im Rahmen der Flüchtlingshilfe nachhaltig unterstützt.

Auch die Stadt Osnabrück hat im Rahmen ihrer kommunalen Möglichkeiten versucht, Flüchtlingen aus Bosnien und Herzegowina angemessen zu helfen. Nach langen Querelen konnte jetzt mit der Realisierung eines Projekts zur Unterstützung und Betreuung vergewaltigter Frauen aus Bosnien-Herzegowina begonnen werden (Einrichtung eines Frauenhauses). Die Integration von Flüchtlingen, die in erster Linie über die Aufnahme in der ehemaligen Caprivi-Kaserne nach Osnabrück gelangt sind, verdient zumindest das Prädikat ›wohlwollend‹. So hat die Stadt Osnabrück im Rahmen der *Osnabrücker Friedensgespräche* und des Friedensforums eine Spendenaktion für die nordostbosnische Region um Gracanica unterstützt, in der Ärzte der IPPNW für medizinische Versorgung der dort notleidenden Menschen warben. Für uns als Initiatoren verblüffend, trafen wir bei dieser Aktion auf eine sehr große Hilfsbereitschaft, die sich in Geld- und Sachspenden ausdrückte. Mittlerweile konnten zwei Transporte im Warenwert von ca. 60.000 DM auf den Weg in das umkämpfte Kriegsgebiet gebracht werden.

In deutlichem Kontrast zu den geschilderten positiven Bemühungen steht die restriktive, ja teilweise feindliche Politik insbesondere des Bundesinnenministeriums, indem Flüchtlingen aus Bosnien nicht hinreichend geholfen und ihnen die unbürokratische Einreise nach Deutschland unmöglich gemacht wird. Ich möchte diese Behauptung an einem exemplarischen Fall belegen:

Ende August erreichte die Osnabrücker IPPNW-Gruppe ein dringendes Telefax des mit uns befreundeten Kinderarztes Dr. Iskenius aus Caplina in der Nähe von Mostar, das zu diesem Zeitpunkt von den bosnischen Kroaten besetzt war und wo eine ethnische Vertreibung muslimischer Einwohner und der sich in dieser Stadt aufhaltenden Flüchtlinge erfolgte. Iskenius berichtete von Verschleppungen, die ihn an die Praktiken der Nazis im

Rahmen der Judenpogrome erinnerten. Daraufhin starteten die IPPNW-Gruppen aus Osnabrück und Villingen in Kooperation mit dem Komitee für Grundrechte und Demokratie eine politische Aktion zur Aufnahme von 80 bosnischen Flüchtlingen (als Kontingentflüchtlinge) in Deutschland. Diese Flüchtlinge waren in Caplina besonders gefährdet, da sie dort bereits in einem abgesonderten Haus lebten, das auch nicht durch die UN-Flüchtlingshilfsorganisation betreut wurde. Trotz der Zusagen des niedersächsischen Ministeriums für Bundes- und Europaangelegenheiten, diese Flüchtlingsgruppe als Kontingentflüchtlinge in Niedersachsen aufzunehmen, verweigerte das Bundesinnenministerium die entsprechende Genehmigung mit der Begründung, die Gefährdung der Flüchtlinge müsse durch das Außenministerium und die UN-Flüchtlingshilfsorganisation erst nachgewiesen werden. Da Deutschland wie nahezu alle anderen europäischen Länder die Visumpflicht für bosnische Flüchtlinge erlassen hat, ist eine andere legale Form der Einreise nur unter außerordentlich erschwerten Bedingungen möglich. Hilfswillige Bürger und Familien können sog. Garantieerklärungen für die Aufnahme bosnischer Flüchtlinge abgeben, in denen sie sich bereiterklären, für den kompletten Unterhalt und die Aufnahme in eigenen Räumlichkeiten zu sorgen. Manche Bundesländer – wie z.B. Niedersachsen – übernehmen zumindest die notwendige medizinische Versorgung. Eine Einlösung solcher Garantieerklärungen ist aber wiederum an die entsprechende Abteilung der deutschen Botschaft in Zagreb gebunden, wohin die Flüchtlinge aus dem umkämpften Kriegsgebiet jedoch nicht gelangen können.

Dieses Beispiel soll verdeutlichen, inwiefern durch administrative und bürokratische Hemmnisse, die insbesondere die deutsche Regierung zu verantworten hat, konkrete Hilfe nahezu unmöglich gemacht wird. Deshalb ist der Vorwurf mehr als berechtigt, daß Deutschland bislang die humanitären Herausforderungen zur Unterstützung von Flüchtlingen in Ex-Jugoslawien, aber auch zu deren Aufnahme hier nicht angemessen wahrgenommen hat bzw. sich ihnen nicht stellt. Es bleibt zu konstatieren, daß viele andere europäische Länder, so z.B. Ungarn, Österreich, Schweden und die Schweiz, bezogen auf die Zahl ihrer Einwohner mehr Flüchtlinge aus Ex-Jugoslawien aufgenommen haben, als die vergleichsweise reiche Bundesrepublik. An engagierten Friedens- und Menschenrechtsgruppen wie amnesty international (ai), dem Komitee für Grundrechte und Demokratie, der IPPNW und der Friedensaktion »Den Krieg überleben« wird es auch künftig liegen, dieses miserable Bild deutscher Politik etwas zum Positiven hin zu verändern.

Marko Oršolić

Ich bin ganz sicher, daß der Krieg in Ex-Jugoslawien weniger eine Herausforderung als eine Aufgabe für Europa darstellt. Um diesen Krieg als Aufgabe zu erkennen und zu verstehen, ist es wichtig, seine Ursachen als Herausforderung zu sehen und die daraus folgenden Aufgaben und Pflichten auf sich zu nehmen.

Die größte Herausforderung ist die, eine Volksdemokratie mit sozialistischer Prägung auf dem Weg zu einem »Menschenrechtsstaat« theoretisch und praktisch zu begleiten. Es genügen nicht nur die folgenden schönen Worte des KSZE-Gipfels vom November 1990:

> »Europa befreit sich vom Erbe der Vergangenheit. Nur durch den Mut von Männern und Frauen, die Willensstärke der Völker und die Kraft der Ideen in der Schlußakte von Helsinki bricht in Europa ein neues Zeitalter der Demokratie, des Friedens und der Einheit an. Nun ist die Zeit gekommen, in der sich die jahrzehntelang gehegten Hoffnungen und Erwartungen unserer Völker erfüllen werden: die Hoffnung auf das unerschütterliche Bekenntnis zu einer auf Menschenrechten und Grundrechten basierenden Demokratie, Wohlstand und wirtschaftliche Freiheit, soziale Gerechtigkeit und Sicherheit für alle unsere Länder.«[1]

Um sich diesem Ziel zu nähern oder es gar zu verwirklichen, ist es notwendig, eine totale Entmilitarisierung im ganzen Ex-Jugoslawien wie auch eine strenge Trennung von Kirche und Staat, Religionen und Nationen, gelehrtem Glauben und Tagespolitik sowie Theologie und Ideologie (besonders nationale Ideologie) durchzuführen. Wenn das nicht schnell geschieht, dann wird es zu einer Ausrottung unserer Völker kommen.

> »Mit fortschreitender Dauer droht der Krieg im früheren Jugoslawien nicht nur die wirtschaftlichen Existenzgrundlagen und die religiös-kulturellen Bedingungen friedlichen Zusammenlebens zu vernichten, es trifft zugleich auch den Lebensnerv einer gesamten europäischen Sicherheits- und Friedenspolitik.«[2]

Deswegen glaube ich, daß es nicht ausreichend war, von Jugoslawien in den späten 1980er Jahren nur die Garantie der Menschenrechte und politischen Pluralismus zu verlangen, sondern es wäre gleichzeitig auch notwendig gewesen, diesem Land bei der Umwandlung von einem Einparteienstaat sozialistischer Prägung zu einem demokratischen Rechtsstaat zu helfen. Es wurde zwar nach Marktwirtschaft gerufen, aber gleichzeitig versäumt, über militärische Aufgaben zu sprechen und europaweite Konzepte zur Umstrukturierung der Rüstung zu entwickeln (z.B. zahlenmäßiger Abbau und Umschulung führender Militärs). Ich denke an einen Vertrag wie den anläßlich der Vereinigung der beiden deutschen Staaten; an einen Vertrag, der unter Berücksichtigung von Empfehlungen auf Europa- oder sogar UNO-Ebene Funktion und Bestand der bisherigen Staatsbeamten, Richter, Polizisten und Erzieher regelt.

Mit anderen Worten: Das bestehende System bedarf der Entwicklung zum demokratischen Rechtsstaat. Es hat sich gezeigt, daß ein Umsturz sehr leicht in eine neue Diktatur nicht nur der Klassen, sondern auch der Nationen führen kann, wie es z.B. in Serbien und teilweise in Kroatien geschehen ist.

Mit einem angemessenen Konzept für die Entwicklung von der sozialistischen Volksdemokratie zum demokratischen Rechtsstaat hätten wir in ganz Osteuropa Frieden bewahren können. Timothy Garton Ash schrieb, daß Polen für diese Entwicklung zehn Jahre gebraucht hat, Ungarn zehn Monate, die DDR zehn Wochen und die Tschechoslo-

---

1 Zit.n. Heinz-Günther Stobbe. »Der Preis des Friedens«. *Krieg auf dem Balkan.* Idstein/Ts.: Komzi, 1992, 60.

2 Ebd., 61.

wakei zehn Tage.[3] Ich kann nur sagen: Wir in Jugoslawien hätten nur zehn Stunden gebraucht, weil wir schon weitgehend demokratisiert waren. Wir waren uns aber damals nicht bewußt, daß die sog. jugoslawische Volksarmee in Wirklichkeit ein Instrument der kommunistischen Partei und somit des kommunistischen Regimes geworden war, und dieses Regime hat sich nach dem Zerfall Jugoslawiens immer weiter radikalisiert, bolschewisiert und sich mit dem großserbischen Traum verbunden. Jetzt tobt dort der Krieg; er hat schon mehreren hunderttausend Menschen das Leben gekostet. Umso dringlicher ist es, jetzt einen Ausweg aus dieser schwierigen Situation zu finden.

Ich glaube, der einzige Weg ist der, daß UNO, Europäische Union und die Weltgemeinschaft Bosnien-Herzegowina unter ein UNO-Protektorat stellen, daß eine vollständige Entwaffnung realisiert wird, daß sich alle Kriegsverbrecher vor einem internationalen Gerichtshof verantworten müssen und daß daraufhin in Bosnien-Herzegowina Neuwahlen unter internationaler Aufsicht durchgeführt werden[4]. Da in erster Linie die großserbische expansionistische, militaristische Politik des Belgrader Regimes für den Krieg in Bosnien-Herzegowina und im ganzen Ex-Jugoslawien verantwortlich ist, sollen die Republik Serbien und insbesondere die Republik Montenegro unter eine totale internationale Blockade gestellt und anschließend entwaffnet sowie zur Auslieferung der Kriegsverbrecher gezwungen werden.

Bosnien-Herzegowina kann nicht nach ethnischen Prinzipien geteilt werden und gleichzeitig ein souveräner Staat bleiben. Deshalb sind großserbische und großkroatische Bestrebungen und Einmischungen in die inneren Angelegenheiten des Landes zu verurteilen, die zu einer Spaltung der Bevölkerung und zu deren Ausrottung führen. Ebenso sind politische Bestrebungen zu verurteilen, welche die Republik Bosnien-Herzegowina ausschließlich mit muslimischen Interessen identifizieren. Dieses Land war ein einheitliches und selbständiges Gebilde schon zu einer Zeit, als es dort noch keine Moslems gab. Es war in seiner 800jährigen Geschichte nie nach ethnischen, nationalen oder religiösen Kriterien geteilt.

Ich glaube, daß es keinen Frieden unter den Nationen des Balkans geben kann ohne den Dialog zwischen den Religionen. Die Religionen korrespondieren oft mit der nationalen Identität; deswegen fordern wir von der Weltöffentlichkeit und den Verantwortlichen aller Religionsgemeinschaften, einen interreligiösen Dialog auf allen Ebenen zu unterstützen, und zwar von der hierarchischen Spitze bis zur Basis der Gläubigen.

Der Krieg in Ex-Jugoslawien ist primär eine Aufgabe für ganz Europa. Die Analyse seiner Ursachen und die Entwicklung von Projekten für eine friedliche Zukunft sind größte Herausforderungen für Europa, aber auch für die ganze Weltgemeinschaft. Um ein Bild zu gebrauchen: Wenn ich in Sarajevo von meinem Fenster aus nach Osten schaue, habe ich die Welt der Orthodoxie vor mir (ca. 350 Millionen Menschen); wenn ich nach Westen schaue, erblicke ich die Welt des Katholizismus mit fast einer Milliarde Menschen; wenn ich nach vorne schaue, sehe ich die Welt des Islam mit mehr als einer Milliarde Menschen; hinzu kommen die Juden.

Somit ist Dialogbereitschaft der einzige Ausweg aus unserer Situation. Nur der Dialog schafft geistige Bereicherung, ohne ihn gibt es nur Kampf, Tod und gegenseitige Vernichtung. Zu dieser Dialogbereitschaft sind wir alleine nicht fähig, weshalb wir die Hilfe Europas, ein UNO-Protektorat und nachhaltige Unterstützung im allgemein geistigen und im rein religiösen Bereich brauchen.

---

3 Timothy Garton Ash. *Ein Jahrhundert wird abgewählt.* München: Hanser, 1990, 11.
4 Das Internationale Zentrum zur Förderung des interreligiösen Dialogs, der Gerechtigkeit und des Friedens *Zajedno*, Sarajevo, hat am 3. Februar 1992 europäischen Friedensbewegungen und dem damaligen UNO-Beauftragten für Bosnien und Herzegowina Cyrus Vance ein diesbezügliches Memorandum überreicht.

Eugen Wollfarth

Die vielschichtigen Konflikte und Spannungen im ehemaligen Jugoslawien erfüllen die deutsche Politik wie die der europäischen Partner mit tiefer Sorge. Der Ausbruch des Krieges hat Europa und besonders die sehr dynamisch gewordene europäische Einigung mit einem *so* in Europa nicht erwarteten Gewaltpotential konfrontiert. Die Stabilität des gesamten Kontinents und die Einigkeit und Handlungsfähigkeit der Zwölf in der Europäischen Gemeinschaft werden auf die Probe gestellt.

Deutschland hat sich gemeinsam mit seinen Partnern – nicht nur innerhalb der EG – für den Erhalt und die Wiederherstellung des Friedens auf dem Balkan eingesetzt. Eine große Zahl von Initiativen hat, ausgehend von Vermittlungsbemühungen in den Hauptkampfgebieten Kroatien und Bosnien-Herzegowina, schließlich zu der gemeinsamen Konferenz von 29 Staaten der Europäischen Gemeinschaft und der Vereinten Nationen in London im August 1992 geführt. Die dabei aufgestellten Prinzipien sollen im Interesse der Staaten und Völker auf dem Verhandlungswege durchgesetzt werden.

Auf der Basis dieses Londoner Mandates arbeitet die Genfer Konferenz. Die Bemühungen der Vermittler Lord Owen und Thorvald Stoltenberg, denen Cyrus Vance nachgefolgt ist, haben bisher nur Teilerfolge erzielen können. Das Kompromißpaket, das derzeit aktuell bleibt, stellt keine Seite voll zufrieden. Wir selbst sind skeptisch, sehen aber nur eine Verhandlungslösung als mögliche Ausgangsbasis für eine Stabilisierung und eine darauf bauende Zukunftsperspektive für die leidenden Menschen.

Begleitend zu der vereinten Anstrengung der Internationalen Gemeinschaft im Genfer Verhandlungsprozeß muß versucht werden, besondere Einflußmöglichkeiten zu nutzen. Franzosen und Russen stehen im Ruf, von den Serben respektiert zu werden; wir hingegen können damit rechnen, einen gewissen Einfluß auf Moslems und Kroaten auszuüben. Begleitende Initiativen bieten sich an. Sie sollen die Arbeit der Vermittler in Genf zur Erreichung eines Friedens im ehemaligen Jugoslawien ergänzen und nicht etwa in Konkurrenz dazu treten. Die deutsche und die französische Regierung haben deshalb beschlossen, ihre Kräfte zu bündeln und gemeinsam auf die Kriegsparteien durch eine Reihe von Initiativen im eben genannten Rahmen einzuwirken. Dabei ist wichtig, sich vor Augen zu halten, daß es bei der Genfer Konferenz und begleitenden Bemühungen nicht nur um eine rasche Friedensregelung am Verhandlungstisch, sondern auch – und dies ist letztlich entscheidend – um deren anschließende Umsetzung geht. Die Implementierung wird uns Deutschen ein hohes Maß auch innenpolitischer Flexibilität abverlangen. Sie wird finanzielle Anforderungen an uns stellen und wohl auch den Sprung über historische Schatten notwendig machen. Dies erfordert Kraft und Mut, die wir aber aufbringen müssen. Zu der Herausforderung für Europa kommen noch besondere Herausforderungen für Deutschland. Die bisher gerade von Deutschland unternommenen Anstrengungen auf humanitärem Gebiet im ehemaligen Jugoslawien selbst sind ein wichtiger Teil unserer Antwort. Zusätzlich haben wir eine sehr große Zahl von Flüchtlingen in Deutschland aufgenommen, bislang über 360.000 Menschen. Wir beteiligen uns an EG-Beobachtermissionen, an Sanktionsunterstützungsmaßnahmen, an Hilfsflügen nach Sarajevo und am Abwurf humanitärer Hilfsgüter aus der Luft über Bosnien-Herzegowina. Wir leisten als Staat und durch Nicht-Regierungs-Organisationen wie auch durch couragierte Einzelpersonen vielfältige Hilfe insbesondere für vom Krieg in extremer Härte betroffene Frauen und Familien.

Unsere Ziele im ehemaligen Jugoslawien decken sich mit denen unserer Partner. Es geht uns darum, den Feindseligkeiten ein Ende zu bereiten und eine umfassende, dauerhafte Lösung des Konflikts auf Grundlage der von der Londoner Konferenz formulierten Prinzipien zu erreichen. Ein rascher Erfolg ist – neben der Beendigung des dringendsten Problems der extremen humanitären Notlage der Menschen vor Ort – auch deshalb wichtig, weil eine Ausweitung des Konflikts vermieden werden muß; denn das könnte den gesamten Balkan in Brand setzen. Wir ergreifen in diesem Krieg nicht Partei. Wir haben die Pflicht, Aggressionen, gewaltsame Gebietseroberungen, schwere Menschenrechtsverletzungen und Kriegsverbrechen zu verurteilen. Die Schuldigen müssen bestraft werden. Ein Tribunal zur Verfolgung von Kriegsverbrechen im früheren Jugoslawien, das maßgeblich auf deutsche Initiative zurückgeht, wird derzeit am Sitz der Vereinten Nationen in New York zusammengestellt.

Unsere Bemühungen richten sich nicht gegen ein bestimmtes Volk. Wir treten aber nicht-demokratischen Regimen entschieden entgegen. Für die Zukunft streben wir an, unsere traditionell guten Beziehungen mit allen Völkern der Region, auch mit dem serbischen Volk, wieder aufzubauen. Die Wiederherstellung dieser Bindungen setzt jedoch voraus, daß sich die Belgrader Führung wirklich für den Frieden und eine wirksame Umsetzung der ausgehandelten Regelung in Bosnien-Herzegowina einsetzt.

Die Zahl der Konflikte im ehemaligen Jugoslawien ist groß. Über den offenen Krieg in Bosnien-Herzegowina darf der seit fast 20 Monaten weiterschwelende, inzwischen wieder ausgebrochene Konflikt in der Krajina (Kroatien) nicht vergessen werden. Eine Wechselwirkung zwischen beiden Konflikten erschwert eine politische Lösung. Besonders beunruhigend ist die zunehmende Radikalisierung im Kosovo zwischen Serben und Kosovo-Albanern. Die Unterdrückung von serbischer Seite nimmt zu, und die Zahl der Opfer steigt. Die Äußerungen der albanischen Verantwortlichen verhärten sich. Wichtiges Ziel für diese Region ist die Wiederherstellung einer weitgehenden Autonomie in der Provinz Kosovo, denn die Serben können den Kosovo-Albanern nicht das verweigern, was sie selbst für ihre Minderheit in Kroatien und ihre Gemeinschaft in Bosnien fordern. Weniger kritisch, aber dennoch nicht gänzlich ungefährlich ist die Lage der Minderheiten in der Vojvodina und die Situation der Moslems im Sandzak, der Region zwischen Serbien und Montenegro. Da schließlich auch Makedonien bei einem schleichenden Sich-Ausbreiten des Konflikts aufgrund seiner eigenen Minderheiten derartig destabilisiert werden könnte, ist auch unter diesem Aspekt eine Beendigung der Kämpfe dringend notwendig.

Die Frage nach der Herausforderung für Europa läßt sich schließlich in einem Satz komprimieren: Die Hinnahme der gefährlichen Möglichkeit, daß ein Krieg zum Vehikel zur Aufsplitterung der Europäischen Gemeinschaft nach Partikularinteressen werden könnte, hätte derartig katastrophale Konsequenzen, so daß den europäischen Partnern nur eine gemeinsame Antwort zur Sicherung auch der eigenen gemeinsamen Zukunft bleibt.

Hans-Gert Pöttering

Plädoyer für eine gemeinsame Außen- und Sicherheitspolitik der Europäischen Union.
Erfahrungen aus der Tragödie im ehemaligen Jugoslawien

Der gesamte mittel- und osteuropäische Raum gleicht einer Ansammlung von Pulverfässern. Der Krieg im ehemaligen Jugoslawien, die ständig wachsende Zahl vorwiegend ethnisch bedingter Grenzkonflikte in der ehemaligen Sowjetunion, ungelöste Minderheitenprobleme in verschiedenen südosteuropäischen Staaten, die kaum einzudämmende Verbreitung von Materialien und Know-how zur Herstellung von Massenvernichtungswaffen aus der ehemaligen Sowjetunion, unsichere Kernreaktoren sowie Umweltzeitbomben, die mit uneingeschränkter Vehemenz im gesamten mittel- und osteuropäischen Raum ticken, gehören zu den Herausforderungen für die Europäische Gemeinschaft. Diese Liste ließe sich unschwer erweitern.

Jugoslawien – Lehren für die Zukunft

Besonders die Bilder des schrecklichen Krieges im ehemaligen Jugoslawien werden uns täglich neu in den Medien vor Augen geführt. Unzählige Etappen bei den Friedensverhandlungen in Genf lassen kaum noch die Hoffnung auf eine Lösung am Verhandlungstisch wachhalten. Auch die Versuche der UNO und des gesamten Westens, den Krieg zu beenden, waren bisher fast ausschließlich von Erfolglosigkeit gezeichnet.

Das Verhalten der Weltgemeinschaft gegenüber dem Irak steht in völligem Gegensatz zu dem in der Krise auf dem Balkan. Als Saddam Hussein damals Kuwait überfiel, dauerte es nicht lange, und die Vereinten Nationen gaben unter Führung der Amerikaner dem Irak eine deutliche militärische Antwort. Als Pläne bekannt wurden, daß Saddam Hussein den ehemaligen amerikanischen Präsidenten George Bush ermorden lassen wollte, schlug US-Präsident Clinton mit einem Angriff auf die irakische Geheimdienstzentrale in Bagdad zurück. Mehrere Zivilisten kamen ums Leben.

Hätte nicht der Westen zu Beginn des Konfliktes im ehemaligen Jugoslawien ebenso entschlossen handeln müssen? Wenn UNO und EG den Aggressoren aus Belgrad sofort in den Weg getreten wären, hätte wahrscheinlich eine derartige Eskalation – wie sie heute vorliegt – verhindert werden können. Ein entscheidender Fehler wurde begangen, als der Westen die Staaten Slowenien, Kroatien und Bosnien-Herzegowina anerkannte, es aber gleichzeitig versäumte, militärische Garantien für die neuen Grenzen zu geben. Es erscheint sehr fraglich, ob die Serben vom Westen militärisch garantierte Grenzen in der Weise verletzen würden, wie sie es täglich tun. Es hat sich erneut gezeigt, daß eine Diplomatie ohne militärische Durchsetzungsmöglichkeiten im Hintergrund oft nur instabile Ergebnisse erzeugt.

Der Westen muß bei der Betrachtung der Ereignisse berücksichtigen, daß man ihm vorwerfen könnte, mit zweierlei Maß zu messen. Während man im Irak entschlossen handelte, blieb dieses Verhalten in Bosnien-Herzegowina aus. So könnte auch die Gefahr einer zunehmenden Entfremdung der arabischen und islamischen Länder von Europa und den USA entstehen. Die Europäische Gemeinschaft hat ein fundamentales Interesse daran, daß die gemäßigten arabischen Staaten nicht an die Seite Saddam Husseins getrieben werden. An die Stelle des Ost-West-Gegensatzes darf nicht eine westlich – arabisch/islamische Konfrontation treten.

Der Westen braucht klare Grundsätze und Prinzipien, an denen er sein Handeln – wenn möglich unter Einschluß der UNO – orientieren muß. Es ist ein Alarmzeichen, wenn ein pro-westliches Land wie Ägypten auf dieses »Zweierleimaß« aufmerksam macht.

Mittlerweile ist die Lage im ehemaligen Jugoslawien derart eskaliert, daß es kaum noch Handlungsspielräume für den Westen gibt. Bei den herrschenden engen räumlichen Verflechtungen der verschiedenen Volksgruppen innerhalb eines kleinen Gebietes ist nun der Erfolg eines großflächigen militärischen Eingreifens sehr fraglich. Die UNO und der Westen können nunmehr lediglich versuchen, Schadensbegrenzung zu betreiben. Dazu gehört sicherlich, die Stadt Sarajevo vor der totalen Zerstörung zu bewahren.

Das Versagen im Konflikt in Bosnien-Herzegowina zeigt die Ohnmacht, vor der die Vereinten Nationen und die Europäische Gemeinschaft stehen. Die Reaktion in der Europäischen Gemeinschaft darf aber nicht dahin tendieren, eine gemeinsame Außen- und Sicherheitspolitik der EG von Beginn an für gescheitert und nicht durchführbar zu erklären. Vielmehr zeigt das Beispiel Jugoslawien, wie nötig eine funktionierende gemeinsame Außen- und Sicherheitspolitik der Europäischen Gemeinschaft gewesen wäre. Dafür waren bisher – vor Ratifizierung des Vertrages von Maastricht – weder die Rechtsgrundlage noch das Instrumentarium vorhanden. Gleichwohl wäre bei entsprechendem politischen Willen ein entschlossenes Handeln möglich gewesen.

Trotz dieser ernüchternden Bestandsaufnahme wäre es verfehlt, in Pessimismus zu verfallen. Die neue politische Lage in Europa bietet vielmehr eine unvergleichliche Chance, das Zusammenleben zwischen den Staaten und den Völkern Europas in Freiheit dauerhaft zu gestalten und die Lebenssituation der Bürger in Ost und West zu verbessern. Um diese Chance wahrzunehmen, muß Gesamteuropa zusammenwachsen, so wie Westeuropa nach dem Ende des Zweiten Weltkrieges zusammengewachsen ist.

Das Sicherheitsbedürfnis Mittel- und Osteuropas

Auch die neuen Demokratien in Mittel- und Osteuropa und verschiedene der ehemaligen Sowjetrepubliken befinden sich in einem sicherheitspolitischen Vakuum. Es kommt nicht von ungefähr, daß sie unüberhörbar an die Tür der Nordatlantischen Allianz klopfen. Zwar ist mit dem Nordatlantischen Kooperationsrat ein Gremium geschaffen worden, welches es erlaubt, die neue sicherheitspolitische Situation in Europa gemeinsam zu erörtern, jedoch gibt diese Institution den Ländern in Mittel- und Osteuropa keine Sicherheitsgarantien.

Unsere Nachbarn im Osten – vor allem die Polen, Tschechen, Slowaken und Ungarn – dürfen nicht von den euroatlantischen Sicherheitsstrukturen ausgeschlossen werden, denn Mittel- und Osteuropa dürfen sicherheitspolitisch kein konzeptionelles Niemandsland sein. Deshalb ist eine politische Konzeption zu entwickeln, die zwei Forderungen erfüllt:

1. muß sie die vitalen Sicherheitsinteressen unserer Nachbarn im Osten berücksichtigen, die immer der europäischen Völkergemeinschaft angehört haben;
2. muß diese Konzeption auch den Auswirkungen einer erweiterten Mitgliedschaft auf die strategische Stabilität im gesamten euroatlantischen Raum Rechnung tragen.

Die mögliche NATO-Mitgliedschaft der mittel- und osteuropäischen Staaten – insbesondere Polens, Ungarns, der Tschechischen Republik und der Slowakei – und zu gegebenem Zeitpunkt auch die Mitgliedschaft in der Europäischen Union muß jedoch ausbalanciert werden mit einer vertieften Einbeziehung Rußlands und ebenso der Ukraine, und zwar in Form einer neuartigen Partnerschaft sowohl mit der NATO als auch mit der Europäischen Union. Auch können NATO und Europäische Union nicht alle Aufgaben bewältigen. Deswegen muß darüber nachgedacht werden, wie die KSZE als übergreifende gesamteuropäische Sicherheitsorganisation weiterentwickelt werden kann. Könnte nicht eine Stärkung der KSZE zur größeren Sicherheit insbesondere auf dem Gebiet der ehemaligen Sowjetunion beitragen, auch wenn diese Perspektive im Augenblick wenig Erfolgschancen verheißt?

Es muß sorgsam darauf geachtet werden, daß die mit Sicherheitsfragen befaßten Institutionen, wie NATO, Europäische Union (deren integraler Bestandteil die Westeuropäische Union ist) und die KSZE, so miteinander verbunden werden, daß sie nicht gegeneinander oder unkoordiniert handeln, sondern ihre Handlungsmöglichkeiten bündeln und, wo angebracht, komplementär oder in Aufgabenteilung wirken. Das Nordatlantische Bündnis hat in den vergangenen Jahrzehnten ohne Zweifel entscheidend zur Friedenssicherung beigetragen. Schon allein deshalb darf nicht die Schlußfolgerung gezogen werden, daß mit der Auflösung des Warschauer Paktes und dem Ende des Ost-West-Gegensatzes auch die NATO keine Existenzberechtigung mehr habe. Es ist jedoch der Tatsache Rechnung zu tragen, daß mit der neuen politischen Situation in Gesamteuropa die NATO eine neue, vielleicht sogar breitere Rolle als sicherheitspolitischer Akteur in Europa wahrzunehmen hat.

Für die Zukunft ist die Struktur der zwei Pfeiler – Amerika und Europa – weiter auszubauen. Dabei müssen die Aufgaben und evtl. die Struktur des Bündnisses neu definiert werden. Es stellt sich die Frage nach der Koordinierung friedenssichernder Vorkehrungen und Maßnahmen auf der Ebene der Europäischen Union, der NATO, der KSZE und der UNO.

Neue Aufgaben

Die neue euroatlantische Sicherheitspartnerschaft, und zwar bezogen auf Gesamteuropa, sollte im wesentlichen zum Inhalt haben:

1. den Verzicht auf den Ersteinsatz von Nuklearwaffen; international kontrollierte und sichere Lagerung aller Kategorien taktischer Nuklearwaffen mit dem Ziel ihrer drastischen Verringerung;
2. eine gemeinsame Kontrollinstanz unter Einschluß aller Nuklearstaaten der KSZE, welche die Aufgabe hat, die Reduzierung taktischer Nuklearwaffen zu überwachen und radikale Kürzungen der verbleibenden strategischen Waffensysteme vorzusehen;
3. die Einrichtung eines Fonds für zivile und militärische Nuklearsicherheit, in welchem Nuklearingenieure aus der ehemaligen Sowjetunion in Zusammenarbeit mit westlichen Experten folgende Aufgaben wahrnehmen bzw. kontrollieren:
   • Die Zerstörung von Nuklearwaffen und ihrer Trägersysteme;
   • die Überwachung und Durchführung von Sicherheitsmaßnahmen in Nuklearreaktoren in den Staaten der ehemaligen Sowjetunion sowie den anderen Staaten Mittel- und Osteuropas;

- die Überwachung aller Nukleareinrichtungen in Zusammenarbeit mit der internationalen Atomenergiebehörde, um die Einhaltung des Nichtverbreitungsvertrages für Kernwaffen sicherzustellen;
4. gegenseitiger Angriffsverzicht und zwingende Schlichtungsmechanismen.

Eine solche euroatlantische Sicherheitspartnerschaft wäre auch dazu geeignet, Rußland, die Ukraine und andere Republiken der ehemaligen Sowjetunion stärker in ein gemeinsames Sicherheitssystem einzubinden. Inwieweit man sich dabei der NATO oder auch der KSZE bedient, ist eine zweitrangige Frage. Entscheidend kommt es darauf an, daß die Sachprobleme gelöst werden können.

Europäische Union und WEU

Der neue europäische Sicherheitsrahmen ist aber nur ein Gesichtspunkt der neuen transatlantischen Beziehungen. Fast noch wichtiger dürften zunehmend die ökonomischen und politischen Beziehungen über den Atlantik hinweg werden. Für die aus der Europäischen Gemeinschaft und der Europäischen Politischen Zusammenarbeit (EPZ) hervorgehende Europäische Union sollte die Möglichkeit einer Neudefinition ihres Verhältnisses zu den Vereinigten Staaten nicht ausgelassen werden. Schließlich ist es auch im Interesse der USA, wenn sich die Europäische Gemeinschaft als Europäische Union in sicherheits- und verteidigungspolitischer Hinsicht emanzipiert und einen ihrem wirtschaftlichen Gewicht entsprechenden Anteil unserer gemeinsamen weltweiten Verantwortungen übernimmt.

Die Europäische Union sollte auch in der Lage sein, außerhalb des NATO-Bündnisses friedenserhaltend oder friedensstiftend wirksam zu werden. Auch das geeinte Deutschland muß dabei, wie die anderen Partner in Europa, mit gleichen Rechten und Pflichten seinen Beitrag leisten.

Eine vorrangige Aufgabe einer gemeinsamen europäischen Außen- und Sicherheitspolitik der Europäischen Union ist eine »vorsorgende Sicherheitspolitik«. Rüstungskontrolle und Abrüstung, die in Europa weiter an Bedeutung zunehmen sollten, dürfen nicht dazu führen, daß der Rüstungsexport in Länder der Dritten Welt uneingeschränkt fortgesetzt wird. Eine Kontrolle und Einschränkung des Rüstungsexports ist daher eine vorrangige Aufgabe einer europäischen Außen- und Sicherheitspolitik. Europa darf sich keine neuen Rüstungsmärkte in der Welt suchen, da dies weder politisch noch moralisch verantwortbar ist. In der Regel steht es im Widerspruch zur Entwicklung im politischen, sozialen und wirtschaftlichen Bereich. Zusammen mit allen Rüstung-produzierenden Staaten muß die Europäische Gemeinschaft dazu beitragen, den Rüstungsexport drastisch zu reduzieren. Die Durchsetzung dieser Politik duldet keinen Aufschub.

Kritik ist an den Waffen- und Technologieexporten Rußlands sowie der anderen GUS-Staaten nach China, dem Iran und in andere Staaten zu üben. Diese Exporte, die eine Gefährdung für die Welt darstellen, machen deutlich, wie notwendig eine Zusammenarbeit Rußlands und der anderen Republiken mit der Europäischen Gemeinschaft ist, um die Konversion der Rüstungsindustrie in eine zivile Produktion voranzutreiben. Denn ohne einen wirtschaftlichen Aufschwung in der ehemaligen Sowjetunion wächst dort die politische Instabilität. Aber die Europäer müssen Forderungen auch an sich stellen. Der Rüstungsexport in Länder des Nahen Ostens hat dramatisch zugenommen. Die EG sollte auf internationaler Ebene eine Initiative ergreifen, um den Rüstungsexport gerade in den Nahen Osten zu beschränken.

Mit dem Vertrag von Maastricht wird die Westeuropäische Union integraler Bestandteil des Entwicklungsprozesses der Europäischen Union sein und – nach der Erklärung der Mitgliedstaaten der WEU – einen großen Beitrag zur Solidarität innerhalb der Atlantischen Allianz leisten. Damit wird die WEU zur Verteidigungskomponente der Europäischen Union. Diese enge Verbindung ist von großer Bedeutung. Die WEU soll nicht mehr nur für Verteidigungspolitik und die EG nicht nur für bestimmte politische und wirtschaftliche Fragen zuständig sein.

Wir müssen uns mit Nachdruck dafür aussprechen, daß die WEU spätestens 1998, wenn der WEU-Vertrag nach 50 Jahren kündbar ist, vollständig in der Europäischen Union aufgeht. Die Verwirklichung dieses Zieles muß bei der für 1996 vorgesehenen EG-Regierungskonferenz erreicht werden. Die von den WEU-Ministern auf dem Petersberg im Juni 1992 und in Maastricht beschlossene Reform der WEU ist unverzüglich und konsequent durchzusetzen. Hierzu gehört die Einrichtung eines WEU-Planungsstabes, der in Ergänzung zu den Bemühungen der Nordatlantischen Allianz und in enger Abstimmung mit dieser die militärische Zusammenarbeit auf den Gebieten der Logistik, des Transports, der Ausbildung sowie der strategischen Aufklärung vorantreiben soll.

Die Treffen der Generalstabschefs der WEU-Mitgliedstaaten müssen regelmäßig und bei Bedarf ad hoc durchgeführt werden, die Rüstungskooperation ist durch die Schaffung einer europäischen Rüstungsagentur zu verstärken.

Es ist zu begrüßen, daß Mitglieder der Europäischen Gemeinschaft, die noch nicht der WEU angehören, dieser als Mitglied beitreten (so Griechenland) oder aber Beobachter geworden sind (Irland, Dänemark). Europäische Mitgliedstaaten der NATO, die nicht der Europäischen Gemeinschaft angehören, können als »assoziierte Mitglieder« an den Tätigkeiten der WEU teilnehmen (Türkei, Norwegen, Island). Von besonderer Wichtigkeit ist die Entscheidung, der WEU militärische Kontingente zuzuordnen. Die der WEU zugeschriebene operationelle Rolle, die in enger Kooperation mit dem Atlantischen Bündnis wahrgenommen werden sollte, muß verhindern, daß Aufgaben und Einrichtungen der NATO lediglich dupliziert werden.

Die Verwirklichung der Beschlüsse vom Petersberg im Hinblick auf humanitäre Aufgaben und Rettungseinsätze, friedenserhaltende Aufgaben und Kampfeinsätze bei der Krisenbewältigung, einschließlich Maßnahmen zur Herbeiführung des Friedens, sollte möglichst umgehend vorgenommen werden. Bei dieser Aktion ist eine enge Abstimmung mit der NATO unabdingbar. Eine Beschränkung auf die UNO ist nicht verantwortbar, da deren zukünftige Entwicklung nicht vorausgesagt werden kann.

Mit der Ratifizierung und Verwirklichung des Vertrages von Maastricht ist der europäische Einigungsprozeß nicht abgeschlossen und die Europäische Union noch nicht vollendet. Die gemeinsame Außen- und Sicherheitspolitik darf sich längerfristig nicht auf intergouvernementale Zusammenarbeit beschränken, sondern muß zu einer wirklichen Gemeinschaftspolitik werden, über die mit Mehrheit zu entscheiden ist. Dabei sind dem Europäischen Parlament entscheidende Mitwirkungs- und Kontrollrechte einzuräumen. Die Europäische Gemeinschaft/Europäische Union wird in Zukunft nur handlungsfähig sein, wenn das geeinte Deutschland seiner Verantwortung voll gerecht wird. Die Forderung nach einer gemeinsamen Außen-, Sicherheits- und Verteidigungspolitik ist damit nicht zuletzt eine Forderung an Deutschland selbst, dem wirtschaftlich stärksten und bevölkerungsreichsten Land der Europäischen Gemeinschaft.

Zehn Thesen

1.

Menschenrechte sind unteilbar. Sie gelten unabhängig von politischer Überzeugung, religiösem Bekenntnis, ethnischer Zugehörigkeit oder Hautfarbe. Christen, Juden, Moslems, Buddhisten, Hindus oder Menschen ohne Bekenntnis haben den gleichen Anspruch auf Schutz ihres Lebens und der menschlichen Würde. Dieses ist das Prinzip der universellen Geltung der Menschenrechte.

2.

Die Verwirklichung der Menschenrechte ist eine ständige Herausforderung. Hierbei darf sich niemand verweigern. Wer sich verweigert, die Menschenrechte zu verteidigen, verstößt gegen die mitmenschliche Solidarität, handelt unsolidarisch und damit im Kern unmenschlich.

3.

Diplomatische, wirtschaftliche, im weitesten Sinne also politische und – als »ultima ratio« – auch militärische Mittel müssen dazu beitragen, den Schutz der Menschenrechte in Europa und überall in der Welt durchzusetzen.

4.

Der Einsatz des Mittels – politische, wirtschaftliche (Sanktionen) oder militärische Maßnahmen – muß in jedem Einzelfall sorgfältig abgewogen werden.

5.

Diplomatie, die von vornherein den Einsatz militärischer Mittel zum Schutz der Menschenrechte ausschließt, ermutigt den potentiellen Aggressor, den Verletzer von Menschenrechten, und ist damit oft zum Scheitern verurteilt.

6.

Dieses ist die Tragödie Ex-Jugoslawiens. Die Anerkennung der einzelnen Republiken war richtig; der Unabhängigkeit dieser Republiken aber den Schutz zu verweigern, ist das historische Versagen der Europäer und der internationalen Gemeinschaft.

7.

Das größte Unrecht im ehemaligen Jugoslawien geschieht gegenwärtig gegenüber den Moslems in Bosnien-Herzegowina. Hierzu dürfen Europa und die internationale Gemeinschaft nicht schweigen, auch wenn diese Verletzungen von Christen oder denen, die sich dafür halten, begangen werden.

8.

Die – wie die Dinge sich entwickelt haben – Aufteilung Bosnien-Herzegowinas in einen kroatischen, serbischen und moslemischen Teil – ist wahrscheinlich unvermeidbar, darf aber kein Modell für andere Regionen und Staaten werden. Vielmehr muß die Geltung von Minderheiten- und Volksgruppenrechten weltweit durchgesetzt werden. Den Moslems muß ein garantierter Zugang zum Meer ermöglicht werden. Wenn es nicht zu einer einigermaßen befriedigenden Lösung für die Moslems in Bosnien-Herzegowina kommt, wird dieses die Beziehung Europas zur arabischen und islamischen Welt schwer belasten.

9.

Das Scheitern der Europäer in Ex-Jugoslawien ist kein Argument gegen eine gemeinsame europäische Außen- und Sicherheitspolitik, sondern muß vielmehr ein Plädoyer dafür sein. Noch haben die Europäer kein Instrumentarium für eine gemeinsame Außenund Sicherheitspolitik. Vor zehn Jahren hätte niemand von der Europäischen Gemeinschaft ein außen- und sicherheitspolitisches Handeln erwartet. Heute geht der Vorwurf in die andere Richtung, Europa hätte handeln müssen. Der Vertrag von Maastricht ermöglicht dieses Handeln für die Zukunft. Das Instrumentarium hierfür ist rasch und umfassend auch im Sinne »vorsorgender Sicherheitspolitik«, also politischer und wirtschaftlicher Maßnahmen zu schaffen. Militärische Mittel sind immer nur »ultima ratio«.

10.

Bei der gemeinsamen Außen- und Sicherheitspolitik der Europäischen Union darf sich kein Land verweigern, auch Deutschland nicht. Eine deutsche Abstinenz, die Berufung auf die deutsche NS-Geschichte wird von unseren Partnern als unsolidarisch und in einem neuen Sinne nationalistisch empfunden. Auf jeden Fall ist eine Haltung, die für Deutschland grundsätzlich eine Sonderrolle beansprucht, mit der Einigung Europas und den Prinzipien für den Schutz der Menschenrechte unvereinbar. Nicht eine Gesinnungsethik, sondern allein eine Verantwortungsethik kann dazu beitragen, Menschen, deren Rechte verletzt werden, beizustehen und damit wirksam zu helfen.

Oberbürgermeister Hans-Jürgen Fip bei der Geschenkübergabe an den polnischen Botschafter Janusz Reiter im Friedenssaal des Osnabrücker Rathauses
Photo: E. Scholz

Friedensgespräch

zum
Osnabrücker Friedenstag
(Westfälischer Friedensschluß 25. Oktober 1648)

24. Oktober 1993

»Die Rolle Polens in der Entwicklung einer gesamteuropäischen Friedensordnung«

– Vortrag –

Janusz Reiter
Botschafter der Republik Polen in der Bundesrepublik Deutschland
Köln/Warschau

Begrüßung
S. Exzellenz, des Botschafters der Republik Polen in der Bundesrepublik Deutschland

Exzellenz, Herr Oberbürgermeister, meine Damen und Herren!

Die Wiederkehr des Tages des Westfälischen Friedensschlusses ist der äußere Rahmen für unser heutiges *Friedensgespräch*. Die Stadt Osnabrück erinnert daran, daß in ihren Mauern einer der wichtigsten europäischen Friedensschlüsse vereinbart wurde. Sie sieht darin eine besondere Verpflichtung, den Gedanken des Friedens in der Öffentlichkeit wachzuhalten.

Wir sind sehr froh, sehr geehrter Herr Botschafter, daß Sie unserer Einladung gefolgt sind, am heutigen Friedenstag einen Vortrag über die Rolle Polens in der Entwicklung einer gesamteuropäischen Friedensordnung zu halten.

Warum haben wir gerade Sie, als Botschafter Polens, gebeten, einen Vortrag zu diesem Tag zu halten, obwohl doch ihr Land – als eines der wenigen europäischen Länder – nicht am Westfälischen Frieden direkt beteiligt war? Polen war aber von diesem Friedensschluß indirekt und nicht weniger nachhaltig betroffen. Der Friedensschluß hatte für Polen die bittere Konsequenz, daß Schweden – nachdem es sozusagen den Rücken frei hatte – Polen überfiel.

Dieses Ereignis zeigt, daß die europäischen Staaten immer eine Schicksalsgemeinschaft bildeten und bilden. Die Geschichte Polens und Deutschlands nach 1648 ist eine Kette tragischer Auseinandersetzungen und Verstrickungen. Gerade in diesem Jahrhundert steigerten sich diese Verstrickungen ins Monströse. Auch in dieser Beziehung ist das Jahr 1648 ein Anknüpfungspunkt. Es wurden nicht nur neue politische Ordnungen geschaffen, deren Konsequenzen heute noch sichtbar sind. Das Jahr 1648 markiert auch eine geistesgeschichtliche Epochenschwelle.

Der polnische Soziologe und Philosoph Zygmunt Bauman sieht mit 1648 den Beginn der Moderne. Mit Moderne verbinden wir Aufklärung, Beginn der Naturwissenschaften und allgemeine Menschenrechte. Das moderne Weltbild von 1648 ist aber auch die philosophische Verarbeitung von dreißig Jahren des Gemetzels im Namen der Religion. Das politische und theologische Chaos, das sich im Dreißigjährigen Krieg niederschlug, suchte nach einer neuen Glaubensgewißheit. Das Denken der Moderne, so sagt Bauman in seinem jüngsten Buch, das den Untertitel trägt *Die Moderne und der Holocaust*[1,] hat aber auch geistige und politische Ordnungsmuster hervorgebracht, die in der »Neuen Ordnung« und im »Neuen Menschen« der Nationalsozialisten ihren grauenhaften Höhepunkt fanden. Damit soll nicht die historische Schuld Deutschlands am Holocaust geleugnet werden. Es ist die Geschichte des Holocaust, die unsere beiden Länder in diesem Jahrhundert auf schreckliche Weise verbindet, denn für die Inszenierung des Holocausts hatten die Nazis vor allem Ihr Land ausgewählt.

Warum immer wieder die Erinnerung an diese Vergangenheit? Sie haben einmal in einem Interview gesagt: »Keine anderen Völker in Europa haben so viel Gemeinsamkeiten wie Deutsche und Polen«. Gleichzeitig betonen Sie jedoch, daß es ein großer Fehler

---

1   Zygmunt Bauman. *Dialektik der Ordnung. Die Moderne und der Holocaust*. Hamburg: Europäische Verlagsanstalt, 1992.

sei, in den deutsch-polnischen Beziehungen immer nur die Vergangenheit zu beschwören – die Probleme lägen in der Gegenwart.

Dies ist angesichts unserer gemeinsamen Geschichte ein mutiges Wort. In der Tat haben die Umwälzungen der letzten Jahre neue Chancen eröffnet, unsere gemeinsame Zukunft besser zu gestalten als dies in der Vergangenheit der Fall war. Die Geschichte hat immer wieder gezeigt, daß die europäischen Staaten eine Schicksalsgemeinschaft bilden und Frieden auf diesem Kontinent nur gemeinsam erreicht werden kann. Wie brüchig dieser Frieden auch in Europa ist, zeigt uns der Krieg im ehemaligen Jugoslawien.

Ein Europa des Friedens ist nur möglich, wenn die alten nationalstaatlichen Fixierungen überwunden werden. Westeuropas Einigung war nur denkbar aufgrund der deutsch-französischen Verständigung. Die Einigung Europas wird nur möglich sein auf der Basis einer deutsch-polnischen Verständigung. Hier gibt es noch viel zu tun.

Man sagt, daß Sie, Herr Botschafter, eine der schwierigsten Missionen Polens im Ausland übernommen hätten. Sie haben es dennoch in ganz kurzer Zeit verstanden, in Bonn und außerhalb gehört zu werden. Wir hoffen und wünschen, daß es Ihnen während Ihrer Amtszeit in Bonn gelingen möge, einen wesentlichen Baustein für das Fundament eines gemeinsamen europäischen Hauses zu legen. Frieden ist mehr als nur die Abwesenheit von Krieg. Um den Frieden zu schaffen, bedarf es der ständigen Anstrengung; es ist fortwährend daran zu erinnern, daß der Frieden keine Selbstverständlichkeit ist, sondern immer wieder neu erstritten werden muß.

Ihr Vortrag, Herr Botschafter, an dieser historischen Stätte ist auch in diesem Sinne gemeint. Wir danken Ihnen für Ihren Besuch in Osnabrück.

Prof. Günter Bierbrauer PhD

Janusz Reiter

Die Rolle Polens
in der Entwicklung einer gesamteuropäischen Friedensordnung

Es ist mir eine Ehre, hier vor Ihnen sprechen zu dürfen, in Osnabrück, einer der großen Städte der europäischen Geschichte, deren Name mit dem Westfälischen Frieden verbunden ist – aber dadurch auch mit dem Dreißigjährigen Krieg, jener – wie ein deutscher Historiker schreibt – »existentiellen Katastrophe des neuzeitlichen Deutschland, ohne deren Begreifen die ganze folgende deutsche Geschichte keinen Sinn ergibt«. Es ist erstaunlich, wie tief sich solche traumatischen Erfahrungen im Gedächtnis der Völker einprägen. Die polnischen Teilungen am Ende des 18. Jahrhunderts bestimmen bis heute das Geschichtsbewußtsein und dadurch auch das politische Denken in Polen mit. Der Zweite Weltkrieg hat dieses Thema wieder erneuert und zur Erfahrung einer elementaren Bedrohung gesteigert. Traumata dürfen, wie man aus der Psychologie weiß, nicht verdrängt werden. Man muß sie vielmehr, wie es immer wieder heißt, aufarbeiten. In dem schwierigen deutsch-polnischen Dialog ist das meiner Meinung nach gelungen. Davon überzeugte mich z.B. der Satz, den Tadeusz Mazowiecki, der erste demokratische Regierungschef Polens nach dem Krieg, im Mai 1990 während des Besuches Bundespräsident Richard von Weizsäckers ausgesprochen hatte:

> »Wir haben viel Zeit gebraucht, um zu erkennen, daß die eigentliche Frage nicht lautet ›Wie konnten Deutsche Polen es antun?‹, sondern ›wie konnten Menschen anderen Menschen es antun?‹«.

Raymond Aaron formulierte das auf eine Art und Weise, die heute wieder eine neue Aktualität bekommt. Er sagte:

> »Wer die Hitler- oder die Stalinzeit überlebt hat, weiß, daß das Schlimmste immer möglich ist. Das Vertrauen bewahren heißt daran glauben, daß das Schlimmste nicht immer sicher ist.«

Geschichtsbewußtsein kann eine wichtige Orientierungshilfe sein, kann aber auch zu einem Fluch werden. Der spanische Ministerpräsident Felipe Gonzalez hielt in Aachen, als er den Karls-Preis entgegennahm, eine Rede, in der er das auf eine bewegende Weise darstellte. Er sprach von Spaniens Weg nach Europa. Er sprach von einem Land, das aus seiner z.T. auch selbst verschuldeten Isolation und Entfremdung herauskam. Es ging nicht nur um den Übergang von der Diktatur zur Demokratie. Das Wesentliche lag tiefer, in dem historisch gewachsenen Selbstverständnis einer Nation, die aus der Not ihrer Unfähigkeit, sich als Teil eines größeren Ganzen zu verstehen, die Tugend ihrer Einzigartigkeit zu machen versuchte, eine Art historische Bestimmung. Erst seiner Generation sei es gelungen, für Spanien wieder einen vom Volk akzeptierten Platz in Europa zu finden.

Wenn der Slogan »Rückkehr nach Europa«, den man heutzutage in Polen und in den anderen mittelosteuropäischen Ländern so oft hört, einen Inhalt hat, dann müßte er genau das meinen: die Suche nach einem Platz in Europa. Eine Aufgabe, die nicht nur außenpolitisches Geschick, sondern eine Bereitschaft zu Veränderungen, auch mentalen, voraussetzt, und zwar bei allen Beteiligten. Die mittelosteuropäischen Völker kehren in die Geschichte zurück mit der eingeprägten Erfahrung, daß – wie ein polnischer Historiker es formulierte – »kein Sieg, kein Friedensvertrag jemals endgültig ist, daß keine Grenzen sicher sind und daß jede Generation mit der Arbeit von vorne anfangen muß«.

In der polnischen Geschichte wurde oft der Versuch unternommen, dieser – wie jemand sagte – »angelernten Hilflosigkeit« einen höheren, metaphysischen Sinn zu verleihen. Die polnische Literatur kennt viele glanzvolle Beispiele dafür. All das war ein Teil eines Überlebenscodes. Er war in der Not hilfreich, kann aber das Leben in sog. normalen Zeiten erschweren. Aber kann man ihn einfach beim Eintritt nach Europa an der Garderobe ablegen? Selbst der Nobelpreisträger Czeslaw Milosz, ein durch und durch europäischer Dichter, fragt skeptisch und verunsichert:

> »Sollen die Jahre des Leidens unter der totalitären Herrschaft ausgelöscht und durchgestrichen sein und sollen die Menschen wieder bei Null anfangen? Sollen die Denker, Dichter und Künstler sich ihren westlichen Kollegen anschließen und sich mit der mehr oder weniger marginalen Rolle abfinden, die ihnen in Gesellschaften, die hauptsächlich mit Kauf und Verkauf beschäftigt sind, zugewiesen wird?«

Czeslaw Milosz wuchs im damaligen polnischen Osten auf, dem heutigen Litauen, dem einzigartigen Raum, der eine große Kultur hervorgebracht hat. Seine Werke erinnern daran, daß Polen ein Land war, das nicht nur geographisch vom Westen nach Osten ausgedehnt war. Ein Land, das sich als Teil des lateinisches Abendlandes verstand, aber auch den östlichen Einfluß in seine Kultur aufnahm. Ein Land, wo sich Ost und West begegneten – kulturell fruchtbar, politisch oft spannungsvoll.

Czeslaw Milosz lebt seit vielen Jahren in Kalifornien. Die Welt seiner Jugend existiert nicht mehr. Sie wurde im September 1939 ermordet, das Todesurteil unterschrieben zwei Diktatoren, Hitler und Stalin. Das Polen, das aus dem Krieg hervortrat, war ein verändertes. Es wurde, ohne nach seiner Zustimmung gefragt zu werden, nach Westen verschoben. Geographisch westlicher, politisch aber dem Osten zugeschlagen. Die sowjetische Vormacht garantierte diesem Staat die Sicherheit. Der Preis, den sie dafür verlangte, war die Unterwerfung. Jedesmal, wenn die polnische Gesellschaft versuchte, ihre Freiräume zu erweitern, wurden Drohungen vernehmbar, die Garantien für die polnische Westgrenze könnten zurückgenommen werden. Der Warschauer Vertrag vom Dezember 1970 zwischen der Bundesrepublik Deutschland und der damaligen Volksrepublik Polen hat die polnische Abhängigkeit von diesen Garantien ein Stück abgebaut. Darin lag auch seine europäische Bedeutung. Er hat aber vor allem den Weg zur Verständigung zwischen Polen und Deutschen eröffnet. Der Vertrag wurde auf deutscher Seite von Willy Brandt, dem Bundeskanzler der damaligen sozial-liberalen Koalition unterzeichnet. Aber auch Christdemokraten haben ihm maßgeblich zum Erfolg verholfen. Der damalige Ministerpräsident Niedersachsens, Ernst Albrecht, hat dabei eine wichtige Rolle gespielt.

Die Polen von der Bundesrepublik trennende DDR setzte dieser Politik der Verständigung enge Grenzen. Jeder Emanzipationsversuch stieß an die Grenzen, die Grenzen der Jaltaer Ordnung. Die Zerschlagung der »Solidarität« im Dezember 1981 hat das in einer besonders drastischen Form deutlich gemacht. Kein Wunder, daß in der Diskussion über die Gründe der Niederlage und über die künftige Strategie die deutsche Frage einen exponierten Platz einnahm. Wahrscheinlich gab es in den 1980er Jahren kein Land in Europa, in dem man sich mit dem Problem der deutschen Einheit so intensiv auseinandersetzte wie in Polen. Und in keinem anderen Land hatte wohl die Vereinigung Deutschlands so viele entschiedene Befürworter wie in Polen. Ich will auch darauf hinweisen, welchen Bewußtseinswandel das bedeutete. Das Dogma, dem viele Menschen auf beiden Seiten huldigten: *Was für Deutschland gut ist, muß für Polen schlecht sein und umgekehrt*, wurde widerlegt. Die nationalen Grundinteressen Polens und Deutschlands haben sich in der für beide Völker so entscheidenden Situation am Ende der 80er Jahre als völlig übereinstimmend erwiesen. Das ist eine Tatsache, über die man nicht einfach zur Tagesordnung übergehen darf. Denn es handelte sich nicht um eine zufällige Übereinstimmung taktischer Ziele im diplomatischen Spiel. Hier trafen sich demokratische Freiheitsideale, die ihre Wurzeln in derselben Wertegemeinschaft haben. Darauf kann und muß man sich immer wieder besinnen.

Durch die Vereinigung Deutschlands und die Auflösung der Sowjetunion hat sich die geopolitische Lage Polens grundlegend verändert. Polen liegt heute nicht wie in der Vergangenheit zwischen Deutschland und Rußland. Polen muß nicht zwischen Deutschland und Rußland wählen, kann vielmehr mit den beiden, aber auch mit allen anderen Nachbarn in Eintracht leben. Das ist eine historisch neue Situation. Sie ist ein Geschenk der Geschichte. Ein Geschenk, das sie uns nicht für immer gegeben hat. Ein Geschenk, das sie uns wieder nehmen kann, wenn wir mit ihm nicht richtig umgehen können. Dafür müssen mindestens drei Bedingungen erfüllt werden:

Erstens bleiben Polen mögliche geopolitische Dilemmata nur solange erspart, wie Deutschland bei seiner Absage an die traditionelle Geopolitik bleibt. Mit anderen Worten: solange Deutschland seine Interessen in europäischen und transatlantischen Integrationsstrukturen aufgehoben sieht. Die Einbindung in diese Integrationsstrukturen war ja nicht nur eine außenpolitische Weichenstellung. Das war vielmehr eine Antwort auf ein traditionelles Problem der deutschen Geopolitik, das Problem der sog. Mittellage. Deutschland hat mit dieser Entscheidung nicht nur Verbündete und Freunde gewonnen. Es hat seine innere Ruhe gefunden – und mit Deutschland auch seine Nachbarn. Mit dieser Politik, die ja eine gewisse Selbstbeschränkung einschließt, hat die Bundesrepublik Erfolg gehabt. Sie hat sogar das Ziel erreicht, an dem schon viele zu zweifeln begannen: die Einheit.

Mit der Vereinigung ist eine Etappe in der deutschen und der europäischen Geschichte zu Ende gegangen. Es kann nicht alles wie bisher weitergemacht werden. Daß sich Deutschland nach wie vor zur Politik der Integration bekennt, ist aber nicht nur verständlich, sondern auch erfreulich. Wenn ein Land wie Spanien nicht fähig ist, seinen Platz unter den Völkern zu definieren, ist es vor allem sein eigenes und erst dann ein europäisches Problem. Wenn sich Deutschland in Europa entfremdet fühlt, ist es sowohl ein deutsches als auch ein europäisches Problem.

Die *zweite* der drei Bedingungen betrifft die Zukunft Polens selbst. Das Land steht vor einer historischen Entscheidung, die in ihrer Bedeutung vergleichbar ist mit der europäischen Orientierung Deutschlands nach dem Zweiten Weltkrieg. Auch Polen muß sich neu orientieren – als ein Land, das nicht nur geographisch, sondern auch kulturell und schließlich politisch westlich geprägt ist. Diese Orientierung kann nur dauerhaften Erfolg haben, wenn sie auch ihre institutionelle Form findet. Das heißt, wenn auch Polen sich in die Integrationsstrukturen einfügt. Was dies für die europäische Politik und für die deutsch-polnischen Beziehungen bedeutet, werde ich weiter unten noch erläutern.

Die *dritte* Bedingung schließlich ist eine möglichst stabile Entwicklung östlich Polens, in den Ländern der früheren Sowjetunion: in Rußland, Belarus, der Ukraine und den baltischen Staaten. Polen ist daran interessiert, daß diese Länder ihre Beziehungen in gegenseitiger Achtung ihrer Souveränität gestalten. Das ist ein Grundsatz, der für alle gilt – in Streitigkeiten mischt sich Polen nicht ein. Unser Beitrag zur Stabilität dieser Region kann vor allem darauf beruhen, daß Polen selbst ein stabiles Land bleibt.

Polen liegt heute in einem Spannungsfeld zwischen dem sich integrierenden Westeuropa und dem von widersprüchlichen Kräften erschütterten Osteuropa. Wir haben ein doppeltes Wohlstandsgefälle, eines an der westlichen, das andere an der östlichen Grenze.

Daraus ergeben sich zwangsläufig auch soziale Spannungen; man sieht sie an den Grenzübergängen besonders deutlich fokussiert. Die deutsch-polnische Grenze ist gleichzeitig die äußere EG-Grenze. Nachdem die sog. Binnengrenzen weitgehend abgeschafft worden sind, werden die Kontrollen an den Außengrenzen umso mehr verschärft. Dabei muß man – auch wenn das eher verlegen verschwiegen wird – einsehen, daß der Druck auf die EG unvergleichlich härter sein würde, wenn Polen ihn nicht schon vorher abfinge.

Auch die asylpolitische Entwicklung macht das deutlich. Polen hat innerhalb von wenigen Jahren einen bemerkenswerten Wandel durchgemacht: von einem sog. Herkunftsland über ein sog. Transitland zu einem Aufnahmeland. Ich bin mir dessen bewußt, daß es, wenn man dieses Bild betrachtet, naheliegt, Polen als einen Puffer zwischen Ost und West zu bezeichnen. Es wäre unseriös zu leugnen, daß Polen eine solche Funktion z.T. erfüllt. Das kann nicht so bleiben. Polen wäre hoffnungslos überfordert, wenn man es dauerhaft in diese Rolle versetzen wollte. Polen hat nur eine Alternative: es kann – aus eigener Kraft und mit Unterstützung von außen – in den westlichen Strukturen seine Stabilität festigen oder in die Instabilität stürzen.

Ich mache mir keine Illusionen: Eine Westintegration Polens kann nicht ein großer Sprung sein, sondern das Ergebnis vieler kleiner Schritte. Das gilt für die angestrebte EG-Mitgliedschaft wie auch für den gewünschten NATO-Beitritt. Was das zweite Ziel anbetrifft, so muß ich eines richtig stellen: es geht nicht darum, im Westen Schutz vor dem Osten zu suchen. Vielmehr handelt es sich um die Frage, wo Polen – in seiner besonderen Lage – Sicherheit finden kann. Ist es ein schlechtes Geschäft für Europa, wenn ein Land wie Polen bereit ist, einen Teil seiner nationalstaatlichen Souveränität an eine gemeinsame Entscheidungsstruktur zu übertragen? Kann sich dadurch jemand bedroht fühlen? Selbstverständlich muß man ein gesamteuropäisches Sicherheitssystem anstreben. Die Frage ist nur, ob Polen auf das Ergebnis dieser Suche als ein Land des manchmal so genannten Zwischeneuropa oder als Mitglied einer verläßlichen Integrationsgemeinschaft warten soll?

Die Diskussion darüber muß weitergeführt, aber entemotionalisiert werden. Man kann sie vor allem nicht so führen, als ob es um alles oder nichts ginge. Die NATO-Mitgliedschaft muß das Ziel eines längeren Prozesses sein. Was heute not tut, ist eine Antwort auf die Frage, ob der Westen das Ziel unterstützt. Die NATO hat sich dazu noch nicht durchgerungen. Die Europäische Gemeinschaft hat auf dem letzten Gipfeltreffen dieses Ziel bekräftigt. Die Bundesrepublik Deutschland gilt als das Land, das sich für eine künftige Mitgliedschaft Polens besonders energisch einsetzt. Welches Interesse kann Deutschland daran haben, daß Polen der Gemeinschaft beitritt?

Henry Kissinger meint, Geschichte sei die Erinnerung der Staaten. Unsere Staaten können sich an viel Leid erinnern. Vor allem aber sollten sie sich daran erinnern, wie eng die Schicksale der Völker, die hier in Mitteleuropa leben, miteinander verflochten sind. Oft wurde diese Verflechtung als eine Last empfunden. Die Europäische Gemeinschaft hat Nachbarn zusammengeführt, weil sie ein Modell des Interessenausgleichs schuf, der viel effektiver als die traditionelle Machtpolitik ist. Das Modell hat sich bewährt. Eine neue Probe steht ihm aber bevor. Nun kann auch das Verhältnis zu den mittelosteuropäischen Ländern auf die gleiche Grundlage gestellt werden. Europäische Stabilität hängt von dem Erfolg weitgehend ab. Vor allem in Mitteleuropa, hier, wo Deutsche und Polen Nachbarn sind, wo sie für Europa gemeinsam Verantwortung tragen.

Begrüßung im Rathaus: Prof. Dr. Rainer Künzel, Ignatz Bubis, Oberbürgermeister Hans-Jürgen Fip, Oberstadtdirektor Dierk Meyer-Pries, Prof. Günter Bierbrauer PhD (v. l.)   Photo: E. Scholz

Friedensgespräch

23. November 1993

»Zur Situation der deutschen Juden drei Jahre nach der Vereinigung«

– Vortrag –

Ignatz Bubis

Vorsitzender des Zentralrates der Juden in Deutschland, Frankfurt/M.

I.

Ich darf zuerst einmal meine persönliche Haltung zur deutschen Einheit, die auch der Meinung der jüdischen Gemeinschaft in Deutschland entspricht, hier skizzieren. Ich gebrauche nicht gern das Wort *Wiedervereinigung*, weil es mich zu sehr an das Dritte Reich erinnert; deshalb spreche ich von der *deutschen Einheit*. Ich will – als Einleitung – das wiederholen, was ich während einer Tagung des Jüdischen Weltkongresses in Jerusalem am 8. Mai 1991 gesagt habe (dieses Datum – kurz nach dem Ende des Golfkrieges und am Jahrestag des Kriegsendes 1945 – wurde bewußt für diese Tagung gewählt). In einer Ansprache dort habe ich ausdrücklich vermerkt, daß jenes Ereignis, das in Deutschland stattfand, keine Wiedervereinigung des Deutschen Reiches bedeutet; vielmehr ist ein Teil Deutschlands mit einem kommunistisch-stalinistischen System untergegangen, und ein demokratisches Deutschland ist durch diese Einheit größer geworden. Zugleich habe ich zum Ausdruck gebracht, daß ich Verständnis für die Menschen habe, die angesichts des Holocausts Regungen empfinden, die sie an den Völkermord erinnern: daß hier nämlich durch die Verschmelzung zweier Wirtschaftsriesen wieder ein großes gefährliches Deutschland entsteht (es war die Zeit, als man noch glaubte, auch die DDR sei ein Wirtschaftsriese).

Diese Vorbehalte gab es nicht nur in Israel, sondern weltweit und insbesondere bei den europäischen Nachbarn, die selbst unter den Nationalsozialisten zu leiden gehabt hatten. Es entstand gleichzeitig auch ein gewisser Vorbehalt, ob im zusammenwachsenden Europa durch die deutsche Einheit plötzlich eine Hegemonialstellung dieses Landes erwachsen könnte – genauso wie bei uns Befürchtungen aufkamen, ob die Deutsche Mark durch die deutsche Währungsunion nicht schwächer würde oder welche Folgen zu gewärtigen seien, wenn wir von Brüssel oder Straßburg aus regiert werden. Hinsichtlich dieser bei unseren Nachbarn erkennbaren Furcht vor einem von Deutschland dominierten Europa habe ich seinerzeit im In- und Ausland gesagt, was ich hier wiederholen will: Wir brauchen uns vor einem Gesamtdeutschland einschließenden Europa nicht zu fürchten, weil es dazu keine Gründe gibt, und vor allem, weil eine europäische Einheit der beste und wichtigste Schritt in Richtung Frieden auf diesem Kontinent ist. Ich wünschte mir, wir hätten bereits in den 1930er Jahren die europäische Einheit gehabt: es wäre uns allen überall in Europa vieles erspart geblieben. Und im Ausland betone ich besonders, daß ich Angst hätte vor Deutschland außerhalb Europas, denn wie würde sich dieses Land außerhalb einer solchen Staatengemeinschaft verhalten?! Keine Angst habe ich hingegen vor einem Deutschland als integraler Teil eines vereinten Europas. Das ist auch meine innere Überzeugung, genauso wie ich die Einheit Deutschlands und den Untergang der Diktatur in der ehemaligen DDR aus innerer Überzeugung begrüßt habe.

Wenn ich über die heutige Situation der deutschen Juden spreche, so will ich weiterhin vorwegschicken, daß meiner Ansicht nach das Anwachsen der rechtsradikalen Parteien mit der deutschen Einheit nur wenig zu tun hat. Es ist nicht auszuschließen, daß es da und dort entsprechende Zusammenhänge gibt, nach dem Motto: *Wir sind jetzt endlich souverän, die Nachkriegsgeschichte Deutschlands ist zu Ende, wir haben unsere Freiheit nun vollständig wiedererlangt* – obwohl wir sie im Westen seit Jahrzehnten ohnehin schon hatten. Diese Freiheit ist jetzt auf ganz Deutschland ausgedehnt, und dies mag bei dem einen oder anderen neue, nationalistische – nicht patriotische (gegen die ich nichts einzuwenden hätte) – Gefühle geweckt haben. Sollte das der Fall sein, so kann es sich m.E. nur um eine Minderheit handeln, denn wir erlebten schon vor der deutschen Einheit zweimal Perioden des anwachsenden Rechtsradikalismus in der alten Bundesrepublik, die jedoch schnell wieder verschwanden. Heute beobachten wir auch in den europäischen Nachbarländern ein kontinuierliches Anwachsen der rechtsradikalen Parteien und der Zahl ihrer Sympathisanten. Die Wahlergebnisse in Frankreich, Belgien und den Niederlanden machen dies deutlich (ich spreche gar nicht von den letzten Wahlen in Italien, wo es einen Erdrutschsieg der Rechten gegeben hat; aber dort sind besondere Verhältnisse zu berücksichtigen, die Ursache dafür sein mögen). Dieses Ansteigen des Nationalismus und des Rechtsradikalismus ist demnach in ganz Europa und auch außerhalb unseres Kontinents zu verzeichnen.

Was Deutschland betrifft, so ist ein Anwachsen der Gewalt auszumachen, die aus dieser politischen Ecke kommt, und zwar von einer zweifellos kleinen Minderheit, die mir aber dennoch große Sorgen bereitet (wobei ich den Zulauf zu den rechtsradikalen Parteien bei uns im übrigen niedriger einschätze als in den Nachbarländern). Es ist unstrittig, daß die überwältigende Mehrheit der deutschen Bevölkerung den Terror ablehnt, aber ein Teil scheint sich damit abzufinden, daß diese Gewalt da ist: sie nimmt sie hin. Ich meine damit nicht nur die rechtsradikal motivierte, sondern Gewalt schlechthin. In den letzten Jahren ist die Schwelle zur Gewaltbereitschaft immer niedriger geworden – Gewalt an Schulen, gegen Behinderte, ganz zu schweigen von der Gewalt, die weltweit, aber auch gleichsam vor unserer Haustür, im ehemaligen Jugoslawien, ausgeübt wird. Und wir alle gewöhnen uns an die täglich in den Wohnzimmern vor dem Fernsehschirm erlebte Gewalt, die uns immer wieder aufs neue entrüstet, aber mit dem Abschalten des Fernsehers auch aus dem Bewußtsein verschwindet. Damit hat sich's dann. Zwar versuchen wir in Deutschland sicherlich in besonderem Maße, z.B. Kriegsflüchtlingen nach Möglichkeit zu helfen, aber eben erst dann, wenn sie bereits zu Flüchtlingen geworden sind, wenn sie – wo auch immer – aus Furcht vor Bomben und Tod ihr Heimatland verlassen mußten. Da müssen die europäischen Staaten sich fragen lassen, was sie etwa gegen das Morden im ehemaligen Jugoslawien tun, außer jedesmal einen neuen – mittlerweile vielleicht den hundertundfünfzigsten – Waffenstillstand zu begrüßen, von denen bisher keiner wirksam, geschweige denn eingehalten wurde. Wenn wir von Gewalt sprechen und von unserer Art und Weise, damit umzugehen, muß auch dies gesagt werden.

II.

Indem ich nun auf die Situation der jüdischen Gemeinschaft im heutigen Deutschland eingehe, muß ich ein wenig ausholen, und zwar zurück in die Zeit bis vor 1933. Wenn sich Menschen mit dem Judentum in Deutschland befassen, so denken die meisten an die Epoche des Dritten Reiches, allenfalls noch an die vorangehenden Jahre, in denen der Nationalsozialismus entstand. Aber kaum jemand – auch nicht an den Schulen – beschäftigt sich mit 1.600 Jahren Geschichte jüdischer Existenz, während der Juden hier ununterbrochen gelebt und unterschiedliche Zeitläufte erlebt haben. Bemerkenswerterweise folgten in diesem großen Zeitraum positivste und denkbar negativste Existenzmöglichkeiten – historisch-chronologisch gesehen – direkt aufeinander. So waren die Juden im Kaiserreich seit 1871 staatsrechtlich vollständig und gesellschaftlich weitgehend emanzipiert und gleichberechtigt; sie konnten als freie Menschen leben und ihre Interessen entfalten. Im allgemeinen gab es in der Bevölkerung Deutschlands damals nicht den Begriff des »Fremden« für die jüdischen Deutschen und auch nicht deren Ausgrenzung; das änderte sich erst Ende der 1920er Jahre mit dem Anwachsen des insbesondere durch den Nationalsozialismus forcierten Antisemitismus, was schließlich zum Holocaust führte. Nun hat sich natürlich nicht am Tag nach der Kapitulation der Wehrmacht, am 9. Mai 1945, in Deutschland die Welt insofern verändert, als daß ein zwei Tage zuvor noch überzeugter Antisemit nunmehr plötzlich ein anderer Mensch geworden wäre. Dieser Antisemitismus blieb ununterbrochen latent vorhanden; allerdings wurde es jetzt unpassend und vor allem unbequem, sich dazu zu bekennen.

Als ein Ergebnis der Jahre der nationalsozialistischen Herrschaft ist zu konstatieren, daß für die Mehrheit der deutschen Bevölkerung der Jude bis heute ein Fremder geblieben ist. Ich will dabei Ausländerfeindlichkeit, Fremdenfeindlichkeit und Antisemitismus getrennt voneinander gesehen wissen, nicht weil das eine weniger schlimm wäre als das andere, sondern weil diese Erscheinungen unterschiedliche Ursachen haben, die allerdings zu denselben Resultaten führen. Der religiös begründete Judenhaß ist 2.000 Jahre alt (seit Juden in der Diaspora leben), der »biologisch« begründete Antisemitismus etablierte sich in der Mitte des 19. Jahrhunderts; es begann als christlicher Antijudaismus (der übrigens bis heute nicht ganz verschwunden ist) und reicht bis zum modernen Antisemitismus, von dem m.E. ein großer Teil der Bevölkerung in Deutschland auch heute noch betroffen ist. Statistiken und demoskopische Erhebungen sprechen von 15 Prozent manifesten Antisemiten und weiteren 15 Prozent latenten. Dieser verbreitete moderne Antisemitismus hat sich in den letzten Jahren nicht vermehrt, er tritt heute jedoch offener in Erscheinung – und ich meine, daß dies nicht unbedingt mit der Einheit Deutschlands zu tun hat, sondern mit der Entwicklung der Zeit. Es gibt den immer wieder offen formulierten Wunsch, die Vergangenheit zu vergessen, z.T. sogar aus einem gewissen Schuldgefühl heraus, etwa nach dem Motto: *Es war schon schlimm, was damals passierte, und wir – als Volk, nicht als Einzelne – wurden damals schuldig; aber nach nunmehr 50 Jahren muß doch endlich Schluß sein mit der ständigen Erinnerung.* Es wird in dieser Argumentation nicht behauptet, daß man nichts damit zu tun habe; aber: man möchte damit nicht mehr konfrontiert werden, man möchte es abschieben.

Ich war heute vormittag in Mölln und habe genau diese Haltung auch bezogen auf die dortigen Vorgänge des letzten Jahres festgestellt. Die Bevölkerung, so wurde mir in mehreren Gesprächen deutlich, weiß genau, was da geschehen ist, aber sie möchte damit nicht identifiziert werden und es deshalb wegschieben und vergessen. Man weiß es, und man fühlt sich betroffen; aber man möchte diese Betroffenheit nach Möglichkeit ablegen, indem man sagt: *Das hätte ja auch in jeder anderen Stadt passieren können* (was ja auch richtig ist), *und deshalb wollen wir darüber am liebsten gar nicht sprechen.* Wenn es nach vielen Möllner Bürgern ginge, müßte das beim seinerzeitigen Brandanschlag zerstörte Haus wieder aufgebaut werden, erneut Menschen Wohnung bieten, und dann bräuchte man darüber überhaupt nicht mehr zu reden.

Es gab ein böses Wort nach 1945, und ich habe das Gefühl, daß es sich heute weiter ausgebreitet hat. Es lautet: *Die Nazis können den Juden Auschwitz nicht vergeben, weil sie wissen, daß sie in Auschwitz schuldig geworden sind. Und die Juden sind es, die ihnen diese Schuld täglich vor Augen führen, ob sie darüber sprechen oder nicht.* Daraus entsteht ein Gefühl des Schuldigseins auch bei denen, die damit unmittelbar nichts zu tun hatten; denn es ist etwas Unbequemes. *Wenn es Auschwitz nicht gegeben hätte, ginge es uns heute allen viel besser; und was dort geschehen ist, ist auch anderen von anderen Völkern und Nationen angetan worden. Deshalb sind die Juden sogar die Verursacher dessen, daß man heute mit einem schlechten Gewissen leben muß.*

III.

Was hat sich für die Juden in Deutschland nun heute verändert? Wir müssen wissen, daß wir eigentlich ein Land ohne Juden sind. 1930 lebten hier fast 600.000 Juden bei einer

Gesamtbevölkerung von ca. 66 Millionen Menschen (ca. 0,9 Prozent). 1989 haben in beiden, jetzt ca. 80 Millionen Einwohner zählenden Teilen 29.000 Juden (ca. 0,03 Prozent) gelebt, davon 400 in der DDR; dieses Bild hat sich dort allerdings in den letzten vier Jahren durch die Zuwanderung von etwa 14.000 Juden aus der ehemaligen Sowjetunion ein wenig verändert. Bemerkenswert ist dabei, daß die Hälfte der jüdischen Bevölkerung nach wie vor in drei Gemeinden lebt, das sind Berlin, Frankfurt/M. und München; und wenn man dann noch drei größere Gemeinden wie Köln, Düsseldorf und Hamburg hinzunimmt, dann sind wir schon bei 70 Prozent; lediglich zehn- bis zwölftausend Juden leben in weiteren 70 Gemeinden verteilt auf ganz Deutschland, z.T. Gemeinden mit nur 20 bis 50 Mitgliedern. Um ein Beispiel zu nennen: In einer Stadt wie Essen mit ca. 700.000 Einwohnern wohnen 120 Juden; im vergleichbar großen Frankfurt hingegen 6.000. Das frühere Landjudentum ist heute verschwunden; so gab es gar Landgemeinden im Hessischen, in denen die Mehrheit der Bevölkerung jüdisch war. Nicht zuletzt aufgrund dieser demographischen Situation kennt mehr als 50 Prozent der deutschen Bevölkerung persönlich keinen Juden und weiß auch nichts Qualifiziertes über das Judentum.

Für die jüdische Gemeinschaft hat sich durch die Zuwanderung einiges verändert, u.a. weil wir mittlerweile einen Wandel hinsichtlich unserer Rabbiner und Religionslehrer zu verzeichnen haben. Deutschsprachige Rabbiner sind äußerst selten geworden, denn im Gegensatz zu früheren Zeiten, wo es in Berlin noch ein Rabbinerseminar gab, existiert in Europa kein derartiges deutschsprachiges Institut mehr. Eine wichtige Aufgabe für die jüdischen Gemeinden ist die soziale Betreuung der Zuwanderer, sie in die Gesellschaft zu integrieren, um ihnen angesichts der Wohnungsnot, der hohen Arbeitslosigkeit etc. wirksam zu helfen. Ich muß in diesem Zusammenhang sagen, daß mir kein Fall bekannt ist, wo die jeweilige Gemeinde oder Kommune uns in diesem Bemühen etwa Schwierigkeiten bereitete oder uns nicht hinreichend unterstützte; auf diese Unterstützung sind wir im übrigen auch angewiesen.

Was sich weiterhin verändert hat, ist, daß der schon immer vorhandene Antisemitismus verstärkt spürbar ist. Man bekennt sich heute wieder auch offen dazu. Darüber hinaus gibt es das Phänomen der Ausländer- und Fremdenfeindlichkeit, das früher in dieser Art und Intensität unbekannt war. Dieses hat ganz andere Ursachen als der traditionelle Antisemitismus, betrifft uns Juden aber auch. In manchen verwirrten Köpfen wird angesichts der großen Zahl der in Deutschland lebenden Ausländer nicht einmal unterschieden zwischen Zuwanderern, Übersiedlern, Umsiedlern, Asylbewerbern und Menschen, die wir geholt haben, damit sie hier arbeiten. Da ein Jude – wie ich noch erläutern werde – ebenfalls als Fremder betrachtet wird, ist er automatisch auch in dieser Kategorie. Dieser manifest latente, unterschwellige Antisemitismus ist nicht vergleichbar mit dem der 30er Jahre, den es zwar auch noch hier und da geben mag; die Anzahl solcher Menschen dürfte jedoch außerordentlich gering anzusetzen sein.

Antisemiten im strengen Sinne melden sich heute aber auch schon wieder zu Wort, z.B. anläßlich solcher Veranstaltungen wie den *Osnabrücker Friedensgesprächen* – und ich bin froh, daß sie das tun, denn dies gibt mir die Gelegenheit, mit ihnen zu sprechen. Mir ist es auch lieber, wenn jemand seine diesbezügliche Haltung offen ausspricht, als sie nur still mit sich herumzutragen. Aber es ist unbestritten, daß die Mehrheit der Bevölkerung nicht im strengen Sinne antisemitisch oder fremdenfeindlich, jedoch zunehmend bereit ist, solche Erscheinungen hinzunehmen und sich daran zu gewöhnen. Das halte ich für eine große Gefahr. Wir werden in Deutschland noch eine ganze Weile mit etwas leben müssen, das – so bedauerlich es ist – auch akzeptiert werden muß. Es gibt Antisemitismus und Fremdenfeindlichkeit in anderen europäischen Ländern ebenfalls, dort vielleicht sogar stärker als z.Zt. in Deutschland. Aber wenn hier entsprechende Parolen und Gewalttaten auftauchen bzw. verübt werden, so ist das aufgrund unserer Geschichte in besonderer Weise zu bewerten, denn wir hatten schon einmal einen Hitler. Die wirtschaftlichen und sozialen Verhältnisse im Jahre 1933 waren im übrigen Europa auch nicht besser als in Deutschland. Wenn wir in unserem Zusammenhang von wirtschaftlichen Problemen sprechen, dann jammern wir zunächst einmal auf einem sehr hohen Niveau; wir sollten aber auch da nicht übersehen, daß es in unseren Nachbarländern nicht anders ist. Da stehen wir – auch noch nach 50 Jahren – im internationalen Rampenlicht: andere Länder widerstanden der Versuchung, der Deutschland schon einmal erlag, und da müssen wir akzeptieren, daß in diesen Ländern besondere Befürchtungen bezogen auf uns Deutsche gehegt werden.

Die Verbindung Jude – Fremder, die offenbar im Bewußtsein eines großen Teils, wenn nicht der Mehrheit der deutschen Bevölkerung spukt und die ich, wie gesagt, als einen Teil des unterschwelligen, latenten Antisemitismus bezeichne, dokumentiert sich auch in Briefen, die ich täglich erhalte (die Mehrzahl der Briefe ist übrigens positiven Inhalts). Das geht dann hin bis zur Neuauflage groteskester Anschuldigungen, die wir aus früheren Zeiten hinlänglich kennen. So war es ehedem die Pest, mit der angeblich die Juden den Christen Elend und Tod brachten. Heute bekomme ich tatsächlich Briefe, in denen allen Ernstes behauptet wird, die Juden hätten den Aids-Virus in dieses Land eingeschleppt, um sich an den Deutschen zu rächen. Das Schlimme an solchen Vorurteilen, und seien sie noch so absurd, ist, daß im Bewußtsein vieler Menschen ein Mechanismus abläuft, der – auf das Aids-Beispiel bezogen – etwa folgendermaßen funktioniert: Man weiß zwar, daß diese Anschuldigung absurd ist, aber man sagt sich gleichzeitig: *Irgendetwas muß doch 'dran sein, sonst würde ein solcher Vorwurf ja nicht erhoben.* Dieser Mechanismus ist uns allen bekannt, und er verursacht ein dumpfes, undifferenziertes Gefühl, wonach Juden irgendwie andersartig, gefährlich, bösartig sind. Das Beispiel Polen mag hier angebracht sein: Dort leben heute lediglich noch 2.500 Juden; aber – so wissen wir aus zuverlässigen Erhebungen – über 50 Prozent der Bevölkerung sind als Antisemiten zu bezeichnen – in einem Land ohne Juden! Möglicherweise ist es der eben beschriebene Mechanismus, der dieses sonst kaum begreifbare Phänomen erklären könnte.

Der Tenor der eher freundlichen der negativen Briefe, die ich immer wieder erhalte, lautet etwa folgendermaßen: *Sie sind Gast hier; wir sehen zwar einen gewissen kulturellen Unterschied zwischen den vielen Ausländern und Ihnen, aber aus der deutschen Politik sollten Sie sich doch, bitteschön, heraushalten, damit der Antisemitismus nicht wieder entsteht.*

Abgesehen davon, daß solche Briefe mit Absendern versehen sind und aus den unterschiedlichsten Schichten der Bevölkerung stammen, so habe ich neuerdings erlebt, daß auch viele Politiker der Auffassung sind, einem Juden stehe das Recht der Kritik, wenn es sich um einen Kandidaten für das Amt des Bundespräsidenten handelt, nicht zu. Da haben mich sogar ernstzunehmende und hochrangige Politiker angesprochen und mir zu bedeuten gegeben, daß sie es sehr gut mit den Juden meinten und es aus diesem Grunde für besser befänden, wenn sich der Vorsitzende des Zentralrates der Juden in Deutschland zu dieser Frage nicht äußert, weil das den Antisemitismus fördere. Ich habe dann die Herren gefragt: Wenn z.B. der Vorsitzende des Zentralrats der deutschen Katholiken sich über einen Kandidaten kritisch äußerte, ob das denn auch den Antikatholizismus fördere?! Und wenn ich mich zu einem anderen Kandidaten kritisch geäußert hätte, ob das dann auch den Antisemitismus stärkte?! Ich kenne mindestens drei prominente Juden, die sich öffentlich positiv zu demselben Präsidentschaftskandidaten zu Wort gemeldet haben; sind diese drei denn auch betroffen, und fördern sie ebenfalls mit ihren Aussagen den Antisemitismus?

Jenen Herren unterstelle ich nicht, daß sie persönlich so empfinden; aber offensichtlich schätzen sie das deutsche Volk so ein, glauben offenbar, es könne die Kritik eines Juden nicht verkraften. Das ist im Kern das, was mir Sorgen bereitet; daß nämlich Menschen, Politiker, denen ich eine solche diffizile antisemitische Einstellung nicht unterstellen möchte, sich auf solche Weise äußern. Denn damit gießen sie Wasser auf die Mühlen der Rechtsradikalen. Ich kann nur alle politischen Parteien vor dem Glauben warnen, man könne mit solchen Äußerungen zu den Rechtsradikalen abgewanderte Wähler zurückgewinnen. Denn in dem Augenblick, in dem sie ihre eigenen demokratischen Grundsätze verwässern und sich auf dieses Feld begeben, liefern sie den Rechtsradikalen das beste Argument in die Hand, daß sie nämlich das »schon immer gesagt haben«, was die anderen Parteien ihnen nun nachsprechen. Gerade angesichts der in Deutschland im nächsten Jahr anstehenden 18 Wahlen möchte ich appellieren: Die demokratischen Parteien dürfen ihre eigenen Grundsätze nicht auch nur ansatzweise aufgeben. Mit diesen haben sie die Bundesrepublik Deutschland in den 44 Jahren ihres Bestehens zu einem demokratischen Staat aufgebaut – zu einer Demokratie, wie sie es niemals zuvor in diesem Land gegeben hat. Sie dürfen sich nicht – wie es gelegentlich formuliert wird – den Wünschen des sog. »Normalbürgers« anpassen. Ich bin darüber hinaus auch gar nicht sicher, ob viele Politiker wirklich wissen, was der sog. »Normalbürger« überhaupt wünscht und ob sie ihn nicht in vieler Hinsicht weit unterschätzen. Demokratische Grundsätze aufzugeben aufgrund des vermeintlichen Wissens um die Wünsche des sog. »Normalbürgers« ist ein ganz gefährlicher Weg.

Schon deshalb beobachtet die jüdische Gemeinschaft die politische Entwicklung in unserem Land sehr genau. Wohin wird sich die Republik begeben? Wird sie auch alle Anstrengungen unternehmen, um diesen demokratischen Staat zu erhalten und ihn weiter auszubauen oder werden sogar die demokratischen Parteien untereinander sich so zerstreiten, wie es schon zu Zeiten Weimars der Fall war, und damit die Demokratie aufs Spiel setzen? Noch, so meine ich, gibt es genügend Demokraten in Deutschland, und noch besteht keine ernsthafte Gefahr für die Demokratie, wenn die Demokraten zusammenstehen. Natürlich ist die jüdische Gemeinschaft daran interessiert, denn wir haben nicht vergessen, was aus jenen nationalistischen Tönen entstehen kann, was daraus bereits einmal wurde und welches Resultat am Ende stand: 55 Millionen Tote als Opfer eines weltweiten Krieges. Wir fühlen uns deshalb verpflichtet, daran zu erinnern und zum Nichtvergessen aufzurufen. Ich wünschte mir, daß dies nicht nötig wäre. Wenn wir aber daran erinnern, so tun wir dies nicht, um ständig zu sagen: *Denkt daran, Ihr seid schuldig geworden!*, denn schuldig kann man nur persönlich werden. *Wir tun dies vielmehr, weil es eine Verantwortung gibt zu wissen, was daraus entstanden ist.* Und deshalb, und nur deshalb, wollen wir daran erinnern und nichts in Vergessenheit geraten lassen, damit die Zukunft so gestaltet werden kann, daß sich die Dinge nicht wiederholen. Das habe ich auch in Mölln gesagt: Wenn man vergißt, was in dieser Stadt geschehen ist, ist die Wiederholungsgefahr umso größer.

Ich will in diesem Zusammenhang auch über eine Begebenheit berichten, die einen weiteren Aspekt verdeutlicht. Eine deutsche Schülergruppe war Mitte der 50er Jahre zu Gast beim damaligen französischen Staatspräsidenten und fragte ihn, wie lange es wohl noch dauern werde, bis die Franzosen vergäßen, was ihnen während des Krieges von den Deutschen angetan worden war. Seine Antwort lautete: *Wir sind bereit zu vergessen, wenn die Deutschen es n i c h t vergessen.* Der deutsche Wunsch nach dem Vergessen kommt m.E. heute immer stärker zum Ausdruck; und je mehr bei uns davon die Rede sein wird, umso mehr werden unsere Nachbarn sich gerade damit schwertun. Damit muß man hier leben.

Ignatz Bubis während seines Vortrags in der Marienkirche

Photo: E. Scholz

IV.

Ich habe in meiner jetzt 14 Monate währenden Amtszeit als Vorsitzender des Zentralrats der Juden in Deutschland insbesondere auch mit zahllosen jungen Menschen gesprochen, mit ihnen diskutiert. Bestärkt wurde ich dabei in meiner schon früher immer wieder gemachten Erfahrung (die auch demoskopische Umfragen der letzten 20 bis 30 Jahre bestätigen), daß Antisemitismus und Fremdenfeindlichkeit unter den 18- bis 30jährigen nur halb so verbreitet sind wie unter der älteren Generation. Ich sage das deshalb, weil in der Diskussion häufig die – unbestrittene – Tatsache genannt wird, daß einschlägige Gewalttaten zu 90 Prozent von Jugendlichen begangen werden – woraus dann schnell »die Jugend« wird. Es ist richtig, daß sich die Mehrheit dieser Gewalttäter (der Verfassungsschutz spricht von 6.400 Personen) im jugendlichen Alter befindet. Diese Menschen sind jedoch i.d.R. ideologisch nicht so fixiert, daß man ihnen unterstellen kann, sie wüßten wirklich, was sie da anrichten. Aber sie übernehmen diese Ideologie von den bekannten Brunnenvergiftern, die ihnen griffige Parolen liefern wie »Deutschland den Deutschen« und »Ausländer 'raus«, mit denen sich nach Orientierung suchende Jugendliche offenbar identifizieren können. Hier hat es, so meine ich, die Generation der sog. 1968er versäumt, neben der Kritik an den überkommenen Konventionen, neben dem Wunsch nach mehr Demokratie, die jungen Menschen an das Grundgesetz, an Schwarz-Rot-Gold heranzuführen, um ihnen diese und/oder eine europäische Identität zu offerieren und zu vermitteln. Genauso wie ich eingangs darauf hingewiesen habe, daß der Nationalsozialismus in den Schulen zwar sehr wohl ein wichtiges Thema ist, die 1.600 Jahre jüdischen Lebens im Gebiet des heutigen Deutschlands jedoch unberücksichtigt bleiben, so läßt auch die Auseinandersetzung mit unserem Grundgesetz und der in 44 Jahren Bundesrepublik Deutschland entstandenen Demokratie an den Schulen viel zu wünschen übrig – was vielleicht einiges an Erklärungswert für die gegenwärtigen rechtsextremen Gewalttaten und »Gesinnungen« besitzt.

Abschließend will ich noch einige Bemerkungen zur gegenwärtigen Praxis der deutschen Rechtssprechung gegenüber rechtsextremen Gewalttätern anfügen. Der häufig erhobene Vorwurf gegen die Justiz, sie sei auf dem rechten Auge blind, ist nach meiner Auffassung nicht gerechtfertigt. Wir können die heutige Rechtssprechung nicht im entferntesten mit jener der Weimarer Zeit vergleichen, wo dieser Vorwurf uneingeschränkt die damals reale Situation charakterisiert. Wir haben mittlerweile ein liberales Recht und damit auch ein liberales Strafrecht, und ich begrüße das. Was ich allerdings im Moment konstatieren muß, ist, daß die Justiz weiterhin die Gefahr nicht ernst genug nimmt, die von den rechtsradikalen Gewalttätern ausgeht.

Ich erinnere an die Zeit des akuten linksextremen organisierten Terrors durch die Rote Armee Fraktion (RAF), der sich gegen Persönlichkeiten und Organe des Staates richtete, mit dem Ziel, die Demokratie, die wir aufgebaut haben, zu zerstören und eine andere Gesellschaft zu errichten. Die Justiz ist dem mit allen ihren Möglichkeiten entgegengetreten. Heute hingegen kommt der akute Terror von rechtsextremer Seite, und dieser richtet sich gegen die Schwachen der Gesellschaft, nicht gegen Personen und Institutionen des Staates, obwohl auch diese Täter organisiert sind, die Demokratie zerstören und eine andere Gesellschaft errichten wollen. Aber wenn jemand Brandsätze in ein bewohntes Haus wirft, wertet es die Justiz als Landfriedensbruch. Hier liegen die Fehler und Versäumnisse der Justiz, die sich zwar einerseits begründen durch unser liberales Strafrecht, aber auch durch die nur unzureichende Ausschöpfung der durchaus vorhandenen gesetzlichen Möglichkeiten.

Einer der Täter von Mölln, der sich jetzt vor Gericht verantworten muß, war vier Tage vor jener furchtbaren Tat in Haft genommen worden wegen des Werfens von Brandsätzen an einem anderen Ort. Der Untersuchungsrichter ließ ihn auf freien Fuß setzen, weil er wegen dieser Ersttat nicht verurteilt wurde. Ergebnis: Wenige Tage später hat derselbe Täter – diesmal in Mölln – erneut Brandsätze geworfen und damit den Tod dreier Menschen verursacht. Hätte man seine Ersttat juristisch als Brandstiftung mit versuchter oder zumindest in Kauf genommener Tötung oder Körperverletzung beurteilt, dann hätte der Richter ihn nicht aus der Haft entlassen müssen. Natürlich ist es sehr schwierig, ein solches Beispiel juristisch angemessen hier in aller Kürze zu bewerten; darüber hinaus muß man auch einem Richter zugestehen, nicht jeden einzelnen Fall in allen seinen denkbaren folgenden Konsequenzen vorhersehen zu können. Aber die Justiz muß jetzt erkennen und in der diesbezüglichen Rechtssprechung dazu übergehen, daß die Abschreckung durch Bestrafung ebenso wichtig ist wie ihre erzieherische Funktion, und zwar nicht nur für den unmittelbaren Täter, sondern auch als Präventivmaßnahme gegen potentielle weitere. Derartige Gewalttäter müssen genau wissen, was sie erwartet; auch das ist ein Stück Rechtssicherheit, indem die strafgesetzlichen Möglichkeiten voll ausgeschöpft werden.

Landesrabbiner Brandt, Bischöfin Jepsen, Prof. Künkel, Prof. Dr. Falaturi und Bischof Dr. Spital (v. l.)
auf dem Podium

Photo: E. Scholz

Friedensgespräch

15. Dezember 1993

»Welchen Beitrag leisten die Religionen für den Frieden?«

– Podiumsdiskussion –

Henry G. Brandt, B.Sc. (Hons.)
Landesrabbiner von Niedersachsen, Hannover

Prof. Dr. Abdoldjavad Falaturi
Direktor der Islamischen Wissenschaftlichen Akademie
an der Universität zu Köln

Maria Jepsen
Bischöfin der Nordelbischen evangelisch-lutherischen Kirche, Hamburg

Dr. Hermann Josef Spital
Präsident von *Pax Christi*, Bischof von Trier

Moderation:
Prof. em. Klaus Künkel
Religionswissenschaft/Religionssoziologie, Osnabrück

Statements

Henry G. Brandt

Wenn wir die Frage zu beantworten suchen, welchen Beitrag die eigene Religion und auch andere für den Frieden leisten, sind Bescheidenheit und Ehrlichkeit gefordert, und zwar insbesondere dann, wenn Frage und Antwort die Realität der gelebten Religion einbeziehen. Und vor allem müssen wir uns vor Verallgemeinerungen hüten.

Im Zusammenhang mit diesem Thema denke ich an einige Szenen, die gestern erst über die Fernsehschirme ausgestrahlt worden sind:

- Zwölf Kroaten und Bosnier, ausnahmslos Christen, sind in *Algerien* von islamischen Fundamentalisten – so nennen sie sich – kaltblütig ermordet worden.
- Im *Nahen Osten* versuchen Extremisten beider Seiten, mit den Waffen in der Hand den Frieden zu verhindern.
- In *Rußland* führt einer der ersten Wege, die ein unerwartet erfolgreicher Wahlkämpfer nach seinem relativen Sieg geht, in eine Kirche, wo er das Kreuz schlägt. Dieser Mann hat sich in seinen auf die Innenpolitik bezogenen Ansprachen den Antisemitismus auf die Fahne geschrieben.

Angesichts dieser »Normalitäten« wird es zwingend, so denke ich, bescheiden und besonnen an das Thema heranzugehen, über das wir hier miteinander diskutieren wollen.

Auch für das Judentum kann es keine Verallgemeinerungen geben; es gibt in ihm viele unterschiedliche Strömungen wie in den anderen Religionen und Konfessionen auch. Deshalb ist die Formulierung »Das Judentum sagt« oder »Das Christentum sagt« eigentlich nicht möglich und darüber hinaus der Komplexität der hier in Frage stehenden Dinge nicht angemessen. Es ist vielmehr immer zu fragen, *wer* es sagt und *wer* es lebt. Darüber hinaus gleicht die Gesamtzahl der Juden in der Welt einem Tropfen im Ozean, und deshalb ist die Wirksamkeit jüdischen Handelns im sozialen wie politischen Leben verhältnismäßig gering anzusetzen – außer natürlich in Israel.

1.

Mit dieser Warnung will ich versuchen, einige grundsätzliche Positionen zu skizzieren. Im Judentum sehe ich ein enormes *Friedenspotential*; der Friede wird groß geschrieben auf den Fahnen Israels (als jüdisches Volk in der Geschichte). Dies begründet sich wesentlich durch zwei entscheidende Faktoren: 1) Seine Väter lehren: »Sei von den Schülern Aarons! Liebe den Frieden und jage ihm nach!« Die in der Schöpfungsgeschichte vermittelte Lehre von der Gleichheit aller Menschen (untermauert von der Vision des Propheten Isaias in seinem Bild der Zions-Wanderung) sowie das Gebot aus dem 3. Buch Mose »Liebe deinen Nächsten!«, das modern übersetzt in etwa lautete: »Er ist wie du«, bezeichnen den Kern der Thora, die Essenz jüdischen Glaubens. 2) Darüber hinaus ist das Judentum entschieden diesweltlich angelegt; seine Gebote und Verbote sagen Grundsätzliches aus über soziale Solidarität und Gerechtigkeit in der Gesellschaft.

2.

Was die *Beziehung des Judentums zum Absoluten, zur Wahrheit* angeht, so ist in aller Deutlichkeit zu sagen: Ja, wir glauben, daß es eine absolute Wahrheit gibt. Ich kann hier allerdings nicht wie meine christlichen Mitdiskutanten sagen: »Ich bin der Weg im Namen Jesu von Nazareths«, aber ich kann sagen: »Im Namen Gottes«. In der jüdischen Liturgie steht auch immer der Satz: »Gott ist die Wahrheit«. Das Problem ist allerdings, daß sich diese absolute Wahrheit, die ja existiert, in ihrer Absolutheit unserer Kenntnis entzieht. Wir können sie nur durch den Filter der menschlichen Sinne und der menschlichen Erfahrung erkennen; sie ist für uns daher immer unvollkommen, fragmentarisch, schemenhaft. Deshalb bleiben wir immer Suchende nach mehr Wahrheitserkenntnis auf unserem Weg zu der Gesellschaft, von der wir mit Recht behaupten können: Es ist die erlöste Gesellschaft.

3.

Wie stellt sich die *Beziehung des Judentums zu anderen Religionen und Konfessionen* dar? Zu Toleranz gegenüber Heidentum und Götzenanbetung ist Israel nicht bereit, ja es steht im Konflikt mit ihnen. Das gilt auch für den modernen Götzendienst – und ich denke, da haben die verschiedenen Religionen und Konfessionen viele Gemeinsamkeiten. Es muß nicht ein Götze aus Holz und Stein, es kann auch einer aus Fleisch und Blut sein, den die Menschen sich aus ihrer eigenen Mitte wählen: das ist der Mensch, der sich auf den Thron Gottes zu schwingen versucht und in einer Weise agiert, als sei er der Mittelpunkt der Welt.

Unsere Weisen lehren, daß die Rechtschaffenen aller Nationen einen Anteil haben an der kommenden Welt – ganz so wie Israel. Das impliziert lediglich, daß sie sich von Heidentum und Götzendienst lossagen, Gerechtigkeit üben, Hab und Gut und Leben des Nächsten respektieren usw.; Postulate, die als die Sieben Gesetze Noachs bezeichnet werden. Die Juden haben es da erheblich schwerer, denn für sie gilt, was Amos sagte: »Euch habe ich gekannt vor allen Völkern der Erde. Deshalb werde ich eure Sünden ahnden.«

Ich bin davon überzeugt, daß dies eine geeignete Basis ist, auf der man in Gemeinsamkeit die Probleme der Welt angehen kann, nämlich auf dem Fundament der gegenseitigen Wertschätzung und der Anerkennung der Würde jedes Menschen als im Ebenbilde Gottes geschaffen.

4.

Fragen wir nach der *Beziehung zwischen Ideal und Realität im Judentum*, so möchte ich zunächst Heinrich Heine zitieren, der gesagt haben soll: »Wie es sich christelt, so jüdelt es sich.« Hätte er vom Islam mehr gewußt, dann hätte er vielleicht gesagt: »Wie es sich salamt, so jüdelt es sich *auch*.« Wir alle sind Wesen mit gleichen oder vergleichbaren Merkmalen, Verhaltensweisen, Interessen, Phantasien, Ängsten, Wünschen, Problemen usw., wir sind alle Menschen. Und so ist es auch mit den Religionen – die jüdische nicht ausgenommen –, die alle ihre Ideale haben, die sie aus den Heiligen Schriften lesen. Der Prophet Isaias gibt uns in der Bibel das Bild einer friedfertigen Gesellschaft vor, in der kein Krieg mehr gelernt wird. Leben die Juden das? Genauso viel und genauso wenig wie die anderen auch. Zwischen Ideal und Realität klafft ein tiefer Abgrund; wäre es anders, so hätten wir keine Propheten gebraucht, die uns immer wieder gemahnt und uns die Konsequenzen unseres Handelns vor Augen geführt hatten, *bevor* die Katastrophen uns noch erreichten. Es ist gerade die Herausforderung des Ideals, die uns den Mut gibt, die äußerst beschwerliche Mühe des Brückenbaus über den Abgrund immer wieder auf uns zu nehmen.

Und doch ist das Judentum – und da hat es auch Ähnlichkeiten mit dem Islam – aufgrund seiner auf das Handeln orientierten Diesseitlichkeit prädestiniert, in der Gesellschaft zu wirken. Die grundsätzliche jüdische Frage ist weniger die nach dem richtigen Glauben, sondern viel eher die Frage nach dem richtigen Tun. Was verlangt Gott von dir, in deiner jeweiligen Situation?

5.

Daher ist auch die Frage nach dem *Verhältnis von Judentum zu Staat und Gesellschaft* eindeutig zu beantworten: Es ist ein positives Verhältnis, jedoch mit der Voraussetzung, daß der jeweilige Staat und seine Gesellschaft auch in Freiheit und nach den ethischen Maximen der Bibel geführt werden, gerecht für alle Bürger. Wenn sich aber der Staat als tyrannisch, diktatorisch geriert und seinen Bürgern einen Lebensweg aufoktroyiert, der dem Maßstab der Schriften nicht standhält oder ihm gar widerspricht, dann muß der Kampf gegen ihn angesagt sein. Hätte man in den 1930er Jahren auch christlicherseits die Bibel als Maßstab zur Beurteilung des Staates genommen, und wäre man bereit gewesen, zu ihren Grundsätzen zu stehen, dann wäre mit großer Sicherheit viel Unheil verhindert worden – nicht nur für die Juden Europas, sondern auch für die Millionen Christen, die ebenfalls verfolgt, gefoltert und ermordet wurden oder die dem Krieg zum Opfer fielen.

Abdoldjavad Falaturi

Es gibt keine Religion, die für sich nicht in Anspruch nähme, eine Botschaft des Friedens zu sein. Es gibt auch keine Idee oder Ideologie, in deren Namen so viele Kriege gegen andere Religionen, aber auch untereinander, geführt wurden, wie im Namen der Religionen, vor allem der monotheistischen – Judentum, Christentum und Islam.

Gehören zum Wesen dieser und anderer prophetischer Religionen nicht doch eine gewisse Härte und ein kriegerischer Ansatz, die immer dann und dort zum Vorschein kommen, wo es Veranlassungen dazu gibt? Woher kommt der offenkundige Widerspruch zwischen dem, was sie als Ziel angeben, nämlich Friede, und dem, was ihre historische Realität aufweist, nämlich Krieg?

Eines steht fest: Kampfansage gehört zum Wesen jeder Religion, die mit »Warnung« und »Verheißung« beginnt; jede Warnung ist eine Kampfansage an das, wonach sich die Angesprochenen im Glauben und Handeln richten, und jede Verheißung ist eine Motivierung zu etwas (Glaube oder Tat), was dem landesüblichen Usus widerspricht: Warnung und Verheißung sind zwei (Kampf-)Flügel, kraft derer jeder Religionsstifter (das gilt auch für einen Reformer innerhalb einer Religion) sein Territorium absichert. Dieser fordert damit Kämpfe aller Art (bis zum Krieg) gegen sich und seine Verkündigung heraus. Daß dann Kampf, Gewalt und Krieg in eine unheilvolle Eskalation münden, gilt als eine folgerichtige Erscheinung. Davon legt die Geschichte der monotheistischen Religionen am meisten Zeugnis ab; auch die ernsthaften Reformbewegungen innerhalb dieser Religionen zeigen den gleichen Charakterzug: die Persönlichkeit Luther stellt das prototypische Beispiel dar.

Bedeutet dies, daß diese Religionen ihr Ziel verfehlt haben? Zur Beantwortung dieses Fragenkomplexes mag die Feststellung des Göttinger Moralisten Georg Christoph Lichtenberg (1742–1799) hilfreich sein: »Ist es nicht sonderbar, daß die Menschen so gerne für die Religion fechten und so ungern nach ihren Vorschriften leben?« Religionsmüdigkeit und Krieg bestimmen die Lebenspraxis der Gläubigen; Krieg im Namen derjenigen Religion, mit der sich diese identifizieren. Je höher – in den Augen ihrer Anhänger – eine Religion geschätzt wird, desto stärker deren Identifizierungskraft: darin, genauer gesagt in der Verteidigung eigener Identität steckt das Geheimnis der Kriegslust. Im Grunde geht es um das bis ins Unbewußte tief verwurzelte Existentielle, das in einer einzigartigen Weise entweder durch unüberschaubare Kanäle vom Säuglingsalter her die Persönlichkeitsgrundlage jedes Menschen bildet oder infolge eines punktuell entstandenen Übermaßes an Glaubensintensität über Nacht andere Gefühle verdrängt und den Emotionsbereich der Seele eines Individuums beherrscht und je nach den äußeren Anlässen – gelegentlich sogar vulkanartig – ausbricht. Das ist – wie die Erfahrungen zeigen – selbst bei denen der Fall, die längst ihrer Religion den Rücken gekehrt haben, die aber ihre eigene Identität, ihre individuelle Existenz nicht leugnen können.

Dieses Geheimnis im Menschen wurde – wie die Geschichte der monotheistischen Religionen aufweist – wiederholt monopolisiert, mißbraucht und instrumentalisiert; dessen negativer Schatten ist jedoch an diesen Religionen haften geblieben, wobei eine Umkehr deren Zielsetzung (Frieden) die Folge davon ist.

Umso größer ist unsere Verantwortung heute! Aus den negativ gelaufenen Entwicklungen lernend gilt für uns heute, der Gefahr eines erneuten Mißbrauchs der Religionen – wofür alle Anzeichen vorhanden sind – entgegenzutreten und das Friedenspotential in jeder der drei monotheistischen Religionen zu aktivieren.

Was den Islam, wofür ich hier zu sprechen habe, betrifft, so möchte ich folgende Erläuterungen geben:

Die Lehre des Islam (anders als Judentum und Christentum) ist zu einer Zeit verkündet worden, zu der die langjährigen Kriege unter den verschiedenen arabischen Stämmen auf der arabischen Halbinsel und außerhalb davon zwischen den beiden Großreichen Byzanz und Iran herrschten. Muhammad ist im Unterschied zu Moses und Jesus in einer Zeit und einem Raum geboren und groß geworden, die von Unfrieden und Krieg unter den Völkern bestimmt waren. Zweifellos hatte der von ihm verkündete Koran nicht nur den arabischen Raum, sondern auch die außerarabische Situation und ganz besonders die Rivalität unter den damaligen Weltmächten Iran und Byzanz im Blick, deren Kolonie Arabien seit Hunderten von Jahren war. Seine Friedensbotschaft galt allen Kriegsparteien. Dafür spricht die Wahl der Bezeichnung »Islam« für seine Botschaft. Islam bedeutet nicht nur eine Religion, deren Inhalt die Anbetung eines einzigen Gottes bzw. der Glaube an ihn ist. »Islam« kommt von einer Wurzel, deren Hauptbedeutung Frieden, silm, salām meint. (As-)Salām ist auch einer der 99 schönsten Namen Gottes. Im Islam, also in der Anbetung eines einzigen Gottes, der die Quelle des Friedens (salām) ist, und in vertrauensvoller Verbundenheit mit ihm sollen Menschen den absoluten Frieden finden. Der Islam in diesem Sinne beschränkt sich nicht nur auf die Lehre und die Zeit Muhammads. Nach dem Koran stellt dieses Mensch-Gott-Verhältnis den Grundstein der Menschheitsgeschichte dar, weil es nur eine einzige Möglichkeit der Religion gibt, sofern diese an Gott orientiert ist: »Wahrlich, die Religion bei Gott ist der Islam« (Koran 3,19); der Islam als Phänomen, als Mensch-Gott-Verhältnis schlechthin, der Islam als Basis für Frieden unter den Menschen in allen Zeiten und an allen Orten. Auch dazu steht der Koran: »Und Wir haben aus der Mitte jeder Gemeinschaft einen Gesandten erstehen lassen: ›Dienet Gott [u'budū Allā = betet Gott an = Islam] und meidet Götzen.‹« (Koran 16,36)

Daß der Islam im Sinne des Glaubens an einen einzigen Gott und im Sinne der Anbetung eines einzigen Gottes unter dem Negieren jeder Art von Götzen die einzig mögliche, gottbezogene Religiosität darstellt, besagt, daß alle früheren Botschaften an alle Völker zu jeder Zeit und an jedem Ort den gleichen Inhalt Islam besitzen und deren Anhänger in diesem Sinne Muslime waren. Abraham gilt für den Koran als Prototyp eines Muslims, eines gläubigen Gottanbeters. Das gleiche trifft auf Moses, Jesus, sämtliche im Koran namentlich erwähnten Gesandten, Propheten und sonstigen gottgläubigen Gestalten und deren Anhänger zu. In diesem Sinne stellt Muhammad schon in Mekka die Juden und Christen mit seinen eigenen Anhängern auf die gleiche Stufe:

> »Und streitet mit den Leuten des Buches nur auf die beste Art, mit Ausnahme derer von ihnen, die Unrecht tun. Und sagt: ›Wir glauben an das, was zu uns herabgesandt und zu euch herabgesandt wurde. Unser Gott und euer Gott ist einer. Und wir sind Ihm ergeben.‹« (Koran 29,46)

Trotz aller zeitlich bedingten Auseinandersetzungen mit den Schriftbesitzern Juden und Christen ändert der Koran (und somit Muhammad) seine Einstellung zum Juden und Christen nicht. Mit der Verkündung einer gesellschaftlichen Gleichstellung der Schriftbesitzer mit den Muslimen schließt die Offenbarung des Korans in Medina im Jahre 632 kurz vor Muhammads Tod ab:

> »Heute sind euch die köstlichen Dinge erlaubt. Die Speise derer, denen das Buch zugekommen ist, ist euch erlaubt, und eure Speise ist ihnen erlaubt. Erlaubt sind auch die unter Schutz gestellten gläubigen Frauen und die unter Schutz gestellten Frauen aus den Reihen derer, denen vor euch das Buch zugekommen ist, wenn ihr ihnen ihren Lohn zukommen laßt und

mit ihnen in der Absicht lebt, [sie] unter Schutz zu stellen, nicht Unzucht zu treiben und sie nicht als heimliche Konkubinen zu nehmen. Und wer den Glauben leugnet, dessen Werk ist wertlos, und im Jenseits gehört er zu den Verlierern.« (Koran 5,5)

Die zwei wichtigsten gesellschaftlichen Aktionen: Tisch- und Ehegemeinschaft mit den Schriftbesitzern setzten die menschliche Verbundenheit und religiöse Anerkennung der Schriftbesitzer als ernsthafte Gottgläubige voraus; das bedeutet das höchstmögliche Friedensangebot in einer Zeit, in der die Muslime absolute Oberhand besaßen und jeder taktische Hintergrund ausgeschlossen war.

Soweit in Kürze das Friedensangebot des Islam an die Schriftbesitzer, welches jeglichen Verstoß dagegen im Namen des Islam ausschließt. Das erläutert seinerseits auch, daß die bereits stattgefundenen Kriege zur Zeit Muhammads zwischen Muslimen und Polytheisten und die Auseinandersetzung (auch die kriegerische) mit Schriftbesitzern (hauptsächlich mit einigen jüdischen Stämmen) nicht aus Glaubensgründen verursacht waren. Der eingangs erörterte kämpferische Einsatz Muhammads kraft prophetischer Mittel: »Warnung« und »Verheißung« ist es gewesen, der vor allem die arabischen Götzenanbeter – der mächtigste Stamm, Muhammads Stamm, die Quraish an der Spitze – gegen ihn herausforderte und in einer Gewaltaktion (Angriff seiner Gegner) und Gegengewalt (notwendige Verteidigung) bis in die letzten Jahre seine Lebens eskalierte; eine Eskalation, in die auch manche (keineswegs alle) jüdischen Stämme seitens der Polytheisten hineingezogen wurden, nachdem sie Muhammad und die Muslime als gleichgesonnen gegenüber den Polytheisten ansahen.

Prinzipiell sind nach dem Koran Krieg und Gewalt nur gegen den angreifenden Feind – völlig unabhängig vom Glauben – zulässig. Die Polytheisten wurden kriegerisch bekämpft, solange sie auf Vernichtung des Islam und der Muslime hin diese angriffen. Sie blieben unversehrt (wohlgemerkt als Götzenanbeter), als sie sich in Mekka ergaben und aufhörten, gegen Muslime Krieg zu führen.

Sämtliche Koranverse, die kriegerische Auseinandersetzungen beinhalten, sind Beschreibungen der kriegerischen Ereignisse, die stattgefunden haben, und sie beziehen sich darauf. Sie sind keine Anweisungen und Anordnungen für die Nachwelt. Dennoch ist die islamische Geschichte wie die jüdische und christliche Zeuge der Verletzung der auf die Dauer gerichteten Friedensbotschaft und Zeuge des Mißbrauchs und der Instrumentalisierung der Religion. So gesehen scheint der absolute Frieden als Utopie in den Hintergrund geraten zu sein. Selbst dann ist das für uns kein Grund zur Resignation. Frieden bleibt das anstrebenswerte Ideal. Das Ideal mag sich als unerreichbare Utopie erweisen. Ohne Ideale aber ist jede Gesellschaft orientierungslos. Das Ideal sorgt stets für eine allgemeine Hoffnung und somit für stetige Dynamik.

Der Islam ist hinsichtlich seiner Beziehung zum Staat – im Gegensatz zum Christentum – eine Religion, die prinzipiell weltbejahend ist, einen inhärenten Säkularismus aufweist. Dazu gehört auch die Vorstellung von der richtigen Gesellschaftsordnung, und zwar nicht im Sinne eines modernen Politikbegriffes, sondern im Sinne der persönlichen Verantwortung jedes Einzelnen in dieser und für diese Welt. So galt auch derjenige, der an der Spitze der Gesellschaft stand, nicht als Herrscher im politischen Verständnis dieses Wortes, sondern als ein mit besonderer Verantwortung für die Gemeinschaft ausgestatteter Mensch. Was – politisch gesehen – islamisch sein muß, ist das Inhaltliche, das die Ordnung bestimmt.

Maria Jepsen

1. Zum Friedenspotential der eigenen Religion/Konfession

Die erste Frage, die der Mensch nach den biblischen Schriften außerhalb des Paradieses stellte, war die Frage Kains: »Soll ich meines Bruders Hüter sein?« Religionen als die Menschheits-Großgruppen, die sich Gott verantwortlich wissen, begreifen das als eine ihrer ethischen Aufgaben: Sie sollen und wollen sich bemühen, eher Hüter zu sein ihres Bruders/ihrer Schwester als Widersacher. Gegen jede Form von Egoismus im Privat- und Nachbarschaftsbereich, auf der Ebene der Gesellschaft und im nationalen wie im internationalen Kontext setzen sie den Gedanken, daß die Menschheit geschwisterlich zusammengehört. Weil wir alle gleich weit von Gott entfernt sind, und weil Gott uns allen gleich nah sein kann, gilt es, aufeinander zu und miteinander zu leben.

Daß faktisch die Geschichte des Christentums und die Kirchengeschichte immer wieder eine Versagensgeschichte war, macht die Frage Kains an Gott umso dringlicher für uns. Gegen das *Homo homini lupus* ist zu beharren auf der grundsätzlichen Geschwisterschaft und Gottes Ebenbildlichkeit der Menschen.

Das Erregende ist, daß Gott die Frage nicht beantwortet, ob Kain, ob wir unseres Bruders Hüter sein sollen, sondern er überläßt die Antwort uns, immer wieder neu. Denkbar wäre die Antwort: Nein, Hüter sein, über ihm stehen, das sollst du nicht, aber Bruder bleiben/respektive Schwester! Nüchtern gesagt: Einander gelten lassen bei allen Unterschieden – wie zwischen Kain und Abel – wäre der Minimalkonsens. Jesuanisch formuliert: Wir sollen uns bereithalten und einüben, einander Nächste zu sein.

Angesichts der patriarchal-hierarchischen Traditionen der Kirche ist zu erwähnen, daß insbesondere Frauen lange Zeit mehr ausgegrenzt denn integriert waren, daß das Dienen seltsam gespalten wurde – was beides z.T. auch heute noch gilt. Durch Gemeinschaftsförderungsgesetze soll dem nun entgegengewirkt werden – für mehr Frieden innerhalb der Kirche und der Gesellschaft.

2. Zum Verhältnis der eigenen Religion/Konfession zur Wahrheit, zum Absoluten, zu Gott

Wenn Jesus nach dem Johannes-Evangelium spricht, er sei »der Weg und die Wahrheit und das Leben«, so beschreibt er damit für die, welche ihm nachfolgen wollen, einen Prozeß, der nicht aufhört, solange wir leben. Das Stichwort »Weg« ist mir an dieser Stelle wichtig. Unsere Konfession betont, daß wir keine abschließenden Dogmen behaupten können, sondern als Suchende und Hörende und als Nachfolgende auf dem Weg bleiben; denn Vollkommenheit kommt nur Gott zu. Seine Zehn Gebote und Jesu Bergpredigt und Gleichnisse etc. stecken uns dabei ein Feld ab, auf dem wir befreit agieren können.

Die Frage nach dem Absoluten ist philosophisch interessant, christlich gesehen ist sie aber für mich eher eine Nebenfrage. Ich erinnere an die Geschichte von der kanaanäischen Frau (Mt 15), die Jesus zurief: »Ach Herr, du Sohn Davids, erbarme dich meiner!« Jesus antwortete ihr zuerst nicht. Dann aber sprach er: »Ich bin nur gesandt zu den verlorenen Schafen des Hauses Israel.« Auf ihr Drängen und ihren Hinweis hin, daß auch sie seine Hilfe brauche, antwortete er: »Frau, dein Glaube ist groß, dir geschehe, wie du willst!« Ich erinnere auch an das Wort des Pilatus (Joh 18,38): »Was ist Wahrheit?« Für mich ist in diesem Sinn Wahrheit mehr eine Beziehungs- und Lebensfrage als Gegenstand einer theoretischen Erörterung.

3. Zum Verhältnis der eigenen Religion/Konfession zu anderen Religionen/Konfessionen

Das Christentum ist von seinem Ansatz her eine Erzählgemeinschaft. Diese lebt nicht von Dogmen, sondern von Geschichten und Gleichnissen. Damit hat sie grundsätzlich keine Herrschaftsstruktur, sondern will einladen zur »Guten Botschaft«. Das *Cogite intrare* war eine Fehlentwicklung. In allem gilt: *Non vi sed verbo*.

Wenn es stimmt, daß Judentum, Christentum und Islam Inseln im Meer der Gottlosigkeit und des Materialismus sind, dann ist es sinnvoll, Dämme zueinander zu bauen gegen die uns bestürmenden Fluten. Das seit dem Mittelalter vernachlässigte interreligiöse Gespräch ist dringlich und muß auf den verschiedenen Ebenen wieder aufgenommen und eingeübt werden. Ein Verzicht auf die Missionsideologie vergangener Jahrhunderte ist anzuraten und zu ersetzen durch Dialoge und Streitgespräche geschwisterlicher Art.

Angesichts der Bedrohung der Schöpfung durch die technologisch ermöglichte Selbstherrlichkeit der Menschheit über Erde und Schöpfung haben wir in der Zukunft das Gespräch aufzunehmen, und zwar nicht nur interkonfessionell mit den christlichen Glaubensgeschwistern und den monotheistischen Glaubensvettern, sondern mit allen »Weltgeschwistern«. Hans Küng deutet an, wie die Weltreligionen bei der Entdeckung eines »minimalen Weltethos« beteiligt sein müssen in einer »Allianz von Glaubenden und Nichtglaubenden«. Es geht in unserem Jahrhundert nicht mehr um das Entweder-Oder, es geht um das *Und*. Die allenthalben zu beobachtende Rückkehr zur Orthodoxie und zum Fundamentalismus, die angesichts des kaum überschaubaren Pluralismus in unserer Gesellschaft nur zu verständlich ist, ist nicht nur falsch, sondern widerspricht auch dem religiösen Impuls unseres Glaubens, der Befreiung und nicht Abgrenzung, der ergänzende Gerechtigkeit und nicht ausgrenzende Ungerechtigkeit, der ein Miteinander und nicht ein Gegeneinander will.

4. Zum Ideal versus geschichtlich-gesellschaftliche Realität der eigenen Religion/Konfession

Es reicht nicht, hinsichtlich der Kreuzzüge, der Hexenverfolgungen und des Holocausts – um nur drei Stichworte zu nennen – beim Scham- und Schuldbekenntnis stehenzubleiben. Wir haben zu untersuchen, welche Glaubensversäumnisse in der Kirchengeschichte geschehen und wo wir noch heute in diesen Traditionen verankert sind. Wir haben unsere Theologie und Ekklesiologie neu zu überprüfen und an manchen Punkten zu ändern. Das Kreuz wird oft als Herrschaftssymbol benutzt und interpretiert, in der Mission und im alltäglichen Leben der Christen und der Christinnen. Das Kreuz will uns aber nicht zu Siegern machen, sondern zu Menschen, die wachen und wachsam bleiben für kommendes Leid und für zu erwartendes Unrecht. Es weist darauf hin, daß wir in der Nachfolge Jesu dienen und mit den Leidenden solidarisch sind.

Daß nach dem Dritten Reich in Deutschland Katholiken und Protestanten in vielem noch nebeneinander existieren, statt miteinander neu anzufangen, gehört zum Betrüblichen und zeigt, wie wir sogar im unmittelbaren Lebensraum in Egoismen und Dogmen verwirrt geblieben sind. Allerdings gibt es in der *Arbeitsgemeinschaft Christlicher Kirchen* Neuansätze, die hoffnungsvoll sind.

5. Zum Verhältnis der eigenen Religion/Konfession zu Staat und Gesellschaft

Hier gelten die Worte vom Salz und Sauerteig. Wir haben uns einzumischen und parteilich zu sein für die Schwachen und Leidenden um Gottes willen. Die Kirche darf sich nicht zurückziehen. Sie hat selbst- und gottesbewußt zu reden und zu handeln. Durch die zweite These von Barmen ist uns deutlich geworden, daß wir als Kirche unsere Verantwortung wahrzunehmen haben, auch gegen den Staat. Zwischen den Thronstühlen der Herrschenden und den Matten der Armen haben wir den Altar Gottes aufzustellen, dort zu feiern und von dort aus zu reden und zu handeln. Statt Rache und Vergeltung haben wir Vergebung und Liebe zu predigen, nicht nur als private, sondern auch als politische Maxime.

Ich schließe mit Worten aus dem Magnificat der Maria:

>»Er übt Gewalt mit seinem Arm und zerstreut, die hoffärtig sind in ihres Herzens Sinn. Er stößt die Gewaltigen vom Thron und erhebt die Niedrigen. Die Hungrigen füllt er mit Gütern und läßt die Reichen leer ausgehen. Er gedenkt der Barmherzigkeit und hilft seinem Diener Israel auf, wie er geredet hat zu unseren Vätern, Abraham und seinen Kindern in Ewigkeit.«

Hermann Josef Spital

1.

Jesus Christus ist hineingeboren worden in die *Pax romana*. Der zum Teil mit göttlichen Attributen ausgestattete Kaiser Augustus sorgte mit seinen römischen Legionen in der ganzen damals bekannten westlichen Welt für Sicherheit, Ruhe und Ordnung. Dahinter standen Vereinbarungen und Verträge mit den unterschiedlichen Völkerschaften, die zum großen Teil mit Waffengewalt diesem römischen Friedensimperium eingegliedert worden waren; diese Abmachungen sicherten ihnen einen Teil ihrer völkischen Identität zu. Militärische Beherrschung einerseits, aber auch Rechtsordnung und deren Garantie andererseits: Das war die *Pax romana*.

Durch Jesus Christus ist dieses politische und innerweltliche Friedensverständnis um zwei Dimensionen erweitert worden: durch die endzeitliche und durch die moralische Dimension.

Jesus verkündet Gott als den Vater aller Menschen, er ermutigt dazu, im Angesicht dieses guten Vaters zu leben; er zeigt den Menschen damit ein Ziel auf, das alle innerweltlichen Ziele überragt. Zudem verheißt er seine Wiederkunft als den Beginn einer neuen Erde und eines neuen Himmels und macht somit deutlich, daß die Welt von Gott her geheilt und daß dann der umfassende und wahre Friede Wirklichkeit werden wird.

Daraus ergeben sich neue Maßstäbe für das Leben des Menschen – ja, man kann sagen, es entsteht eine neue Moral. Jesus preist diejenigen selig, die Frieden stiften und die sich gerade nicht mit Gewalt durchsetzen; er fordert sogar die Feindesliebe (vgl. Mt 5,5; 5,9; 5,43ff) und läßt den Apostel Paulus schreiben: »Warum erleidet ihr nicht lieber Unrecht? [...] Nein, ihr selber begeht Unrecht [...]« (1 Kor 6,7). Weil Jesus die Menschen zusammen mit allen Menschen als Geschöpfe des himmlischen Vaters sieht, eröffnet er ihnen eine neue Lebensausrichtung und damit auch eine neue Moral.

Die Kirche hat diese Verkündigung Jesu den Menschen zu übermitteln, und zwar durch Wort und durch Tat. Dem ist sie nicht immer genügend nachgekommen; daß Christen untereinander Kriege geführt haben und noch führen, ist vom Neuen Testament her gesehen ein unfaßbarer Skandal.

2.

Die Kirche hat Christus zu verkünden als den Frieden der Menschen. Im Epheserbrief heißt es: »Er vereinigte die beiden Teile [Juden und Heiden] und riß durch sein Sterben die trennende Wand der Feindschaft nieder« (Eph 2,14). Dieser Friede ist die Frucht des äußersten menschlichen Unfriedens – nämlich der Kreuzigung Christi durch uns Menschen. Daher wissen wir, daß der wahre Friede von Gott her kommt und daß wir ihn von ihm her suchen müssen.

Dieses Wissen soll und muß uns davor bewahren, in innerweltliche Friedensutopien zu verfallen. Es ist nicht Sache menschlichen Machens, daß »der Wolf beim Lamm wohnt und der Panther beim Böcklein liegt«. Es ist nicht Sache menschlichen Machens, daß »der Säugling spielt vor dem Fluchtloch der Natter und das Kind seine Hand in die Höhle der Schlange streckt« (vgl. Jes 11, 6.8).

So sehr wir Menschen uns nach solchem Frieden sehnen, so wenig bringen wir ihn zustande. Die Macht der Sünde ist durch Kreuz und Auferstehung Jesu Christi zwar gebrochen – aber bis hin zur Wiederkunft wuchert das Böse noch fort.

Wir sehen es in unserer Zeit mit grauenhafter Deutlichkeit, was uns allen Mut zum Friedenshandeln nehmen kann. Doch wir Christen dürfen nicht resignieren. Wenn unsere Begeisterung für den Frieden und unsere Sehnsucht nach Frieden sich ans Kreuz der Wirklichkeit schlagen läßt und wir trotz aller scheinbaren Aussichtslosigkeit die vielen kleinen Schritte tun, die wir in dieser Welt tun können, dann können wir Hoffnung haben. Denn wir wissen: Im Kreuz ist Heil.

Die Friedensbewegung der achtziger Jahre ist ohne Zweifel in eine Krise geraten; das ist jedem offenkundig, der sich informieren will. Die Realität des Völkermordens heute in Jugoslawien bringt kaum Menschen zu Kundgebungen auf die Straße – demgegenüber hat die auf Abschreckung setzende Friedenspolitik damals Hunderttausende bewegt. Ich will diese Dinge nicht deuten und beurteilen; wir Christen dürfen uns jedenfalls den Mut nicht nehmen lassen und nicht in Untätigkeit verfallen. Ich freue mich, daß die katholische *Pax-Christi*-Bewegung ebenso wie evangelische verwandte Gruppen die neue Herausforderung aufzugreifen und ihr zu antworten suchen.

3.

Durch ihre Soziallehre weitet die katholische Kirche das Friedensanliegen auf alle Dimensionen gesellschaftlichen Zusammenlebens aus. Die großen Enzykliken der letzten hundert Jahre, von denen hier nur genannt sein soll die Enzyklika »Pacem in terris« von Papst Johannes XXIII., geben Zeugnis davon. Durch eine solche Konzeption kommt auch gewaltfreies Friedenshandeln in den Blick. Wer dazu beiträgt, daß die Völker des Südens sich besser entwickeln können, leistet einen Beitrag zum Frieden, den Kanonen und Bomben nicht leisten können. Die Grenzen militärischen Handelns im Blick auf die Herbeiführung eines wirklichen Friedens haben sowohl der Golfkrieg als auch der Einsatz der UNO in Somalia erschreckend deutlich gezeigt. Die Menschen müssen sich etwas anderes einfallen lassen, um zum Frieden zu finden; dazu können die Maßstäbe der Katholischen Soziallehre Anstoß und Hilfe sein.

4.

Durch ihre großen und die Welt umspannenden Hilfswerke leben die Kirchen eine Gemeinschaft unter den Völkern vor, der die Welt trotz aller Friedenssehnsucht und trotz der Gründung der UNO im Anschluß an den Zweiten Weltkrieg noch nicht nachkommen konnte. Die besondere Effektivität des Handelns der großen kirchlichen Hilfswerke wird überall anerkannt; sie gründet im letzten darauf, daß die Menschen sich auf Grund ihrer christlichen Zusammengehörigkeit über die Grenzen hinweg die Hand reichen. Der Weg von Kirche zu Kirche ist kürzer als der Weg über die Regierungen und hat sich immer wieder als effektiver für die Menschen erwiesen. Mehr noch als bisher muß sich die Kirche als eine Kirche der Armen verstehen, weil die Überwindung der Armut wohl die wesentlichste Voraussetzung für einen wirklichen Frieden ist.

Klaus Künkel

Toleranz der Religionen – Verständigung zwischen den Völkern?

Mit der Formulierung dieses Themas frage ich nach den Beziehungen zwischen der Toleranz bzw. der Nichttoleranz der Religionen *und* der Verständigung zwischen den Völkern, darüber hinaus nach dem Frieden zwischen Nationalitäten, dem Frieden zwischen sog. Inländern und Ausländern. Angst vor Fremden *und* Ablehnung *und* Angst vor der (fremden) Religion der anderen (Xenophobie) liegen ineinander, ja sind zumeist identisch.

Das Problem des Zusammenlebenkönnens bzw. des Nichtzusammenlebenkönnens von Menschen verschiedener Religionen und Nationalitäten ist heute wieder einmal ein hochaktuelles Thema geworden und zwingt uns erneut (obwohl es eigentlich längst erledigt und beantwortet ist), daß wir uns ihm intellektuell, aber auch emotional stellen. Ich nenne als Beispiel nur als Problemfeld das ehemalige Jugoslawien, den Bürgerkrieg in Bosnien, die planmäßige Vergewaltigung von zigtausend Frauen als Mittel des Krieges, der Demütigung und Vernichtung. Ich nenne die Zerstörung der islamischen Moschee im indischen Ayodya durch fundamentalistische Hindus und als Voraussetzung dazu und Folge davon die unentwegten Kämpfe zwischen hinduistischen und moslemischen Indern. Wir müssen ebenfalls an die nicht endenden Auseinandersetzungen zwischen Protestanten und Katholiken in Nordirland denken. Und an Ausländerfeindschaft bei uns hier in Deutschland.

Toleranz zwischen den Religionen – Verständigung zwischen den Völkern. Es gäbe die Möglichkeit, primär historisch zu fragen: Wie war es in der Entstehung und Geschichte und wie ist es heute mit der Realität von Frieden und Toleranz in den verschiedenen Religionen? Ich ziehe hier ein anderes Verfahren vor: In einem ersten Teil wende ich mich unserer eigenen Tradition zu, dem Alten Testament, dem Neuen Testament, der Geschichte des Christentums. In einem zweiten Teil widme ich mich den anderen Religionen und stelle dabei besonders die Frage: Wie und wo ist in ihnen die Möglichkeit von Toleranz vorhanden – als Voraussetzung für die Verständigung zwischen den Völkern? In einem dritten Teil versuche ich, weitere Fragen zu beantworten: psychologische, soziologische, theologische.

I. Altes und Neues Testament, Christentum

Das christliche sog. Erste Gebot hat den Wortlaut: »Ich bin der Herr, dein Gott, du sollst keine anderen Götter neben mir haben.« Dieses Gebot ist das alttestamentliche und damit das jüdische Große Gebot. An seinem historischen Anfangsort setzte es voraus, daß andere Stämme und Völker andere Götter haben, weibliche und männliche, wir, die wir uns in Glauben und Verehrung des Gottes Jahwe mit der mit Mose und Josua aus Ägypten in Palästina eingewanderten Menschengruppe zusammenschließen, wir haben nur den Gott Jahwe als unseren Gott. Für diese Monolatrie[1] gibt es zwar andere Götter

---

1 Monolatrie = nur eine Gottheit wird gottesdienstlich verehrt (griech.: latreuein), trotz der Anerkenntnis, daß es andere Götter gibt.

der anderen Menschengruppen, unser Gott jedoch ist Jahwe allein. Um ihn schlossen sich im Zuge der Landnahme etwa um 1300 bis 1200 vor der Zeitrechnung die verschiedenen Stämme der späteren Größe Israel zusammen. Sie waren tolerant und bündnisfähig. Sie koordinierten ihre mitgebrachten gottheitlichen Heroen in eine Familienreihe. Der Gott Abrahams (und der ihn verehrenden Sippe), der Gott Isaaks (und der ihn verehrenden Sippe) und der Gott Jakobs (und der ihn verehrenden Sippe), sagten sie, das war und ist immer der eine einzige Gott Jahwe gewesen. Sie schließen sich nicht aus. Und genauso gab es zunächst im Lande Kanaan eine Bündnismöglichkeit der Juden mit den Kanaanäern und ihren Göttern. David versprach sich sogar zunächst von dieser Bündnismöglichkeit Erfolg für sein werdendes Großreich.

Doch dem Gott Jahwe eignete auch – so das Verständnis der an ihn Glaubenden – eine unheimliche Aggressivität, gewiß, zugunsten seines Volkes.

>Jahwe ist ein Kriegsmann, Jahwe ist sein Name.
Die Streitwagen des Pharao warf er ins Meer,
und seine erlesensten Streitwagenkämpfer wurden im Schilfmeer versenkt [...]
Deine rechte Hand, Jahwe, verherrlicht sich durch Kraft,
deine rechte Hand, Jahwe, zerschlägt Feinde.« (Ex 15,3–4; 6)

Jahwe selbst kämpft also für seine Erwählten; er bekämpft und besiegt Israels Feinde, die Initiative liegt allein bei ihm. Israel, so glaubte man in dieser Frühzeit, muß nur mitmachen, die Feinde bannen und die Andersgläubigen, die Besiegten vernichten. Jahrhunderte später träumte man im Rückblick auf diese Frühzeit vom sog. »Krieg Jahwes«, vom heiligen Krieg: Jahwe hat für uns gekämpft, Jahwe hat uns das Land gegeben, Jahwe hat die Feinde besiegt.

Der Henothismus wurde dabei im Laufe der Zeit immer mehr zum reinen Monotheismus; die anderen Götter sind »Nichtse«, nichts wert, bis hin zur völligen Negierung: Es gibt sie nicht. Das konnte auch bedeuten, daß letztlich auch die anderen Völker unter Jahwes Regiment stehen. Jahwe regiert die Völker, er straft, richtet, vernichtet. Im Laufe der Jahrhunderte aber wurde Jahwe immer menschlicher. Er will Liebe, er gibt Liebe, er will Vertrauen, er vertraut Israel. »In Umkehr und Ruhe liegt euer Heil, im Stillhalten und Vertrauen liegt eure Stärke. Aber ihr habt nicht gewollt, sondern sagt: Nein, denn wir wollen auf Rossen fliegen! Daher werdet ihr fliehen.« (Jes 30,15). Toleranz zu anderen Göttern? Nein. Frieden mit den anderen Völkern? Ja. Jahwe wird ihn schaffen. Es ist sein Werk, sein Ziel. Er wird Israel wiederherstellen, aus Exil und Verbannung und Vernichtung und Gericht.

Gericht? Ja, wegen des Unglaubens, wegen Israels Abgötterei. Abgötterei? Ja, weil sie auch die Götter der anderen, der Sieger verehrten. Besiegt werden von Assyrern, von Babyloniern, von Ägyptern, von Alexander dem Großen, von den Griechen, von den Römern bedeutete im Altertum, den Göttern der Sieger einen Platz einräumen müssen im eigenen Gottesdienst. Doch Jahwe, so erfuhr es der Glaube, hat Israel nie endgültig verworfen, sein Gericht ist auch: wieder aufrichten, und wenn nicht heute, dann morgen, und wenn nicht in absehbarer Zeit, dann: »Einst wird kommen der Tag«, der Messias, das Messiasreich, der neue Äon. Dann werden sie die Schwerter zu Pflugscharen schmieden und die Lanzen zu Winzermessern (Jes 2,4 und Mi 4,10).

Doch es gab auch andere Stimmen und Deutungen aufgrund anderer Situationen; Israels Religion war und ist nie theologisch, dogmatisch festgeschrieben. »Ruft aus den heiligen Krieg, ruft auf die Helden: heran, herauf, alle Männer des Krieges! Eure Pflugscharen schmiedet zu Schwertern, eure Winzermesser zu Lanzen!« (Joel 4,9) Also genau das Gegenteil! Schalom, der große Völkerfriede, wird kommen, sagen diese Deuter.

Doch wir müssen mitkämpfen, jetzt. Israel wird von den Alexander-Nachfolgern mit Religion und Feuer und Schwert besiegt und regiert. Man kämpfte sich frei. Israel wird von den Römern besiegt. Engagement mit der Religion der Sieger war für Israel nicht möglich: Jahwe allein! Den einen gab dies die Kraft auszuhalten, zu dulden, zu leiden, im Exil zu leben; den anderen gab es die Kraft zum Widerstand. Das Weltbild gewann dabei zunehmend dualistische Züge: Da der Fürst dieser Welt, Satan, mit den Söhnen der Finsternis gegen die Kinder des Lichtes kämpft, gegen den einen Gott und seinen Gesalbten und sein auserwähltes Volk, kämpfen die Kinder des Lichtes gegen die Mächte der Finsternis. Doch irgendwann wird das große Reich des Friedens kommen. Denn Gott ist Gott.

Das ist der (Zeit-)Punkt, an dem die jüdische und die christliche Religion auseinanderbrechen und doch – letztendlich – zusammengehen. Auseinanderbrechen, weil Jesus da war. Er hat *erfüllt* – so der Glaube der Christen –, was die Juden erwarteten. Das Reich Gottes, die Erlösung ist genaht, ist gekommen, ist da. Das Alte ist vergangen, glaubte der Jude Paulus; siehe, es ist alles neu geworden. Was Israel erhoffte, die Christen (sagen die Christen) ererben es von Gott, weil sie Jesus als Gottessohn – das ist viel mehr als ein jüdischer Messias – begreifen. Sie *haben* eine, *die* Erlösung, viel besser als die jüdisch erwartete Wiederherstellung Israels, nämlich: Weil Christus für uns gestorben ist, darum sind wir erlöst von Sünde, Tod und Teufel und erwählt von Gott, sind wir das *neue*, sind wir das *wahre* Israel. »Niemand kommt zum Vater als nur durch mich«, so begreift der Evangelist Johannes (14,6) den Christus und kann dann leider auch davon reden: Euer Gott, ihr Juden, ist nicht wie unser *von oben*, vom Himmel, sondern *von unten*, euer Vater ist der Teufel (Jo 8,44).

Was da geschieht, geschah, zeige ich an einem Beispiel. Der irdische Jude Jesus von Nazareth, Sohn der Maria und des Josef, erzählte ein Gleichnis. Ein Hausherr lädt Gäste ein zu einem ganz großen Essen. Als das Essen fertig ist, schickt er seine Knechte, die Gäste abzuholen. Sie entschuldigen sich nicht mit läppischen Gründen, sie wollen nicht oder noch nicht kommen. Da wird der Hausherr zornig und sagt: Holt andere Leute, hungrige von den Hecken und Zäunen. Die Erstgeladenen sollen leer ausgehen (Lk 14, 16–24).

Jesus illustrierte mit dieser Geschichte sich selbst, seinen Lebensauftrag. Gott ruft durch mich sein Volk, das durch die religiöse und politische Situation so irritiert und mißtrauisch ist, ins Reich Gottes. Denn er liebt Israel. Ich, Jesus, bin Gottes Rufer. Die Adressaten sind seine Mitbürger, Mitisraeliten. Kommt, das Reich Gottes beginnt, kommt, macht mit. Sie lehnen ab, lehnen ihn und seinen Anspruch, Gottes Bote, Gottes Rufer zu sein, ab. Jesus: Gleicht bitte nicht den Erstgeladenen in meiner Geschichte, die alle Nein sagen, damit ihr nicht leer ausgeht und das Reich Gottes versäumt. Er wirbt um sie, die Tür zu seinen Volksgenossen ist geöffnet – vor Ostern. 40 bis 50 Jahre später, nach Ostern, erzählt Matthäus die Geschichte weiter, er wiederholt sie, doch er setzt neue Akzente. Jetzt ist es ein König, der einlädt, nicht nur zum großen Abendessen, sondern zur Hochzeit seines Sohnes. König und Sohn, das sind jüdische Symbolbegriffe für Gott und für den Messias. Die Geladenen lehnen dann nicht nur ab zu kommen, sondern quälen und töten die Knechte, die sie holen wollen. Übersetzt: Gott hat Israel immer wieder geladen, Israel war immer erneut widerborstig, alle Propheten haben sie abgelehnt und getötet – was historisch nicht stimmt! Da rüstet der König – das Essen steht immer noch auf dem Tisch – ein Heer und läßt die Stadt der Geladenen anzünden, verwirft sie und lädt andere ein an ihrer statt. Übersetzt: Sie haben den Sohn, Jesus, den Christus getötet, sie sind es nicht wert. Ihre Stadt Jerusalem wird im Jahre 71 von den Römern zerstört. Andere, Nichtjuden sind geladen, sind die Erben: die Heiden, die Christen, wir Christen.

Toleranz zwischen Christen und Juden? Nein, bzw. nur, wenn sie, nach christlicher Deutung, begreifen, was die Stunde geschlagen hat, und anerkennen, daß das neue Zeitalter begonnen hat, indem sie sich taufen lassen. Das führte später zu Judenverfolgungen und Zwangstaufen, Kreuzzügen, in denen mehr Menschen, Juden getötet wurden als Christen in den Zeiten der römischen Christenverfolgungen.

Die Tür zu den Juden, die beim irdischen Jesus noch geöffnet war, ist schon zur Zeit des Matthäus, zwischen 80 und 90 post, geschlossen, und zwar aus politischen, gesellschaftlichen und theologischen Gründen. Die Tochter, die junge Kirche, emanzipierte sich von der Mutter, dem Judentum. Und das war ein schmerzlicher Prozeß schon in seiner Anfangszeit im Neuen Testament, und er ist es bis heute.

Ich sagte, daß es auch aus theologischen Gründen zu dieser Trennung kam. Die Juden zur Zeit Jesu hatten eine Hoffnungsvorstellung, die sich langsam entwickelt hatte. Der neue Äon, das Reich Gottes, die Messiaszeit wird kommen, Gott wird einen neuen Bund mit seinem Volk schließen, die goim, d. h. die Heiden werden nicht mehr Feinde sein, sie werden mitmachen, Teilhaber sein am großen Gottesfrieden zwischen den Völkern. Wann? Sie warten immer noch. Jesus dagegen sagte, glaubte, dachte, und die Christen sagen, glauben, denken: Mit Jesus hat der neue Äon begonnen. Und die Zeit ist erfüllt; alles, was vorher war, alle Zusagen an Israel im Alten Testament, ist Weissagung, Verheißung. Und wir, die Christen, leben, erleben die Erfüllung. Das Alte, die Zeit Israels, ist vergangen, es hat nur noch als Hinweis auf das Neue Testament und die Zeit der Kirche Berechtigung. So dachten Theologen bis nach dem Holocaust. Und viele denken heute noch so. Toleranz für die jüdische Religion? Nein!

In Abwandlung wurde dieses Denkschema von den Theologen der frühen Kirche dann auch auf andere Religionen (soweit sie bekannt waren) und große Gedanken und Ideen der Antike angewendet. Es gab, so lehrte z. B. Justin, den »Christus vor Christus«. Samenhaft wäre der göttliche Logos schon vor Christus wirksam gewesen, die göttliche Vernunft, das göttliche Wort. »Die, die mit dem Logos gelebt haben, sind Christen gewesen, auch wenn man sie für Atheisten hielt, wie bei den Griechen Sokrates und Heraklit und Männer ihresgleichen, bei den Nichtgriechen Abraham, Azarias und viele, deren Taten und Namen wir jetzt aufzählen können.«[2] Im Jesus, dem Christus, aber, da ist der bisherige *logos spermatikos*, der bisher samenhafte göttliche Logos in voller Fülle leibhaftig und geschichtlich geworden. Diese Theologie half der Kirche und den frühen Christen, Toleranz für sich selbst seitens der Philosophen, Denker und Politiker im 2., 3. und 4. Jahrhundert zu erwarten, zu fordern. Im Grunde lehren wir nichts anderes als ihr, nur besser, vollkommener.

Im weiteren Verlauf der Geschichte breitete sich die Kirche aus. Nicht einheitlich; Ketzer und Irrlehrer aus der Sicht der werdenden Großkirche mußten bekämpft und ausgeschieden werden. Noch war das Christentum im Römischen Reich keine *religio licita*, keine zugelassene Religion, und die Christen wurden blutig verfolgt und nicht toleriert, da sie wegen des Ersten Gebotes den Kaiserkult ablehnten, dem Kaiser in seinen Symbolen keine göttliche Verehrung darbrachten und damit aus dem die Vielfalt und Verschiedenheit der Völker und Religionen des Römischen Reiches verbindenden Einheitskult herausfielen. Im Jahre 311 und 313 erfolgte dann das sog. Toleranzedikt zwischen Konstantin und Licinius; es brachte zwar keine grundsätzliche Religionstoleranz, wohl aber die Anerkennung der christlichen Religion. Und der Kaiser Konstantin (306–377), der sich erst auf dem Sterbebett taufen ließ, ist es dann bereits, der die zerstrittenen Kirchen

2 Justin der Märtyrer, gest. 167, in: *Apologie* I 46; II 13; s. Karl Heussi. *Kompendium der Kirchengeschichte.* Tübingen: Mohr, 1949 (10.Aufl.), 49/50.

325 nach Nicäa zum (1. ökumenischen) Konzil einlädt und mitentscheidet, was die rechte Lehre und die einzig richtige Kirche ist. Denn sein Universalreich von der persischen Grenze bis nach Spanien und Britannien brauchte eine neue, unverbrauchte Universalreligion. Und sein Hoftheologe Eusebius lieferte dafür die brauchbaren theologischen Formeln: *ein* Gott, *ein* Logos, *der* Christus, *ein* Kaiser, *ein* Reich. Und da der Christus nur das himmlische Reich regiert, hat er nach Eusebius dem Kaiser das irdische Reich übergeben. Doch im himmlischen und im irdischen Reich waltet derselbe göttliche Logos. Der Kaiser ist die irdische Entsprechung des himmlischen Christus, das Abbild des himmlischen Urbildes. Beweis: Der Sieg des Kaisers über seine Gegner. Beweis: des Kaisers Vision oder Traum »In diesem Zeichen siege«, er siegte mit dem Kreuzeszeichen seiner Legionen. Von nun an ist das Kreuz des von den Römern gemordeten Juden Jesus ein Siegeszeichen. Beweis: Der Sieg des Christentums über das sog. Heidentum – auch wenn dieser Sieg in Wahrheit ein Sieg des Heidentums über das Christentum war, wie es bisher war. Und in Konsequenz bedeutete es zugleich den Sieg der römisch-katholischen gegenüber der arianischen Kirche, gegenüber den Donatisten, gegenüber allen kirchlichen-christlichen Abweichlern und Häresien. Am 28. Februar 380 erhob der Kaiser Theodosius das römische Kirchentum offiziell zur Staatsreligion, 381 erfolgte das Verbot, zum sog. Heidentum überzutreten. Toleranz des Christentums zum sog. Heidentum war undenkbar. Dieses verschwand natürlich nicht mit einem Schlag – was ja auch nicht nötig war, da es inzwischen ins Christentum eingewandert war. »Als Kaiser Justinian den Haupttempel der Isis auf Philae 537 endgültig schließen ließ, hatte Isis längst Eingang gefunden in der Muttergestalt der Maria.«[3]

Inzwischen wirkte der große Theologe Augustin in Nordafrika. Drei seiner Grundgedanken hatten bedeutsame Auswirkungen: a) »Ich würde dem Evangelium nicht glauben, wenn mich die Autorität der Katholischen Kirche nicht dazu bewegte.« Das heißt: Rom ist Autorität, Lehrautorität, b) »Roma locuta, causa finita est.« Rom hat geredet, entschieden; die Frage, der Streitfall ist entschieden. Rom ist die kirchenpolitische Autorität, c) »Cogite (compelle) intrare.«[4] Holt sie von den Hecken und von den Zäunen zum großen Abendmahl, hatte Jesus in seinem Gleichnis (Lk 14,23) gesagt. Jetzt ist daraus geworden: »Zwingt die Heiden in die Kirche«, damit sie gerettet werden. Und: Die Kirche verfolgt die Gottlosen und Ketzer aus Liebe = justa persecutio; die Gottlosen verfolgen die Christen dagegen aus Grausamkeit = injusta persecutio. Augustinus hatte Auswirkungen über 1.000 Jahre und mehr.

416 wurde die neuplatonische Philosophin Hypatia, die in Alexandria Mittelpunkt eines Kreises philosophisch gebildeter Heiden war, vom christlichen Pöbel auf bestialische Weise umgebracht. Die moralische Verantwortung dafür fällt auf den großen Theologen und Bischof von Alexandria Cyrill.[5]

Der Altertumshistoriker Carl Schneider zitiert den protestantischen christlichen Kirchengeschichtler Johannes Leipold (1880–1965): Der Sieg des Christentums in der antiken Welt sei im letzten Grund nur darauf zurückzuführen, daß »es intoleranter gewesen [ist] als alle anderen Religionen und Weltanschauungen der Antike.«[6] Wurde es danach, im Mittelalter, besser?

Im Jahre 570 wurde Mohammed geboren, seine ersten Offenbarungen und Visionen hatte er, als er 40 Jahre alt war. Er lehrte (das ist islamische Religion und Sendungsbe-

---

3 Arne Eggebrecht. *Das Alte Ägypten. 3000 Jahre Geschichte und Kultur des Pharaonenreiches.* München: Bertelsmann, 1984, 278.

4 Augustinus; s. Heussi, 106, 133, 130.

5 Vgl. Carl Schneider. *Geistesgeschichte der christlichen Antike.* München: Beck, 1970, 348.

6 Carl Schneider. »Ursprung und Ursachen der christlichen Intoleranz«. *Zeitschrift für Religion und Geistesgeschichte* (30) 1978, 193.

wußtsein), er sei der letzte Prophet Allahs; das Reich des Friedens, Salām (hebr.: Shalom) würde durch diese endgültige Offenbarung des Korans, d.h. des Willens Allahs, eingeleitet. Im Jahre 632 wird Arabien moslemisch, 642 Palästina, Syrien und Ägypten, 698 Kartago, 710 ganz Nordafrika, und schließlich erobern die Moslems 711 das Westgotenreich in Spanien.

Diese Entwicklung löste in der Christenheit Entsetzen aus, und zwar im wesentlichen aufgrund zweier Faktoren:

a) wegen des Verlustes alter christlicher Gebiete; sie fielen infolge politischer, kirchenpolitischer, theologiepolitischer Differenzen und Kriege den Moslems wie eine reife Frucht in die Hände.

b) Die Theologie stimmte nicht mehr. Konnte man bisher denken: Christus ist die letzte Offenbarung Gottes und die Erfüllung alles dessen, was es an Religion und Geist bisher gab, so sagte nun Mohammed: Ich bin der letzte Prophet, die endgültige Offenbarung. Also fand man christlicherseits eine neue Theologie, um auf neue Weise das Verhältnis des Christentums zur neuen Religion und damit zugleich zu den anderen Religionen überhaupt – inklusive Judentum – zu denken. Im Rückgriff auf die Offenbarung des Johannes wurde gelehrt: Mohammed ist der Vorläufer des Antichristen oder der Antichrist selbst; sein Kommen ist Gericht über die Christenheit. Doch nach dem Antichristen kommt der richtige Christus wieder und dann das Reich Gottes. Als die Christenheit politisch dazu imstande war – inzwischen hatte es in Spanien 700 Jahre lang einen glückseligen Friedenszustand zwischen Christen, Juden und Moslems gegeben – gab es Krieg gegen die Nichtchristen, heiliger Krieg, Reconquista, gegen Moslems und Zwangstaufen von Angehörigen der islamischen und der jüdischen Religion. Die Ketzergesetze werden verschärft, die Kreuzzugsidee und -praxis entsteht; seit dem Ende des 12. Jahrhunderts auch die Inquisition.

Es gab aber auch andere Stimmen in der Christenheit, die Toleranz forderten, und zwar zumeist bei den Opfern und Verfolgten. Noch Luther jedoch, selbst Opfer und von der herrschenden Kirche und vom Staat gebannt und geächtet, konnte sich nicht befreien aus den jahrhundertealten theologischen Denkzwängen, die natürlich immer Praxis zeitigten. Zwar galt für ihn die Regel: »Obrigkeit soll nicht wehren, was jedermann denken und gläuben will, es sei Evangelion oder Lügen. Ist genug, daß sie [die Obrigkeit] Aufruhr und Unfriede zu lehren verbietet.«[7] Weiterhin »Man soll Ketzer mit Schriften, nicht mit Feuer überwinden.«[8] Er versuchte es gegenüber den Juden, die sich aber nicht überwinden ließen; ebensowenig wie die sog. Schwärmer und Thomas Müntzer. Sind sie da nicht eine Gefahr für das Land und seinen Frieden, Religionsfrieden, zumal wenn sie die christliche innere Freiheit von Sünde und Tod aufgrund ihrer erlittenen Unfreiheiten äußerlich als soziale Freiheit begreifen wollen? Also muß die Obrigkeit gegen sie vorgehen. Was Luther darum theologisch gegen die Bauern, gegen Thomas Müntzer, gegen die Juden schrieb und predigte, ist einfach grauenhaft und widerlich, ist unentschuldbar.

Zu Zigtausenden und Millionen von der römischen und den reformatorischen Kirchen und Obrigkeiten gemordet, waren es die Opfer, die Täufer, die sog. Hexen, die ein neues Denken in Gang setzten. Fast möchte ich sagen: am Rande der offiziellen Kirchen, im

---

7 Martin Luther. WA 18,298. *Kritische Gesamtausgabe.* Weimar 1883ff, Bd.18, 279ff: »Ermahnung zum Frieden auf die zwölf Artikel der Bauernschaft in Schwaben«, 1525.
8 Martin Luther. WA 6,455,21. Ebd., Bd.6, 381ff: »An den christlichen Adel deutscher Nation von des christlichen Standes Besserung«, 1520.

Untergrund, gegen die Kirchen. Und schließlich in den Kirchen, mit den Kirchen. Man lernte, mit neuer Sensibilität und mit dem Denken der beginnenden Aufklärung die eigene christliche Tradition neu zu reflektieren und entdeckte in ihr und in der Bibel Neues, Besseres.

II. Judentum, Islam, Hinduismus, Buddhismus

2.1. Judentum

Wie gingen die Geschichte und das Denken und die Praxis des Verhältnisses der eigenen Religion zu den anderen Religionen im Judentum weiter? Sie durften keine Mission betreiben, sie galten als Christusmörder und darum als von Gott Verdammte, sie durften keine politische Selbständigkeit besitzen, sie waren keine Vollbürger im Reich, da sie nicht zur christlichen Sakramentsgemeinschaft gehörten, sie galten als Schuldsklaven der Christen bzw. der Fürsten, sie durften kein Land besitzen und nicht Besitzer, Herren oder Richter über Christen sein, sie durften keinen normalen Beruf ausüben usw. Sie überlebten aufgrund ihrer Religion und ihrer Religionspraxis, aufgrund dessen, daß sie Schriftgelehrsamkeit entwickelten und ihre Schriften bis heute immer neu studieren und lernen und immer neu erzählen und auslegen. Hieß es z.B. in Richter 5,31: »Mögen umkommen alle deine Feinde, o Jahwe, aber die ihn lieben, mögen sein wie die Sonne aufgeht in ihrer Kraft«, so interpretieren die Rabbiner jetzt:

> »Diejenigen, die verleumdet wurden, andere aber nicht verleumdeten; die geschmäht wurden, andere aber nicht wiederschmähen, die ihre Leiden freudig auf sich nehmen und in allem aus Liebe handeln, sie sind es, von denen die Schrift sagt: Die ihn lieben, mögen sein wie die Sonne aufgeht in ihrer Kraft« (Joma 23a, u. ö.).

Denn: »Wer Blut vergießt, schädigt Gottes Gegenwart in der Welt« (Gen. Rabbah 34,14). Sie wissen es – aus Erfahrung. Das ist neues Denken. Und sogar die Vernichtung der ägyptischen Streitkräfte im Schilfmeer ist nicht mehr unbedingt nur positiv zu bewerten. Die Engel, erzählten die Rabbiner, wollen aus Anlaß des Untergangs der Ägypter im Schilfmeer einen Lobgesang anstimmen. Gott untersagt es ihnen: Wie könnt ihr vor mir Gesänge anstimmen, wenn das Werk meiner Hände im Meer zugrunde geht?! (Sanhedrin 39b) Gott hat keinen Gefallen an der Vernichtung seiner Feinde oder der Israels.

Denn: »Haben wir nicht alle einen Vater? Hat uns nicht *ein* Gott geschaffen? Warum verachten wir denn einer den anderen?«, so schon Mal. 2,10 im Alten Testament. Das wird *jetzt* wichtig. Die Heiden sind nicht prinzipiell von Gott ausgeschlossen; die Gerechten der Heiden haben Anteil am Reich Gottes. Israel ist nicht erwählt, um die anderen auszuschließen, sondern um Vorbild zu sein, Vorhut für das Reich Gottes auch für die anderen. Man muß nicht Jude werden, um zu Gott und zu seinem Reich zu gehören. Die Enderlösung steht noch aus. Was wissen wir, wer dazugehört? Das kann nur Gott wissen, und Gott will, daß alle dazugehören.

Toleranz ist sogar gegenüber unseren Verfolgern möglich. Maimonides (1135–1204) konnte denken, daß Christen und Moslems auf ihre Weise teilhaben am Werk des Messias, daß messianische Elemente im Christentum und im Islam wirksam sind und daß Friede mit nichtjüdischen Völkern möglich ist. Und es war ein Stolz des Judentums, und man dankte Gott schon im Talmud dafür, daß es so ist: »Immer gehöre ein Mensch zu den Verfolgten und nicht zu den Verfolgern. Denn du hast unter den Vögeln keine, die mehr verfolgt wären als Turteltauben und Jungtauben; und diese hat die Schrift für den Altar geeignet gemacht.« (Bawar Kamma 93a). Robert Raphael Geist schließt da an: »Gesegnet sei Er, der uns zu den Opfern machte und nicht bei den Schlächtern stehen ließ, ja, der uns nicht einmal die Qual der Entscheidung offenhielt [...]. In all seiner Grausamkeit [dessen, was Juden von Christen erlitten] war es Erwähltsein.«[9]

Die politische Selbständigkeit Israels seit 1948 macht es schwer, vielleicht sogar unmöglich, diese Einstellung beizubehalten.

Frieden jüdischerseits mit Christen? Es gibt Juden, die können denken: Der erwartete Messias Israels und der erwartete christliche wiederkommende Christus – vielleicht und warum nicht haben sie dasselbe Gesicht, ist es ein und derselbe Erlöser. Denn Jesus war und ist Jude.[10]

2.2. Islam

Für das Verhältnis des Islam zu den Ungläubigen, zu den Andersgläubigen gilt Mohammed als Norm. Er erkannte: Allah widerspricht sich nicht. Sein Wort, sein Wille, seine Rechtweisung, der Koran ist immer derselbe, er teilte ihn mit, er offenbarte ihn dem Adam, dem Noah, dem Abraham, Ismael, Isaak, Jakob, Mose, Aron usf. und den uns bekannten Propheten und schließlich dem Jesus und zuletzt dem Mohammed. Kein Volk hat er ohne Propheten gelassen, kein Volk ohne die Offenbarung seines Willens. Sein Wille wurde Buch durch Mose in der Tora für die Juden, durch Jesus im Evangelium für die Christen. Sie empfingen jeweils so gut sie konnten, und ihre Nachfolger vermenschelten, vermurksten jeweils etwas die reine Offenbarung Allahs. Darum: Zu immer neuen Zeiten offenbarte Gott sich immer neu, zuletzt und endgültig dem Mohammed. Der glaubte darum: Juden und Christen müßten begeistert sein und mitmachen und war enttäuscht und wütend, als die Juden sagten: Nein, ganz so ist unsere Tora doch nicht. Da änderte er die Gebetsrichtung von Jerusalem nach Mekka zur Kaaba. Doch da sie Schriftbesitzer sind, müssen Juden und Christen keine Mosleme werden, sie stehen unter islamischem Sondergesetz, dürfen ihre Religion ausüben im islamischen Staat, müssen eine bestimmte Sondersteuer dafür zahlen, dürfen die islamische Religion nicht angreifen. Doch es galt und gilt für den Islam grundsätzlich: Niemand, der Heide ist, wird gezwungen, ein Moslem zu werden.

Daß es so viele wurden, liegt sicherlich an der bereits genannten erstaunlichen Ausbreitungsgeschichte des Islam in Richtung Westen, dazu gen Osten: Um 715 existiert bereits das erste islamische Reich in Indien, um 1000 ist der Islam bis Südindien vorgedrungen, 1226 erfolgt die Einigung Indiens unter islamischen Großmogulen (bekannt der Name Akbar, der die berühmte Moschee baute). Es ist auch mitnichten nur die Folge von Feuer und Schwert, wie unterstellt, sondern die Folge dessen, daß die besiegten Oberschichten sich politisch anpaßten und das Volk sich in der undogmatischen, relativ einfachen Religion des Islam wohlfühlte; und schließlich, daß die islamischen Besieger vieles von den vorgefundenen Kulturen übernahmen und keine Rassenunterschiede, keine Apartheid kennen.

Und der *heilige Krieg*? Djihad meint nach moslemischem Verständnis zunächst den Kampf gegen die eigene individuelle Ungläubigkeit und ethische Unvollkommenheit und erst sekundär die Möglichkeit, den Islam zu verteidigen und auszubreiten gegen die Ungläubigen, um das Reich des Friedens auszubreiten. Erst als Folge der christlichen

---

9 Robert Raphael Geist. *Vom unbekannten Judentum.* Freiburg: Herder, 1961, 135.
10 Vgl. Hans-Joachim Schoeps. *Paulus, die Theologie des Apostels im Lichte der jüdischen Religionsgeschichte.* Darmstadt: Wissenschaftliche Buchgesellschaft, 1972, 274.

Kreuzzüge aber ist der Begriff »heiliger Krieg« dann zur Rechtfertigung politischer Macht- und Expansionskämpfe verwendet und üblich geworden, nicht unbestritten von anderen islamischen Gruppierungen und Rechtsschulen.

Ergebnis: Der offizielle Islam kennt relative Toleranz gegenüber den monotheistischen Schriftreligionen Juden- und Christentum, keine Toleranz jedoch gegenüber solchen, die vom Islam zu einer anderen Religion abfallen (das hat es übrigens auch bis vor kurzem bei Christen nicht gegeben).

Darüber hinaus hat es im Islam auch immer – wenn auch oft von den Fundamentalisten verfolgt – die *Sufis*, die Weisen und Mystiker, neben den Juristen, Theologen, Machthabern und dem Pöbel gegeben. Was sie denken und bewirken, zeigt folgende Sufigeschichte:

Anguruzuninabstafil: »Vier Männer, ein Perser, ein Türke, ein Araber und ein Grieche waren unterwegs zu einem fernen Ort. Sie stritten sich, wie sie das einzige Geldstück, das sie noch besaßen, ausgeben sollten. Ich möchte gern *Angur* kaufen, sagte der Perser. Ich will *Uzun,* meinte der Türke. Nein, ich will *Inab*, sagte der Araber. Ach was, sagte der Grieche, wir sollten *Stafil* kaufen. Ein anderer Reisender, ein Sufi, der vorüberkam, sprach sie an: Gebt mir die Münze. Ich werde einen Weg finden, euer aller Wünsche zu befriedigen. Zuerst wollten sie ihm nicht trauen, dann gaben sie ihm die Münze. Er ging zu einem Obsthändler und kaufte vier Büsche Weintrauben. Da ist ja mein *Angur*, sagte der Perser. Das ist doch genau das, was ich *Uzun* nenne, rief der Türke. Sie haben mir *Inab* gebracht, sagte der Araber. Ach was, sagte der Grieche, in meiner Sprache heißt das *Stafil*. Die Männer ließen jeden Streit sein und aßen die Weintrauben.«[11]

Der Erzähler sprach: Die Reisenden sind vier gewöhnliche Menschen mit verschiedenem Glauben. Der Sufi zeigt ihnen, daß der Grund ihrer Religionen in Wahrheit derselbe ist. Er bietet ihnen jedoch keinen Wein an, jene Essenz, welche die innere Lehre bedeutet. Der Wein ist für ein späteres Stadium.

2.3. Hinduismus

Der sogenannte *Hinduismus* ist keine durchorganisierte Religion, wie wir Religion begreifen und definieren, sondern meint die durch mehrere Eigentümlichkeiten gekennzeichnete Religiosität und die Religionsweisen und Kulte der Inder:

- Der Hinduismus kennt eine sehr große Menge weiblicher wie männlicher Gottheiten und ihnen entsprechende Kulte.
- Doch letzten Endes sind sie austauschbar, sie konkurrieren nicht gegeneinander. Sie sind alle Ausdruck, Auswirkung, Verkörperung, Manifestation einer Urgottheit, eines Urprinzips, des göttlichen *Brahmans*. Bekannt ist die Vorstellung vom *Trimurti* = »drei Gestalten besitzend«: *Brahma* ist der Gott der Schöpfung, *Vishnu* ist der Erhalter, der Schicksalsgott, er stammt von der Sonne, *Shiva* gilt als der Zerstörer, er ist wohltätig und schrecklich zugleich, wie das Leben, wie Leben und Tod. Ohne Unterlaß zerstört er und baut neu auf. Er ist die *Zeit;* ohne Unterlaß macht sie zunichte und läßt neu erstehen. *Trimurti,* dargestellt als eine Figur mit drei Köpfen und drei Gesichtern, bedeutet: letztlich gibt es nur *eine* Gottheit, ein Grundlebensprinzip in seiner Verschiedenheit und Vielheit, die Einheit der Vielfalt des Lebens.
- Ziel des Daseins ist es, diese Einheit zu entdecken; zu entdecken, daß sie immer schon ist, ihr zu entsprechen, in sie einzugehen, mit ihr eins zu werden.

---

11 Idries Shah. *Die Sufis. Botschaft der Derwische, Weisheit der Magier.* Düsseldorf: Diederichs, 1980, Klappentext.

- Das kann geschehen dadurch, daß Lebewesen, Menschen im Laufe vieler *Reinkarnationen* auf immer höherer Stufe (= Kaste) wiedergeboren werden, so daß sie immer fähiger werden, das göttliche Urprinzip zu erleben, wahrzunehmen, zu verwirklichen.
- Das kann auch geschehen auf den verschiedenen *Yoga*wegen. Die führen schließlich zur Einheit mit dem göttlichen Brahman und zur Befreiung vom Zwang der Wiedergeburt. Das ist die Erlösung.

Eigentlich war und ist der Hinduismus eine harmonische, friedfertige Religion, nachdem die vorarische Bevölkerung und Religion die Religion der aggressiven Arier aufgenommen hatte und der sog. Hinduismus/Brahmanismus entstanden war. Und da man als Hindu = Inder geboren werden muß, eignet dem Hinduismus auch kein Expansionsdrang. Dann jedoch kamen die Moslems.

> »Das Verhältnis zwischen den Religionsgruppen war sehr verschieden. Es reichte von der abgründigsten Verachtung bis zur Hochachtung. H. von Glasenapp zitiert nach dem Buch eines niederländischen Indienkenners eine Anordnung: ›Wenn der Steuereinnehmer [...] den Hindus Zahlung gebietet, so sollen sie in voller Demut und Ergebenheit zahlen, und wenn der Steuereinnehmer in ihren Mund zu speien wünscht, so sollen sie ihren Mund öffnen ohne das leiseste Zeichen der Furcht vor Befleckung, auf daß der Steuereinnehmer also tun möge. Der Zweck solcher Demütigungen und des In-Den-Mund-Speiens ist, den Gehorsam der ungläubigen Untertanen zu erproben, den Ruhm des Islam zu verbreiten und falsche Religionen Verachtung zu erweisen.‹«[12]

Diese Demütigung machte den Hinduismus aggressiv bis zur Zerstörung der islamischen Moschee in Ayodya im Jahre 1992 durch fundamentalistische Hindus. Wir wissen, daß Gandhi – der Einigung wollte – am Konflikt zwischen orthodoxen Hindus und Moslemen zerbrochen ist.

Zum Hinduismus gehört aber auch, daß Buddha und Jesus ohne weiteres zu integrieren sind, auch sie sind zwei *Avatare*, Verkörperungen des Göttlichen, die den Weg zur *Erlösung* weisen und die zu lieben sind. Die bis vor kurzem immer noch in Indien missionierenden, aggressiven, den indischen Polytheismus verachtenden christlichen Kirchen werden allerdings aufgrund von Negativerfahrungen immer noch mit Skepsis betrachtet. Sie waren zu sehr mit der East-Indian Company in ihrer Vorreiterrolle für das britische Empire verbunden.

Auch im Hinduismus gibt es ein Gleichnis für das Verhältnis der verschiedenen Religionsweisen und Religionen zueinander: *Ein* Berg, *ein* Gebirge, viele Wege führen hinauf, verschiedene Wege. Unten sind sie weit auseinander. Je höher man auf ihnen steigt, um so näher ist man einander. Und oben ist oben. Die Unterschiede sind nicht mehr.

2.4. Buddhismus

Buddha trat etwa 500–400 vor unserer Zeitrechnung auf. Er verstand sich als Reformator im damaligen Hinduismus, besonders im Blick auf geistliche und politische Privilegien und Machtansprüche damaliger Brahmanen und die damit verbundenen Lehr- und politischen Streitigkeiten. Er verstand sich nicht als Religionsgründer oder -stifter. Sein Wirken, seine Entdeckung ist – so sagte er –, als ob jemand im Dschungel einen zugewachsenen uralten Weg, der zu einer vergessenen Königsstadt führt, wiederfindet und gangbar macht. So fand er durch sein eigenes Erleben den uralten Weg zur Erlösung und ent-

---

12 Heinrich A. Mertens. *Religionen in Ost und West.* Düsseldorf: Patmos, 1972, 27.

schied sich, diesen Weg des Erwachens und der Erleuchtung weiter zu vermitteln. Mönche berichteten ihm von einem heftigen Meinungsstreit unter Brahmanen und Wanderasketen verschiedener Richtungen:

Etliche Asketen und Brahmanen verkündeten: Ewig ist die Welt; dies ist wahr, anderes töricht.
Etliche Asketen und Brahmanen verkündeten: Nicht ewig ist die Welt; dies ist wahr, anderes töricht.
Etliche verkündeten: Endlich ist die Welt; dies ist wahr, anderes töricht.
Etliche: Unendlich ist die Welt; dies ist wahr, anderes töricht.
Etliche: Dies das Leben, dies der Leib; dies ist wahr, anderes töricht.
Andere dagegen: Ein anderes das Leben, ein anderes der Leib; dies ist wahr, anderes töricht usw.

Der Erwachte gab ihnen folgendes Gleichnis: Ein König ließ Blindgeborene einen Elefanten betasten und fragte sie, wie der Elefant beschaffen sei. Die den Kopf betastet hatten, sagten: Wie ein Wasserkessel; die das Ohr betastet hatten: Nein, wie eine Wurfschaufel; die einen Stoßzahn befühlt hatten: Nein, wie eine hölzerne Pflugschar; die den Rüssel betastet hatten: Nein, wie ein Flugbaum; usw. Und sie gerieten in Streit und prügelten sich. Da sprach der Erwachte: Ebenso sind die Pilger der verschiedenen Schulen blind, augenlos, erkennen nicht, worauf es ankommt, worauf nicht; wissen nicht, was richtig und falsch ist; schlagen und verletzen sich gegenseitig mit scharfen Worten: So ist die Wahrheit, die Wahrheit ist nicht so; nicht so ist die Wahrheit, die Wahrheit ist so. Da tat der Erhabene folgenden feierlichen Ausspruch: So hört man es: Es klammern sich manche Asketen und Brahmanen an diese [Dinge]; Es streiten sich und geraten in Widerrede die Menschen, *die nur einen Teil sehen*.[13]

Das Ergebnis:
- Jeder hält den Teil, den er kennt, für das Ganze, d.h. für das Heil der Welt, der Seele.
- Er glaubt es aufgrund dessen, daß es ihm von Autoritäten so gezeigt und gesagt wurde.
- Er glaubt es nicht, weil er es selber weiß, weil er es selber erkannt und erfahren hat.
- Der Buddha zeigte den Weg, die Methode, selber zu erkennen und zu erfahren und so das Heil, die Erlösung, die Ganzheit zu erkennen und ihrer teilhaftig zu werden.
- Der Weg ist ein Erkenntnisweg, Stufenweg; erst wenn ich den Anfang begriffen habe, kann ich die nächsten Schritte in der Erkenntnis der Wahrheit gehen.
- Was hindert es, die (ganze) Wahrheit zu begreifen? Antwort: 1) Gier, Begehren, Besitzenwollen, 2) Haß, 3) Illusion, falsches Welt- und Selbstbild.

Menschen sehen falsch, sie nehmen die Wirklichkeit falsch wahr aufgrund von Gier und Haß bzw. weil sie ein falsches Selbst- und Weltbild haben. Gier: Das ist die Meinung, mein Ich, meine Ich-Identität wären dadurch begründet, daß ich bestimmtes *habe* – an Besitz, an Wissen, an Titeln, an Erfolg, an Gesundheit, an Anerkennung, an Beziehungen, an Rang, an Macht über Menschen usf. Haß: Wenn die anderen auch in diesem Sinn Besitz, Wissen, Titel, Macht, Rang, Erfolg usw. *haben* wollen, *haben* müssen, um ihr Ich zu begründen, dann sind sie meine Konkurrenten, dann muß ich sie ablehnen und bekämpfen. So ist die Welt.

---

13 Udana VI,4; s. *Buddhistische Geisteswelt, Texte.* Ausgewählt und eingeleitet von Gustav Mensching. Baden-Baden: Holle, 1955, 38–40.

Gier, Begehren und Habenwollen, um das Ich zu begründen, das ist menschlich, weil wir sterblich, vergänglich, geschichtlich sind und weil unsere Ich-Identität einschließlich unserer Gruppen- und Volksidentität immer gefährdet ist.

Der Buddha erkannte: Wenn und da alle so denken, leben und lernen, daß es so sein müßte, dann ist das einerseits ein falsches Ich-Verständnis und führt andererseits zu einem falschen Welt-Verständnis, woraus eine Praxis vom Leben resultiert, die alle Menschen als Leiden und Friedlosigkeit erfahren. Und er zeigte einen Weg, wie Menschen Gier und Haß und die Illusion einer fixier- und habbaren Ich-Identität aufgeben können und dabei Schritt für Schritt entdecken, was der Mensch, was die Wirklichkeit in ihrem tiefsten Wesen ist und sein kann: Buddhanatur, Nirwana. Dieser Erkenntnis- und Werdeweg wird – neben der Meditation – durch strenge Ethik begleitet. Beides, Meditation und Ethik, kann buddhistisch ausgedrückt werden im immer zu wiederholenden Mantra und Wunschsatz: »Mögen alle Lebewesen glücklich sein und Frieden finden.«

Man hat zu Recht gefragt, ob der Buddhismus überhaupt eine Religion sei, zumal er in seinen primären Ausprägungen keinen Glauben an einen erlösenden Gott kennt. Und es stimmt, wenn Heinrich Mertens sagt: Die Buddhisten haben nie verlangt, daß sich ein Buddhist nur zum Buddhismus bekennt. Er wird auch anerkannt, wenn er Christ ist und den Buddha-Weg geht. Diese Liberalität ist den monotheistischen Religionen nicht verständlich.[14]

Trotzdem hat sich der Buddhismus zu einer Religion mitsamt dem gesellschaftlichen Religionsbetrieb, Kult, Jahresfeiern, Riten, entwickelt. Jedoch nicht zu einem geschlossenen System, weder in der Lehre, noch in der Organisation. Es hat auch keine Konfessionskriege zwischen den verschiedenen buddhistischen Ausprägungen gegeben.

III. Fragen und Reflexionen

Da ist zunächst die Frage nach dem verwirrenden Begriff *Religion*. Was meint *Religion*? Ein Erklärungsversuch:

1. Da war ein Mensch, der die Erfahrung machte, daß er Antwort auf die Lebensfragen, daß er Sein-Können und Ich-Identität und Heil nicht im Status quo seiner bisherigen Entwicklung und seiner Eingebundenheit in die Gesellschaft erfährt, sondern in einer Transzendenzerfahrung, »Gottes«-Erfahrung; die gibt ihm ein neues Selbstverständnis, Weg, Ziel und Ermutigung, zu leben und zu sterben. Ich nenne das: Religion 1.

Er teilt sie anderen mit, findet Weggefährten, er will ja nicht allein »selig« werden. Wes das Herz voll ist, des geht der Mund über. Es entsteht Gemeinschaft um ihn, mit ihm, die auch nach ihm bleibt. Sein Erlebnis wird erzählt, um anderen den Weg und das Glück der Gotteserfahrung ebenso zuteil werden zu lassen. Das nenne ich Religion 2.

Es entsteht Tradition, es wird aufgeschrieben, es entstehen Riten, Gebräuche, Lehren, Theologie, Organisation, auch juristisch. Die Menschen, ich nenne es Religion 3, die dazugehören, sind Mitmenschen in ihrer Gesellschaft und Kultur. Gesellschaft und Religion bedingen sich gegenseitig, wirken aufeinander. Religion 3 ist um der Religion 1 bzw. Religion 2 willen da. Um immer wieder die ursprüngliche Gotteserfahrung bzw. in der Spur der ursprünglichen Gotteserfahrung neue Transzendenz und Gotteserfahrungen zu ermöglichen und zu ermutigen. Und – weil wir Menschen so sind, wie wir sind – es besteht die Dauergefahr, daß Religion (3) zum Selbstzweck wird.

---

14 Mertens, 61.

Gegen diese Gefahr in bezug auf seine jüdische Heimatreligion protestierte Jesus, wenn er verkündete: »Der Sabbat ist um des Menschen willen geschaffen worden und nicht der Mensch um des Sabbats willen.« (Markus 2,27)

Wird das vergessen, dann verhindert Religion 3 die stets von neuem notwendige Möglichkeit von Religion 1 bzw. 2 und damit die Chance neuer Transzendenzerfahrungen, in denen – das ist die Erkenntnis der Religionen – wir Menschen letztlich die Erfüllung unseres Menschseins finden. Dann aber sind wir unentwegt in der Versuchung, den Status quo unserer eigenen Entwicklung bzw. der Gesellschaft festzuschreiben und zu verabsolutieren. Die Wahrnehmung der den Menschen eigenen Beziehung zu Gott – Mensch, Menschen – Gott garantiert die Freiheit des Seins und des Werdens. Weiterhin gilt:

2. Jede Uroffenbarung (Religion 1) ist abhängig und eingebunden in Geschichte, Gesellschaft, Kultur, Klima usf. Darum z. B. sind Buddha und Jesus und Mohammed verschieden.

3. Das verstärkt und potenziert sich in Religion 3. Religionen sind darum verschieden und nicht über einen Kamm zu scheren. Aber auch dieses gilt: Christentum in Indien sieht anders aus und muß anders aussehen als in Deutschland, anders in Bayern als in der Lüneburger Heide.

4. Religionen, die im Sinne der Negativwirkung von Religion 3 geschlossene Systeme geworden sind, jeweils also mit dem Anspruch auf den Besitz der ganzen Wahrheit auftreten, müssen intolerant werden.

5. Das bedeutet aber auch, daß die strengen monotheistischen Religionen prinzipiell intolerant sind. Wo Propheten auftraten, die nur den einen Gott als die alleinige Verkörperung der göttlichen Wahrheit verkündeten, da taten sie das gegen den Anspruch derer, die andere, die mehrere Götter glaubten. Die Religionswissenschaft unterscheidet die monotheistischen Religionen Judentum, Christentum und Islam von den sogenannten mystischen Religionen Hinduismus, Buddhismus, Taoismus. Hier wären auch die indianischen Religionen bzw. die Welt-Anschauungen der verschiedenen indianischen Stämme und Völker Amerikas zu nennen.

6. Die Mystiker in den verschiedenen Religionen, die – sozusagen wie in der Ursprungssituation Religion 1 – eigene Gotteserfahrungen machten, müssen sich nicht streiten, können sich verstehen, sind über die Religionengrenzen hinweg Brüder und Schwestern. Eben das zeigen die in ihrem Wesen kongruenten Gleichnisse, die ich erwähnt habe: das Sufi-Gleichnis von den Weintrauben, das hinduistische Gleichnis von dem einen Berg und den vielen Wegen nach oben, das buddhistische Gleichnis von den Blinden und dem Elefanten.

Ich bin davon überzeugt, daß die Entwicklung der Religionen in unserem Zeitalter und ihre wachsende Bereitschaft zum *Dialog der Religionen* genau in die Richtung dessen führen wird, was die Mystiker der Religionen immer schon wissen und erleben: Jede Religion hat ihr Recht für sich, jede Religion weist daher auch über sich und ihren geschichtlichen Ort und ihre geschichtlichen Bedingungen hinaus auf den Gott, den sie vergegenwärtigt und der doch letztlich transzendent ist, so daß sie immer nur Weg zu Gott sein kann. Jede Religion ist darum im Prinzip offen zu den anderen Religionen, denn sie *besitzt* die Wahrheit nicht.

7. Das Gegenteil dieser Haltung illustriere ich noch einmal am Modell unserer eigenen, der christlichen Religion. Helmut Gollwitzer schreibt:

> »Als die europäischen Völker und vor allem ihre Oberschichten das Christentum ergriffen, haben sie es so verändert, daß alle Reformationsbewegungen nicht mehr dagegen aufkamen; sie haben aus dem Christentum das für die übrige Menschheit unerträgliche und mörderische Selbstbewußtsein und Sendungsbewußtsein der weißen Rasse gewonnen und zugleich

die Möglichkeit eines rational-technischen Weltverhältnisses, das nun als Verhängnis die ganze Menschheit in sich aufsaugt und alle Fähigkeiten abtötet, die sich mit ihm nicht vertragen. Inquisition, Hexenverbrennung, Judenverfolgungen, Indianermord (dieser in ununterbrochener Folge vom 16. bis 20. Jahrhundert), Abknallen der Australneger, Kolonialgreuel, und als Geschenk dafür immer mehr Slums in der weißen wie in der dritten Welt und Aushöhlung des Lebens mitten im Wohlstand [...]«.[15]

Wie konnte das geschehen? Einerseits lag es, so sieht es Gollwitzer, an den europäischen Völkern und ihren Oberschichten. Sie benutzten das Christentum so, daß es »von der menschlichen Barbarei in die Hand genommen und zum Herrschaftsinstrument pervertiert«[16] wurde. Doch ich frage über Gollwitzer hinaus: Was ist es am Christentum, das dies ermöglichte? Was am Christentum gab ihnen, den Weißen, uns Weißen dieses zerstörerische Selbstbewußtsein? Was am Christentum ließ sich mißbrauchen?

Meine persönliche Antwort illustriere ich am Beispiel des Bischofs Ambrosius, von dem der wunderbare ambrosianische Lobgesang stammt und der den Kaiser Theodosius zwang, zu verhindern, daß den Juden Gerechtigkeit nach der Zerstörung der Synagoge von Gallinicum in Kleinasien im Jahre 388 durch die Christen zuteil wurde. Ambrosius war vorher und von Haus aus ein Adeliger des Römischen Reiches und Statthalter zweier Provinzen im Römischen Reich. Daß ein getaufter Christ gerettet, gereinigt, erneuert, erlöst, erwählt ist von Gott, daß Christen das neue Gottesvolk, das wahre Israel sind, daß Christus der neue, der bessere, der einzige Weg zu Gott ist, daß das Reich Gottes in der Kirche anbricht und daß die Kirche, daß das Reich Gottes entsprechend dem christlichen Missionsbefehl[17] expandieren muß – wie sollte dieses christliche Erwählungs- und Sendungsbewußtsein nicht dahin führen, Menschen sich einbilden zu lassen, daß sie besser als andere sind und daß Gott ihre politische Macht benutzen will, um sie als seine Werkzeuge zu gebrauchen? Für den Bischof Ambrosius war es die Konsequenz seines kirchlichen Amtes, daß er Macht auf den Kaiser ausübte und gegen die Juden agierte.

8. Damit stelle ich den christlichen und jeden anderen Absolutheits- und Exklusivitätsanspruch in Frage. Das »Niemand kommt zum Vater als nur durch mich« des Christus des Johannes-Evangeliums (14,6) muß abgelehnt werden, wenn damit auch der politisch gebrauchte Anspruch gemeint ist, daß es nur einen einzigen Zugang, den christlichen, zu Gott gibt. Oder aber er muß begriffen werden (wie man heute zu erkennen lernt) als eine herzliche Liebeserfahrung, als Liebesbekenntnis: Nur du. Weil ich es so erfahren habe. Dafür danke ich dir.

Doch er darf nicht dogmatisiert und auf diese Weise so verallgemeinert werden, daß er schließlich Staatsgesetz wurde.

9. Und der Missionsbefehl? Mission ja – doch nicht durch Macht, nicht durch politische noch wirtschaftliche noch technische Überlegenheit der weißen Rasse. Der Christus der Inder sieht ganz unimperialistisch aus und gründet auch im Neuen Testament. Missioniert durch euer Leben, durch Überzeugung, im Dialog und Respekt vor dem, was die anderen glauben, doch nicht mit der Androhung von Verdammnis und nicht mit Verteufelung ihrer bisherigen Religion.

---

15 Helmut Gollwitzer. *Krummes Holz – Aufrechter Gang. Zur Frage nach dem Sinn des Lebens.* München: Kaiser, 1970, 138.
16 Ebd., 139.
17 Der sog. Missions- oder Taufbefehl steht bei Matthäus im 28. Kapitel: »Jesus trat herzu und sprach zu ihnen: Mir ist gegeben alle Gewalt im Himmel und auf Erden. Darum geht hin und macht zu Jüngern alle Völker: Tauft sie auf den Namen des Vaters und des Sohnes und des Heiligen Geistes und lehret sie alles halten was ich euch befohlen habe.« (18–20)
18 Seit 1990 erscheint im Verlag Kaiser, München, die Zeitschrift *Dialog der Religionen*, hg. von Michael von Brück u.a.

10. *Dialog der Religionen*[18] wird in den 1980er und 1990er Jahren zunehmend als Aufgabe begriffen. Das wird sicher die Festschreibungen der bisherigen Religionen inklusive unseres Christentums verändern. Die Fundamentalisten einer jeden Religion wehren sich darum so sehr dagegen, aus Angst.

11. Doch auch in unserer christlichen Religion und Geschichte gab es Menschen, Theologen, die denken konnten, daß Gott auch in den anderen Religionen wirkt, sich mitteilt, daß sie Wege zu Gott sind. Ein Beispiel ist der Bischof und Kardinal Nikolaus von Cues, der unter der Einwirkung der Eroberung Konstantinopels durch die Türken 1453 in seiner Schrift *De Pace* »Über den Frieden oder die Übereinstimmung unter den Religionen« schrieb, daß die Wahrheit nur *eine* sein kann. Die Verschiedenheiten sind menschliche Gestaltungen der *einen* Wahrheit. Darum: Toleranz.

12. Toleranz aber führt zur Religionsfreiheit, bedeutet Religionsfreiheit. In unserer Zeit gehört die Religionsfreiheit glücklicherweise zu den Menschenrechten; sie ist auch im deutschen Grundgesetz fest verankert. Ihre Konsequenz: Wir müssen ertragen, daß Moslems ein Recht haben, in unseren Städten und Dörfern zu leben und – sich anders zu kleiden. Ganz abgesehen davon, daß sie ein Recht auf die freie Ausübung ihrer Religion haben; und das heißt auch, daß sie in unseren Städten ihre Moscheen bauen dürfen.

13. Die Religionsfreiheit hat ihre Grenze dort, wo sie gegen die Menschenrechte verstößt. Die Fundamentalisten, wenn sie die Macht ergreifen, sind tödlich.

14. Ich schließe mit einer Frage: Wie gehe ich als (hoffentlich) toleranter Mensch und Theologe mit einem nichttoleranten Menschen/Theologen um? Ich kann ja vielleicht begreifen, warum er so ist – aufgrund seiner Biographie, Erziehung und Lebensangst. Daß er das geschlossene fundamentalistische Religions- bzw. politische System braucht gegen seine Lebensunsicherheit. Ich kann ihn gegebenenfalls lassen. Aber er kann *mich* nicht lassen. Denn ich vergrößere seine Angst. Allgemeiner formuliert: Ist Toleranz gegenüber der Intoleranz möglich?

»musica pro pace«: Thomas Jesatko, Baßbariton, und Dr. Stefan Hanheide, Kommentar, im Friedenssaal des Rathauses

Photo: E. Scholz

musica pro pace[*]

24. Oktober 1993
(zum Osnabrücker Friedenstag)

Ausführende:

Thomas Jesatko, Baßbariton
Peter Starke, Klavier
Dr. Stefan Hanheide, Kommentar

musica pro pace ist eine kulturelle/kulturwissenschaftliche Komponente der *Osnabrücker Friedensgespräche*, die Kompositionen beleuchten will, welche die Verderbnis des Krieges und die Sehnsucht der Menschen nach Frieden musikalisch zum Ausdruck bringen. Die große Anzahl solcher Werke innerhalb der Musikgeschichte ist bis heute weitgehend unbekannt und wartet darauf, in ihrer spezifischen Eigenart erkannt und gehört zu werden. Die Wiedergabe derartiger Kompositionen und ein analysierender wissenschaftlicher Kommentar bilden eine Einheit, in der die Zuhörenden die emotionale Wirkung der Musik und Aspekte ihres Aussagegehalts innerhalb des historischen Kontextes zugleich erfahren können.

---

[*]   1993 in Zusammenarbeit mit dem Kulturamt Osnabrück durchgeführt unter dem Titel »musica pro pace/Klingendes Rathaus«

Stefan Hanheide

Das Schicksal des Soldaten in Gustav Mahlers Liedern nach *Des Knaben Wunderhorn*[1]

Robert Schumann:
Die beiden Grenadiere (Heine)

Nach Frankreich zogen zwei Grenadier',
Die waren in Rußland gefangen.
Und als sie kamen ins deutsche Quartier,
Sie ließen die Köpfe hangen.

Da hörten sie beide die traurige Mär:
Daß Frankreich verloren gegangen,
Besiegt und geschlagen das tapfere Heer,
Und der Kaiser, der Kaiser gefangen.

Da weinten zusammen die Grenadier'
Wohl ob der kläglichen Kunde.
Der eine sprach: »Wie weh wird mir,
Wie brennt meine alte Wunde!«

Der andre sprach: »Das Lied ist aus,
Auch ich möcht' mit dir sterben,
Doch hab ich Weib und Kind zu Haus,
Die ohne mich verderben.«

»Was schert mich Weib, was schert mich Kind,
Ich trage weit besser Verlangen;
Laß sie betteln gehn, wenn sie hungrig sind -
Mein Kaiser, mein Kaiser gefangen!

Gewähr mir, Bruder, eine Bitt':
Wenn ich jetzt sterben werde,
So nimm meine Leiche nach Frankreich mit,
Begrab mich in Frankreichs Erde.

Das Ehrenkreuz am roten Band
Sollst Du aufs Herz mir legen;
Die Flinte gib mir in die Hand,
Und gürt' mir um den Degen.

So will ich liegen und horchen still,
Wie eine Schildwach', im Grabe,
Bis ich einst höre Kanonengebrüll
Und wiehernder Rosse Getrabe.

Dann reitet mein Kaiser wohl über mein Grab,
Viel Schwerter klirren und blitzen;
Dann steig' ich gewaffnet hervor aus dem Grab
Den Kaiser, den Kaiser zu schützen!«

Gustav Mahler:
Revelge

Des Morgens zwischen drei'n und vieren,
Da müssen wir Soldaten marschieren
Das Gäßlein auf und ab;
Trallali, trallalei, trallalera,
Mein Schätzel sieht herab.

»Ach, Bruder, jetzt bin ich geschossen,
Die Kugel hat mich schwer getroffen,
Trag mich in mein Quartier.
Trallali, trallalei, trallalera,
Es ist nicht weit von hier.«

»Ach, Bruder, ich kann dich nicht tragen,
Die Feinde haben uns geschlagen,
Helf' dir der liebe Gott;
Trallali, trallalei, trallalera,
Ich muß marschieren bis in den Tod.«

»Ach, Brüder, ihr geht ja mir vorüber,
Als wär's mit mir vorbei
Trallali, trallalei, trallalera,
Ihr tretet mir zu nah.

---

1 Um den Charakter der Veranstaltung *musica pro pace* auch in Form einer schriftlichen Veröffentlichung möglichst weitgehend beizubehalten, werden die Texte der vorgetragenen Kompositionen hier an ihrer jeweiligen Stelle abgedruckt. Der Leser kann sich die Musik bei Bedarf mittels Tonträger vergegenwärtigen.

Ich muß wohl meine Trommel rühren,
Trallali, trallalei, trallali, trallalei,
Sonst werd' ich mich verlieren,
Trallali, trallalei, trallara.
Die Brüder, dick gesät,
Sie liegen wie gemäht.«

Er schlägt die Trommel auf und nieder,
Er wecket seine stillen Brüder,
Trallali, trallalei, trallali, trallalei,
Sie schlagen ihren Feind,
Trallali, trallalei, trallaleralala,
Ein Schrecken schlägt den Feind.

Er schlägt die Trommel auf und nieder,
Da sind sie vor dem Nachtquartier schon wieder,
Trallali, trallalei, trallali, trallalei,
Ins Gäßlein hell hinaus,
Sie zieh'n vor Schätzleins Haus,
Trallali, trallalei, trallalera.

Des Morgens stehen da die Gebeine
In Reih' und Glied, sie steh'n wie Leichensteine
Die Trommel steht voran,
Daß sie ihn sehen kann,
Trallali, trallalei, trallalera.

I. Der Soldat als Sujet des Kunstliedes

Kaum gegensätzlicher als in diesen beiden Liedern kann das Soldatentum beschrieben
werden: Was bei Schumann nach bedingungsloser Treue zum Kaiser klingt, daraus
könnte man gar preußisch-wilhelminische Tugend hören, wäre da nicht der falsche Kaiser
und die falsche Hymne. Aber die Aussage ist klar: Die soldatische Treue steht weit über
der Sorge um Frau und Kind. Genauso heißt es im Text der deutschen Kaiserhymne *Heil
dir im Siegerkranz*: »wir kämpfen und bluten gern für Thron und Reich«.

Mahlers Lied erscheint zu Schumanns Komposition fast wie eine negierende Antwort,
wie ein offener Widerspruch. Der Krieg zeigt sich in veränderter Gestalt: solidarische
Traurigkeit bei Schumann (»Besiegt und geschlagen das tapfere Heer«), bei Mahler dagegen rücksichtslose Drastik (»die Brüder, dick gesät,/Sie liegen wie gemäht«). Ebenso wie
bei Schumann treten bei Mahler zwei Soldaten in einen Dialog, und ebenso bildet das
Erstehen aus dem Grabe nach dem Soldatentod das Ziel der Aussage. Schumanns Soldat
jedoch steht gewaffnet auf, bei Mahler erstehen nur noch die Gebeine. Die zwei Soldaten
reden sich in beiden Texten mit »Bruder« an. Schumanns Brüder erscheinen in kamerad-
schaftlicher Eintracht, Mahlers Bruder hilft seinem verwundeten Kameraden nicht. Der
unerbittliche Zwang des Marschierenmüssens verfolgt Mahlers Soldaten über den Tod
hinaus.[2]

Die Negation aller soldatischen Werte, die in Mahlers Lied zum Ausdruck kommt,
steht in vollständigem Gegensatz zu Schumanns positiver Konnotation. Jenes Lied weist
voraus auf Antikriegs-Haltungen im Expressionismus und bei Bertolt Brecht. Auch in
dessen *Legende vom toten Soldaten*, die Kurt Weill vertonte, überwindet der gefallene
Soldat den Tod. Er wird von einer militärischen Kommission zum Leben erweckt und k.v.
erklärt – man sagt, er drücke sich ja nur – und wieder in die vorwärts Marschierenden ein-
gereiht.

---

2 Das berühmte Gedicht *Die Grenadiere* des jungen Heinrich Heine aus dem Jahre 1819 bringt seine Verehrung für
den frühen Napoleon Bonaparte, den aufgestiegenen Helden und Ersten Konsul zum Ausdruck, der trotz aller späteren Eroberungspolitik und aristokratischer Allüre für ihn weiterhin die Ideale der Französischen Revolution ver-
körpert (vgl. Walter Grab. *Heinrich Heine als politischer Dichter*. Frankfurt/M: Büchergilde Gutenberg, 1992,
35–38). Schumanns Vertonung des Gedichts aus dem Jahre 1840 unterstreicht diese Idee durch den Einbau der Mar-
seillaise, die ab 1792 eine Hymne der Französischen Revolution war, nach Napoleons Krönung zum Kaiser 1804
aber keine Verwendung mehr fand und erst 1879 zur offiziellen Nationalhymne wurde (vgl. D. und M. Frémy. *Quid
1989*. Paris: Editions Robert Laffont, 1988, 669). Sie ist also Hymne der Französischen Revolution, der I. Republik
und des Konsulats, nicht aber mehr des I. Kaiserreiches unter Napoleon und auch nicht der nachfolgenden Zeit! Die
positive Darstellung des soldatischen Kämpfens und Sterbens für den Helden und dessen Ideale ist weder bei Heine
noch bei Schumann hinterfragt.

Der Wandel, der sich im Umgang mit dem Thema Krieg in den *Grenadieren* von 1840 und der *Revelge* von 1899 zeigt, weist hin auf eine markante Besonderheit in Mahlers Liedschaffen überhaupt. Mahler komponierte insgesamt 50 Lieder. Das ist gegenüber seinen Zeitgenossen vergleichsweise wenig. Die Texte von 24 dieser 50 Lieder stammen aus der Volksliedtextsammlung *Des Knaben Wunderhorn*. Von diesen 24 Wunderhorn-Liedern behandeln zehn in mehr oder weniger direkter Form das Schicksal des Soldaten und dies mit ausschließlich negativem Tenor. Das sind also 20 Prozent von Mahlers gesamtem Liedschaffen. Diese Tendenz liegt weder in der Wunderhorn-Sammlung an sich beschlossen noch geht sie in irgendeiner Form mit dem Liedschaffen seiner Zeit konform. Im Gegenteil: Die Liederkomponisten um ihn herum – Richard Strauss, Hugo Wolf, Max Reger, Hans Pfitzner – thematisieren den Bereich Krieg und Soldat im Grunde überhaupt nicht, bei ihnen herrschen weiterhin die Themen Liebesfreud und Liebesleid vor, ferner die Natur in ihrer Wirkung auf den Menschen, die schon seit Schubert das romantische Kunstlied bestimmen. Und wenn in einem ihrer Lieder einmal ein Soldat vorkommt, dann wird dieser positiv gezeichnet, wie es sich hier bei Schumann gezeigt hat und wie es auch in Regers *Soldatenlied* noch hörbar ist.

Der Hintergrund für diese Verschiedenheit zwischen Mahler und seinen Zeitgenossen besteht in einer unterschiedlichen Haltung zu dem Text, der vertont werden soll. In der Tradition des romantischen Kunstliedes wird ein Text danach ausgewählt, ob er Reize zur musikalischen Vertonung in sich birgt, d.h. ob der Text in seiner semantischen oder syntaktischen Qualität dem Komponisten musikalische Inspiration bietet. Dies können Sujets sein, ebenso Bilder, Gefühle, poetische Stimmungen usw. Sicherlich können auch biographische Gegebenheiten des Komponisten oder dessen Empfindungswelt die Textauswahl beeinflussen (bei Schuberts *Winterreise* zum Beispiel ist das offensichtlich); beim Liederschaffen eines Komponisten von einer komponierten Biographie oder einem Gefühls- oder Gesinnungs-Lebenslauf zu sprechen, wäre jedoch unangemessen. Max Reger zum Beispiel sah sich selbst nicht in der Lage, geeignete Liedertexte auszuwählen und ließ sie sich beständig von seinem Freund Karl Straube liefern. Ein weiteres Ziel der Komposition bestand darin, mit den Liedern auf der Höhe der zeitgenössischen Lyrik zu stehen, also Gedichte zu vertonen, die gerade erst der Feder des Dichters entsprungen waren. Man denke etwa an Schuberts Goethe-Vertonungen, Schumanns Heine-Lieder oder an die Gedichte von Dehmel und Liliencron bei Richard Strauss.

Anders bei Mahler: Er fand die Texte für den Großteil seiner Lieder in der Sammlung *Des Knaben Wunderhorn*, jener Vereinigung alter und nachbearbeiteter Volksliedertexte, die Achim von Arnim und Clemens Brentano zwischen 1806 und 1808 in vier Bänden herausgegeben hatten. Nach dieser *Wunderhorn*-Periode wählte Mahler lediglich noch einige Rückert-Gedichte zur Liedkomposition aus, wozu allenfalls noch Gedichte aus der *Chinesischen Flöte* kommen, jene Nachdichtungen chinesischer Lyrik von Hans Bethge, die Mahler für sein *Lied von der Erde* heranzog.

Er bezeichnete die Texte der *Wunderhorn*-Sammlung einmal als »Felsblöcke, aus denen jeder das Seine formen dürfe«[3]. Entsprechend verhielt er sich auch gegenüber diesen Texten: Ganz im Gegensatz zur Tradition des Kunstliedes ging er völlig frei mit den textlichen Vorgaben um, er kürzte ungeniert, fügte freigebig hinzu und verschmolz in dem Lied *Wo die schönen Trompeten blasen* gar zwei Vorlagen zu einer neuen. Der Unantastbarkeit der dichterischen Vorlage tritt hier also ein Nach- und Neuschöpfer entgegen. Während man beim traditionellen Kunstlied von einer »Interpretation von Kunst durch

---

3 Alma Mahler-Werfel. *Erinnerungen an Gustav Mahler. Gustav Mahler. Briefe an Alma Mahler.* Hg. v. Donald Mitchell. Frankfurt/M; Berlin: Propyläen, 1971, 121.

Kunst« (Eggebrecht) sprechen kann, hier bei uns der Interpretation Heines durch Schumann[4], gibt es bei Mahler nur noch einen Dichter, der spricht: Mahler. Diese Tatsache wirft nun das entscheidende Licht auf ihn als Liedkomponisten: Nicht um die musikalische Interpretation zeitgenössischer Lyrik mit neuen, interessanten musikalischen Mitteln geht es ihm, sondern um die Mitteilung seines eigenen Denkens und Empfindens in seinen Liedern, also um eine musikalische Selbstdarstellung. Erst vor diesem Hintergrund, vor der Funktion des Liedes für Mahler, wird die Auswahl seiner Texte interessant.

Die *Wunderhorn*-Sammlung insgesamt bietet eine breite Palette von Themen an, die in den Liedern behandelt werden; das gesamte Leben und Erleben der Menschen des 16. bis 18. Jahrhunderts findet sich darin. Eine von Arnim erstellte Inhaltsübersicht unterteilt die Sammlung in Geistliche Lieder, Handwerkslieder, Historische Romanzen, Liebeslieder, Trink- und Kriegslieder. Die letzteren nehmen nur einen ganz geringen Teil ein, keineswegs vergleichbar mit dem großen Raum, den Mahler ihnen gewährt. Diese Kriegslieder beschreiben die Existenz des Soldaten etwa je zur Hälfte positiv und negativ. Auf der positiven Seite erscheint das Soldatenleben als lustig und abenteuerreich, das blutige Niederstrecken des Feindes bringt Erfolgserlebnis und Befriedigung. Gott selbst hilft dem Soldaten im Kampf, es heißt dort: »Gott selbst ist mit uns vorne dran, thut selber mit uns streiten«[5]. Auch patriotisches Denken spielt eine Rolle: »Ihr, die ihr noch mit deutschem Blut belebt, sucht große Taten.«[6] Mahler wählt ausschließlich Texte aus, in denen das Soldatenleben negativ erscheint: Der unvermeidliche Tod ist sein Los, ein Entkommen gibt es nicht. Des Soldaten Situation ist trostlos, die Konsequenz realistisch, die ewige Trennung wird von der Liebsten beweint.

Im Gegensatz zu Mahler kann man bei den Liederkomponisten seiner Zeit eine ähnliche gesellschaftsbezogene Aussage im Lied kaum feststellen. Dafür sollte man heute fast dankbar sein, denn im gesetzten Falle müßte man bei vielen seiner Zeitgenossen – bei Brahms und Strauss, bei Pfitzner und Reger – entsprechend ihrer Gesinnung nationalistische Hetzereien beklagen. Mahlers *Wunderhorn*-Lieder in ihrer ganz eigenen Stoffauswahl und Textredaktion zeigen dagegen erkennbare Züge eines Widerspruchs zum zeitgenössischen Bild des Soldaten, das von Glorifizierung und Verharmlosung gekennzeichnet war; davon redet das gleich folgende Lied Max Regers.

Als Einwand sei genannt, daß Mahlers *Wunderhorn*-Lieder innerhalb seines Gesamtschaffens nicht an erster Stelle stehen. Er selbst richtete sein Hauptaugenmerk auf seine Sinfonien, und sowohl im heutigen Musikleben wie auch im Interesse der Musikwissenschaft stehen diese Sinfonien an erster Stelle. Bezogen auf Mahlers Lieder liegt die Gunst eher bei den *Kindertotenliedern* – verständlich, denn ein Konzertpublikum läßt sich eher mit der rührenden Trauer um den Tod eines Kindes unterhalten, als mit der ausweglosen Verzweiflung eines Soldaten. Bisweilen werden die *Wunderhorn*-Lieder sogar nur als Rohmaterial für Mahlers erste vier Sinfonien angesehen, in denen einige von ihnen verarbeitet sind. Allerdings klingt keines der Soldatenlieder dort wieder. Adornos Behauptung, daß zwischen dem Lied *Revelge* und der sechsten Sinfonie – Mahlers düstersten – die tiefsten Beziehungen walten[7], wartet noch auf wissenschaftliche Absicherung. Trotz allem bleiben die Häufigkeit und Einseitigkeit der Soldatenthematik innerhalb dieser Lieder bemerkenswert.

---

4 Schumann übernahm die Gedichtvorlage Heines – mit ganz geringfügigen Ausnahmen – wortgetreu.
5 Achim von Arnim u. Clemens Brentano. *Des Knaben Wunderhorn: alte deutsche Lieder.* Studienausgabe in neun Bänden, Bd.1. Hg. v. Heinz Rölleke. Stuttgart; Berlin; Köln; Mainz: Kohlhammer, 1979, 233.
6 *Des Knaben Wunderhorn*, Bd.1, 239.
7 Theodor W. Adorno. *Mahler. Eine musikalische Physiognomik.* Frankfurt/M.: Suhrkamp, 1960, 17. Aufl. 1981, 226.

Die beiden nach Regers *Soldatenlied* folgenden Kompositionen Mahlers bilden den chronologischen Rahmen seiner Auseinandersetzung mit dem Thema Soldat. *Zu Straßburg auf der Schanz*, vor 1889 komponiert, ist das erste, *Der Tamboursg'sell* von 1901 das letzte. Sie stellen eine Einheit insofern dar, als daß in beiden ein Deserteur die Hauptrolle spielt. Von einer Beziehung zwischen beiden Texten sprach schon Goethe in seiner *Wunderhorn*-Rezension von 1806: Er nannte das *Straßburg*-Lied »Sentimentaler, aber lange nicht so gut als der Tamboursgesell«[8]. Mahler scheint diese Thematik wohl nachhaltig interessiert zu haben, denn er griff noch nach 1900 erneut zum frühen *Straßburg*-Lied zurück, um es für Orchester zu instrumentieren, wovon Skizzen zeugen[9]. Von allen anderen hier vorgestellten Liedern schuf Mahler eine Klavier- und eine Orchesterfassung. Wenngleich er die Orchesterfassung wohl favorisierte, stellen die für Klavier doch keineswegs nur eine Ersatzfassung dar, sondern eine von Mahler selbst geschaffene und in Druck gegebene Alternativ-Version. Die Orchesterinstrumente, die das Klavier imitiert, sind an vielen Stellen hörbar.

Max Reger:
Soldatenlied (Boelitz)

So ein rechter Soldat
Fürcht' nicht Kugel und Streit,
Und der Feind, wenn er naht,
Find't ihn allzeit bereit.

Mit dem Säbel in der Hand,
Auf der Schulter das Gewehr,
Durch das ganze weite Land
Zieht stolz er einher.

Schlag' die Trommel, Kamerad,
Trompeten blast an!
So ein rechter Soldat
Ist ein tapferer Mann.

Gustav Mahler:
Zu Straßburg auf der Schanz

Zu Straßburg auf der Schanz,
Da ging mein Trauern an;
Das Alphorn hört' ich drüben wohl anstimmen
Ins Vaterland müßt ich hinüberschwimmen,
Das ging ja nicht an!

Ein Stund' in der Nacht,
Sie haben mich gebracht;
Sie führten mich gleich vor des Hauptmanns Haus,
Ach Gott, sie fischten mich im Strome auf!
Mit mir ist es aus!

Frühmorgens um zehn Uhr
Stellt man mich vors Regiment;
Ich soll da bitten um Pardon,
Und ich bekomm' doch meinen Lohn,
Das weiß ich schon.

Ihr Brüder allzumal,
Heut' seht ihr mich zu letztenmal;
Der Hirtenbub ist nur schuld daran,
Das Alphorn hat mir's angetan,
Das klag ich an.

Gustav Mahler:
Der Tamboursg'sell

Ich armer Tamboursg'sell!
Man führt mich aus dem Gewölb.
Wär' ich ein Tambour blieben,
Dürft' ich nicht gefangen liegen.

O Galgen, du hohes Haus,
Du siehst so furchtbar aus.
Ich schau' dich nicht mehr an.
Weil i weiß, daß i g'hör d'ran.

8   Zit. n.: *Des Knaben Wunderhorn*, Bd.4, 286.
9   Vgl. Renate Hilmar-Voit. *Im Wunderhorn-Ton. Gustav Mahlers sprachliches Kompositionsmaterial bis 1900.* Tutzing: Schneider, 1988, 231.

Wenn Soldaten vorbeimarschier'n,
Bei mir nit einquartier'n,
Wenn sie fragen, wer i g'wesen bin:
Tambour von der Leibkompanie!

Gute Nacht, ihr Marmelstein',
Ihr Berg' und Hügelein,
Gute Nacht, ihr Offizier',

Korporal' und Musketier'.
Gute Nacht, ihr Offizier',
Korporal' und Grenadier',

Ich schrei' mit heller Stimm',
Von euch ich Urlaub nimm!
Gute Nacht! Gute Nacht!

II. Mahlers Bild des Soldaten

Die Welt, so sagte Mahler einmal, tue ihm leid, die dieses Lied einmal hören müsse, so traurig sei sein Inhalt[10]. Ähnlich äußerten sich auch die ausführenden Künstler dieses Abends: von diesen Liedern sei eines düsterer, schwärzer als das andere; das sei einem Publikum kaum zuzumuten.

Der beklemmende Ausdruck von Niedergeschlagenheit, der aus diesen beiden letzten Liedern klingt, bleibt schwerlich jemandem verborgen. Nur an einer Stelle im *Straßburg*-Lied, dort, wo vom Alphorn die Rede ist, das die Erinnerung ans Vaterland weckt, kehrt durch die Dur-Aufhellung und die Terzparallelen Licht in die sonst durchweg dunkle Atmosphäre. Ähnliche Positivierungen finden sich auch im *Tamboursg'sell* an Stellen, wo dieser an seine bessere Vergangenheit denkt. Überall sonst herrschen typische Elemente des Trauermarsches vor, die Mahler der Deutlichkeit halber verbal in den Notentext der Klavierfassung einträgt: Trommelwirbel, »mit Nachahmung einer Militärtrommel«, »in gemessenem Marschtempo«; schließlich die typischen Punktierungen auf zwei und vier. Die Trommelwirbel, musikalische Zeichen des Trauermarsches, wecken darüber hinaus Assoziationen an die Erschießungszeremonie. Ohne Sentimentalität sollen beide Lieder vorgetragen werden, äußerst rhythmisch, so fordert es Mahler.

Den emotionalen Gehalt dieser Lieder erhellt ein Vergleich mit den *Kindertotenliedern*. Vom Sujet her ähnlich – es geht um Tod, der betroffen macht –, klingen sie verglichen mit den Deserteur-Liedern fast lieblich. Mit leidenschaftlichem Ausdruck soll in jenen Rückert-Vertonungen musiziert werden, warm, schwermütig, klagend, zart, wie ein Wiegenlied. Die Instrumentation der Orchesterfassungen unterstreicht diesen Unterschied, besonders im Schlagwerk: Der *Tamboursg'sell* benötigt Militärtrommel und Große Trommel, beide gedämpft, die *Kindertotenlieder* fordern Glockenspiel und Glöckchen. Der musikalische Gehalt der Deserteur-Lieder ist klar: Die mißlungene Flucht vom Militär hat seine eiserne Konsequenz, für Sentimentalität ist keinerlei Platz, niemand weint oder zeigt auch nur irgendeine Empfindung, die Ausweglosigkeit ist komplett und brutal.

Zur Präzisierung seiner Aussage arbeitet Mahler in diesem Lied mit einer seiner ganz typischen Techniken, dem Verarbeiten schon bekannten musikalischen Materials. In diesem Fall ist es die Melodie des Volksliedes *Ich hatt' einen Kameraden*, die er in die Komposition einarbeitet, und zwar sowohl original als auch in der Moll-Verfremdung. Im Volkslied lautet es:

Die — Trom-mel schlug zum Strei —te, er — ging an mei-ner — Sei — te

---

10 Herbert Killian. *Gustav Mahler in den Erinnerungen von Natalie Bauer-Lechner*. Hamburg: Wagner, 1984, 193.

Bei Mahler heißt es:

und in der Moll-Version:

Das Volkslied beschwört die Kameradschaft der Soldaten bis über den Tod hinaus. Und gerade dies ist es, was Mahler hinterfragt, indem er die Volksliedmelodie in einen ganz anderen inhaltlichen Kontext hineinstellt. Die Kameradschaft endet nämlich genau dann, wenn ein Soldat versucht, der soldatischen Zusammengehörigkeit zu entweichen. Dann ist er ein Ausgestoßener, bei ihm quartiert sich niemand mehr ein, sein Todesurteil wird von denselben Kameraden vollstreckt. Diese zweifelhafte Kameradschaft klagt Mahlers Soldat an. Es zeigt sich darin also ein weiteres Moment der Negation soldatischer Werte.

Auch Mahlers Textredaktion der Lieder gibt Aufschluß darüber, was er wollte und nicht wollte: Bei der Komposition des *Straßburg*-Liedes verzichtete er auf die abschließenden beiden Strophen der *Wunderhorn*-Vorlage, deren letzte lautet:

»O Himmelskönig Herr!
Nimm du meine arme Seele dahin.
Nimm sie zu dir in den Himmel ein.
Laß sie ewig bey dir seyn.
Und vergiß nicht mein.«

Dieser Text paßt ganz und gar nicht in Mahlers Bild vom Soldaten. Diesem Soldaten nämlich steht Gott beständig nicht bei. Gottverlassenheit ist sein Schicksal. Der Gedanke steht im Zentrum auch des folgenden Liedes. Der Text der *Wunderhorn*-Vorlage, den der Komponist nicht wesentlich verändert hat, ist nicht eindeutig zu verstehen. Erkennbar – nicht zuletzt durch die musikalische Umsetzung – ist aber die Auffassung des Soldaten, daß Gott zwar möglicherweise dem Kaiser hilft, ihm, dem traurigen Soldaten aber sicher nicht – wie es sich im Lied auch bestätigt.

Ein Dialog-Lied wie dieses ist auch das darauffolgende. Wiederum kommt dem weiblichen Part die positive Rolle zu, dergegenüber der Gefangene den pessimistischen Widerpart liefert. Deutlich wird seine seelische Verfassung, wenn man seine Melodie über den Text *Die Gedanken sind frei* mit der bekannten Volksliedmelodie vergleicht. Dem Volkslied glaubt man seinen Text; die frisch und sicher sich aufschwingende Melodie bringt die optimistische Grundhaltung der Gedankenfreiheit zum Ausdruck. Im Gesang von Mahlers Gefangenem hört man, das es nicht so ist. Jeglicher Optimismus ist verschwunden. Die Realität des Gefangenseins hat den Idealismus des Textes vertrieben.

Mahler beschreibt den Soldaten durchgehend als gedrücktes, verzweifeltes Wesen, das an seiner ausweglosen Situation zugrundegeht. Sein unweigerliches Los ist der Tod. Er ist fremdbestimmt, von fremden Mächten zum Dienst getrieben; seien diese Mächte nun äußerer Art in Form von bedingungslosem Gehorsam oder innerer Gestalt als Trieb hin zur Faszination Krieg. Mahler sieht nur den einzelnen Menschen, nirgends kommt eine politische Ebene ins Spiel. Sein Umgang mit dem Phänomen Krieg ist ein ganz anderer als etwa bei Thomas Mann im *Zauberberg*, der etwa zur selben Zeit, vor dem Ersten Weltkrieg, spielt. Joachim Ziemßen, der Offizier in Kur, bemerkt darin: »Krieg ist notwendig. Ohne Kriege würde die Welt bald verfaulen, hat Moltke gesagt.«[11] Die darauf folgende Diskussion zwischen Naphta und Settembrini über den Krieg vollzieht sich auf einer völlig abgehobenen, aristokratischen Ebene. Selbst im Denken von Settembrini, der sich als Humanist bezeichnet und über den Fortschritt der Menschheit philosophiert, spielt der einzelne Soldat als Mensch keine Rolle. Mahler hingegen sieht nur diesen einzelnen Menschen in seiner Situation – Debatten um Politik, Humanität und Fortschritt finden in seinen Liedern keinen Platz.

Gustav Mahler:
Der Schildwache Nachtlied

»Ich kann und mag nicht fröhlich sein;
Wenn alle Leute schlafen,
So muß ich wachen,
Muß traurig sein.«

»Lieb' Knabe, du mußt nicht traurig sein!
Will deiner warten
Im Rosengarten,
Im grünen Klee.«

»Zum grünen Klee, da geh' ich nicht,
Zum Waffengarten
Voll Helleparten
Bin ich gestellt.«

»Stehst du im Feld, so helf' dir Gott!
An Gottes Segen
Ist alles gelegen,
Wer's glauben tut.«

»Wer's glauben tut, ist weit davon.
Er ist ein König,
Er ist ein Kaiser,
Er führt den Krieg.

Halt! Wer da? Rund!
Bleib mit vom Leib!«
»Wer sang es hier? Wer sang zur Stund?
Verlorne Feldwacht
Sang es um Mitternacht.«

Gustav Mahler:
Lied des Verfolgten im Turm

DER GEFANGENE
Die Gedanken sind frei,
Wer kann sie erraten?
Sie rauschen vorbei
Wie nächtliche Schatten.
Kein Mensch kann sie wissen,
Kein Jäger sie schießen;
Es bleibet dabei,
Die Gedanken sind frei.

DAS MÄDCHEN
Im Sommer ist gut lustig sein
Auf hohen wilden Bergen.
Dort findet man grün' Plätzelein,
Mein herzverliebtes Schätzelein,
Von dir mag ich nicht scheiden.

DER GEFANGENE
Und sperrt man mich ein
In finstere Kerker,
Dies alles sind nur

Vergebliche Werke;
Denn meine Gedanken
Zerreißen die Schranken
Und Mauern entzwei,
Die Gedanken sind frei.

DAS MÄDCHEN
Im Sommer ist gut lustig sein
Auf hohen wilden Bergen;
Man ist da ewig ganz allein,
Man hört da kein Kindergeschrei,
Die Luft mag einem da werden.

DER GEFANGENE
So sei's wie es sei,
Und wenn es sich schicket,
Nur alles sei in der Stille,
Nur all's in der Still';
Mein Wunsch und Begehren,
Niemand kann's wehren,
Es bleibet dabei,
Die Gedanken sind frei.

11 Thomas Mann. *Der Zauberberg*. Frankfurt/M.: Fischer, 1960, 516.

DAS MÄDCHEN
Mein Schatz, du singst so fröhlich hier
Wie's Vögelein im Grase.
Ich steh' so traurig bei Kerkertür,
Wär' ich doch tot, wär' ich bei dir,
Ach, muß ich immer denn klagen?

DER GEFANGENE
Und weil du so klagst,
Der Lieb' ich entsage,
Und ist es gewagt,
So kann mich nichts plagen,
So kann ich im Herzen
Stets lachen und scherzen;
Es bleibet dabei,
Die Gedanken sind frei.

III. Politische Botschaft als Musik?

Mahlers Lieder spiegeln, wie bereits angesprochen, in stärkerem Maße die Persönlichkeit des Komponisten wider als diejenigen seiner Zeitgenossen. Entsprechend muß sich nun der Blick auf Mahler selbst richten, vor allem auf seine politische und gesellschaftliche Haltung, um von dort aus die hinter den Liedern stehende Absicht näher zu bestimmen.

Zunächst kannte Mahler das soldatische Milieu sehr genau. Er wuchs in der Garnisonsstadt Iglau in Böhmen auf, in der er ständig Soldaten begegnete. Die Militärmusik mit ihren Zeremonien habe ihn in seiner Kindheit fasziniert, berichtete er einmal.[12]

Mahler war – jedenfalls für einen Musiker – außerordentlich belesen, wobei sich sein Hauptinteresse auf Literatur mit philosophischem Einschlag richtete. Dostojewskis *Brüder Karamasow* gehörte zu seinen bevorzugten Büchern, woraus er den Leitsatz entnahm: »Wie kann man glücklich sein, wenn ein Geschöpf auf Erden noch leidet?« Auch habe Mahler oft von »Erniedrigten und Beleidigten«[13] gesprochen, wie seine Frau Alma berichtete. Entsprechend sah er auch sein Schaffen: »stets sei ihm nur aus Leid und schwerstem inneren Erleben ein Werk entsprossen«[14], so berichtet er, »als Ziel der Kunst erscheine ihm zuletzt doch immer Befreiung und Erhebung vom Leid.«[15]

Aus den zahllosen Erinnerungen seiner Freunde und Zeitgenossen geht hervor, daß er Sympathie für die Unterdrückten, auch für die Arbeiterbewegung zeigte, nationalistischem Denken fernstand, die französischen Dreyfus-Verteidiger zu seinen engeren Freunden zählte und ein hoher Gerechtigkeitssinn ihm eigen war. Seine engste Vertraute während der sog. *Wunderhorn*-Jahre, Natalie Bauer-Lechner, stand dem Sozialismus nahe und kämpfte für die Befreiung der Frau; eine spätere Schrift gegen den Krieg brachte sie wegen Hochverrats längere Zeit ins Gefängnis.[16]

Wenn seine Grundhaltung also eher als fortschrittlich denn reaktionär bezeichnet werden kann, so war er doch sicher kein politischer Aktivist wie später Eisler oder Weill. Ein Kontakt gar zum aufkeimenden Pazifismus, etwa zu der gleichzeitig in Wien lebenden großen Pazifistin Bertha von Suttner, ist nicht erkennbar. Beide Lebenswege scheinen sich nicht gekreuzt zu haben. Immerhin sei aber bemerkt, daß das Lied *Revelge*, das man vielleicht als deutlichstes Antikriegslied Mahlers bezeichnen kann und das er einmal als sein wichtigstes bezeichnete[17], genau zur Zeit der ersten Haager Friedenskonferenz entstand, nämlich im Sommer 1899.

Politische Äußerungen im eigentlichen Sinne lassen sich bei ihm kaum nachweisen. Staatskritische Gedanken eines Hofoperndirektors wären auch kaum geduldet worden.

---

12 Norman Lebrecht. *Gustav Mahler, Erinnerungen der Zeitgenossen.* Mainz: B. Schott's Söhne, 1993, 31.
13 Killian, 45.
14 Ebd., 33.
15 Ebd., 46.
16 Vgl. ebd., 12.
17 Ebd., 135.

Er habe, so sagte er einmal, »als Organ der Äußerung die Musik und nicht die Feder, die er schauderhaft ungeschickt und ungern handhabe.«[18] Politische Botschaften versteckt in musikalischen Werken zu äußern hat eine gewisse Tradition im 19. Jahrhundert gerade in Wien: Man denke etwa an Schumanns *Faschingsschwank aus Wien* oder an Beethovens *Eroica*, die Gedankengut der Französischen Revolution enthalten. Aber selbst Musik wurde in Wien nicht bedenkenlos akzeptiert: Die Zensur verbot 1906 die Aufführung von Richard Strauss' *Salome* an der Wiener Hofoper aus »religiösen und sittlichen Gründen«[19]. Ähnlich erging es Gerhart Hauptmanns Stück *Die Weber* am Burgtheater. Die explizite Hinterfragung des Staates in einem Werk Mahlers hätte sicher entsprechende Konsequenzen gehabt. Als Jude war Mahler den Angriffen der rechten Hetzpresse ohnehin beständig ausgeliefert.

Dennoch ist die kritische Haltung empfunden worden. Adorno, der gewiß sensibler als andere für derartige Gehalte ist, äußerte über die *Wunderhorn*-Lieder: »Seinem [Mahlers] Mißtrauen gegen den Frieden der imperialistischen Ära ist Krieg der Normalzustand, die Menschen sind wider ihren Willen gepreßte Soldaten.«[20] Ob Mahler in diesen Liedern die Soldaten im engeren oder den geknechteten Menschen im weiteren Sinne meint, läßt sich nicht eindeutig beantworten, spielt auch für das Bild, das er vom Soldaten zeigt, eigentlich keine Rolle. Mahler wollte sein Schaffen auch so verstanden wissen, daß eine eindeutige Interpretation nicht möglich ist:

> »Ein Werk, bei dem man die Grenzen sieht, riecht nach Sterblichkeit, was ich in der Kunst absolut nicht vertragen kann!«[21] »Was im Kunstwerk wirkt, wird vor allem immer das Geheimnisvolle, Inkommensurable sein. Übersiehst du ein Werk ganz, so hat es seinen Zauber, seine Anziehungskraft verloren [...]«[22]

Daß aber hier zum ersten Mal sozial-engagierte Thematik dieser Art innerhalb der abendländischen Musik behandelt wird, ist kaum zu bestreiten. Darin zeigt sich das Bahnbrechende an Mahlers *Wunderhorn*-Liedern. Hierin weisen sie auf Entwicklungen der 1920er Jahre voraus.

Der Musikschriftsteller Paul Bekker, der gewiß nicht dem nationalen Lager zuzurechnen ist, fragte 1919/20, warum die deutsche Musik nichts dazu habe beitragen können, den Ersten Weltkrieg zu verhindern, worauf er selbst folgende Antwort gab:

> »Die große Erscheinung Wagners war trotz des Siegeszuges ihrer Kunst nicht geeignet, in der Weise der deutschen Klassiker, in der Weise Bachs einen Ausgleich anzubahnen, die Völker aus den Fesseln nationalistischer Denkart zur Erkenntnis tieferer Gemeinsamkeiten, zur Erfassung urmenschlicher Werte zu führen. Sie wirkte im Gegenteil aufreizend, sie stachelte die bis dahin latent gebliebenen nationalistischen Energien jeden Volkes zur äußersten Anspannung, zur Hervorkehrung ihres Eigenwertes, zur Besinnung auf schlummernde oder nur halb bewußte Innenkräfte: zum Kampf auf.«[23]

In Mahlers Tätigkeit als Opernkapellmeister, die sein Leben bestimmte, standen die Musikdramen Wagners an allererster Stelle. Eigentlich hielt er nur das Musiktheater Wagners und Mozarts für vollgültig. Obwohl Wagners Musik also Mahlers täglich Brot war, gibt es kaum Musik dieser Zeit, die jener ferner steht, als gerade Mahlers *Wunder-*

18 Ebd., 120.
19 Vgl. Franz Willnauer. *Gustav Mahler und die Wiener Oper.* Wien: Löcker, 1993, 189–209., hier 192.
20 Adorno, 67.
21 Killian, 190.
22 Ebd., 160.
23 Paul Bekker. *Die Weltgeltung der deutschen Musik.* Berlin: Schuster & Loeffler, o.J. [1920], 38f.

horn-Lieder. Das betrifft sowohl die textliche Aussage als auch die musikalische Faktur. Insofern hat sich also Mahler immerhin dem nationalistischen Zugriff Wagners entzogen. Ob Kunst in irgendeiner Form überhaupt in der Lage gewesen wäre, den Ersten Weltkrieg zu verhindern, wie Bekker für möglich hält, ist zweifelhaft und kann von heute aus kaum mehr entschieden werden. Es ist aber Bekkers Verdienst, die friedensstiftende Macht der Musik in einer Zeit des Völkerhasses ausgesprochen und ihr für die Zukunft eine Rolle im Prozeß der Völkerverständigung zugewiesen zu haben.[24] Diese Aufgabe hat die Musik in den zwanziger Jahren allerdings nicht erfüllt. Bekker erkannte übrigens gerade in Mahlers Erscheinung die Substanz (im Gegensatz etwa zu Strauss), alle trennenden Schranken zu überwinden und der Anschauung zutiefst menschlicher Probleme Ausdruck zu verleihen[25].

Die Distanz Mahlers zur Gedankenwelt Wagners zeigt sich auch im folgenden Liederblock. Dieser ist bestimmt von der Beziehung des Soldaten zu seiner Frau und umgekehrt. Der Komponist betreibt hier ein weiteres Mal die Negation eines überkommenen Topos des Soldatenmilieus: des Bildes der Soldatenfrau. Die tradierte Version der Frauenrolle beschreibt Schumann; ähnlich erfährt man sie in den Frauen von Wagners Helden. Das Empfinden der Ehefrau gegenüber ihrem Soldatenmann ist in dieser Tradition von Stolz gekennzeichnet, sie bewundert und verehrt ihn. Er ist tapfer und handelt richtig; er wird den Sieg nach Hause tragen. Andersherum will der Soldat der Frau oder Geliebten durch typische soldatische Merkmale gefallen: schnittiges Aussehen, flottes Marschieren und das Schlagen des Tambours. Durch dieses Bild zieht Mahler einen rigorosen Strich.

Hier, am Ende des 19. Jahrhunderts, beschreibt jemand die Rolle des Soldaten nicht mehr als die eines Hurra-Patrioten, der begeistert in den Krieg zieht, sondern als die eines Geschlagenen, Verlassenen, an seinem Beruf Zugrundegehenden. Mag sein, daß Mahler hier die Soldaten in den Kriegen unseres Jahrhunderts vorausgesehen hat, ob in Verdun oder Stalingrad. Eine seherische Kraft und Funktion ist der Kunst grundsätzlich wohl nicht abzusprechen.

Das allein wäre heute aber kaum noch erwähnenswert, wenn es nicht in einer Sprache geschähe, die heute gegenwärtig, ästhetisch gegenwärtig ist. Der Ton, in dem Mahlers Botschaft erklingt, erreicht den Menschen auch heute unmittelbar. Die Betroffenheit, die diese Musik auslöst, ist 1993 Gegenwart; Mahlers Lieder regen ein Nachdenken über heutige Entwicklungen und Entscheidungen an, etwa über den Auftrag deutscher Soldaten im Ausland. Sie beleuchten den, der in derartigen Diskussionen vernachlässigt wird, den Menschen als einzelnen. Deshalb müssen diese Lieder gesungen werden.

Lassen Sie mich gegen Schluß Hans Heinrich Eggebrecht zitieren, der wichtige Bausteine zum Verständnis der Musik Gustav Mahlers zusammengetragen hat. Am Ende des Mahler-Kapitels in seiner jüngsten Musikgeschichte beschreibt er verschiedene Arten, auf die Musik dieses Komponisten zu reagieren. Sie können gleichsam für jede Musik gelten, die den Krieg anklagt und den Frieden ersehnt:

> »Die eine Art ist die Verweigerung: Man versperrt sich dieser Musik, mag sie nicht hören, läßt sie gar nicht erst an sich heran.
> Eine andere, die verbreitetste Art ist die des Abgleitens: Betriebsam und geschäftig führt man die Musik auf, geht zu ihr hin und schreibt über sie, aber man läßt sie nicht in sich hinein; Filter sind aufgestellt, und die Haut ist geölt. [...]

---

24 «Gerade heute, wenn nämlich unsere Musik mehr sein soll als bloßes Unterhaltungsspiel, als Luxusware, als artistisches Amusement, wenn ihr wahrhaft die Kraft innewohnt, die Geister zu binden, an die Geheimnisse des Menschlichsten in uns zu rühren, äußerliche Hemmungen des Lebens und seiner Mächte zu überwinden. Und dies alles erwarten wir doch von der Musik, sonst wäre sie ja nicht des hohen Einsatzes eines ganzen Menschen wert.« Ebd., 41.
25 Ebd., 49.

Eine letzte Art ist das Weinen: Weinen als Reaktion auf das, was die Musik zu erfahren gibt, so wie im Lied über die schönen Trompeten das Mädchen weint, weil es weiß, was ist – das innerliche Weinen, das nichts verändert und wodurch doch alles anders wird. Wohl dieser Art!«[26]

Innere Betroffenheit gehört dazu, wenn man sich um den Frieden bemüht. Sie wird durch Diskussionen, Debatten oder Vorträge nur selten ausgelöst. In diesem Sinne sei die Idee *musica pro pace* – Musik für den Frieden – verstanden.

Robert Schumann:
Soldatenbraut (Mörike)

Ach, wenn's nur der König auch wüßt',
Wie wacker mein Schätzelein ist!
Für den König, da ließ er sein Blut,
Für mich aber eben so gut.

Mein Schatz hat kein Band und kein' Stern,
Kein Kreuz, wie die vornehmen Herrn,
Mein Schatz wird auch kein General:
Hätt er nur seinen Abschied einmal!

Es scheinen drei Sterne so hell
Dort über Mariencapell;
Da knüpft uns ein rosenrot Band,
Und ein Hauskreuz ist auch bei der Hand!

Gustav Mahler:
Trost im Unglück

HUSAR
Wohlan, die Zeit ist kommen,
Mein Pferd, das muß gesattelt sein!
Ich hab' mir's vorgenommen,
Geritten muß es sein.
Geh du nur hin, ich hab' mein Teil,
Ich lieb' dich nur aus Narretei;
Ohn' dich kann ich wohl leben,
Ohn' dich kann ich wohl sein!
So setz' ich mich aufs Pferdchen
Und trink' ein Gläschen Wein
Und schwör's bei meinem Bärtchen,
Dir ewig treu zu sein.

MÄDCHEN
Du glaubst, du bist der Schönste
Wohl auf der ganzen weiten Welt

Und auch der Angenehmste,
Ist aber weit gefehlt!
In meines Vaters Garten
Wächst eine Blume drin,
Solang' will ich noch warten,
Bis die noch größer ist.
Und geh du nur hin, ich hab' mein Teil,
Ich lieb' dich nur aus Narretei;
Ohn' dich kann ich wohl leben,
Ohn' dich kann ich wohl sein.

BEIDE
Du glaubst, ich werd' dich nehmen,
Das hab' ich lang noch nicht im Sinn,
Ich muß mich deiner schämen,
Wenn ich in Gesellschaft bin!

Gustav Mahler:
Wo die schönen Trompeten blasen

»Wer ist denn draußen und wer klopfet an,
Der mich so leise wecken kann?«
»Das ist der Herzallerliebste dein,
Steh auf und laß mich zu dir ein!

Was soll ich hier nun länger steh'n?
Ich seh' die Morgenröt' aufgeh'n,
Die Morgenröt', zwei helle Stern',
Bei meinem Schatz, da wär' ich gern!
Bei meinem Herzallerliebe!«

---

26 Hans Heinrich Eggebrecht. *Musik im Abendland.* München: Piper, 1991, 740.

Das Mädchen stand auf und ließ ihn ein,
Sie heißt ihn auch willkommen sein.
»Willkommen lieber Knabe mein!
So lang hast du gestanden!«

Sie reicht' ihm auch die schneeweiße Hand,
Von ferne sang die Nachtigall,
Das Mädchen fing zu weinen an.

»Ach, weine nicht, du Liebste mein!
Aufs Jahr sollst du mein eigen sein.
Mein eigen sollst du werden gewiß,
Wie's keine sonst auf Erden ist!
O Lieb' auf grüner Erden.

Ich zieh' in Krieg auf grüne Heid';
Die grüne Heide, die ist so weit,
Allwo dort die schönen Trompeten blasen,
Da ist mein Haus, von grünem Rasen.«

»musica pro pace«: Der Pianist Peter Starke

Photo: E. Scholz

II. Osnabrücker Beiträge zur Friedens- und Konfliktforschung

Klaus J. Bade

Migration und sozialer Friede im vereinten Deutschland

Im Zentrum der öffentlichen Diskussion um Wanderungen und um die Angst davor steht im vereinten Deutschland das Begriffspaar »Einheimische« contra »Fremde«. Zuwandernde »Fremde« werden von vielen »Einheimischen« als Bedrohung empfunden. Das begriffliche Gegensatzpaar bekommt fließende Grenzen bei einem Blick in die Geschichte der Deutschen – weil auch in Deutschland viele »Einheimische« in Wirklichkeit die Nachfahren zugewanderter »Fremder« sind. Ähnliches gilt umgekehrt: Millionen von Deutschen waren im 19. und 20. Jahrhundert im Ausland ebenso »Fremde« wie heute Ausländer im vereinten Deutschland.[1]

1. Entwicklungslinien: Von Aus- zu Einwanderungsfragen

Fast 8 Millionen Deutsche wanderten seit dem frühen 19. Jahrhundert allein in die Vereinigten Staaten aus.[2] Neben dem transatlantischen Weststrom stand der schon ältere kontinentale Oststrom, der Hunderttausende von Menschen aus dem deutschen Sprachraum in ost- und südosteuropäische Siedlungsgebiete führte. Er war bis in die 1830er Jahre hinein noch stärker als die überseeische Auswanderung und fand erst mit der Wanderungsbewegung der ›Aussiedler‹ genannten fremden Deutschen aus Osteuropa als Massenbewegung wieder einen Platz in der historischen Erinnerung der Deutschen.[3]

Seit dem späten 19. Jahrhundert haben sich im langfristigen Wandel vom Aus- zum Einwanderungsland für Deutschland die transnationalen Bewegungen und die damit verbundenen Probleme geradewegs umgekehrt. Heute hat die Bundesrepublik Deutschland als Einwanderungsland wider Willen mit Problemen zu schaffen, die Deutsche in der Geschichte bis dahin vorwiegend andernorts verursachten, aber nur in sehr beschränktem Maße im eigenen Land zu bewältigen hatten.[4]

---

1 Überblicke mit Literaturhinweisen zum Folgenden: Klaus J. Bade (Hg.). *Auswanderer – Wanderarbeiter – Gastarbeiter: Bevölkerung, Arbeitsmarkt und Wanderung in Deutschland seit der Mitte des 19. Jahrhunderts.* 2 Bde. Ostfildern 1984 (2. Aufl. 1985); ders. (Hg.). *Population, Labour and Migration in 19th and 20th Century Germany.* Oxford 1987 (span. Übers. Madrid 1992); ders. (Hg.). *Deutsche im Ausland – Fremde in Deutschland: Migration in Geschichte und Gegenwart.* 3. Aufl. München 1993; ders. *Homo Migrans: Wanderungen aus und nach Deutschland – Erfahrungen und Fragen.* Essen 1994; ders. *Ausländer – Aussiedler – Asyl: Eine Bestandsaufnahme.* München: Beck, 1994; erw. engl. Fassg. dieses Beitrages: ders. »Immigration and Social Peace in United Germany«. *Daedalus. Journal of the American Academy of Arts and Sciences* 123 (1994), 85–106.
2 Mack Walker. *Germany and the Emigration, 1816–1885.* Cambridge 1964; Wolfgang von Hippel. *Auswanderung aus Südwestdeutschland. Studien zur württembergischen Auswanderung und Auswanderungspolitik im 18. und 19. Jahrhundert.* Stuttgart 1984; Wolfgang Helbich, Walter D. Kamphoefner, Ulrike Sommer (Hg.). *Briefe aus Amerika: Deutsche Auswanderer schreiben aus der Neuen Welt 1830–1930.* München 1988; Dirk Hoerder (Hg.). *Labor Migration in the Atlantic Economies. The European and North American Working Class During the Period of Industrialisation.* Westport, Conn. 1985; Walter D. Kamphoefner. *The Westfalians: From Germany to Missouri.* Princeton 1987; vgl. die Beiträge zum Thema »Westströme: überseeische Auswanderung«. Bade (Hg.), *Deutsche im Ausland – Fremde in Deutschland,* 135–230.
3 Hierzu die Beiträge zum Thema »Ostströme: kontinentale Auswanderung«. Bade (Hg.), *Deutsche im Ausland – Fremde in Deutschland,* 29–134; Alfred Eisfeld. *Die Rußlanddeutschen.* München 1992; Barbara Dietz, Peter Hilkes. *Rußlanddeutsche: Unbekannte im Osten. Geschichte – Situation – Zukunftsperspektiven.* München 1992.
4 Klaus J. Bade. *Vom Auswanderungsland zum Einwanderungsland? Deutschland 1880–1980.* Berlin 1983; ders. »Vom Export der Sozialen Frage zur importierten Sozialen Frage: Deutschland im transnationalen Wanderungsgeschehen seit der Mitte des 19. Jahrhunderts«. Ders. (Hg.). *Auswanderer – Wanderarbeiter – Gastarbeiter,* Bd. 1, 9–71; vgl. ders. »Immigration and Integration in Germany since 1945«. *European Review. Interdisciplinary Journal of the Academia Europaea* 1 (1993), 75–79.

120

Seit dem Zweiten Weltkrieg hat sich diese Entwicklung im Westen Deutschlands dramatisch beschleunigt. Bevölkerung, Wirtschaft und Gesellschaft Westdeutschlands wurden wie in keinem anderen westlichen Industriestaat in der zweiten Hälfte dieses Jahrhunderts durch grenzüberschreitende Massenbewegungen geprägt: Zwischen dem Kriegsende 1945 und der deutschen Vereinigung 1990 kamen fast 15 Millionen Menschen ins westliche Nachkriegsdeutschland und in die Bundesrepublik – Flüchtlinge und Vertriebene am Kriegsende und in den Nachkriegsjahren, Flüchtlinge aus der SBZ, Übersiedler aus der DDR und Aussiedler aus Ost- und Südosteuropa. In Westdeutschland lebte am Vorabend der deutschen Vereinigung außerdem eine 1990 rund 4,8 Mio. Menschen zählende ausländische Minderheit. Seit 1987 nimmt die Bundesrepublik jährlich mehr Zuwanderer auf als die beiden klassischen Einwanderungsländer Kanada und Australien zusammen – und behauptet in regierungsamtlichen Erklärungen noch immer, ›kein Einwanderungsland‹ zu sein.

Insgesamt kann man seit dem Zweiten Weltkrieg in Westdeutschland drei verschiedene Eingliederungsprozesse unterscheiden: 1. die Integration von Flüchtlingen und Vertriebenen, 2. die Entwicklung von der Ausländeranwerbung über die »Gastarbeiterfrage« zum Einwanderungsproblem und schließlich 3. die neue Einwanderungssituation im vereinten Deutschland.

Der erste Eingliederungsprozeß war bestimmt durch die Integration der Flüchtlinge und Vertriebenen aus dem früheren deutschen Osten und aus dem osteuropäischen Raum. Dabei waren Flucht und Vertreibung wesentlich Antwort auf nationalsozialistische Politik, auf den von Deutschland ausgelösten Krieg und die Greuel unter deutscher Besatzung.[5] Viele Vertriebene und Flüchtlinge waren in ihrer neuen Heimat im Westen noch fremd, als der deutsch-italienische Vertrag von 1955 schon den Auftakt gab zur amtlich organisierten Anwerbung ausländischer Arbeitskräfte für den Arbeitsmarkt in der Bundesrepublik.

Im Gegensatz zu den »ausländischen Wanderarbeitern« des Kaiserreichs[6] und zu den »Fremdarbeitern« im nationalsozialistischen Deutschland[7] wurden die in der Bundesrepublik seit Mitte der 1950er Jahre zuwandernden ausländischen Arbeitskräfte in der öffentlichen Diskussion »Gastarbeiter« genannt. »Gast« aber ist nur, wer nicht auf Dauer bleibt. Für eine dauerhafte Eingliederung der zugewanderten ausländischen Erwerbsbevölkerung und die damit verbundenen sozialen Folgeprobleme gab es in der Bundesrepublik zu keiner Zeit ein umfassendes und langfristig angelegtes Konzept. Auf Jahrzehnte hinaus stand die ›Ausländerpolitik‹ gegenüber zugewanderten Minderheiten im Zeichen von reaktiver Sozialreparatur ohne aktive Gestaltungsperspektiven auf weite Sicht.[8]

5 *Dokumentation der Vertreibung der Deutschen aus Ost-Mitteleuropa.* München 1984 (Reprint); Wolfgang Benz (Hg.). *Die Vertreibung der Deutschen aus dem Osten: Ursachen, Ereignisse, Folgen.* Frankfurt a.M. 1985; ders. »Fremde in der Heimat: Flucht – Vertreibung – Integration«. Bade (Hg.), *Deutsche im Ausland – Fremde in Deutschland,* 374–385; Marion Frantzioch. *Die Vertriebenen: Hemmnisse und Wege ihrer Integration. Mit einer kommentierten Bibliographie.* Berlin 1987; Gertrud Krallert-Sattler. *Kommentierte Bibliographie zum Flüchtlings- und Vertriebenenproblem in der Bundesrepublik Deutschland, in Österreich und in der Schweiz.* München 1989; Klaus J. Bade (Hg.). *Neue Heimat im Westen: Vertriebene – Flüchtlinge – Aussiedler.* Münster 1990.

6 Klaus J. Bade. »›Preußengänger‹ und ›Abwehrpolitik‹: Ausländerbeschäftigung, Ausländerpolitik und Ausländerkontrolle auf dem Arbeitsmarkt in Preußen vor dem Ersten Weltkrieg«. *Archiv für Sozialgeschichte* 24 (1984), 91–283.

7 Ulrich Herbert. *Fremdarbeiter: Politik und Praxis des ›Ausländer-Einsatzes‹ in der Kriegswirtschaft des Dritten Reiches.* Berlin 1985; ders. (Hg.). *Europa und der ›Reichseinsatz‹: Ausländische Zivilarbeiter, Kriegsgefangene und KZ-Häftlinge in Deutschland 1938–1945.* Essen 1991.

8 Karl-Heinz Meier-Braun. *Integration und Rückkehr? Zur Ausländerpolitik des Bundes und der Länder, insbesondere Baden-Württembergs.* München 1988; Bade, *Ausländer – Aussiedler – Asyl,* Kap. 4, 5; vgl. Knuth Dohse. *Ausländische Arbeiter und bürgerlicher Staat. Genese und Funktion von staatlicher Ausländerpolitik und Ausländerrecht. Vom Kaiserreich bis zur Bundesrepublik Deutschland.* Königstein i.T. 1981; Ulrich Herbert. *Geschichte der Auslän-*

Mit den wachsenden Aufenthaltszeiten der »Gastarbeiter« aber begann schon in den 1960er Jahren der zweite große Eingliederungsprozeß. Er führte über die »Gastarbeiterfrage« der 1960er Jahre zu einem echten, regierungsamtlich lange vergeblich »dementierten« Einwanderungsproblem: Nach dem Bau der Mauer an der Westgrenze der DDR (1961) und dem damit verbundenen Ende des Arbeitskräftezustroms aus Ost- nach Westdeutschland stieg die Zahl der ausländischen Arbeitnehmer bei anhaltend starkem Wirtschaftswachstum rasch in die Millionen. Bis zur Weltwirtschaftskrise 1973 dauerte die amtliche Anwerbung. Rund 14 Millionen kamen in dieser Zeit, etwa 11 Millionen davon kehrten wieder in ihre Heimatländer zurück. Von der 1990 rund 4,8 Millionen zählenden ausländischen Bevölkerung im Westen der Bundesrepublik gehörten fast 3 Millionen der aus den früheren Anwerbeländern zugewanderten »Gastarbeiterbevölkerung« an oder stammten von ihr ab.[9]

Die »Gastarbeiterperiode« im Westen der Bundesrepublik endete mit dem »Anwerbestopp« von 1973. Er wirkte in der deutschen Ausländerpolitik als Bumerang: Er senkte zwar kurzfristig die Ausländerzahlen, aber auch die transnationale Fluktuation der ausländischen Arbeitswanderer und verstärkte um so mehr die ohnehin wachsende Tendenz zum Daueraufenthalt; denn seither standen ausländische Arbeitskräfte, die nicht auf Dauer von ihren Familien im Herkunftsland getrennt leben wollten, vor der Alternative: endgültige Rückkehr in die Heimat oder Familiennachzug in die Bundesrepublik. Die meisten blieben und zogen ihre Familien nach. Familiennachzug und natürliches Bevölkerungswachstum ließen die Ausländerbevölkerung in der Bundesrepublik 1979 bereits wieder über das 1973 erreichte Niveau steigen.

Mit der Aufenthaltsdauer wuchs die Bleibeabsicht im fließenden Übergang von der Gastarbeiterexistenz zur Einwandererexistenz. Schon Anfang der 1980er Jahre lebte ein Großteil der aus der früheren »Gastarbeiterbevölkerung« hervorgegangenen ausländischen Minderheit in der Bundesrepublik bei dauerhafter Eingliederung in einer paradoxen Einwanderungssituation ohne Einwanderungsland. Aber der kleinste, gemeinsame und parteiübergreifende Nenner aller regierungsamtlichen Erklärungen im Bereich dessen, was folgerichtig nicht »Einwanderungspolitik«, sondern »Ausländerpolitik« genannt wurde, lautete noch Anfang der 1990er Jahre: »Die Bundesrepublik ist kein Einwanderungsland!«[10]

2. Probleme: Einwanderungssituation ohne Einwanderungsland

Das vereinte Deutschland der frühen 1990er Jahre ist konfrontiert mit einem dritten Eingliederungsprozeß. Diese neue Einwanderungssituation im vereinten Deutschland[11] ist unübersichtlicher als die beiden seit dem Zweiten Weltkrieg vorausgegangenen großen Eingliederungsprozesse. Sie umschließt mehrere zugewanderte Gruppen, darunter auch einheimische Ausländer und fremde Deutsche.

derbeschäftigung in Deutschland 1880 bis 1980: Saisonarbeiter – Zwangsarbeiter – Gastarbeiter. Berlin 1986; Johannes-Dieter Steinert. Westdeutsche Wanderungspolitik, internationale Wanderungskooperation und europäische Integration 1945–61. Habil.Schr. Osnabrück 1993 (Ms.).

9 Johannes Gerster. »Illusion oder realistisches Ziel? Ausländerintegration als wichtige Zukunftsaufgabe«. Die Neue Ordnung 42 (1988), 269–280, hier 272.

10 Friedrich Heckmann. Die Bundesrepublik: Ein Einwanderungsland? Zur Soziologie der Gastarbeiterbevölkerung als Einwandererminorität. Stuttgart 1981; vgl. Bade, Vom Auswanderungsland zum Einwanderungsland, 59–124; Dietrich Thränhardt. »Die Bundesrepublik – ein unerklärtes Einwanderungsland«. Aus Politik und Zeitgeschichte (PZG), 10.6.1988, 3–13; Ursula Boos-Nünning. »Einwanderung ohne Einwanderungsentscheidung: Ausländische Familien in der Bundesrepublik Deutschland«. PZG, 1.6.1990, 16–25.

11 Hierzu und zum folgenden: Bade, Ausländer – Aussiedler – Asyl, Kap. 5–8.

Die größte Gruppe bildet nach wie vor die heute schon drei Generationen umfassende, aus der ehemaligen »Gastarbeiterbevölkerung« hervorgegangene Minderheit der einheimischen Ausländer, von denen die erste Generation schon im Pensionsalter ist.[12] Die zweitgrößte Gruppe stellen die seit den späten 1980er Jahren jährlich zu Hunderttausenden zugewanderten Aussiedler aus Osteuropa. Diese fremden Deutschen kommen aus dem ehemals kommunistischen Machtbereich und stehen – zwar nicht im rechtlichen, aber im soziokulturellen Sinne – oft ebenfalls vor einer echten Einwanderungssituation mit schweren psychischen und mentalen Belastungen, die von der Politik lange viel zu gering veranschlagt wurden.[13]

Seit Anfang der 1980er Jahre stark angewachsen ist die Zahl der asylsuchenden Flüchtlinge, die bis Mitte der 1980er Jahre noch vorwiegend aus der ›Dritten Welt‹ stammten und heute zumeist aus Osteuropa kommen. Seit dem 1. Juli 1993 ist in Deutschland das neue, restriktive Asylrecht in Kraft, nach dem in aller Regel keine Chance auf Asyl mehr hat, wer aus »verfolgungsfreien« Ländern stammt oder über jene »sicheren Drittstaaten« in Europa einreist, von denen Deutschland lückenlos umschlossen ist. Das könnte die ohnehin hoch zu veranschlagende Zahl der illegalen Zuwanderungen und Aufenthalte ohne formellen Asylantrag noch weiter erhöhen.[14] Relativ jung noch ist die von Israel skeptisch beobachtete Zuwanderung von Juden aus der ehemaligen Sowjetunion in Deutschland, deren Zahl Anfang 1993 bereits auf mehr als 15.000 veranschlagt wurde.[15]

Neben Zuwanderungen über die deutschen Grenzen stehen zwei große interne Eingliederungsprobleme im vereinten Deutschland:

In Westdeutschland gibt es noch immer die Identitätsprobleme jener Deutschen, die Ende der 1980er Jahre zunächst noch als DDR-Flüchtlinge, dann als Übersiedler in großer Zahl aus dem maroden Osten in den vermeintlich goldenen Westen kamen. Viele von ihnen erlitten dort einen deutsch-deutschen Kulturschock. Es war die Erfahrung, wie

12 Heckmann, *Die Bundesrepublik: Ein Einwanderungsland?*, 141–259; ders. *Ethnische Minderheiten, Volk und Nation. Soziologie inter-ethnischer Beziehungen*. Stuttgart 1992; Hartmut Esser, Jürgen Friedrichs (Hg.). *Generation und Identität. Theoretische und empirische Beiträge zur Migrationssoziologie*. Opladen 1990; Ulrike Schöneberg. *Gestern Gastarbeiter, morgen Minderheit. Zur sozialen Integration von Einwanderern in einem ›unerklärten‹ Einwanderungsland*. Frankfurt a.M. 1993; Bade, *Vom Auswanderungsland zum Einwanderungsland?*, 67–124; Wolf Dieter Bukow, Roberto Llaryora. *Mitbürger aus der Fremde. Soziogenese ethnischer Minoritäten*. 2. Aufl. Opladen 1993.

13 Klaus J. Bade. »Aussiedler – Rückwanderer über Generationen hinweg«. Ders. (Hg.), *Neue Heimat im Westen*, 128–149; vgl. Raimund Pfundtner. *Spätaussiedler. Tragödie: Ursachen – Folgen – Perspektiven*. Hannover 1979; Uwe u. Wolfgang Lanquillon. *Die fremden Deutschen? Eingliederung von Umsiedlern zwischen Notwendigkeit und Chance*. 2. Aufl. Hamburg 1980; Forschungsgesellschaft für das Weltflüchtlingsproblem (AWR). Deutsche Sektion (Hg.). *Die Aussiedler in der Bundesrepublik Deutschland*. 2. Bde., Bd. 1 (hg. v. Wilhelm Arnold): *Herkunft – Ausreise – Aufnahme*. Wien 1980 (2. Aufl. 1985); Bd. 2 (hg. v. Hans Harmsen): *Anpassung – Umstellung – Eingliederung*. Wien 1983; Barbara Malchow, Keyumars Tayebi, Ulrike Brand. *Die fremden Deutschen: Aussiedler in der Bundesrepublik*. Reinbek 1990; Lothar Ferstl, Harald Hetzel. ›*Wir sind immer die Fremden‹: Aussiedler in Deutschland*. Bonn 1990; Friedhelm Koch. *Deutsche Aussiedler aus Rumänien. Analyse ihres räumlichen Verhaltens*. Köln 1991; Klaus J. Bade, S. Ilan Troen (Hg.). *Zuwanderung und Eingliederung von Deutschen und Juden aus der früheren Sowjetunion in Deutschland und Israel*. Bonn 1993 (engl. Ausg. i. Vorb.); Ralph Gehrke. »Im Gepäck nur die Lebensweisheiten aus dem 19. Jahrhundert: Wie Aussiedler aus den GUS-Ländern ihre neue Heimat erleben«. *Süddeutsche Zeitung (SZ)*, 14.4.1993; Jürgen Haberland. *Eingliederung von Aussiedlern. Sammlung von Texten, die für die Eingliederung von Aussiedlern aus den osteuropäischen Staaten von Bedeutung sind*. Leverkusen 1991.

14 Jürgen Feldhoff. *Flucht ins Asyl? Untersuchungen zur Fluchtmotivation, Sozialstruktur und Lebenssituation ausländischer Flüchtlinge in Bielefeld*. Bielefeld 1991; Ursula Münch. *Asylpolitik in der Bundesrepublik Deutschland. Entwicklung und Alternative*. Opladen 1992; Bernhard Blanke (Hg.). *Zuwanderung und Asyl in der Konkurrenzgesellschaft*. Opladen 1993; Philip L. Martin. »The German Case«. *Controlling Illegal Immigration: A Global Perspective* (Research Workshop, Center for US-Mexican Studies, UC San Diego, La Jolla, 18.-20.3.1993).

15 »Invaliden des 5. Punkts: Mehr als 15.000 jüdische Emigranten aus den GUS-Staaten leben in Deutschland – für viele Israelis ein Ärgernis«. *Der Spiegel*, 29.3.1993, 77–81; vgl. Irene Runge, Detlef Steinberg. *Vom Kommen und Bleiben: Osteuropäische jüdische Einwanderer in Berlin*. Miteinander leben in Berlin. Berlin (Amt der Ausländerbeauftragten des Senats) 1992.

groß die Distanz nicht nur in der materiellen Kultur und den Lebensformen, sondern auch in den Mentalitäten zwischen West und Ost geworden war.[16]

In Ostdeutschland schließlich gibt es seit der deutschen Vereinigung besondere mentale Eingliederungsprobleme. Viele Menschen leben dort in einer imaginären, importierten Eingliederungssituation, in der nicht Menschen in die Fremde gingen, sondern die vertraute Umwelt selbst zur Fremde geriet. Es geht um die Lebensfragen derer, die zwar blieben, wo sie waren, aber durch die einseitige Überformung von Wirtschaft, Gesellschaft und politischer Kultur ihrer Lebenswelt durch den Westen auf Zeit Fremde im eigenen Land geworden sind. In dem rasanten sozialen, ökonomischen, politischen und ideologischen Wandel der frühen 1990er Jahre waren sie konfrontiert mit der Alternative von bedingungsloser Anpassung oder fortschreitender Entfremdung.[17]

Die mit diesem Eingliederungs- und Entfremdungsprozeß verbundenen Strapazen minderten im Osten die Bereitschaft zur Eingliederung anderer, von außen kommender Fremder, z.B. Asylsuchender, die im Sinne des Einigungsvertrages auch auf die neuen Bundesländer verteilt wurden. Die Selbstentfremdung mehrte fremdenfeindliche Abwehrhaltungen und hatte schon vor den Ausschreitungen im sächsischen Hoyerswerda vom September 1991 zu ausländerfeindlichen Angriffen geführt. Sie fanden – wie auch fremdenfeindliche Ausschreitungen im Westen – anfangs wenig Beachtung, weil die Medien das neue Thema noch nicht ›entdeckt‹ hatten.

In der DDR hatte es Ausländern gegenüber ohnehin weniger Integration als staatlich verordnete Ausgrenzung und sogar Ghettoisierung gegeben. Von den sowjetischen Armeeangehörigen und ihren Familien abgesehen, umfaßte die Ausländerbevölkerung der DDR 1989 noch ca. 190.000 Personen, von denen ca. 40.000 als Ehepartner von DDR-Bürgern oder als Flüchtlinge einen festen Wohnsitz in der DDR hatten. Die bei weitem stärkste Gruppe stellten auch hier die auf der Grundlage von Regierungsabkommen mit befristeten Arbeitsverträgen angeworbenen ›ausländischen Werktätigen‹. Sie wurden in separaten Gemeinschaftsunterkünften einquartiert und damit auch sozial auf Distanz gehalten. Nähere Kontakte waren genehmigungs- und berichtspflichtig. Offiziell gab es – gerade gegenüber der als moderne Form der ›Fremdarbeiterpolitik des Imperialismus‹ attackierten Ausländerbeschäftigung in der Bundesrepublik – gar keine ausländischen Arbeitnehmer in der DDR. Ihre Existenz wurde totgeschwiegen oder nur in Andeutungen umschrieben.[18]

Die Ausländer arbeiteten in der DDR – wie ehedem die »Gastarbeiter« in der Bundesrepublik – zumeist in den von deutschen Arbeitskräften am wenigsten geschätzten Beschäftigungsfeldern im unmittelbaren Produktionsbereich unter härtesten Arbeitsbedingungen, z.B. zu dreivierteln im Schichtdienst. In dem durch die verordnete Ausgrenzung der Fremden und durch die öffentliche Tabuisierung ihrer Existenz geschaffenen sozialen Vakuum siedelten Gerüchte und Argwohn, wucherten Mißtrauen, Angst und Haß. Die latenten fremdenfeindlichen Spannungen traten nach dem mit dem Zusammenbruch des SED-Regimes einhergehenden Ende der totalitären Zwangsdisziplinierung offen zutage.

---

16 Dieter Voigt, Lothar Mertens (Hg.). *Minderheiten in und Übersiedler aus der DDR*. Berlin 1992.
17 Vgl. hierzu bes. Hans-Joachim Maaz. *Der Gefühlsstau. Ein Psychogramm der DDR*. Berlin 1990; ders. *Das gestürzte Volk oder die verunglückte Einheit*. Berlin 1991.
18 Bade, *Ausländer – Aussiedler – Asyl*, 38f.; Andrzej Stach, Saleh Hussain. *Ausländer in der DDR: Ein Rückblick*. Miteinander leben in Berlin. Berlin (Amt der Ausländerbeauftragten des Senats) 1991; Siegfried Grundmann u.a. »Ausländer in Ostdeutschland«. *Wiss. Mitteilungen aus dem Berliner Institut für Sozialwissenschaftliche Studien* 3 (1991), 6–75; Marianne Krüger-Potratz. *Anderssein gab es nicht: Ausländer und Minderheiten in der DDR*. Münster 1991; Eva-Maria Elsner, Lothar Elsner. *Ausländer und Ausländerpolitik in der DDR (Hefte zur DDR-Geschichte)*. Berlin 1992; dies. *Zwischen Internationalismus und Nationalismus. Ausländer und Ausländerpolitik in der DDR*. Rostock 1993. *Fremdarbeiterpolitik des Imperialismus* war der Titel einer von L. Elsner an der Universität Rostock herausgegebenen fachwissenschaftlichen Zeitschrift, die 1989 in *Migrationsforschung* umbenannt wurde.

Betroffen waren zunächst vor allem noch zu DDR-Zeiten ins Land gekommene ausländische Arbeitnehmer aus der Dritten Welt, unter ihnen 1989 als bei weitem größte Gruppen nach Schätzungen noch ca. 59.000 Vietnamesen und ca. 15.000 Mosambikaner. Ihre Zahl fiel stark ab, einerseits durch überstürzte Rückwanderung im Zeichen wachsender Fremdenfeindlichkeit und andererseits durch innerdeutsche Flucht aus dem Arbeitsvertrag im Osten ins Asylverfahren im Westen Deutschlands. Opfer der Aggression wurden bald auch Gruppen jener asylsuchenden Flüchtlinge, die im Sinne des deutschen Einigungsvertrages den neuen Bundesländern im Osten zugeteilt wurden.[19] Die wachsende Fremdenfeindlichkeit war zwar zunächst im Osten aggressiver und gewalttätiger, insgesamt aber weder »typisch ostdeutsch« noch allein Sache von durch sozialen Abstieg bedrohten sozialen Randgruppen. Sie breitete sich zunehmend über das ganze vereinte Deutschland aus. Weltweit bekannte Stichworte des neuen Terrors in Deutschland hießen ›Hoyerswerda‹ (17.–22.9.1991), wo Asylsuchende aus ihren Unterkünften vertrieben und unter allgemeinem Gejohle noch beim Abtransport im Bus angegriffen und durch Steinwürfe verletzt wurden, und ›Rostock-Lichtenhagen‹ (23.–27.8.1992), wo Asylsuchende unter öffentlichem Beifall tagelang in ihren schließlich brennenden Unterkünften belagert und angegriffen wurden, oder ›Hünxe‹ (3.10.1991), wo zwei Flüchtlingskinder bei einem Brandanschlag schwer verletzt wurden. Und sie hießen ›Mölln‹ (23.11.1992) und ›Solingen‹ (29.5.1993), wo seit langem in Deutschland lebende bzw. hier geborene und aufgewachsene Mitglieder türkischer Familien in ihren Häusern verbrannten oder schwer verletzt die Brandanschläge überlebten.[20]

In der Entwicklung fremdenfeindlicher Straf- und Gewalttaten – soweit sie über die Polizeistatistik faßbar sind – bildete das Jahr 1991 quantitativ und qualitativ eine Zäsur: Im Vergleich zu den Durchschnittswerten der Jahre 1987–90 (ca. 250) stieg 1991 die Zahl der gemeldeten fremdenfeindlichen Straftaten im weitesten Sinne[21] auf das Zehnfache (2.427), darunter 239 gewalttätige Angriffe auf Personen und 336 Brandanschläge. 1992 wuchsen die fremdenfeindlichen Delikte um gut 160 Prozent auf 6.336 erfaßte Fälle. Im ersten Halbjahr 1993 bereits wurden mehr als 4.000 entsprechende Straftaten erfaßt. Dabei ist freilich zu berücksichtigen, daß insbesondere seit der allgemeinen Schockwirkung der Möllner Morde und seit den kraftvollen Gegenbewegungen in der Öffentlichkeit, den Aufklärungskampagnen, Lichterketten und Anti-Gewalt-Demonstrationen im Winter 1992/93 auch die Aufmerksamkeit gegenüber fremdenfeindlichen Aktionen gestiegen ist.

Beschränkt man das Beobachtungsfeld (unter Vernachlässigung von Sachbeschädigungen ohne Gewaltanwendung, Störungen des öffentlichen Friedens und Verbreitung von Propagandamitteln) auf den direkten Gewaltbereich (Todesfälle, Brand- und

---

19 Maaz, *Der Gefühlsstau*, bes. 135–183; ders., *Das gestürzte Volk*, bes. 28–41; vgl. Irene Runge. *Ausland DDR: Fremdenhaß*. Berlin 1990; dies. »Zur Situation der Ausländer in der ehemaligen DDR«. Manfred Struck (Hg.). *Ausländerrecht und Ausländerpolitik. Entwicklungen, Trends, Neuerungen*. Bonn 1990, 53–61; Thomas Hestermann. »Ein Tabu bricht auf«. *Deutsches Allgemeines Sonntagsblatt*, 9.2.1990; »Schon nahe am Pogrom«. *Der Spiegel*, 2.4.1990; Peter Christ. »In Freiheit verödet: Die Ostdeutschen werden zu Zaungästen im eigenen Land«. *Die Zeit*, 8.3.1991; Tilman Moser. »Über die Aufarbeitung seelischer Konflikte in der ehemaligen DDR«. *Die Zeit*, 7.6.1991; Bartholomäus Grill. »Auferstanden aus Ruinen: Der Rechtsradikalismus in Ostdeutschland ist der extreme Ausdruck einer zerstörten Gesellschaft«. *Die Zeit*, 14.6.1991; W. Gehrmann u.a. »Vereint im Fremdenhaß«. *Die Zeit*, 11.10.1991; »Gewalt gegen Fremde: Der neue Fremdenhaß«. *Der Spiegel*, 30.9.1991, 30–51; I. Müller-Hartmann. »Jugend und Gewalt, soziale Befindlichkeiten von Jugendlichen in den neuen Bundesländern«. *BISS public* 3 (1993), 11, 107–114.
20 Gabriele Nandlinger. »Chronik der Gewalt«. Klaus-Henning Rosen (Hg.). *Die zweite Vertreibung. Fremde in Deutschland*. Bonn 1992, 119–158; »Nachbarn und Mörder: Rostock – Mölln – Solingen«. *taz-Journal*, 1/1993.
21 Todesfälle, Brand- und Sprengstoffanschläge, Körperverletzungen, Sachbeschädigungen mit und ohne Gewaltanwendung, Störungen des öffentlichen Friedens, Verbreitung von Propagandamitteln.

Sprengstoffanschläge, Körperverletzungen, Sachbeschädigung mit Gewaltanwendung), dann gab es nach Auskunft von Bundeskriminalamt und Bundesverfassungsschutz 1993 mit 1.814 zwar deutlich weniger rechtsextreme Gewalttaten als 1992 (2.584), aber noch immer erheblich mehr als 1991 (1.483). Die Zahl der im engeren Sinne fremdenfeindlichen Gewalttaten sank von 2.283 im Jahr 1992 auf 1.322 im Jahr 1993. Drastisch angewachsen waren dagegen die Angriffe auf die Schwächsten der Schwachen, Obdachlose und Behinderte, von 145 im Jahr 1992 auf 324 im Jahr 1993. Die von Opfern der Gewalt von rechts markierte Todeskurve lief von 3 im Jahr 1991 über 17 im Jahr 1992 zu 8 im Jahr 1993. Unter den Tatorten überwogen Dörfer, Klein- und Mittelstädte, die vorwiegend jugendlichen Täter kamen meist aus Nachbarschaft oder Nachbarorten, Angriffsziele waren in erster Linie Ausländer- und vor allem Asylbewerberunterkünfte.[22]

Im Ablauf des fremdenfeindlichen Geschehens gab es mehrere große, von dramatischen, im Fernsehen landesweit verfolgbaren Ereignissen ausgehende Wellen der Gewalt. Die Trierer Jugend- und Bildungssoziologen R. Eckert und H. Willems haben sie »Eskalations- und Mobilisierungswellen« genannt: Eine erste Welle ging aus von den Ereignissen in Hoyerswerda, die – bei johlendem Publikum, mit Würstchen und Bier auf der einen, Panik und Todesängsten auf der anderen Seite – einer terroristischen Inszenierung glichen und mit scheinbarem ›Erfolg‹ für die Täter endeten (Zurückhaltung der Polizei, Abtransport der Ausländer). Die hochschießende Spirale der Gewalt lief über die Medienberichte von sich gegenseitig vorantreibenden Nachahmungsaktionen in der ganzen Republik. Die damit eintretende »räumliche Diffusion der Gewalt« führte zur immer weiter fortschreitenden »Aktivierung gewaltbereiter Gruppen andernorts«. Eine zweite große, ganz ähnlich aufsteigende Welle war im Anschluß an die ebenfalls als Tat ›erfolgreich‹ und für die Täter wenig folgenreich wirkenden Rostocker Krawalle zu beobachten.[23]

Nachgerade animierend für Anschlußtäter konnten zunächst auch einige bemerkenswert milde, scheinbar mehr um Verständnis für die Täter als um die Ächtung ihrer Taten bemühte Gerichtsurteile wirken. Nach den Mordanschlägen von Solingen im Juni 1993 bäumte sich aufs neue eine dritte Gewaltwelle auf. In ihrem Verlauf vermochte die Ahndung der Möllner Tat als Mord zwar in der Öffentlichkeit ein aufsehenerregendes Signal zu setzen, ohne doch der Gewaltwelle abrupt Einhalt gebieten zu können. Selbst an Weihnachten 1993 wurden Angriffe und Anschläge auf Ausländer, aber auch auf Aussiedler gemeldet.[24]

Das eindrucksvolle Bild von ›Wellen‹ der Gewalt darf nicht zu dem Trugschluß führen, die aggressive Strömung kehre nach dem Auslaufen einer solchen Welle wieder zum Ausgangsniveau zurück, im Gegenteil: »Große Eskalations- und Mobilisierungswellen ebben nicht einfach wieder auf ein Voreskalationsniveau ab, sondern führen für längere Zeit zu einer Stabilisierung von fremdenfeindlichen Straf- und Gewalttaten auf einem höheren

---

22 Hierzu und zum Folgenden: Roland Eckert, Helmut Willems. *Fremdenfeindliche Gewalt – Was tun?*, Trier 1993 (Forschungsbericht); dies., Stefanie Würtz. *Fremdenfeindliche Gewalt – Eine Analyse von Täterstrukturen und Eskalationsprozessen*. Trier 1993 (Forschungsbericht); Helmut Willems (zus. m. Roland Eckert, Stefanie Würtz, Linda Steinmetz). *Fremdenfeindliche Gewalt. Einstellungen – Täter – Konflikteskalation*. Opladen 1993, 97–104; »Bundeskriminalamt: Fremdenfeindliche Übergriffe nahmen drastisch zu«. *dpa-Meldung*, 7.6.1993 (Nr. 223); »Starker Anstieg fremdenfeindlicher Taten«. *Frankfurter Allgemeine Zeitung (FAZ)*, 30.7.1993, 3; »Fremdenhaß«. *Der Spiegel*, 27.12.1993, 70; »Weniger Gewalttaten von Rechtsextremisten«. *Neue Osnabrücker Zeitung*, 14.1.1994, 5.
23 Eckert/Willems/Würtz (s. Anm. 22); Willems, *Fremdenfeindliche Gewalt*, 211–233; 242–247, 260f.; S. Lambeck. »Die Signalwirkung von Rostock«. *Berliner Zeitung*, 6.11.1992; J. Brand. »Seit Hoyerswerda hat es für uns keine Entwarnung gegeben‹: Die Statistik enthüllt erschreckende Gewaltbereitschaft«. *Stuttgarter Zeitung*, 4.6.1993; Presse- und Informationsamt der Bundesregierung. Auslandsabteilung. *Neue Materialien zur Ausländerfeindlichkeit in Deutschland: Fakten, Analysen, Argumente*. Bonn, Juli 1993; Bundesminister des Innern (Hg.). *Verfassungsschutzbericht 1992*. Bonn, August 1993, 68–91.
24 »Rechtsextremisten randalieren, prügeln«. *FAZ*, 20.12.1993, 2; »Anschläge auf Ausländer«. *FAZ*, 27.12.1993, 4.

Niveau«.[25] Die vom Schock der Möllner Morde forcierten bundesweiten Gegenbewegungen, insbesondere die Aufklärungskampagnen, Lichterketten und Anti-Gewalt-Demonstrationen im Winter 1992/93 führten zu einem gewissen Rückgang von Gewalttaten, Gewaltbereitschaft und Gewaltakzeptanz, wenn auch nicht mehr auf das Niveau vor Beginn der beiden großen Gewaltwellen. Daß auch dies nicht zu einer dauerhaften De-Eskalation führte, zeigte die dritte Gewaltwelle nach den Solinger Morden.

Weil sich, wie die tagelangen Krawalle im Anschluß an die Solinger Morde und verwandte zeitgleiche Aktionen in anderen Städten zeigten, auch unter den potentiellen Opfern der fremdenfeindlichen Bewegung, und hier besonders unter jugendlichen Paß-Ausländern türkischer Herkunft, Abwehr-, aber auch Angriffsbereitschaft formiert, wächst die Gefahr ethnosozialer Konflikte. Hinzu kommen aus den Herkunftsländern übergreifende Konfliktpotentiale, wie sie in den Aktionen der Arbeiterpartei Kurdistans (PKK) zum Ausdruck kamen. Sie wurden mit dem Verbot der Partei und zahlreicher anderer kurdischer Organisationen in Deutschland beantwortet, was wiederum zu neuen Problemen deswegen führte, weil justitiable Trennlinien zwischen politischem und ethnokulturellem Engagement bei Minderheitenorganisationen in der Einwanderungssituation mitunter schwer zu ziehen sind. Unübersehbar wurde dies in den blutigen kurdischen Demonstrationen vom März 1994, bei denen es einerseits um die Feiern zum kurdischen Neujahrsfest in Deutschland, andererseits um den Kampf der PKK und um die Unterdrückung der kurdischen Minderheit in der Türkei ging.[26]

Die hochkomplexe Problematik wird oft unter nur partiell zutreffenden und deshalb simplifizierenden Stichworten wie ›Ausländerfeindlichkeit‹, ›Fremdenfeindlichkeit‹, ›Rechtsextremismus‹ oder ›Jugendgewalt‹ diskutiert. In der wissenschaftlichen und publizistischen Diskussion gibt es sozialanthropologische, evolutionsbiologische oder gar sozialbiologische Einschätzungen von Fremdenangst als ›natürlicher‹ Konstante des Sozialverhaltens, die in den in der öffentlichen Diskussion umlaufenden Grobversionen oft als xenophobe Legitimationsideologien fungieren. Daneben stehen allgemeine, historisierende, ideologie- bzw. mentalitätskritische Überlegungen über Besonderheiten im Umgang der Deutschen mit Fremden. Darüber hinaus sind für die Ursachen der neuen Spannung zwischen Einheimischen und Fremden im vereinten Deutschland die verschiedensten, mehr oder minder weitreichenden und sich vielfältig überschneidenden Erklärungsansätze und Interpretationsversuche im Gespräch. Neben Hinweisen auf die Rolle des organisierten und zunehmend konspirativ vernetzten Rechtsextremismus und auf die aktuellen Zusatzbelastungen durch den Vereinigungsprozeß, stehen sozialpsychologische und psychoanalytische Interpretationen der Zusammenhänge von Überfremdungsängsten und Selbstentfremdung, Orientierungskrisen, Angst und Haß im Westen wie im Osten Deutschlands bis hin zu zivilisationskritischen Hinweisen auf durch fortschreitende Individualisierung, Entsolidarisierung und mentale Bindungslosigkeit geprägte Sozialprozesse.[27]

---

25 Eckert/Willems, *Fremdenfeindliche Gewalt*, 9.
26 »Brisante Kiste: Gruppen ausländischer Jugendlicher machen gegen rechtsextremistische Schläger mobil«. *Der Spiegel*, 26.6.1989, 47–51; »Waffen, Randale, Haß und Gewalt«. *Die Zeit*, 4.12.1992, 13–17; »Gewalt und Zerstörung nach den Morden von Solingen«. *FAZ*, 2.6.1993, 3; Dirk Schümer. »Sturz aus der Normalität: Solingen – danach sieht alles anders aus«. *FAZ*, 3.6.1993, 31; »Wieder Anschläge, schwere Krawalle, friedliche Demonstrationen«. *FAZ*, 7.6.1993, 1f.; vgl. Bahman Nirumand. »Wir müssen uns selbst organisieren!«. *die tageszeitung (taz)*, 27.11.1992; Zafer Senocak. »Kommunizierende Ohnmächte: Die Organisation der Türken in Deutschland«. *taz*, 22.1.1993; Ralf Giordano. »Selbstschutz, auch mit Waffen« (Brief an Bundeskanzler Kohl). *taz*, 25.11.1992; ders. »»Noch einmal: Ausländer – wehrt Euch!««. *taz*, 1.6.1993; Eberhard Seidel-Pielen. »Die Angst vor dem Spartakusaufstand: Junge Deutsch-Türken wehren sich schon lange«. *taz*, 4.6.1993; Claus Leggewie, Zafer Senocak (Hg.). *Deutsche Türken. Das Ende der Geduld*. Reinbek 1993; »Die Saat der Gewehre«. *Der Spiegel*, 28.3.1994, 18–23.
27 Ausführlich mit Literaturhinweisen hierzu: Bade, *Ausländer – Aussiedler – Asyl*, Kap. 6.

Bei vielen der weit ausholenden Erklärungsansätze, Interpretationsmodelle und Deutungsmuster für Fremdenangst und/oder Fremdenfeindlichkeit im vereinten Deutschland kamen die Kernprobleme selbst – nämlich Einwanderung, Eingliederung, Minderheitenfragen und deren politische Gestaltung – eher am Rande vor. Das ist um so bemerkenswerter, als eine wichtige Ursache für fremdenfeindliche Abwehrhaltungen gerade in der lange anhaltenden politischen Desorientierung der Bevölkerung gegenüber den gesellschaftlichen Problemfeldern von Migration, Integration und Minderheiten zu suchen ist. Sie hatte ihren Grund in der erwähnten politischen Erkenntnisverweigerung gegenüber der unübersehbaren gesellschaftlichen Tatsache, daß die Bundesrepublik seit mehr als einem Jahrzehnt ein Einwanderungsland neuen Typs geworden ist – nicht im rechtlichen, aber im gesellschaftlichen und kulturellen Sinne.

Am Ende wurde offenbar, daß die hilflose Flucht in das Dementi, die Bundesrepublik sei ›kein Einwanderungsland‹, nur die Kehrseite politischer Rat- und Konzeptionslosigkeit war. Ökonomische und soziale Ängste, Irritationen und Frustrationen über die Abwesenheit von Politik in einer geradezu gespenstischen, weil alltäglich erlebbaren und doch politisch für nicht-existent erklärten Einwanderungssituation schlugen um in Aggression gegen ›die Fremden‹ und solche, die dafür gehalten oder dazu erklärt wurden. ›Unten‹ wuchs die Angst vor den Fremden, ›oben‹ die Angst vor den Bürgern als Wähler. Das Zusammentreffen der Angst ›von unten‹ mit der Ratlosigkeit ›von oben‹ trug schließlich entscheidend zum Weg von ›Parteien-‹ zu ›Politikverdrossenheit‹ und damit zu der von Sachkennern über Jahre hinweg immer wieder in warnenden Menetekeln umschriebenen politischen Legitimationskrise bei, die kurzfristig sogar in eine Krise des parlamentarisch-demokratischen Systems umzuschlagen drohte und Bundeskanzler Kohl im Herbst 1992 vom »Staatsnotstand« in Migrationsfragen reden ließ.[28]

3. Aufgaben: Migrationspolitik als Gesellschaftspolitik

Wissenschaftler und Praktiker der Ausländerarbeit, die Ausländerbeauftragte, Kirchen und Wohlfahrtsverbände, Gewerkschaften und die verschiedensten vor Ort arbeitenden Initiativen haben mehr als ein Jahrzehnt lang immer wieder vergeblich gewarnt vor den gefährlichen Folgen politischer Abstinenz und vor in politischen Statements geradewegs vorgelebten Abwehrhaltungen (»Völkerwanderung«, »Asylantenschwemme«, »Wirtschaftsflüchtlinge«). Das galt besonders für die Asyldiskussion um Artikel 16 des Grundgesetzes. Sie wurde vielfach als öffentlichkeitswirksamer Stellvertreterkrieg geführt, während in den gesellschaftlichen Problemfeldern von Migration und Integration ansonsten alles beim alten blieb: Die seit mehr als einem Jahrzehnt überfälligen Konzepte einer umfassenden Einwanderungs-, Eingliederungs- und Minderheitenpolitik mit klaren Perspektiven für langfristige Gestaltung und die dafür nötigen Institutionen blieben aus.

Die Eskalation von Fremdenangst, gewaltbereiter Fremdenfeindlichkeit und fremdenfeindlicher Gewaltakzeptanz in den frühen 1990er Jahren war nach alledem weniger unvermeidbare Begleiterscheinung von Zuwanderung und Eingliederung als vermeidbare Folge ihrer mangelnden Gestaltung: »Die wachsende Fremdenfeindlichkeit in Deutschland ist weder allein pathologischer Ausdruck einer allgemeinen Zivilisations-

---

28 »›Dieses Land wird unregierbar‹«. *Der Spiegel*, 14.9.1992, 18–28; »›Staatsnotstand‹ in Flammenschrift an der Wand«. *FAZ*, 15.10.1992, 3; »Die Koalition spricht von drohendem Staatsnotstand«. *FAZ*, 2.11.1992, 1f.; »›Das ist der Staatsstreich‹«. *Der Spiegel*, 2.11.1992, 18–23; M. Backhaus. »Union auf Radikalkurs. Kanzler Kohl beschwört einen ›Staatsnotstand‹«. *Der Stern*, 5.11.1992, 284–287.

krise am Vorabend der Jahrtausendwende noch ›natürliche‹ Reaktion auf Zuwanderungsdruck«, hieß es in dem von sechzig deutschen Wissenschaftlerinnen und Wissenschaftlern getragenen *Manifest der 60* zum Thema *Deutschland und die Einwanderung* vom Dezember 1993. »Sie ist auch eine aggressive Antwort auf fehlende Konzepte in der Migrationspolitik.«[29]

»Die Entwicklung fremdenfeindlicher und rechtsradikaler Gewalt kann nicht hinreichend als Resultat gesellschaftlicher und ökonomischer Krisensituationen, erzieherischer Defizite oder gewaltaffiner jugendlicher Subkulturen verstanden werden«, hieß es auch in der 1993 vorgelegten Studie der Trierer Forschungsgruppe.

> »Sie ist auch Ausdruck eines grundlegenden gesellschaftlichen Konfliktes um die Einwanderung, der angesichts der Massierung von Aussiedlern und Asylbewerbern an vielen Orten Deutschlands aufbrach. [...] Wenn dies richtig ist, dann werden Empfehlungen zur langfristigen Prävention von Gewalt und Rechtsextremismus sich auch auf diesbezügliche Konfliktthemen und Konfliktursachen beziehen müssen. Angesichts der in die Bundesrepublik eingewanderten Bevölkerungsgruppen ist insbesondere eine Sequenz von Segregation, Stigmatisierung und Konflikt zu vermeiden. Von daher sind zunächst entsprechende politische Entscheidungen und Weichenstellungen bezüglich einer *vernünftigen Einwanderungspolitik*, einer Arbeitsmarkt- und *Integrationspolitik* zu fordern, die Konkurrenzverhältnisse entschärft und zugleich die Möglichkeit der Ausweitung von Solidaritätserfahrungen über ethnische Grenzen hinweg zum Ziel hat.«[30]

Migrationspolitik aber kann nur als Gesellschaftspolitik im weitesten Sinne betrachtet und betrieben werden; denn Migrationsfragen sind heute nicht mehr Randprobleme, sondern zentrale gesellschaftspolitische Aufgaben und werden es aller Voraussicht nach in der Zukunft noch mehr sein. Migrationspolitik kann nur erfolgreich sein, wenn sie sich auf einen möglichst breiten Fundamentalkonsens stützen kann. Sie kann in einer freiheitlichen Demokratie nicht gegen die einheimische Mehrheit durchgesetzt werden, wenn gefährliche Folgen, vor allem zu Lasten zugewanderter Minderheiten aber auch des politischen Systems insgesamt, vermieden werden sollen. Für ihre Akzeptanz und die der zugewanderten Minderheiten muß mithin – wie bei der Aussiedlerintegration erfolgreich erprobt – bei der einheimischen Mehrheit regelrecht geworben werden. Horrorszenarien, Festungsmentalität und die Stimulierung von Verteidigungsbereitschaft in Migrationsfragen fördern das Gegenteil – Segregation, kulturelle Intoleranz und fremdenfeindliche Abwehrhaltungen. Die Folgen sind bekannt.[31]

»Die Bundesrepublik ist kein Einwanderungsland«, so lautete in demonstrativer Erkenntnisverweigerung seit vielen Legislaturperioden bis Anfang der 1990er Jahre der kleinste gemeinsame Nenner aller regierungsamtlichen Initiativen im Bereich dessen, was folgerichtig ›Ausländerpolitik‹ und nicht etwa ›Einwanderungspolitik‹ hieß. Und das in einem Land, das seit den späten 1980er Jahren jährlich mehr Zuwanderer aufnimmt als die beiden klassischen Einwanderungsländer Kanada und Australien zusammen. Sofern dabei an die in regierungsamtlichen Erklärungen des Jahres 1983 angesprochenen »Erfahrungen der klassischen Einwanderungsländer«[32] gedacht wurde, war und ist diese Debatte ein Streit um des Kaisers Bart: Ein Einwanderungsland im Sinne jener vorwiegend überseeischen ›klassischen‹ Einwanderungsländer der Geschichte, in denen, oft nach der Verdrängung und/oder Vernichtung der Ureinwohner, große Flächen zu besie-

29 Klaus J. Bade (Hg.). *Das Manifest der 60: Deutschland und die Einwanderung.* München 1994, 13.
30 Willems, *Fremdenfeindliche Gewalt,* 269f.
31 Claus Leggewie. »Das Ende der Lebenslügen: Plädoyer für eine neue Einwanderungspolitik«. Bade (Hg.), *Manifest der 60,* 55–60, 213–225.
32 Der Bundesminister des Innern (BMI) (Hg.). *Betrifft: Ausländerpolitik.* 2. Aufl. Bonn 1983, 3.

deln, Städte zu gründen, Wirtschaftsstrukturen zu entwickeln waren, und deren Gesellschaften auf diese Weise durch den Einwanderungsprozeß selbst erst geformt oder doch noch entscheidend geprägt wurden – ein solches ›Einwanderungsland‹ kann Deutschland ohnehin nicht sein oder auf absehbare Zeit werden.

In der amtlichen Information des Bundesinnenministeriums über den Stand von Ausländerrecht und Ausländerpolitik vom Januar 1991 wurde die Fortschreibung der seit rund einem Jahrzehnt gültigen ›Grundsätze der Ausländerpolitik‹ mit ihrem Defensiv-Dreieck von Integration, Zuzugsbegrenzung (aus Nicht-EG-Staaten) und Rückkehrförderung aufs neue u.a. mit Beschlüssen der Bundesregierung vom November 1981 und Februar 1982 bekräftigt: »Es besteht Einigkeit, daß die Bundesrepublik Deutschland kein Einwanderungsland ist und auch nicht werden soll.«[33]

Erst auf dem Dresdener Parteitag der CDU im Dezember 1991 wurde, nach harten Auseinandersetzungen im Vorfeld, diese mehr als ein Jahrzehnt lang – auch von anderen Parteien – wiederholte Beschwörungsformel zwar verbal getilgt, die damit verbundene, folgenschwere Tabuisierung des Themas ›Einwanderung‹ aber in der Sache nicht aufgehoben. Der auch im Entwurf des ›Dresdener Manifests‹ noch vorgesehene Satz »Deutschland ist kein Einwanderungsland« wurde ersetzt durch einen ganzen Abschnitt:

> »Deutschland ist ein weltoffenes Land. Wir wissen, daß in Zukunft nicht weniger, sondern mehr Ausländer nach Deutschland kommen und mehr Deutsche ins Ausland gehen. Vor allem in einem wirtschaftlich und politisch zusammenwachsenden Europa, aber auch angesichts einer internationalen Verflechtung werden die Menschen mobiler werden. Diese Entwicklung muß so gestaltet werden, daß sie den Interessen und Bedürfnissen unseres Landes entspricht.«

Drei auf entsprechende Gestaltung zielende Anträge hingegen, in denen die Begriffe ›Einwanderungsland‹, ›Einwanderungsgesetz‹ und ›Einwanderungspolitik‹ standen, wurden auf dem Parteitag prompt abgelehnt.[34] Im März 1994 erklärte der Chef des Bundeskanzleramtes Friedrich Bohl (CDU) aufs neue: »Deutschland ist kein Einwanderungsland und soll auch kein Einwanderungsland werden.« Die gleiche Botschaft enthielt der am 9.12. 1993 im Kabinett beschlossene Bericht der Bundesregierung für die Internationale Konferenz für Bevölkerung und Entwicklung (›Weltbevölkerungskonferenz‹) in Kairo 1994.[35]

Im Kontext des schon in den frühen 1980er Jahren von der historischen Wirklichkeit überholten, mithin wirklichkeitsfremden Dementis, daß die Bundesrepublik ›kein Einwanderungsland‹ sei, machen sich mittlerweile Lesefrüchte geltend – hinzugefügt wird: ›im Sinne der klassischen Einwanderungsländer‹. Das freilich stand nie zur Debatte; denn daß in Deutschland keine Prärien zu besiedeln sind, bedarf eines eingehenden Nachweises nicht. Neuerdings wird die Dementi-These mit dem Hinweis gestützt, daß die Bundesrepublik keine »aktive Zuwanderungspolitik« (F. Bohl) betreibe. Doppeltes Mißverständnis: Würde ›aktive Zuwanderungspolitik‹ ein ›Einwanderungsland‹ kennzeichnen, dann wäre die Bundesrepublik schon seit 1955 ein ›Einwanderungsland‹ gewesen – denn von 1955 bis 1973 betrieb sie in der Tat ›aktive Zuwanderungspolitik‹ – nämlich in Gestalt der Anwerbung ausländischer Arbeitnehmer (›Gastarbeiter‹), die bekanntlich zwar ›Einwanderer‹ nicht werden sollten, aber zweifelsohne doch ›Zuwanderer‹ waren. Ein solches Dementi, das sich in der eigenen Falle fängt, ist aber sicher nicht intendiert.

---

33 BMI (Hg.). *Aufzeichnung zur Ausländerpolitik und zum Ausländerrecht in der Bundesrepublik Deutschland.* Stand: Januar 1991. Bonn 1991, 3f.

34 *Hannoversche Allgemeine Zeitung*, 6.12.1991, 2; *dpa-Meldung*, 5.12.1991 (Nr. 321).

35 «Änderungswünsche zum Ausländergesetz». *FAZ*, 16.3.1994, 2 (zit. Bohl); BMI (Hg.). *Bericht der Regierung der Bundesrepublik Deutschland für die Internationale Konferenz für Bevölkerung und Entwicklung 1994.* Bonn 1994.

Wenn hingegen von ›Zuwanderungspolitik‹ nur gesprochen würde, um das Teufelswort ›Einwanderung‹ zu umreden, dann wäre die Botschaft ebenso schief: Würde nämlich unter ›aktiver Einwanderungspolitik‹ schiere Einwandererwerbung verstanden, die in Deutschland in der Tat nicht betrieben wird, dann wäre das Argument zwar richtig, aber der Begriff nicht minder falsch; denn ›aktive Einwanderungspolitik‹ bedeutet nur, daß aktiv steuernd in das Wanderungsgeschehen selbst eingegriffen, daß es mithin nicht nur reaktiv bzw. ›passiv‹ in seinen Folgen verwaltet wird (Aufenthalts-, Arbeitsrecht u.a.m.). Übergeordnete Ziele und konkrete Zwecke von Einwanderungspolitik im Blick auf Umfang, Struktur und langfristige Entwicklung der Einwanderung hingegen sind mit dem Begriff selbst nicht vorgegeben, zumal Einwanderungspolitik als neutrales Steuerungsinstrumentarium z.B. unter Krisendruck bis zur Null-Option der totalen Einwanderungssperre reichen kann.

Im übrigen treibt die Bundesrepublik jedenfalls in einer Dimension des transnationalen Wanderungsgeschehens de facto durchaus aktive Einwanderungspolitik, freilich ohne sich de jure dazu zu bekennen – in der Aussiedlerpolitik. Das wiederum wird dementiert unter Hinweis darauf, daß die Aussiedler ja Deutsche seien, was rechtlich zweifelsohne richtig ist. Dabei geht es aber nicht nur um die deutsche jus sanguinis-Tradition, sondern auch um ein lebensgeschichtlich nachweisbares ›Bekenntnis zum Deutschtum‹; denn andernfalls wären die Nachfahren aller ehemals ausgewanderten Deutschen als ›Deutschstämmige‹ zu einer Art ›Rückwanderung‹ über Generationen hinweg in die Heimat der Vorväter bzw. Vormütter berechtigt. Dafür gäbe es in vielen früheren überseeischen Einwanderungsländern der Deutschen massenhaft potentielle Kandidaten – in den Vereinigten Staaten bei weitem mehr, als im gesamten osteuropäischen Raum zusammen, glaubt doch, Umfragen zufolge, mehr als ein Viertel aller befragten US-Amerikaner die Spuren ihrer Vorfahren zumindest teilweise nach Deutschland zurückverfolgen zu können. Niemand – am wenigsten die Amerikaner deutscher Abstammung selbst – dächte daran, die ›Ausreise‹ der Nachfahren von ›Amerika-Deutschen‹ des 18. und vor allem 19. Jahrhunderts zu betreiben, die es im Gegensatz zu den ›Rußlanddeutschen‹ als kulturelle Gruppe auch nicht mehr gibt; denn aus den Millionen von deutsch-amerikanischen ›Bindestrich-Amerikanern‹ waren schon zu Beginn des 20. Jahrhunderts und spätestens mit dem Ersten Weltkrieg Amerikaner deutscher Herkunft geworden, deren ›Bekenntnis zum Deutschtum‹ heute nurmehr nostalgisch-familienkundlicher Art ist (›routes to the roots‹).

In den zum Teil krisengeschüttelten früheren Einwanderungsländern der Deutschen in Südamerika aber gibt es in der Tat eine nicht unbeträchtliche Zahl von ihrer Herkunft durchaus bewußteren Deutschstämmigen, die sich in den späten 1980er Jahren denn auch gelegentlich in Bonn mit der irritierten Frage meldeten, wieso Deutsche aus Rußland, nicht aber z.B. aus Argentinien oder Brasilien ›heimkehren‹ dürften, um als ›Deutsche unter Deutschen‹ zu leben – in dem Land, in dem es den Nachfahren derer, die blieben, heute oft besser geht als den Nachkommen derer, die die Not seinerzeit über den Atlantik trieb. Das war die falsche Frage; denn auch deutsche Abstammung und ›Bekenntnis zum Deutschtum‹ allein berechtigen Nachfahren deutscher Auswanderer noch nicht zur ›Rückwanderung‹ in die Heimat der Vorfahren: Die Anerkennung als Aussiedler hat über ethnokulturelle Kriterien hinaus eben auch mit dem Kriegsfolgeschicksal und mit der durch das Kriegsfolgenbereinigungsgesetz erneut bestätigten rechtlichen Fiktion des seit dem Zweiten Weltkrieg anhaltenden Vertreibungsdrucks in den als ›Vertreibungsgebiete‹ definierten Siedlungs- bzw. Deportationsgebieten der Deutschen im Osten zu tun.

Fazit: In den Rechtsgrundlagen der Aussiedlerpolitik stehen mithin ethnokulturelle Kriterien und fiktiver Vertreibungsdruck vornean. Die Aussiedlerzuwanderung ist seit 1992 auf das durchschnittliche Maximum der Jahre 1991/92 begrenzt. Es handelt sich also um eine nach bestimmten ethnokulturellen (Deutschstämmigkeit, Deutschtum) und regionalen Kriterien (Vertreibungsgebiete) zugelassene und kontingentierte (Jahresmittel von 1991/92) Einwanderung (dauerhafte Niederlassung mit Erwerb der Staatsangehörigkeit) – die in Osteuropa überdies noch als eine Art friedlicher deutscher Beitrag zur ›ethnischen Säuberung‹[36] der Herkunftsgebiete wirkt. Allen Sachkennern ist ferner zur Genüge bekannt, daß die Aussiedler – nicht im rechtlichen, aber im soziokulturellen und mentalen Sinne – Einwanderer par excellence sind: Abgesehen von der Einbürgerung haben sie mit allen in einem Einwanderungsprozeß zu meisternden Problemen und Krisen zu schaffen. Dabei wird dieser Prozeß sogar noch zusätzlich gerade dadurch belastet, daß man ihn auf deutscher Seite so häufig unterschätzt (›Das sind doch Deutsche!‹). Nicht minder bekannt ist, daß diesen Problemen mit einer sehr erfolgreichen Einwanderungskonzeption entsprochen wird – die aus naheliegenden Gründen als ›Eingliederungs-‹ bzw. ›Integrationshilfe‹ usw. umschrieben zu werden pflegt. Quod erat demonstrandum: Es gibt in der Praxis ganz reguläre und recht erfolgreiche qualitative (ethnokulturelle und regionale Kriterien) und quantitative (Jahreskontingent), also nach Kriterien und Kontingenten betriebene Einwanderungspolitik im Nicht-Einwanderungsland – die aber ihrerseits dementiert wird, hier wiederum unter Hinweis auf den besonderen Charakter der Aussiedlerproblematik.

In Einwanderungsfragen herrscht in Deutschland mithin nicht nur im Dementi, sondern selbst in den dazu verwendeten Begriffen ein Versteckspiel mit der Wirklichkeit unter Hinweis auf Ausnahmen und Sonderfälle. Die gesellschaftliche Wirklichkeit aber besteht hierzulande in Sachen Migration, rechtspolitisch betrachtet, fast nur aus Ausnahmen und Sonderfällen, deren transparente Verschränkung zu einem einwanderungs- und gesellschaftspolitischen Regelsystem nach wie vor unerwünscht ist, allen normativen Fakten zum Trotz.

Der Schock, den die Wellen fremdenfeindlicher Gewalt seit dem Herbst 1991 auslösten, hatte zwar Anstöße zum politischen Umdenken gegeben und die schon ein Jahrzehnt zuvor dringend angemahnte öffentliche Diskussion über integrale gesellschaftspolitische Konzeptionen für Einwanderungs- und Eingliederungsfragen forciert.[37] Für Einwanderungsfragen aber wollte die Bundesregierung 1992, im letzten Jahr vor dem europäischen Binnenmarkt, keine nationalen, sondern nurmehr europäische Lösungsmöglichkeiten sehen. Anfang 1993 wurde der europäische Binnenmarkt Wirklichkeit – aber entsprechende europäische Konzepte waren und sind nach wie vor erst in Ansätzen erkennbar, abgesehen von vorwiegend defensiven bzw. sicherheitspolitischen Vereinbarungen.

Unter dem Druck der fremdenfeindlichen Exzesse kam 1993 die politische Diskussion über Migrationsgesetzgebung und Migrationspolitik, insbesondere über Staatsangehörigkeitsrecht, Einwanderungsgesetzgebung und Einwanderungspolitik noch einmal verstärkt in Gang. Die öffentliche politische Diskussion über den Problemkomplex ›Migration – Integration – Minderheiten‹ aber war zwischen den im Dauerwahlkampf engagierten Parteien stark zurückgegangen. Das hatte auch damit zu tun, daß die Thematik im

---

36 Zum Begriff: ›Vertreibung‹ und ›ethnische Säuberung‹: Begriffsbestimmung (Wiss. Dienste des Deutschen Bundestages, Fachbereich II). Bonn 1993; vgl. Tilman Zülch. ›Ethnische Säuberung‹ – Völkermord für ›Großserbien‹. Eine Dokumentation der Gesellschaft für Bedrohte Völker. Frankfurt a.M. 1993.
37 Hierzu zuletzt: Dieter Oberndörfer, Uwe Berndt. Einwanderungs- und Eingliederungspolitik als Gestaltungsaufgaben. Arbeitspapier zum Carl Bertelsmann-Preis 1992. Gütersloh (Bertelsmann Stiftung) 1992; Helmut Rittstieg, Gerard C. Rowe. Einwanderung als gesellschaftliche Herausforderung. Inhalt und rechtliche Grundlagen einer neuen Politik. Baden-Baden 1992; Forschungsinstitut der Friedrich-Ebert-Stiftung (Hg.). Einwanderungsland Deutschland: Bisherige Ausländer- und Asylpolitik. Vergleich mit anderen europäischen Ländern. Bonn 1992; Werner Weidenfeld (Hg.). Das europäische Einwanderungskonzept. Gütersloh (Bertelsmann Stiftung) 1994.

Vergleich zu anderen aktuellen und im Wahlkampf zugkräftigeren Krisenthemen stark an öffentlichem Interesse eingebüßt hatte. Zugleich trug die Zurückhaltung der Parteien – genau umgekehrt wie bei der Asylhysterie – nun dazu bei, das öffentliche Desinteresse noch zu steigern, obgleich z.B. die ›Kurdenfrage‹, hinter der eben nicht nur politische, sondern auch ethnokulturelle Minderheitenprobleme standen, zeigte, daß sich die Probleme erkennbar zuspitzten.

Deutschland aber ist, darin sind sich alle Sachkenner einig, ein Land, das einerseits ein Übermaß an Zuwanderung fürchtet und doch auf lange Sicht kontinuierlich ein Mindestmaß an Zuwanderung braucht. Andernfalls könnte es nach der Jahrhundertwende zu dem gespenstischen Szenario eines mitteleuropäischen Bunkers mit schrumpfender und vergreisender Besatzung kommen und damit zu unübersehbaren Folgen für Arbeitsmarktentwicklung, für die Stabilität der sozialen Leistungssysteme im ›Generationenvertrag‹ und für den Sozialstaat insgesamt. Ohne solche richtungweisenden Konzeptionen bliebe alle Einwanderungspolitik ziellos oder dazu verdammt, bloß defensiv zu sein.[38] Auch die Deutschen werden sich damit abfinden müssen, daß ihr Land voraussichtlich auf Jahrzehnte hinaus mit anhaltendem Wanderungsdruck und den damit verbundenen Problemen leben muß, daß es sich hier mithin um eine dauerhafte, sich stets auch neu stellende politische Handlungsaufgabe handelt, die man nicht mit rechtstechnischen Patentlösungen ein für allemal »lösen« kann.[39]

Um so wichtiger ist es, in der öffentlichen Diskussion Schreckbilder und Horrorvisionen zurückzunehmen und beizutragen zur Herausbildung eines positiven oder doch gelasseneren Verhältnisses gegenüber den Problembereichen von Migration, Integration und Minderheiten. Multikulturelle und polyethnische Koexistenz in kultureller Toleranz und sozialem Frieden hängen deshalb entscheidend davon ab, ob und inwieweit Politik in Deutschland bereit ist, sich den Herausforderungen in den Problemfeldern von Migration, Integration und Minderheiten mit integralen und weitsichtigen Konzeptionen zu stellen.[40] Dazu können auf Migrationsforschung, interkulturelle Studien und multikulturelle Konfliktforschung gegründete wissenschaftliche Politikberatung und kritische Politikbegleitung in der öffentlichen Diskussion zweifelsohne wichtige Beiträge leisten.[41]

---

38 Bernd Hof. »Arbeitskräftebedarf der Wirtschaft, Arbeitsmarktchancen für Zuwanderer«. Forschungsinstitut der Friedrich-Ebert-Stiftung (Hg.). *Zuwanderungspolitik der Zukunft*. Bonn 1992, 7–22; vgl. ders. *Gesamtdeutsche Perspektiven zur Entwicklung von Bevölkerung und Arbeitskräfteangebot 1990–2010*. Köln 1990; Wolfgang Klauder. »Deutschland im Jahr 2030: Modellrechnungen und Visionen«. Bade (Hg.), *Deutsche im Ausland – Fremde in Deutschland*, 455–464; Arne Gieseck u.a. »Wirtschafts- und sozialpolitische Aspekte der Zuwanderung in die Bundesrepublik«. *PZG*, 12.2.1993, 29–41; Horst Afheldt. »Sozialstaat und Zuwanderung«. *Ebenda*, 42–45; ders., »Europa vor dem Ansturm der Armen. Ist der liberale Sozialstaat noch zu retten?«. *SZ*, 10., 11.10.1992; Hubert Heinelt. »Die aktuelle Zuwanderung – Eine Herausforderung für den Wohlfahrtsstaat«. Blanke (Hg.), *Zuwanderung*, 275–300.
39 Peter J. Opitz. *Flüchtlings- und Migrationsbewegungen: Herausforderungen für Europa* (Arbeitspapiere der Forschungsstelle Dritte Welt, 14). München 1993; Heiko Körner. *Internationale Mobilität der Arbeit. Eine empirische und theoretische Analyse der internationalen Wirtschaftsmigration im 19. und 20. Jahrhundert.* Darmstadt 1990; ders. »Wanderungsbewegungen und ihre Ursachen: Süd-Nord-Wanderungen«. *Zuwanderungspolitik der Zukunft*, 33–40; Elmar Hönekopp. »Ursachen und Perspektiven: Ost-West-Wanderungen«. *Ebd.*, 23–32; Volker Ronge. »Ost-West-Wanderung nach Deutschland«. *PZG*, 12.2.1993, 16–28; Manfred Wöhlcke. *Umweltflüchtlinge. Ursachen und Folgen.* München 1992; Jürgen Fijalkowski. »Das Migrationsproblem in Europa«. Cord Jakobeit, Alparslan Yenal (Hg.). *Gesamteuropa. Analysen, Probleme und Entwicklungsperspektiven.* Bonn 1993, 613–633.
40 Bade, *Politik in der Einwanderungssituation*; ders., *Homo Migrans*, 86–102; ders., *Ausländer – Aussiedler – Asyl*, Kap. 9; ders., »Immigration and Social Peace«, 85–106.
41 Klaus J. Bade. »Von der Ratlosigkeit der Politik und der Sprachlosigkeit zwischen Politik und Wissenschaft«. *Themen. Vierteljahreszeitschrift der Stiftung Christlich-Soziale Politik* 6 (1991), 20f.; ders. (Hg.), *Manifest der 60*; Wilhelm Heitmeyer. »Multikulturelle Konfliktforschung als Beitrag zur Rechtsextremismus-Bekämpfung«. *Zusammenleben in einem multikulturellen Staat: Voraussetzungen und Perspektiven. Aufsatzsammlung zum Carl-Bertelsmann-Preis 1992.* Gütersloh (Bertelsmann Stiftung) 1993, 39–49.

Reinhold Mokrosch

Rechtsradikalismus und christliche Friedenserziehung

I. Das Trilemma christlicher Friedenserziehung

Vermag christliche Friedenserziehung etwas gegen den neuen Rechtsradikalismus auszurichten? Mindestens drei gravierende Gründe sprechen dagegen und stellen den Versuch einer Friedenserziehung im Geiste der Bergpredigt vor ein Trilemma:

Zum einen kann jede – und erst recht jede religiöse – Friedenserziehung höchstens die Einstellung, nicht aber das Verhalten ihrer Adressaten verändern. Ja, manchmal verbreitert sie sogar noch den Graben zwischen Einstellung und Verhalten, wenn sie Jugendliche zwar zur Einsicht in die Sinnhaftigkeit von Gewaltverzicht führt, nicht aber deren Gewaltanwendung zu verhindern vermag. Es ist paradox, aber menschlich: Friedens- und Gewaltbereitschaft gehen oft Hand in Hand.

Zum anderen vermag jede und erst recht jede auf Glaube und Ideen beruhende christliche Friedenserziehung wenig gegen die gesellschaftlichen Ursachen von Unfrieden und Rechtsradikalismus (wie z. B. Gewalt in den Medien, zerrüttete Familien, unbewältigte Multikulturalität, Erwerbslosigkeit, Politik(er)verdrossenheit, Orientierungslosigkeit usw.) auszurichten. »Gewalt lohnt sich« und »Wer lügt, kriegt recht«, stellen viele Jugendliche resigniert oder erfreut fest. »Wenn große Golfkriege gewonnen werden, dann doch auch kleine«, denken sie. Und Religionslehrer und -lehrerinnen resignieren, wenn sie spüren, wie sehr ihre Jugendlichen von RTL und SAT 1 umzingelt und umkabelt sind. Was kann christliche Friedenserziehung solchen Großfaktoren schon entgegensetzen?

Schließlich trauen viele einem »christlichen Frieden« wenig zu. Sind Religionen und besonders das Christentum – von den Kreuzzügen über die Hexenverbrennungen bis zur Kriegserklärung von 1914 – nicht immer wieder Handlanger und Vorreiter für Kriegsideologien gewesen? Hat sich das Christentum für Haß und Krieg nicht derart instrumentalisieren lassen, daß man von ihm kein glaubwürdiges Friedensengagement mehr erwarten kann? Religionen sind auf dem Feld der Friedenserziehung unglaubwürdig geworden.

Das Trilemma ist komplett. Was kann da eine Erziehung im Sinne des Bergpredigers gegen Rechtsradikalismus noch ausrichten? – Die Tragweite der drei Einwände hängt vom Wesen und den Ursachen des neuen Rechtsradikalismus ab. Ich versuche deshalb zunächst, beide zu skizzieren.

II. Erklärungsversuche für Wesen und Ursachen des neuen Rechtsextremismus

Zunächst zum *Wesen* rechter Gewalt. Wir stehen sprachlos und erschüttert vor den Ereignissen. Wie ist es möglich, daß sechs nicht vorbestrafte und ansonsten unauffällige 15/17jährige binnen drei Stunden (aus Langeweile) zu Produzenten und Anwendern von Molotow-Brandsätzen werden? Gibt es eine Erklärung dafür, daß St.-Pauli-Fußballfans gegnerische Hooligans brutal zusammenschlagen und anschließend mit dem Hitlergruß, das Deutschlandlied grölend, mit entrollter Reichskriegsflagge »Ausländer raus« und »Deutschland den Deutschen« im Marschschritt skandieren, – was sie vorher nie getan hatten? Ist es zu fassen, daß drei ›normale‹ 16/17jährige Azubis einen obdachlosen deutschen (!) Rollstuhlfahrer malträtieren und ertränken, weil er mit Zigeunern verkehrt? Kann man begreifen, warum sich acht ›Normalos‹ an einem Abend zehn Skins anschließen und, um Ausländer zu ›klatschen‹ und ›aufzumischen‹, eine Magdeburger Disco unter dem Schrei »Juden und Ausländer raus« mit Baseball-Schlägern, Schlagringen und Gaspistolen stürmen und dabei einen 23jährigen deutschen (!) Gärtner zu Tode trampeln?[1]

Wir stehen ratloser vor der rechts- als vor der linksextremen Gewalt, weil sie chaotischer, willkürlicher, irrationaler und grausamer ist als jene. So hat die neueste BMFJ-Studie[2] auch festgestellt, daß der Täterkreis inhomogen und zufällig ist: Bei einigen liegen biographische Brüche vor, bei vielen nicht; die meisten sind sog. ›Normalos‹, die keiner Randgruppe angehören, nicht arbeitslos sind, aus keiner deklassierten und desintegrierten Underdog-Familie stammen und bisher nicht kriminell aufgefallen sind. Sie haben Bildungsabschluß und Arbeitsstelle, sofern sie nicht noch Schüler sind. Nur wenige (ca. 20–25%) sind straffällig und leben ihre Kriminalität jetzt bei den Rechten aus. Sie sind arbeitslos, haben ein niedriges Bildungsniveau und kommen aus völlig instabilen Familien. Besonders bemerkenswert ist es, daß nur sog. Drahtzieher rechtsextremistisch organisiert sind. Die Menge besteht nicht aus Ethnozentristen, Deutschnationalen oder gar Antisemiten.

Das Bild ist inhomogen. Zudem herrscht in der Tätergruppe keine Hierarchie. Es gibt zwar, wie gesagt, ideologische Drahtzieher und auch Einpeitscher und Schlägertypen, aber keine eindeutige Unterscheidung zwischen örtlichen und reisenden Krawallmachern, sonstigen Aktivisten, Mitläufern, Sympathisanten usw. Die rechten Gewalttäter sind entschieden inhomogener und weniger faßbar als die linken. Das macht das Gespräch mit Jugendlichen über rechtsextreme Gewalt so schwierig. Sie können sich kein ›Bild‹ machen. Und sie müssen damit rechnen, daß auch einige von ihnen oder gar sie selbst zu den Tätern, Mitläufern oder Sympathisanten gehören könnten.

Welche *Erklärungsversuche* gibt es? Die genannte BMFJ-Studie meint, daß das Gefühl einer *Benachteiligung* gegenüber angeblich bevorzugten Aussiedlern, Ausländern und Behinderten auf dem Arbeits-, Wohnungs- und Finanzmarkt ausschlaggebend sei für die Beteiligung an rechter Gewalt. Viele würden Verteilungs-Ungerechtigkeit und Chancenungleichheit fürchten. Zudem fühlten sie sich von Riten, Sitten und Verhalten der Zugewanderten überfremdet. Der Individualisierungsschub spiele dabei eine große Rolle: Da Familien-, Verwandten- und Nachbarschaftshilfe genauso ausfalle wie schulische, religiöse oder irgendeine andere Wertorientierung, müsse sich jeder selbst zurechtfinden und selbst entscheiden, wie er zu Deutschland als Einwandererland stehe. Da wachse die Bereitschaft, sich von einer einfachen rechtsextremen und fremdenfeindlichen Ideologie mit ihren natürlichen Werten ›Männlichkeit, Deutschsein, Vaterland, Rasse usw.‹ faszinieren zu lassen.

Wilhelm Heitmeyer[3] hält dagegen nach wie vor *sozialpsychische* und *sozioökonomische* Ursachen für ausschlaggebend. Besonders sozialpsychische Erfahrungen wie Vereinzelung, Handlungsunsicherheit und Ohnmacht würden schnell in die rechte Szene füh-

1 Alle Beispiele stammen aus: *Der Spiegel* Nr.49, 30. November 1992, 14–33; Nr. 50, 7. Dezember 1992, 22–42 und *Kursbuch Jugend 1993*. Berlin: Rowohlt, 7ff.
2 *Fremdenfeindliche Gewalt: Eine Analyse von Täterstrukturen und Eskalationsprozessen*. Hg. vom Bundesministerium für Frauen und Jugend. Bonn: BMFJ Pressereferat, Juni 1993, vgl. bes. 16ff, 63ff.
3 Vgl. W. Heitmeyer. *Rechtsextremistische Orientierungen bei Jugendlichen. Empirische Ergebnisse und Erklärungsmuster einer Untersuchung zur politischen Sozialisation*. Weinheim/München: Juventa, 1988, 4. Aufl. 1992; ders. *Rechtsextremismus. »Warum handeln Menschen gegen ihre eigenen Interessen?« Ein ran-Buch für Jugendliche*. Köln: Bund, 1991; und Beiheft zum ran-Buch: *Analyse des Rechtsextremismus und Didaktikkonzept für Lehrer allgemeinbildender Schulen*. Köln: Bund, 1991. Vgl. auch die Untersuchungen der Mitarbeiter Heitmeyers: J. Mansel (Hg.). *Reaktionen Jugendlicher auf gesellschaftliche Bedrohung*. Weinheim: Juventa, 1992; W. Heitmeyer, K. Möller, H.

ren. Solche Erfahrungen seien ihrerseits sozioökonomisch verursacht: Die Auflösung sozialer Milieus wie Familie, Verwandtschaft, Kirche, Vereine, soziale Gruppierungen usw. hätte das Individium *vereinzelt*, isoliert und desintegriert. Solche Erfahrung lasse viele Jugendliche nach Gruppenkategorien suchen, die immer gültig seien, wie z.B. Hautfarbe, Nation, Geschlecht oder Heimat.

Ferner würden die unbefriedigende Arbeitssituation und die Erwerbslosigkeit eine berufliche Normalbiographie unmöglich machen. In den alten Bundesländern würde z.Z. nur ein Viertel der erwerbstätigen Jugendlichen ihren erwünschten Beruf erlernen und noch weniger in dem erlernten Beruf später auch tätig sein; 10% seien Sozialhilfeempfänger. Das würde ein Gefühl sozialer Deplacierung und Deklassierung hervorrufen. Diese Jugendlichen hätten keine Möglichkeiten, ihre spezifischen Fähigkeiten zu entfalten. Sie hätten keine gewünschte und gesicherte Berufsposition mit erwünschten sozialen Kontakten, Freundschaften und Kollegenkreisen aufbauen können, sondern sie wären vielmehr von Vereinsamungsängsten, Minderwertigkeitsgefühlen, Verunsicherungen, Identitätsdiffusionen und Frust beherrscht. Selbstverwirklichung durch einen Beruf sei zur Farce geworden. Noch schlimmer sähe es bekanntlich in den Neuen Bundesländern aus:[4] Drohende Erwerbslosigkeit nach der Ausbildung, erwerbslose Eltern, Schließung fast aller Jugendklubs in den Städten und Ortschaften mit der Folge einer verwahrlosten Freizeitgestaltung und die Auflösung aller Betriebsgemeinschaften hätten zu sozialer, ideologischer und moralischer Verwirrung und Destabilisierung geführt. *Handlungsunsicherheit* und Statusängste seien die Folge. Da lasse man sich gern von Gruppen anwerben, die klare Hierarchien, Ideologien, Konzepte und Befehle anböten. Bei ihnen hoffe man, wieder Boden unter die Füße zu bekommen.

Schließlich hätte die angebliche Privilegierung der Zugewanderten ein *Ohnmachtsgefühl* wachgerufen, aus dem sich viele nur durch Gewaltanwendung befreien zu können glaubten. Sie fühlten sich übervorteilt, vom sozialen Kuchen ausgeschlossen, nach langer Schul- und Ausbildungszeit in ihren Chancen betrogen und in ihrem Wunsch nach Leistung und beruflicher Selbstverwirklichung frustriert. Da liege der Schritt nahe, sich durch Gewalt von Minderwertigkeitskomplexen zu befreien und soziale Anerkennung zu erwerben.

Die Faktoren der Vereinzelung, Handlungsunsicherheit und Ohnmacht produzierten eine »Ideologie der Ungleichheit«, nach der es Herrenmenschen und Minderwertige, ein ›Recht des Stärkeren‹ gegenüber dem Schwächeren und ein Recht zur Ausgrenzung des Fremden gäbe. In Ostdeutschland würde diese Ideologie aus einem Gefühl der Unterlegenheit heraus erwachsen, in Westdeutschland dagegen aus einem der Überlegenheit. In beiden Fällen sei es aber die gleiche Ideologie, die aus dem Bewußtsein einer Benachteiligung gegenüber Ausländern Gewalt gegenüber allem Fremden legitimiere.

Sozialpolitische Gründe führen Christiane Rajewsky und Adelheit Schmitz ins Feld:[5] Ein Vertrauensverlust in die Glaubwürdigkeit von Politikern und in das politische System

---

Sünker (Hg.). *Jugend-Staat-Gewalt, Politische Sozialisation von Jugendlichen*. Weinheim: Juventa, 2. Aufl. 1992; J. Mansel, K. Hurrelmann. *Alltagsstreß bei Jugendlichen*. Weinheim: Juventa, 1991; J. Mansel u.a. *Bielefelder Rechtsextremismus-Studie*. Weinheim/München: Juventa, 1992; ders. »Desintegration und Gewalt«. *Deutsche Jugend* 3 (1992), 109–122.

4 Zu Fremdenfeindlichkeit und Rechtsradikalismus in den Neuen Bundesländern vgl. W. Friedrich, W. Schubarth. »Ausländerfeindlichkeit und rechtsextremistische Orientierungen bei ostdeutschen Jugendlichen. Eine empirische Studie«. *Deutschlandarchiv* 10 (1990), 1052–1065; H. Müller, W. Schubarth. »Rechtsextremismus und aktuelle Befindlichkeiten Jugendlicher in den Neuen Bundesländern«. »Aus Politik und Zeitgeschichte«. Beilage zu *Das Parlament* B 38 (1992), 16–28.

5 Vgl. Chr. Rajewsky, A. Schmitz. »Rechtsextremismus und Neonazismus bei Jugendlichen. Die Faszination der Gewißheit«. *entwurf* 1 (1989), 3–15; vgl. dies. *Nationalsozialismus und Neonazismus – Reader für Jugendarbeit und Schule*. Düsseldorf: Fachhochschule, 1988, 475 Seiten.

als auch der berühmte parteipolitische Überdruß ließen viele Jugendliche an den rechten Rand abdriften. Im Grunde seien dieses aktive Jugendliche, welche die sog. Verdrängungsstrategien ›Alkohol- und Drogenkonsum‹, ›Waren- und Medienrausch‹, ›religiöse Subkulturen‹ o.ä. gängige Muster nicht mitmachten, sondern nach »normativer Sinnstiftung [...] unter Ausgrenzung alles Fremden« suchten.

Pädagogische Erklärungsversuche legten Thomas Ziehe[6] und E. Noelle-Neumann[7] vor: Rechtsextremisten sind nach Ziehe oft narzißtisch-verweichlicht aufgezogen worden, weil ihre Mütter sie als Partnerersatz für den aufgrund von Arbeit abwesenden Vater ›verbraucht‹ hätten. Sie seien meist Einzelkinder und auch Einzelgänger gewesen, denen Willensstärke und Selbstbewußtsein gefehlt hätten. Diese Eigenschaften wollten sie jetzt durch Zugehörigkeit zu einer gewaltorientierten Kameradschaftstruppe nachträglich erwerben und praktizieren. E. Noelle-Neumann ermittelte bei ihren Untersuchungen allerdings genau das Gegenteil: Rechtsradikale Jugendliche seien nicht narzißtisch, sondern autoritär-rigid erzogen worden. Ein rabiater Vater, eine völlig unbedeutende Mutter und viele Schicksalsschläge hätten Vorbilder abgegeben, die in einer rabiat-autoritären Rechtsorganisation oder in einer Gewalt-Gruppe am besten auf- und abgearbeitet werden könnten. Aber trotz dieser gegensätzlichen Ergebnisse sind Ziehe und Noelle-Neumann in einem Atemzug zu nennen: Sie führen Rechtsextremismus auf extreme Erziehungsstile zurück.

Schließlich begründen einige[8] die fremdenfeindliche Gewalt rein *individualpsychologisch*: Die Täter befänden sich in einem Gewaltrausch, hätten mit ihrem Fremden-Feind-Appetenzverhalten – d.h. mit ihrem dranghaften Suchen nach einem fremden Haßobjekt – eine sadistische Freude an dessen Qualen und würden ihre Identitätsverwirrung nur durch ständige *actions* kompensieren können, in denen sie ihre Anerkennungs- und Aufwertungsbedürfnisse konformistisch befriedigten. »Die gemeinsam ausgeübten Gewaltakte dieser Jugendlichen lassen sich als Prothesen für ein gesundes Selbstwertgefühl verstehen.«[9] Eigene Versagenserlebnisse, Konflikte und Schicksalsschläge im Elternhaus wie Aggressivität, Scheidung oder gar Tod und vor allem Selbstvorwürfe, am eigenen Frust schuld zu sein, wirkten als Quelle für Gewalt, von welcher man sich soziale Anerkennung erhoffe.

III. Mein eigener Erklärungsversuch: Fehlende Wertorientierung

Alle diese Erklärungsversuche scheinen mir hilfreich und größtenteils auch zutreffend zu sein. Sofern sie sich nicht monokausal verstehen, haben sie ihr Recht. Aber mir fehlt ein wichtiges Element: die Wertediffusion bzw. -verwirrung, die m.E. eine Folge des unbewältigten Wertwandels der 1970er/1980er Jahre und des gegenwärtigen Wertepluralismus ist. Ja, ich halte, so lautet meine These, eine massive Werteverwirrung für die Quelle fremdenfeindlicher Gewalt und alle anderen Faktoren nur für Katalysatoren derselben. Freilich ist die Werteverwirrung durch die genannten Faktoren entstanden. (Das sollen die nach innen gerichteten Pfeilspitzen in dem folgenden Diagramm zum Ausdruck brin-

---

6   Vgl. T. Ziehe. »Wertgeltung und Wertorientierung. Grundsätzliche Anmerkungen zur Werteerziehung in der Schule«. R. Mokrosch (Hg.). *Christliche Werterziehung angesichts des Wertwandels.* Schriftenreihe des Fachbereichs Erziehungs- und Kulturwissenschaften der Universität Osnabrück. Osnabrück: Selbstverlag, 1987, 193–212.

7   Vgl. E. Noelle-Neumann, E. Ring (Hg.). *Das Extremismus-Potential unter jungen Leuten in der Bundesrepublik Deutschland 1984.* Allensbach: Institut für Demoskopie, 1984.

8   Vgl. u.a. J. Pleger. »Fehlende Sinnmitte und Gewaltäußerungen bei jungen Menschen«. *ru intern* 4 (1992).

9   Ebd., Punkt 4.

gen.) Aber sie wirkt jetzt als eigenständiger Quell für Gewaltbereitschaft und macht die Großfaktoren zu Katalysatoren des alltäglichen Verhaltens Jugendlicher. (Das sollen die Pfeilspitzen nach außen im Diagramm verdeutlichen.) Eine normale Wertspannung gehört zum Lebensalltag hinzu, so lautet meine These. Aber in Zeiten der Orientierungslosigkeit degeneriert diese zu einer Werteverwirrung. In einem Diagramm sieht das folgendermaßen aus:

Ursache und Katalysatoren fremdenfeindlicher Gewalt von Jugendlichen

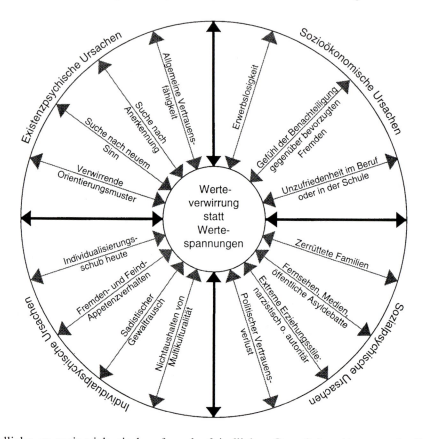

Jugendliche, so meine ich, sind zu fremdenfeindlicher Gewalt bereit, wenn sie die Anomie, Normen- und Werteverwirrung des Alltags nicht mehr aushalten können. Dann genügt ein Film über Fremdengewalt im RTL oder eine Skin-Truppe oder ein handfester Familienkrach, – und man schleudert die Brandsätze.

Ich möchte meine These erläutern. Sie hat ihre Spitze in der Aussage, daß wir alle mit Wertspannungen leben müssen, uns aber hüten sollten, diese in Werteverwirrung ausarten zu lassen. Was meine ich damit?

Wir erleben täglich *Normen*-Spannungen: Z.B. möchten wir Natur und Schöpfung schützen, zerstören sie aber in Wahrheit. Wir wollen einfach, selbstbegrenzt oder gar asketisch leben, konsumieren aber nach allen Regeln der Kunst. Wir lehren Gewaltfreiheit und Linke-Wange-Hinhalten, üben aber selbst – meistens strukturelle – Gewalt aus. Wir wollen zu anderen rücksichtsvoll und solidarisch sein, setzen uns aber oft selbst energisch egoistisch durch. Wir leben, so schließe ich, zwischen einer ökologisch, sozial, altruistisch und ideell orientierten Normen-*Einstellung* und einem unökologischen, materiellen, konsumistischen und egoistischen Normen-*Verhalten*. Das gleiche spiegelt sich auf der *Wertebene* wider. Wir schwanken zwischen Schöpfungsbewahrung und Schöpfungsbeherrschung, Askese und Konsum, Gewaltvermeidung und Gewaltanwendung, Rücksichtnahme und Durchsetzungsvermögen, Solidarität und Selbstbehauptung, Altruismus und Egoismus. Und auch diese Widersprüche erleben wir als Spannung zwischen *Einstellung* und *Verhalten*, – und sogar innerhalb unseres Verhaltens (wir verhalten uns *zugleich* gewaltfrei und gewaltorientiert, asketisch und konsumistisch, altruistisch und egoistisch) und innerhalb unserer Einstellung (manche sind z. B. *zugleich* für und gegen eine Bombardierung serbischer Stellungen, für und gegen Gewalt, für und gegen Egoismus usw.). Solche Spannungen und Widersprüche gehören zu unserem Alltag. Paulus bezog sich auf sie, als er in Rö 7,15.18f. klagte: »Was ich will, das tue ich nicht, sondern was ich hasse, das tue ich. [...] Das Wollen ist vorhanden, das Vollbringen des Guten aber nicht. [...] Das Böse, das ich nicht will, das übe ich aus.« Er wollte damit unser tägliches Sündersein beschreiben, aus dem wir auf Erden niemals aus eigener Kraft herauskämen. Es gehöre zu unserem Leben hinzu.

Solches Leben in (zu vermindernden, nicht aber aufzulösenden) Normen- und Wertwidersprüchen ist heute ungeheuer schwer geworden. Der Wertwandel in den 70er/80er Jahren hat es fast unmöglich gemacht. Als vor 20 Jahren Erhard Eppler den Begriff der Lebensqualität prägte, teilte sich die Bevölkerung in ›Etablierte‹ und ›Alternativler‹. Jede Gruppe lebte ihr Wertsystem und hielt die eigene Widersprüchlichkeit möglichst gering. Später aber wurde der Wertwandel diffuser: In den frühen und mittleren 80er Jahren lebten viele tagsüber etabliert und am Abend und am Wochenende alternativ. Und in den späten 80er und frühen 90er Jahren schließlich wurde der Wertwandel chaotisch: Viele lebten und leben zugleich etabliert und alternativ, denken links und leben rechts oder umgekehrt, sind widersprüchlich im Verhalten *und* in der Einstellung usw. Die normalen Wertspannungen degenerieren heute zur Werteverwirrung.

Diese wird verstärkt durch die o.g. Faktoren, und zwar nach innen und nach außen (vgl. die doppelte Pfeilrichtung im Diagramm): Nach innen verstärken sie die Wertediffusionen; nach außen fördern sie ein orientierungsloses oder gar delinquentes Verhalten.

Besonders tückisch und gefährlich sind in solcher Situation ideologische Angebote mit angeblich eindeutigen, weil fundamentalistischen Normen, wie z.B.: Gewalt gegen Einwanderer ist erlaubt!, Deutschsein ist eine Auszeichnung!, Ellenbogenmentalität ist Pflicht!, Tu, was du willst! u.ä., die alle auf natürlichen Werten wie Männlichkeit, Deutschsein, Rasse, Volk und Kameradschaft beruhen, für die man nichts zu tun braucht. Außerdem entbinden sie von Aggressionskontrolle, Triebunterdrückung, Offenheit für das Fremde u.ä. lästigen bürgerlichen Moralvorstellungen. Solche Angebote kommen von den Peergroups, Medien, Vorbildern, oder sie entstehen im sadistischen Gewaltrausch und im Feind-Appetenzverhalten selbst. Wer weder die normalen Wertspannungen noch die gegenwärtige Werteverwirrung aushalten kann, bricht leicht in rechtsextremen Fundamentalismus aus. Fremdenfeindliches Gewaltverhalten, so bin ich überzeugt, ist eine Flucht aus Normen- und Wertunklarheit in ein Refugium angeblich klarer und eindeutiger Normen- und Werthaltungen.

Freilich müßte man jetzt kritisch einwenden: Sind nicht auch Pazifismus oder Askese fundamentalistische Werthaltungen? Meiner Meinung nach ja, weshalb ich persönlich beide auch für nicht erstrebenswert halte. Aber natürlich sind sie äußerst positive Fundamentalismen, zumal sie nicht auf naturgegebenen, sondern auf zu erarbeitenden und zu verwirklichenden Werten wie Friedensfähigkeit, Triebunterdrückung o.a. basieren. Wäre Pazifismus gesellschaftlich möglich, so wäre er natürlich erstrebenswert.

Hat *christliche Friedenserziehung* gegen solche Werteverwirrung und gegen das Ausbrechen der Rechten aus ihr ein Chance? Gegen die genannten sozialpsychischen, sozioökonomischen und soziopolitischen Großfaktoren ist sie, wie ich einleitend feststellte, chancenlos. Ebenso kann sie, wie ich bemerkte, das Gewaltverhalten Jugendlicher kaum verhindern, weil sie im wesentlichen nur deren Einstellung, nicht aber deren Verhalten erreicht. Aber damit bestätige ich bereits, daß sie eine große Chance hat, die Wert*einstellung* Jugendlicher zu beeinflussen und damit die Werteverwirrung zu lichten und zu klären. Und sie hat die Möglichkeit, Jugendliche vor einem Ausbrechen aus dieser Werteverwirrung zu bewahren, wenn sie ihnen klar macht, daß jeder Mensch Wertspannungen im Leben aushalten muß und daß jedes Ausbrechen in fundamentalistische Eindeutigkeiten eine Verleugnung des wirklichen Lebens bedeutet.

Die (religions-)pädagogische Aufgabe wäre dann ein Sechserschritt: 1) Wahrnehmung und Klärung der eigenen Lebensziel-Wertwünsche, 2) Kenntnisnahme alltäglicher Wertspannungen und -widersprüche, 3) Wahrnehmung der eigenen Werteverwirrung angesichts eines verwirrenden Wertpluralismus, 4) Erklärung für fundamentalistische Positionen, 5) Kennenlernen christlicher Friedensvorstellungen, besonders des Bergpredigers, 6) Aufsuchen neuer Wege ohne Fundamentalismen.

Christliche Friedenserziehung *hat* eine Chance, sofern Werteverwirrung und Ausbrechen aus derselben der Quell fremdenfeindlicher Gewalt ist und somit durch Wertklärung das Ausbrechen verhindert werden kann. Und sie *ist* kompetent, weil besonders Christen ein Leben sowohl in (normalen) Wertwidersprüchen als auch in (anormaler) Werteverwirrung als Alltagssituation des Sünders kennen und glauben, daß Gott von solchen Qualen befreien könne. Gerade Christen kennen das Bedürfnis, fundamentalistisch (z.B. pazifistisch) leben zu wollen. Gerade sie haben Verständnis für das Bedürfnis, aus Anomie und Werteverwirrung ausbrechen zu wollen. Aber auch gerade sie wissen, daß wir in der Endlichkeit leben und mit menschlicher Unvollkommenheit fertigwerden müssen, d.h. daß wir aus dem Widerspruch zwischen Gewalt und Gewaltlosigkeit nicht ausbrechen dürfen, aber versuchen müssen, ihn so gering wie möglich zu halten. Gerade Christen *sind* kompetent zur Friedenserziehung unter rechtsradikalen Jugendlichen.

Stimmt das? Bevor ich meinen Sechserschritt näher erläutere, möchte ich noch an zwei jugendlichen Gewalttätern überprüfen, ob meine Doppelthese (rechtsradikale Gewalt entstehe durch ein Ausbrechen aus Werteverwirrung, und deshalb habe christliche Friedenserziehung reale Chancen, zumal besonders Christen Werteverwirrung und das Bedürfnis nach einem Ausbrechen aus ihr kennen) der Realität standhält.

IV. Zwei Pädogramme:
Franz, ein Überzeugungs-, und Manfred, ein Gelegenheitstäter

Unter den mir bekannten rechtsextremen Gewalttätern wähle ich einen Überzeugungs- und einen Gelegenheitstäter aus. – Mit Franz, einem Führer der Wiking-Jugend, führte ich vor gut drei Jahren ein Interview, aus dem ich einige Passagen wiedergebe:[10]

Interviewer: Franz, Du bist nun schon ein Jahr bei der WJ [Wiking-Jugend]. Warum?
Franz: Da hab' ich 'ne Position, da hab' ich was zu sagen. Die hör'n auf mich. Außerdem: Ich bin stolz, Deutscher zu sein. [Er zeigt auf seine Plakette.]

---

10 Im vollen Wertlaut ist das Interview abgedruckt in: R. Mokrosch. »Rechtsradikales Wertverhalten – eine Antwort auf Wertwidersprüche und Wertepluralismus?« W. Gessenharter, H. Fröchling (Hg.). *Minderheiten – Störpotential oder Chance für eine friedliche Gesellschaft?* Baden-Baden: Nomos, 1991, 243ff.

I.: Und was hast Du da zu sagen?

F.: Na ja, als Gauführer krieg' ich schon 'ne Mannschaft zusammen gegen die Aussiedlerheime hier in Osnabrück.

I.: Wie würdet Ihr da vorgehen?

F.: Zufahrtswege besetzen oder so was bringt ja nichts. Lieber so Denkzettel setzen. Oder: Vielleicht 'n Flugzeug kapern und alle wieder zurückschicken, wo sie hergekommen sind. Oder: Benzin gibt's ja auch noch.

I.: Was hast Du gegen Deutsche aus Polen und warum machst Du keinen Unterschied zwischen Muslimen und Deutschen aus Polen oder Kasachstan?

F.: Sind alles Ausländer und Kanaken. Die passen nicht hierher. Die sollten ihre Kopftücher zu Hause tragen.

I.: Was würden Deine Eltern dazu sagen?

F.: Mein Vater, glaub' ich, ist der gleichen Meinung. Der hat auch immer durchgesetzt, was er wollte. War immer konsequent. Tat, wovon er überzeugt war. Find' ich gut.

I.: Was würden Deine ehemaligen Mitschüler und Lehrer dazu sagen, daß Du jetzt bei der WJ bist?

F.: Findet meine alte Sportclique [aus dem Ratsgymnasium in Bielefeld] gut. Die würden sicher so was mitmachen.

I.: Welchen Beruf hast Du erlernt?

F.: Zahntechniker hab' ich abgebrochen. Da ist nichts zu kriegen. Das Beste war dort, daß der Alte oft vom Krieg aus der Ukraine erzählt hat. – Aber jetzt mach ich erst mal keine Lehre mehr. Politik ist wichtiger. Bei der Arbeit ist doch jeder allein – Einzelgänger. Hier in der WJ ist das 'ne Kameradschaft. Da kann man was bewirken, – für Deutschland. Da ist jeder ›politischer Soldat‹.

I.: Hast Du noch Freizeit?

F.: Wenig. Ich organisiere viel für die WJ. Ist doch besser, als in der Fußgängerzone rumzulaufen. Kaufen, kaufen, kaufen. Oder sinnlosen Urlaub machen, – irgendwo auf den Bahamas. Die reden alle vom Umweltschutz und machen selbst das Ozonloch größer. Alles verlogen. In der Disco hier – mit den »Nazis raus«-Plaketten rumtönen und sonst nur gammeln. – Nee! Ich will was tun! Auch für die Natur! Ist doch unsere Erde!

I.: Wie siehst Du die Hitlerzeit, Franz?

F.: Gemischt! Hitler wollte nur Macht und Ruhm. Aber Strasser – das war 'n Kerl. Der trat für die Arbeitslosen ein. Der wollte auch keinen Krieg. Wurde deshalb mit Röhm von der SS und Hitler liquidiert. Bis dahin war die NSDAP okay. Dann kamen die Schweine und machten alles kaputt. Hess, der war auch okay. Nee, da muß man schon unterscheiden.

I.: Was sind Eure Ziele in der WJ?

F.: Weniger Ausländer! Was sollen die mit den Kopftüchern und Schnauzbärten hier? Sind doch völlig fremd! Und die ganzen Schein-Asylanten. Wollen hier doch nur die Knete abholen und faul rumlungern. – Außerdem: den Bundestag abschaffen! Soll'n wir das Gelaber bezahlen?

I.: Danke für das Interview, Franz.

Franz hat bei der WJ gefunden, was ihm bei seinem Vater, in seiner Berufsausbildung und in seiner früheren Freizeitgestaltung verwehrt war: als Führer zu agieren. Ferner fand er bei der WJ eine Möglichkeit, dem ganzen Wirrwarr der Politik mit ihrem Ja und Nein, der Widersprüchlichkeit herumlungernder Jugendlicher, welche die Natur schützen wollen, sie aber faktisch zerstören und der Multikulturalität zwischen Aussiedlern, Asylsuchenden, türkischen Mitbürgern usw. zu entfliehen. Er konnte, diesen Eindruck gewinne ich, die instabile soziale Situation, die Anomie und die Werteverwirrung nicht mehr aushalten. Deshalb bekennt er sich eindeutig zur Gewalt gegen alles Fremde – ohne Unterschied zwischen Deutschen aus Kasachstan oder Polen und Türken aus Ostanatolien. Mit diesem Bekenntnis vernichtet er zum einen die vermeintliche Quelle allen Übels und ergreift zum anderen Partei gegen die Wertediffusion und für eine klare Werthaltung. Der nationalsozialistische Sozialrevolutionär und Märtyrer Strasser dient ihm dabei als Vorbild. Ebenso akzeptiert er seinen autoritären Vater, unter dem er sicherlich viel zu leiden hatte, dessen Brutalität ihm aber Leitbild geworden ist. Beide wirken jetzt als Katalysatoren für seine Flucht aus der Werteverwirrung.

Könnte christliche Friedenserziehung den Überzeugungstäter Franz umstimmen? Ich weiß es nicht, da ich ihn nach dem Interview nicht wiedergetroffen habe. Ich könnte mir aber denken, daß gerade er für neue Wertsysteme zugänglich ist. Allerdings müßten es, so befürchte ich, fundamentalistische mit einem klaren Ja oder Nein sein. Christliche Werthaltungen, nach denen man z.B. als Bürger des Reiches Gottes auf Gewalt verzichten und ggf. Unrecht leiden, als Bürger des Reiches der Welt aber Gewalt in Maßen anwenden sollte, sind für ihn möglicherweise zu kompliziert und zu uneindeutig. Deshalb hielte ich es für sinnvoll, ihn zunächst mit radikalen, ja fundamentalistischen christlichen Werten wie z. B. reinem Pazifismus, völliger Askese, totaler Nächsten- und Feindesliebe zu konfrontieren. Für eine Zwei-Reiche-Unterscheidung mit ihrer Aussage, daß wir prinzipiell mit Wertwidersprüchen leben müssen, könnte er möglicherweise später zugänglich werden, nachdem er eingesehen hat, daß kein Fundamentalismus realisierbar sei.

Ich stelle noch den Gelegenheitstäter Manfred vor: Er ist ein Hooligan-Fußballfan von Werder Bremen. Als Werder einmal bei Dynamo in Dresden spielen mußte, beteiligte sich Manfred an der anschließenden Schlacht zwischen Dynamo- und Werder-Hooligans besonders brutal: Er zerschlug eine Bierflasche und drehte den abgesplitterten Flaschenhals auf dem Schädel eines zusammengeschlagenen Dresden-Fans, – mit den Worten »Asylantensau«. Blutend ließ er ihn liegen. Seine Hooligan-Gruppe zog randalierend weiter, »A-sy-lan-ten-säu-e« ständig skandierend. Als sie an Souvenir-Ständen von Philippinos vorbeikamen, schmissen sie die Verkaufstische um und schlugen brutal auf die Verkäufer ein. Manfred war ganz besonders aktiv. Schnell und heimlich stahlen sie sich davon, als Passanten kamen, und ließen ihre Opfer liegen.

Ich kenne Manfred persönlich. Er gehört zu den erlebnisorientierten Hooligans und Fans, die im Stadion Spektakel, Aktionen, Spannung und Abwechslung suchen. Der Alltag ödet ihn an. Er lernt als Konstruktionsmechaniker bei Klöckner. Beruf und Arbeit interessieren ihn allerdings überhaupt nicht. Interessant ist seine Begründung: »Diese Betriebe machen doch die ganze Natur kaputt. Wenn wir so weiterproduzieren, haben wir bald keine Ozonschicht mehr. Dann wird die Nordsee bald bei uns in Bremen stehen.« Und dann klopft er noch große Sprüche: »Wir müssen uns beschränken, sonst geht alles kaputt. Die ganze Industrie muß aufhören usw.« Ich frage ihn, was das denn mit den Philippinos zu tun hätte. »Wir arbeiten doch nur für diese Kanaken. Und machen dann noch alles kaputt, weil die nur zu faul sind«, antwortet er. »Und warum bist Du beim Fußball so brutal?«, frage ich. »Da ist was los. Die sind so blöd von Dynamo. Da muß man draufhauen.« – Manfred sucht *action*. Ihm geht es eigentlich nur um gewaltorientierte Kameradschaftscliquen. Und da diese im Augenblick rechtsorientiert sind, übernimmt er auch deren ideologisches Wertsystem: Ausländerfeindlichkeit, Fremdenhaß, nationale Abgrenzung, Gruppengeist.

Ich bin überzeugt, daß auch Manfred aus der Werteanomie und -verwirrung ausbrechen wollte. Natürlich ist sein Hauptargument Langeweile. Aber er empfindet offensichtlich auch, daß wir in ökologischen Widersprüchen leben. Mag seine Resignation auch ein Vorwand für berufliches Desinteresse und für eine Selbstlegitimation von Gewaltanwendung dienen; so wird doch deutlich, daß er aufgrund dieser Resignation eine Kampftruppe mit klarem Freund-Feind-Denken, maskuliner Kampfkraft, Kameradschaftsgeist, Mut und Härte, aktiver Selbstbehauptung und klaren Ordnungs- und Gemeinschaftsritualen sucht.

Könnte christliche Friedenserziehung bei ihm etwas ausrichten? Ich weiß, daß Manfred einmal ein Vögelchen mit gebrochenem Flügel sorgsam in seiner Hand und dann zu Hause gepflegt hat. Hat er ein Gespür dafür, daß Schwaches geschützt werden muß? Ich vermute ja. Man müßte ihm über dem Weg einer Wertklärung deutlich machen, daß wir immer in dem Widerspruch leben, die Natur erhalten zu wollen, sie aber gleichzeitig zu zerstören. Und man müßte ihn für die Ideale der Menschenwürde, der Geschöpflichkeit jedes Menschen und evtl. sogar der Feindes- und Fernstenliebe zu gewinnen versuchen. Das könnte nur über Aktionen verlaufen: Begegnung mit Philippinos, evtl. türkische Feste mitfeiern, beim Fußball einmal bewußt die Fronten wechseln u.a. Aktionen, die ihn aus der Öde des Alltags herausholen. Ich sehe eine Chance, Manfred vor Fundamentalismus und ›einfachen‹ Antworten auf unsere Probleme zu bewahren. Er könnte sich öffnen für den Gedanken, daß wir immer mit zumindest einem Minimum an Wertwidersprüchen leben müssen und daß reine Gewalt das Gegenteil von dem erreicht, was er erreichen will.

Ich gehe nach diesen zwei Pädogrammen davon aus, daß meine Doppelthese zutrifft. Deshalb führe ich auf ihrer Grundlage den bereits oben genannten Sechserschritt einer christlichen Friedenserziehung gegen Rechtsradikalismus näher aus, skizziere aber noch vorher, was ich eigentlich unter *christlicher Friedenserziehung* verstehe.

V. Merkmale christlicher Friedenserziehung

Christlicher Friede ist der Prozeß der Weitergabe des von Gott geschenkten Gewissensfriedens, d.h. der Ausbreitung von Gottes Gerechtigkeit bei gleichzeitiger Eindämmung von Gewalt und Ungerechtigkeit. Demzufolge will christliche Friedenserziehung nicht einen utopischen Gottesfrieden aufrichten, sondern einen unter den Bedingungen von Welt und Alltag. Nach christlichem Verständnis gehört der (von Gott befreite und im Gewissen befriedete) Christ zugleich dem Reich Gottes und dem der Welt an, so daß er sich zugleich nach den Bedingungen eines absoluten Gottes- und eines relativen Weltfriedens verhalten kann und sollte (Zwei-Reiche-Lehre). Er kann und sollte, wie ich oben im Anschluß an Paulus schon erwähnt habe, als Bürger des Reiches Gottes schon jetzt im weltlichen Alltag Gegengewalt vermeiden, im Falle eines Angriffs noch die andere Wange hinhalten, auf militärische Absicherung verzichten, sorgenfrei leben und den Feind lieben, – kurz: sich pazifistisch verhalten. Aber als Bürger des Reiches der Welt muß er freilich dem Unrecht wehren, mit Gewalt drohen oder gar Gewalt anwenden, Vorsorge ausüben und einem Angriff entschieden begegnen, – kurz: begrenzte Gewalt ausüben. Beides muß er so vereinen, daß er nur ein Minimum an Gewalt ausübt, zu Vorleistungen und Linke-Wange-Hinhalten so weit wie möglich bereit ist, auf militärischen Schutz möglichst verzichtet, sich mit seinem Gegner entfeindet und bei allem auf Gott vertraut. Das ist ihm möglich, indem er zumindest in seinem Privatbereich gewaltfrei lebt und ggf. auch Unrecht erleidet. Gleichzeitig sollte er in der Öffentlichkeit Zeichen für Gewaltfreiheit setzen: z.B. durch exemplarische Schöpfungsbewahrung, durch Zivildienst, durch Eintreten gegen fremdenfeindliche Gewalt u.ä. – in Erwartung des schon angebrochenen Reiches Gottes. Darüber hinaus sollte er symbolisch-paradoxe Zeichen für Gewaltfreiheit setzen. Wenn der Bergprediger nämlich dazu auffordert, auch die linke Wange hinzuhalten, sich mit dem Gegner zu entfeinden, auf eine Prozeßklage gegenüber dem Schädiger zu verzichten und sich nicht zu sorgen, sondern Gott das Sorgerecht zu überlassen (Mt 5,38–48; 6,25–34), dann fordert er zu überraschenden Schritten bzw. paradox-symbolischen Zeichen der Gewaltfreiheit auf. Und er regt an, z.B. zwischen dem Täter als Gottes Geschöpf und seiner bösen Tat zu unterscheiden, oder zwischen gegenwärtiger Feindschaft und möglicher zukünftiger Freundschaft oder zwischen Wirklichkeit und Möglichkeit usw. Der sich befreit fühlende Christ *ist* zu solchem Zeichensetzen aus innerem Gewissensfrieden und Gottvertrauen heraus fähig.[11]

---

11 Vgl. dazu R. Mokrosch. *Die Bergpredigt im Alltag.* Anregungen und Materialien für die Sekundarstufen I/II. Gütersloh: Gütersloher Verlagshaus, 1993.

Dazu kann man natürlich nicht direkt, sondern nur indirekt erziehen, da der Gewissensfriede ein Geschenk Gottes ist. Aber man kann zu den Bedingungen erziehen, den Gewissensfrieden in sich zu entdecken und ihn weiterzugeben: zu den Bedingungen der Sympathie, Empathie und Rollenreziprozität, der Wahrnehmung eigener Geschöpflichkeit und Verantwortlichkeit, der Metapher- und Symbolfähigkeit, der Unterscheidung zwischen Transzendenz und Immanenz, Unendlichkeit und Endlichkeit u.ä. Christliche Friedenserziehung muß sich auf Hebammendienste beschränken, nämlich Hilfe zu leisten bei der Realisierung des bereits vorhandenen Gottes- und Gewissensfriedens.

Der Kern christlicher Friedenserziehung ist also eine Sensibilisierung für die gleichzeitige Zugehörigkeit des Christen zum Reich Gottes und zum Reich der Welt und damit für sein Eingespanntsein zwischen den Werten des Reiches Gottes und denen der Welt.

VI. Schritte christlicher Friedenserziehung zur Verhinderung rechtsradikaler Gewalt

Ich kehre nach diesem Exkurs zu den o.g. sechs Schritten einer Erziehung zur Verhinderung rechter Gewalt zurück und erläutere sie:

1) In einem ersten Schritt sollten die Jugendlichen ihr *eigenes Wertverhalten* beobachten und noch nicht auf Fragen des Rechtsextremismus zu sprechen kommen. Sie sollten sich selbst fragen: Welche Werte sind mir besonders wichtig und für welche würde ich mich besonders einsetzen? Dabei sollten sie zwischen terminalen und instrumentellen Werten unterscheiden: Terminale Werte sind Lebensziele wie z.B. Freiheit, Frieden, Gerechtigkeit, Nächstenliebe, Toleranz, Freundschaft usw.; instrumentelle sind Mittel-zum-Zweck-Werte wie Ordnung, Sauberkeit, Genauigkeit, Ehrgeiz und auch Gewalt usw. Die Jugendlichen sollten ihren Lebenszielwert, für den sie »leben und sterben« möchten (Zentralwert), benennen und überprüfen, was sie für dessen Realisierung tun. Und sie sollten beobachten, welche instrumentellen Werte ihnen wichtig sind. Schließlich sollten sie sich kritisch fragen, ob sie evtl. instrumentelle zu terminalen Werten umfunktionieren oder umgekehrt, ob sie z.B. Gewalt zum Lebensziel und Frieden zum Mittel machen.

2) Im zweiten Schritt sollten sie erfahren, daß jeder Mensch im *Widerspruch* zwischen Gewalt und Gewaltlosigkeit lebt. Eine widerspruchsfreie Existenz gibt es nicht. Wer gewaltlos leben will, wird schmerzlich feststellen, daß er selbst Gewalt ausübt. Er entdeckt eine Schere zwischen seiner Einstellung und seinem Verhalten bzw. zwischen – wie Paulus sagt – seinem Wollen und seinem Vollbringen. Keinesfalls darf diese Feststellung jedoch als anthropologisches Dogma verkündet werden. Die Jugendlichen sollten nur dazu motiviert werden, an sich selbst und an anderen kritisch zu überprüfen, ob es sich wirklich so verhält.

3) In Zeiten eines verstärkten Wertpluralismus und eines unbewältigten Wertwandels degeneriert die normale Wertspannung (z.B. zwischen Gewalt und Gewaltlosigkeit) zur anormalen *Werteverwirrung* (z.B. sinnloser Gewalt und evtl. auch sinnloser Gewaltlosigkeit). Dieser Gedanke sollte im dritten Schritt klargemacht werden. Der gegenwärtige Wertpluralismus, verursacht durch die verschiedenen und vor allem dauernd wechselnden Wertpräferenzen der Menschen, sollte erarbeitet werden. Und als Folge sollte der Verlust von Wertmaßstäben erkannt werden, so daß z.B. niemand mehr weiß, wann

Gewalt geboten oder verboten ist, was Frieden ist und was nicht, was den Frieden fördert und was ihn behindert usw.

4) Erst jetzt im vierten Schritt sollte man *rechtsextreme, fremdenfeindliche Gewalt* thematisieren. Es könnten verschiedene Ursachen- und Erklärungsmodelle (s.o.) vorgetragen und diskutiert werden. Aber es sollte die Erklärung bevorzugt werden, daß Rechtsextremisten sowohl der derzeitigen anormalen Werteverwirrung als auch der normalen Wertspannung entfliehen wollen und an klaren (Natur-)Werten, fundamentalistischen Ideen und am Gewaltrausch (Selbst-)Befriedigung finden. Dabei ist es wichtig, das Bedürfnis nach fundamentalistischen Positionen so vorzutragen, daß alle diskutierenden Jugendlichen es nachvollziehen können. Denn Fundamentalismus schlummert in jedem Menschen.

5) Danach sollten die *Vorschläge des Bergpredigers* erarbeitet werden: Was bedeuten Feindesliebe, Gewaltfreiheit und Linke-Wange-Hinhalten für verfeindete Gruppen? Welche Hilfe könnte eine Unterscheidung zwischen Täter und Tat, gegenwärtigem Gegner und zukünftigem Freund usw. haben? Außerdem sollte eine Parallele gezogen werden zwischen säkularer und christlicher Existenz: Die Wertspannung (z.B. zwischen Gewalt und Gewaltlosigkeit), die jeder Mensch täglich zu spüren bekommt, potenziert sich beim Christen, weil er sich immer zwischen Gottes und der Welt Reich eingespannt fühlt. Deshalb sollten auch Vorbilder aus der Christentumsgeschichte vorgestellt werden, die sich besonders eindrucksvoll für Frieden eingesetzt und die Wertspannung auf ein Minimum reduziert haben, ohne der Gefahr eines Fundamentalismus zu erliegen.

6) Schließlich sollten *neue Wege* aufgedeckt werden, wie man im Nah-, Mittel- und Fernbereich Frieden stiften kann, ohne fundamentalistisch zu werden:[12] Man könnte ein Antidiskriminierungsgesetz verfassen, Bandengespräche mit Antigewaltelementen inszenieren, Friedenssymbole im Gegenzug gegen Rechtsrunen fertigen, die Entstehung von Vorurteilen und Feindbildern erarbeiten, ein Zuwanderergesetz erstellen, Gewalt und Fremdheit in unserer Gesellschaft kritisch analysieren, biblische Positionen zum Asyl kennenlernen (5. Mose 10,18f.; 14,29; 23,16f.; 3. Mose 19,34; Mt 2,13–22; 25,35.40; u.a.) usw. Und vor allem sollte man alle diese Konflikte im Geist des Bergpredigers exemplarisch zu lösen versuchen.

Rechtradikalismus resultiert, davon bin ich überzeugt, aus der gegenwärtigen Werteverwirrung. Das ist zwar eine bittere Wahrheit, aber auch eine Chance für christliche Wert- und Friedenserziehung. Denn so wenig diese gegen die Großfaktoren des Unfriedens auszurichten vermag, so sehr kann sie die Einstellungen Jugendlicher beeinflussen. Es wäre das Wunder vorstellbar, daß rechte Gewalttäter von heute zu Nachfolgern des Bergpredigers von morgen werden könnten – vorausgesetzt, sie begegnen glaubwürdigen Vorbildern.

---

12 Vgl. dazu R. Mokrosch, H.P. Schmidt, D. Stoodt. *Ethik und religiöse Erziehung. Thema: Frieden.* Stuttgart: Kohlhammer, 1980, 63–137. Vgl. ebenfalls: R.E. Possel, K. Schumacher. *Projektbuch: Gewalt und Rassismus.* Mühlheim: Verlag an der Ruhr, 1993.

Gisela Hermann-Brennecke

Diversifizierung schulischen Fremdsprachenlernens: Ein Beitrag zur Überwindung ethnozentrischer Sichtweisen

1. Problemstellung

Seit über zwanzig Jahren wird die fremdsprachenpolitische Diskussion auf Landesebene und auf europäischer Ebene von der Einsicht in die Notwendigkeit beherrscht, das Fremdsprachenangebot an den Schulen zu diversifizieren, um die kulturelle, wissenschaftliche, wirtschaftliche und technische Zusammenarbeit zwischen den einzelnen Staaten zu erleichtern. Wegen der fallenden europäischen Binnenschranken galt bislang das Jahr 1993 als magische Zahl. Es soll hier nicht auf die hinlänglich bekannten offiziellen Verlautbarungen des Europarats, auf bildungspolitische Positionen und Resolutionen von Fremdsprachenverbänden eingegangen, sondern stellvertretend ein Passus aus den bereits 1980 erschienenen *Homburger Empfehlungen* zitiert werden, der die Hauptargumente für eine Pluralität von Sprachen an deutschen Schulen enthält:

> »Als Land im Herzen Europas muß die Bundesrepublik Deutschland ein Land sein, in dem viele Sprachen verstanden und gesprochen werden. Denn Sprachen eröffnen die Kenntnis anderer Länder und Völker und wecken Verständnis für ihr Anderssein. Sie ermöglichen und fördern die sozialen und politischen, kulturellen und wirtschaftlichen Verbindungen nach außen. Breitgestreute Sprachkenntnisse sind eine Voraussetzung für erfolgreiche Bemühungen um ein friedliches Zusammenleben der Völker. Als Glied der arbeitsteiligen, europäischen Gesellschaft muß die Bevölkerung unseres Landes eine sprachenteilige Gesellschaft sein.«[1]

Neben nützlichkeitsorientierten Erwägungen geht es hier um die Förderung des Verständnisses für andere Völker. Denn Sprache besteht nicht nur aus Formen, Mustern und Regeln, sondern hängt insofern eng mit der sozialen, subjektiven und objektiven Welt zusammen, als sie Überzeugungen, Gewohnheiten, Überlieferungen, kulturelle Eigenheiten der Angehörigen der jeweiligen Sprachgemeinschaft transportiert. Ganz gleich, ob letztere eine autonom funktionierende und historisch eigenständige Einheit darstellen oder eine marginale Existenz führen, so kann sich das als Barriere auswirken, die den Blick auf Andersartiges verstellt. Ein inhärentes Risiko wäre die Entwicklung eines Ethnozentrismus, der die eigene Gruppe und deren Sichtweisen über alle anderen erhebt.

Der Begriff Ethnozentrismus basiert auf der Vorstellung provinzieller Abgeschlossenheit und kultureller Begrenztheit in dem Sinne, daß das Individuum einen engen Horizont besitzt und starr nur Vertrautes oder Ähnliches akzeptiert, alles Andersartige jedoch ablehnt. Dabei erfolgt eine klare Trennung zwischen Eigengruppe und Fremdgruppe:

> »Outgroups are the objects of negative opinions and hostile attitudes: ingroups are the objects of positive opinions and uncritically supportive attitudes; and it is considered that outgroups should be socially subordinate to ingroups.«[2]

---

1 Herbert Christ, Konrad Schröder, Harald Weinrich, Franz-Josef Zapp (Hg.) *Fremdsprachenpolitik in Europa. Homburger Empfehlungen für eine sprachenteilige Gesellschaft.* Augsburg: Universität Augsburg (I-& I-Schriften Bd.11), 1980, 75.
2 Daniel J. Levinson. »The study of ethnocentric ideology«. Theodor W. Adorno, Else Frenkel-Brunswik, Daniel J. Levinson, R. Nevitt Sanford (Hg.). *The authoritarian personality.* New York: Harper & Row, 1950, 102–150, 104.

Hauptmerkmal der ethnozentrischen Ideologie ist die Ausschließlichkeit, mit der Außengruppen Ablehnung erfahren. Als Gegenpol dazu – einschließlich eines anti-ethnischen Ethnozentrismus, der genauso stereotype und unreflektierte Formen annehmen kann – läßt sich ein vergleichendes interethnisches Verständnis denken, das auf der Grundlage von Erfahrungen die Einsicht in die Begrenzungen der eigenen Werte und Normen einschließt.

Ethnische und sprachliche Diversität wird als Bereicherung der zwischenmenschlichen Interaktion verstanden, ohne die der einzelne affektiv und kognitiv verkümmern würde. Deshalb kann die Flucht aus kleineren Sprachen in die Mehrsprachigkeit Befreiung und Selbstverwirklichung bedeuten. Doch sollten sich auch die Träger dominierender Sprachen nicht auf deren Sonderstellung ausruhen. Für sie gilt ebenfalls die Erkenntnis, daß Sprache nicht nur der Verständigung, sondern auch der Strukturierung und Organisation menschlicher Wahrnehmung dient. Ein neues, unbekanntes sprachliches Zeichensystem verlangt nach anderen Strategien und Kategorisierungsmerkmalen, weil die Sprachgewohnheiten der eigenen Sprachgemeinschaft bestimmte Deutungsweisen nahelegen, die nun nicht mehr greifen:

> »No two languages are ever sufficiently similar to be considered as representing the same social reality. The worlds in which different societies live are distinct worlds, not merely the same world with different labels attached. [...] We see and hear and otherwise experience very largely as we do because the language habits of our community predispose certain choices of interpretation.«[3]

Von einer Mehrsprachigkeit, verstanden als Schritt zur Überwindung ethnozentrischer Sichtweisen in Richtung eines wahren Universalismus, profitiert das Kollektiv ebenso wie dessen Mitglieder. Überlegungen dieser Art haben innerhalb fremdsprachlicher Lernzielkataloge eine lange Tradition, ist es doch eines der Anliegen schulischen Fremdsprachenunterrichts, ab dem Alter von zehn Jahren die Lernenden mit Hilfe eines von der Muttersprache abweichenden Zeichensystems und dessen Inhalten aus den gewohnten Denkmustern herauszuführen und ihnen dadurch abweichende Sichtweisen bewußt zu machen. So wurde neben funktionalen, erzieherischen und politischen Intentionen immer auch die Absicht verfolgt, unter Einbeziehung des jeweiligen zielkulturellen Kontextes, Distanz zur eigenen Lebenswelt zu erzeugen und zu einem besseren Fremdverstehen zu führen. Konzepte wie »landeskundliches Lernen«, »interkulturelle Verständigung«, »Fremdverstehen«, »transnationale Kompetenz« zeugen von dem Versuch, die »dialektische Beziehung zwischen Erkenntnis des Eigenen und Erkenntnis des Fremden, durch die Beziehung von Nähe und Distanz, durch das Verhältnis von Annäherung und Verfremdung«[4] zu analysieren und durch die Entwicklung von Vorschlägen ihrer Verwirklichung zuzuarbeiten.

Wie kommt es aber, daß trotz sozialphilosophischer, individualpsychologischer und fremdsprachendidaktischer Absichten sowie handfester instrumenteller Interessen Generationen von Schülern an deutschen Schulen immer noch vor allem Englisch, Latein und Französisch lernen, oft ausschließlich Englisch wie an der Hauptschule? Welche Hindernisse stehen einer sprachlichen Diversifizierung im Wege?

Die Frage ließe sich unter zwei Aspekten beantworten, unter dem des Angebots und dem der Nachfrage. Was das Angebot anbetrifft, so erscheint es erheblich eingeschränkt

---

3 Edward Sapir. »The status of linguistics as a science«. David G. Mandelbaum (Hg.). *Culture, language and personality.* Berkeley: University of California Press, 1970, 65–78, 68.
4 Erhard Hexelschneider. »Interkulturelle Verständigung und Fremdsprachenunterricht«. *Deutsch als Fremdsprache* 23 (1986), 1–6, 5.

durch die Rigidität schulischer Strukturen und durch die Knappheit finanzieller Mittel. Betrachtet man die Nachfrage, dann könnte für das Scheitern der Einführung weniger verbreiteter Sprachen in der Schule das mangelnde Interesse der Eltern und ihrer Zöglinge verantwortlich sein. Doch mögen sich Angebot und Nachfrage auch insofern gegenseitig bedingen, als nur für das optiert wird, was einen hohen Bekanntheitsgrad besitzt oder worüber im sozialen Umfeld bestimmte Vorstellungen kursieren. Gerade der Bereich des Handels zeigt, wie entscheidend die Nachfrage das Angebot prägt. Deshalb dürfte es nicht unmöglich sein, Wünschen und Bedürfnissen von Lernenden und deren Angehörigen bei den zuständigen Verantwortlichen auf den verschiedenen Ebenen des Erziehungssystems Gehör zu verschaffen und in politische und administrative Maßnahmen umzuwandeln. Das derzeit gängige und bequeme Argument, Eltern und Kinder wünschten sich vor allem Sprachen mit hohem Verkehrswert und großer Nützlichkeit, würde in dem Moment nur noch schwer aufrechtzuerhalten sein, wenn bei den Betroffenen erst einmal konkrete Vorstellungen über mögliche Formen und Varianten einer diversifizierten Nachfrage existierten. Soll also etwas in Richtung Pluralität in Bewegung geraten, dann wäre zunächst bei den potentiellen Abnehmern, den Lernenden, anzusetzen und in ihnen die Bereitschaft zu wecken, sich auch für Sprachen zu entscheiden, die nicht der herkömmlichen Norm entsprechen.

2. Diversifizierungsmöglichkeiten

Zur Wegbereitung der Diversifizierung und der Entdeckung anderer Sprachen und Kulturen ist bei allen Varianten und Verbesserungsvorschlägen – den Fremdsprachenfrühbeginn eingeschlossen – im allgemeinen ein und dieselbe Vorgehensweise üblich: Im Verlauf der schulischen Sozialisation geht es um eine sukzessive Anhäufung von Sprachen, die von der ersten zur zweiten, von der zweiten zur dritten, von der dritten zur vierten fortschreitet und auf diese Art und Weise den Sprachenfächer der Lernenden allmählich erweitert. Nun stellen drei oder gar vier Sprachen eine verschwindende Anzahl angesichts der Sprachenvielfalt auf der Erde, ja, selbst in Europa dar. Doch erhofft man sich von einer solchen minimalen Mehrsprachigkeit eine Übertragung auf anderes Fremdes in all seiner Verschiedenheit in Form allgemein toleranter Einstellungen, ohne sich letztlich sicher sein zu können, daß ein solcher Transfer überhaupt stattfindet.[5]

Hier wird der umgekehrte Weg vorgeschlagen, ein Weg, der bei der Sprachenvielfalt selbst ansetzt. Dabei sollen Ergebnisse einer empirischen Studie Berücksichtigung finden, die Ende 1980 mit einer Stichprobe von 957 deutschen und französischen Schülerinnen und Schülern im Regierungsbezirk Weser-Ems sowie in Paris und in der Provinz gewonnen wurden.[6] Die Befragten stammten aus den jeweils gesamten achten Jahrgängen verschiedener Schulformen, lernten seit vier Jahren ihre erste Fremdsprache, hatten – mit Ausnahme der Hauptschulstichprobe, für die es ja nur eine Fremdsprache gibt – seit zwei Jahren Unterricht in einer zweiten und mußten sich im nächsten Schuljahr für eine dritte bzw. vierte Fremdsprache entscheiden. Der ihnen vorgelegte Fragebogen, der auf der Grundlage von ungefähr 100 ausgewerteten Interviews mit Schülerinnen und Schülern aus vierten, sechsten und achten Klassen entstanden war, erfaßte u.a. schulischen

---

5   Vgl. Gisela Hermann-Brennecke. »Language learning and ethnic understanding: Auszug aus einem UNESCO-Bericht«. *Englisch* 2 (1994), in Druck.

6   Die Darstellung der gesamten Untersuchung findet sich in: Michel Candelier, Gisela Hermann-Brennecke. *Entre le choix et l'abandon: les langues étrangères à l'école, vues d'Allemagne et de France.* Paris: Didier, 1993.

Leistungsstand, sozialen Hintergrund, Gründe für die Wahl und Abwahl, Erfahrungen mit Fremdsprachen und methodische Erwartungen, Einstellungen zu Sprachen, Ländern und Leuten. Außerdem enthielt er standardisierte Tests zur Erfassung von Persönlichkeitsmerkmalen wie Eigenständigkeit, Pflichtbewußtsein, Selbstbehauptung, Veränderungsbereitschaft, soziale Initiative und allgemeine Toleranz, um dadurch einen differenzierteren Einblick in die Denk- und Urteilsweisen der Jugendlichen zu erhalten.

Eine Fragestellung in dieser Untersuchung betraf die Ansichten, die die Lernenden über die Vielfalt von Sprachen und Kulturen hegten und woher sie stammten. Dabei erwiesen sich einige von ihnen überzufällig häufig resistent gegen den Einfluß der persönlichen Erfahrung. Als Beispiel diene die Verwendbarkeit des Englischen. Trotz des zuweilen gegenteiligen Erlebens dessen, was die Schülerinnen und Schüler mit der seit nunmehr vier Jahren gelernten englischen Sprache im Alltag anfangen konnten (im Ausland gab es lediglich »manchmal«, im eigenen Land »manchmal« bis »selten« und in der Schule nur »manchmal« außerhalb des Englischunterrichts Gelegenheit), hielten sie auf dem Semantischen Differential, das mit Hilfe siebenstufiger bipolarer Adjektivlisten Einschätzungen mißt, an seiner Verwendbarkeit fest. In diesem Zusammenhang ist jedoch anzumerken, daß nur die Hauptschulklassen auch auf diesem Meßinstrument gleichermaßen zurückhaltend reagierten, wohl nicht zuletzt deswegen, weil sie sich kurz vor der Schulentlassung befanden und inzwischen ihre Erwartungen entsprechend zurückgesteckt hatten, so daß ihre Vorstellungen nüchterner ausfielen als die der Angehörigen der übrigen Schulformen.[7] Bei den anderen Sprachen ließ sich übrigens kein direkter Zusammenhang zwischen Verwendbarkeit und individuellem Erleben nachweisen.

Im Falle von Französisch offenbarte sich eine ähnliche Widerstandsfähigkeit des ästhetischen Bereichs.[8] Selbst unterschiedliche Einsatzmöglichkeiten taten Klang und Feinheit dieser Sprache keinen Abbruch – im Gegensatz zu Englisch, dessen ästhetische Einschätzung eine ziemliche Abwertung hinnehmen mußte. Die Meinung, es mit einer schönen Sprache zu tun zu haben, spiegelt die positive Seite dominanter sozialer Wahrnehmung wider. Sie verhindert ebenso einen negativen Transfer wie die unerschütterliche Stellung des Verkehrswertes der englischen Sprache, von der in einer anderen Untersuchung mit Schülerinnen und Schülern der sechsten bis neunten Klassen gesagt wird: »Man kann sie als unsympathisch, weniger schön und schwer erlernbar ansehen, an ihrem Nutzen als Kommunikationsmittel wird kaum gezweifelt«.[9] Dies gewinnt besonderen Stellenwert im Hinblick darauf, daß solche negativen Erfahrungen durchaus auch auf das Urteil über die Repräsentanten der Zielsprache oder auf die Einstellungen zum Fremdsprachenlernen insgesamt übergreifen können. Dies geschieht in der deutsch-französischen Studie im Falle von Englisch. Allerdings stehen hier fast vier Jahre Unterricht in der ersten Fremdsprache der erheblich kürzeren Zeit von nicht ganz zwei Jahren in der zweiten Fremdsprache gegenüber; Einflußfaktoren, die ebenfalls mitberücksichtigt werden müssen.

Meinungen existieren in dieser Form nicht losgelöst von der Persönlichkeitsstruktur des einzelnen, wie die Merkmale »Pflichtbewußtsein« und »soziale Anpassung« illustrieren. Beide sollen laut Testdefinition besonders bei Menschen auftreten, die anfällig für

---

7   Gisela Hermann-Brennecke. »Schulisches Fremdsprachenlernen im Urteil der Lernenden«. Johannes-Peter Timm, Helmut Johannes Vollmer (Hg.). *Kontroversen in der Fremdsprachenforschung*. Bochum: Brockmeyer, 1993, 434–444, 440f.

8   Gisela Hermann-Brennecke, Michel Candelier. »Schulische Fremdsprachen zwischen Angebot und Nachfrage: Beispiel Französisch«. *französisch heute* 24 (1993), 236–251.

9   Gert Solmecke, Alwin Boosch. »Entwicklung eines Eindrucksdifferentials zur Erfassung von Einstellungen gegenüber Sprachen«. *Linguistische Berichte* 60 (1979), 46–64, 51. In ihrer Studie erhoben sie nicht nur die Einstellungen zu Englisch, Deutsch, Russisch und Latein, sondern befragten dazu auch Lehramtsstudenten und Lehrer (insgesamt 372 Probanden).

den Einfluß des sozialen Umfeldes sind. Demnach zeichnet sich eine pflichtbewußte Person u.a. dadurch aus, daß sie sich »eher von allgemein akzeptierten Normen und Wertvorstellungen leiten läßt«.[10] Ihre soziale Nachgiebigkeit äußert sich beispielsweise darin, daß sie eher bereit ist, sich »auf die Vorstellungen anderer« einzustellen, »sich an andere anzupassen« und sich »leichter unterordnet«.[11] So besaßen gerade die Schülerinnen und Schüler, die Latein besonders nützlich für den Beruf hielten und Englisch und Spanisch nicht nur einen ausgesprochen hohen Verkehrswert zuschrieben, sondern die beiden Sprachen auch verwendbar und einfach fanden, eben diese Charakteristika.

Wie fest solche Überzeugungen in der sozialen Wahrnehmung verankert sind, wurde in den Gesprächen mit den Viertklässlern deutlich. Die klischeehaften Vorstellungen, die sie über Nützlichkeit, Verwendbarkeit, Verbreitung, Lernbarkeit und Klang bestimmter Fremdsprachen äußerten, konnten wohl kaum aus ihrem eigenen Erfahrungsfundus stammen. Zwar erwähnten sie die »Weltsprache« Englisch, wußten aber nur wenige Länder zu nennen, in denen sie gesprochen wird. Andererseits fiel jedoch die Bandbreite ihrer Ansichten zu den verschiedenen Sprachen auf, die abweichend von denen der Schülerinnen und Schüler der sechsten und achten Klassen, sämtliche Kategorien der Typologie abdeckten, die an Hand der Interviews entwickelt worden war. Außerdem kannten sie erstaunlich viele Sprachen, eine Beobachtung, die auch in einer Befragung von acht- bis zwölfjährigen französischen Grundschulkindern auffiel. Diese stammten übrigens ebenfalls aus unterschiedlichen sozialen Schichten.[12] Die meisten von ihnen wollten möglichst in alle Länder reisen und alle Sprachen lernen, und innerhalb des Spektrums von leichten und schweren Sprachen kamen immerhin insgesamt vierzehn Nennungen vor.

Und was wird aus dieser Offenheit an den weiterführenden Schulen? In der deutsch-französischen Studie warf das Fremdsprachenangebot der Sekundarstufe seine Schatten bereits voraus. Auf die Frage, mit welcher Sprache sie beginnen wollten, wurde am häufigsten Englisch genannt, gefolgt von Deutsch und Latein. Die Schülerinnen und Schüler des achten Jahrgangs, die unmittelbar vor der Entscheidung für eine weitere Fremdsprache standen, befanden sich weitgehend in Übereinstimmung mit dem sie erwartenden schulischen Angebot, trotz gelegentlich artikulierter Wünsche nach Alternativen. Ein Gruppenvergleich fördert jedoch vielseitigere fremdsprachliche Vorstellungen bei den französischen als bei den deutschen Jugendlichen zutage, die durchaus aus dem in Frankreich üblichen diversifizierteren Angebot resultieren können.

Doch selbst die Möglichkeit, zusätzliche Sprachen zu nennen, auf die sie Lust verspürten, böte ihnen die Schule Gelegenheit dazu, nutzten die Befragten vorwiegend zur Aufzählung bekannter Fremdsprachenfolgen. Auch in dem ihnen vorgelegten Assoziationstest übertrugen sie die Reizworte spontan in ihren Erstnennungen vor allem auf Länder wie Amerika, Deutschland, England, Frankreich, Italien und Spanien; Länder die offenbar aufgrund ihres Bekanntheitsgrades einen Vertrauensbonus besitzen.

Sollte es nicht Anliegen der Schule sein, einer solchen Assimilierung kollektiver Denkweisen gegenzusteuern? Muß sie die Tendenz zur Vereinheitlichung und Normierung noch dadurch fördern, daß sie die anfänglich durchaus angelegte Neugier auf Sprachen und Kulturen den gesellschaftlichen Vorgaben anpaßt? Hat sie nicht die Aufgabe, an eben dieser Offenheit anzusetzen und – wenn sie diese schon nicht erweitert – sie wenigstens

---

10 Klaus A. Schneewind, Gundo Schröder, Raymond B. Cattell. *Der 16–Persönlichkeits-Faktoren-Test (16 PF)*. Bern, Stuttgart, Toronto: Huber, 1986, 32.

11 Schneewind, Schröder, Cattell, 31.

12 Anne J. Stephan befragte insgesamt 69 Kinder. *Les représentations des langues étrangères chez les enfants de l'école primaire: attitudes et motivations a l'égard de leur apprentissage*. Nanterre: Université Paris X (Mémoire de Maîtrise), 1984.

insofern zu konsolidieren, als sie das vorhandene Interesse der Lernenden am Andersartigen gezielt wachhält, um sie angemessener auf das Leben in einer multikulturellen Gesellschaft vorzubereiten und zur Überwindung ethnozentrischer Sichtweisen beizutragen?

3. Didaktische Überlegungen

Zwar herrscht Einvernehmen darüber, daß die Diversifizierung zunehmen müsse, doch will man diese vor allem über *eine* Fremdsprache, meist das Englische, erreichen. Dabei soll der Englischunterricht in den Klassen 5 und 6

»• den Schüler für die vielen Sprachen, die ihm in seinem Leben bevorstehen, sensibilisieren;
• [...]
• ihm anhand ausgewählter Beispiele das Phänomen der Sprachverwandtschaft deutlich machen;
• ihn sensibilisieren für (nicht verwandtschaftsbedingte) Parallelen zwischen Sprachen und auch für die Gefahr der Übergeneralisierung;
• ihn dafür sensibilisieren, daß an das Phänomen Sprache Emotionen geknüpft sind (schöne Sprache, häßliche Sprache, leichte Sprache, schwere Sprache) und daß es in diesem Bereich viele und gefährliche Klischeevorstellungen gibt;
• [...]
• ihn dafür empfänglich machen, daß Sprache und Kultur eng miteinander verknüpft sind;
• [...].«[13]

Vorschläge wie diese sind sicherlich insofern positiv zu werten, als sie die Aufforderung an die Englischlehrenden enthalten, auch über das eigene Fach hinaus andere Sprachen miteinzubeziehen. Inwieweit sie dies jedoch aufgrund ihrer derzeitigen Ausbildung leisten können oder ausreichend kritisch und unabhängig denken, um den curricular und schulorganisatorisch festgefügten Rahmen zu durchbrechen und interdisziplinär vorzugehen, sei dahingestellt. Es wäre lohnenswert, hier innezuhalten und über die Konsequenzen nicht nur für die fachlichen Inhalte des Unterrichtskanons, sondern auch für die fachlichen Inhalte von Lehramtsstudiengängen zu reflektieren.

Fachtranszendierende Intentionen ließen sich aber auch verfolgen, wenn sich der Blick von Beginn der schulischen Sozialisation an auf mehrere Sprachen richtete, seien es nun Fremdsprachen, Migrantensprachen, Regionalsprachen oder Varianten der Nationalsprache.[14] Dies würde die Lernenden nicht nur für die sie umgebende ethnische Vielfalt sensibilisieren und dadurch der Bildung ethnozentrischer, eigengruppenfixierter Denkweisen entgegenwirken, sondern ihnen zugleich auch ein Bewußtsein für sprachliche Diversität vermitteln und die Distanzierfähigkeit zu eingefahrenen Denkmustern erhöhen.

---

13 Konrad Schröder. »Diversifizierter Fremdsprachenunterricht und Englisch als 1. Fremdsprache«. *Die Neueren Sprachen* 91 (1992), 474–491, 476f.
14 Dabei steht hier nicht so sehr das Problem im Vordergrund, inwieweit der Fremdsprachenunterricht ethnische Konflikte aufhalten oder der Frühbeginn in Englisch bzw. in Französisch einen Beitrag zum Kampf gegen die »Regionalkonflikte in Europa« leisten kann (Konrad Schröder. »Sprachenpolitische Thesen zum Fremdsprachenunterricht in der Grundschule«. Gundi Gompf (Hg.). *Kinder lernen europäische Sprachen*. Stuttgart: Klett, 1990, 22–25, 22). Geht es nicht vielmehr darum, durch die systematische Einführung in den Plurilinguismus und Multikulturalismus das Bewußtsein für Andersartiges zu formen?

Erste Überlegungen hierzu entstanden in Großbritannien unter dem Begriff *language awareness* oder »Sprachbewußtsein«. Ursprünglich für Kinder aus unterschiedlichem sozialkulturellen Milieu mit unterschiedlichen verbalen Strategien und Ausdrucksmöglichkeiten als Gelegenheit intendiert, sich in der Übergangsphase vom Primar- zum Sekundarbereich über ihre sprachlichen Erfahrungen auszutauschen, sollte es als Forum für die Besprechung der Sprachenvielfalt dienen.[15] Dabei liegt der Schwerpunkt auf der kontrastiven Betrachtung muttersprachlicher und anderssprachiger Strukturen mit der Absicht, Fragen zu Sprachen zu provozieren, welche die Beziehung des Menschen dazu erhellen und die eigene Engstirnigkeit erkennen lassen. Die Auseinandersetzung mit sprachlichem Anderssein soll auch außerhalb der Schule in Form von Gruppenaktivitäten und Partnerarbeit unter Einbeziehung von Informationen aus dem Bekanntenkreis fortgesetzt werden. Sie ist ohne eine bewußte Durchdringung undenkbar: »Linguistic tolerance does not come naturally, it has to be learned and to be worked at.«[16]

Zu diesem Konzept sind inzwischen mehrere thematisch gebundene Hefte erschienen, die vielseitige Anregungen dafür liefern, wie von der eigenen Sprache auszugehen ist, um an ihre Ursprünge zu gelangen und ihre Entwicklung zu verstehen, wie sich Sprachen gegenseitig befruchten, welche Diskrepanz sich zwischen gesprochener und geschriebener Sprache auftut und warum, inwieweit der einzelne seiner Gruppe sprachlich ähnelt oder von ihr abweicht, und vieles mehr. Eine zweijährige englische Studie, die sich zum Ziel setzte, Grundschulkinder an vier Sprachen heranzuführen, läßt leider nicht erkennen, inwieweit dies auch tatsächlich bewußt kontrastierend geschah.[17]

Zwar wird in der hiesigen Diskussion zum Fremdsprachenunterricht auf der Primarstufe eingewendet, das Konzept *language awareness* wende sich an Zehn- bis Vierzehnjährige und könne nicht so ohne weiteres auf die Grundschule übertragen werden, weil den kognitiven Möglichkeiten in diesem Alter enge Grenzen gesetzt seien.[18] Doch weist Hawkins ausdrücklich darauf hin, daß dieser Ansatz eigentlich für den Primarbereich geplant war, aus pragmatischen und organisatorischen Gründen jedoch nicht durchgehalten werden konnte.[19]

An der Universität Grenoble laufen ebenfalls Projekte mit Grundschulkindern unter dem Titel *éveil au langage*. Sie verfolgen das Ziel, die Reflexionsfähigkeit der jungen Lernenden über Kommunikation, Ausdrucksweisen und über die Diversität von Sprachen zu fördern, bevor sie systematisch in einer bestimmten Fremdsprache unterwiesen werden.[20] Außerdem geht es darum, den Zugang zu Fremdsprachen im allgemeinen zu öffnen, die Sprachen der Migrantenkinder zu integrieren und den Gebrauch der Muttersprache zu festigen.

Ein ähnlicher Zugriff findet zur Zeit lediglich in Nordrhein-Westfalen im Rahmen des Modells »Begegnung mit Sprachen« Aufmerksamkeit. Trotz des Vorsatzes, die Festlegung auf eine einzige Fremdsprache möglichst zu vermeiden und es den jeweiligen Grundschulen anheimzustellen, die Sprachen anzubieten, »die durch Kinder in der Schule selbst ver-

---

15 Die Ausführungen basieren auf Eric Hawkins. *Awareness of Language: An Introduction*. Cambridge: Cambridge University Press, 1984.

16 Hawkins, 17.

17 Rosamond Mitchell, Cynthia Martin, Mike Grenfell. *Evaluation of the Basingstoke Primary Schools Language Awareness Project. Final Report*. University of Southampton: Centre for Language in Education, Occasional Paper No 7, 1992.

18 Helmut Sauer. »Begegnung mit Sprachen in der Grundschule«. *Englisch* 4 (1992). 128–131, 129.

19 Eric Hawkins. »Awareness of Language in the Curriculum«. Christiane Luc (Hg.). *Les Langues Vivantes à L'Ecole Elémentaire*. Paris: INRP, 1991, 93–103, 95.

20 Louise Dabène. »L'éveil au langage: compte rendu d'une expérience en cours«. Christiane Luc (Hg.). *Les Langues Vivantes à L'Ecole Elémentaire*. Paris: INRP, 1991, 105–108.

treten sind« und dadurch »der jeweiligen kulturellen Heterogenität ebenso Rechnung« zu tragen »wie speziellen geographischen Gegebenheiten, z.B. der Grenznähe«,[21] scheint ein potentieller mehrsprachiger Zugriff bereits in seinem Ansatz beschnitten; denn die inzwischen vorliegenden Handreichungen zu Einzelsprachen wie Französisch, Italienisch, Niederländisch, Türkisch und Englisch repräsentieren kaum eine diversifiziert angelegte und bewußt vergleichende Vorgehensweise.[22]

In Anbetracht der Tatsache, daß derzeit die Vorstellungen darüber, wie der frühbeginnende Fremdsprachenunterricht zu gestalten sei, von unverbindlichen, spielerischen, handlungsorientierten Begegnungen mit fremdsprachlichen Einzelelementen bis zu einem systematisch angelegten Minimalfundamentum reichen, auf dem in der Sekundarstufe I aufgebaut werden soll, der sprachbewußtseinsorientierte, von der im Klassenverband vorfindlichen ethnischen und linguistischen Pluralität ausgehende Ansatz jedoch nur marginal ausprobiert und vor allem theoretisch reflektiert wird,[23] stellt sich die Frage, inwieweit überhaupt Kinder kognitiv und affektiv einer solchen Herausforderung gewachsen sind.

4. Lernerbedingungen

Wie steht es mit den *kognitiven* Voraussetzungen? Seit über fünfzehn Jahren beschäftigt sich die Forschung mit der Entwicklung des sprachlichen Bewußtseins des Kindes. Dabei handelt es sich um ein hypothetisches Konstrukt, das sich als die Fähigkeit umschreiben läßt, die Strukturen gesprochener Sprache nicht nur anzuwenden, sondern auch über deren Wesen und Funktion nachzudenken. Sprache wird zum Gegenstand der Reflexion, dient also nicht nur als System zum Verstehen und Erzeugen von Sätzen. Merkt das Kind, daß seine kommunikative Absicht fehlschlägt, dann ist es in der Lage, seine Äußerung zu korrigieren oder zurückzunehmen. Das bedeutet aber noch lange nicht, daß es imstande ist, die entsprechenden Regeln metasprachlich, also unter Zuhilfenahme eines linguistischen Begriffsinventars zu verbalisieren.

Inzwischen liegen Erkenntnisse vor, wonach sich das Kind etwa ab dem fünften Lebensjahr dem Phänomen »Sprache mehr und mehr bewußt, zumindest was die distanzierte Beurteilung semantisch und/oder syntaktisch unstimmiger Äußerungen und ihre Verbesserung anbetrifft«, annähert.[24] Sieht man Sprachbewußtsein als integralen Bestandteil des Spracherwerbs, dann entwickelt es sich schon sehr früh, so daß Sprache nun nicht mehr nur der Produktion, dem Verständnis und der Korrektur von Äußerun-

---

21 Ingrid Gogolin. »Sprachliche Vielfalt in der Grundschule als Bedingung für sprachliches Lernen: Einige Überlegungen.« Landesinstitut für Schule und Weiterbildung (Hg.). *Sprachliches Lernen und Sprachliche Begegnung in der Grundschule.* Soest: Landesinstitut für Schule und Weiterbildung, 1990, 21–27, 22.

22 Eine kritische Bestandsaufnahme gibt Gisela Hermann-Brennecke. »Sprachsensibilisierung in der Grundschule«. *Neusprachliche Mitteilungen* 46 (1993), 101–109.

23 Vgl. Eike Thürmann. »Language Awareness in deutschen Grundschulen«. Landesinstitut für Schule und Weiterbildung (Hg.). *Sprachliche Begegnung und fremdsprachliches Lernen in der Grundschule. Ergebnisse einer Fachtagung.* Soest: Landesinstitut für Schule und Weiterbildung, 1991, 38–41; Bernd Switalla. »Wie Kinder über Sprache denken. Über die Entdeckung eines neuen Problems«. *Der Deutschunterricht* 44 (1992), 24–33; Bernhard Weigerber. »Sprachreflexion durch Sprachbegegnung«. *Grundschule* 1 (1992), 15–18; Gisela Hermann-Brennecke. »Drei Positionen zum Fremdsprachenfrühbeginn«. Bureaux Linguistiques d'Allemagne du Nord, WIS/Bremen (Hg.). *Warum auch Französisch?* Stuttgart: Klett, 1993, 52–63; Gisela Hermann-Brennecke. »Sprachsensibilisierung in der Grundschule«. *Neusprachliche Mitteilungen* 46 (1993), 101–109; dies. »Affektive und kognitive Flexibilität durch Fremdsprachenvielfalt auf der Primarstufe«. *Zeitschrift für Fremdsprachenforschung* 5 (1994), in Druck.

24 Wilhelm Wieczerkowski, Hans-Heinrich Plickat. »Sprachentwicklung und Sprachförderung«. Detlef H. Rost (Hg.). *Entwicklungspsychologie für die Grundschule.* Heilbrunn: Klinkhardt, 1980, 82–119, 108.

gen dient, sondern auch der Herauslösung aus ihrem jeweiligen Kontext, indem z.B. Sätze in Worte, Worte in Phoneme zerlegt werden.[25]

Man darf also vermuten, daß die Kinder, die in der Grundschule anderen Sprachen begegnen, bereits einen Bewußtwerdungsprozeß durchlaufen haben und über ein sprachliches Bewußtsein auf dem Sprachbewußtseinskontinuum verfügen. Es ist fraglich, ob es sich in einem täglich zwanzig Minuten stattfindenden, progressionsorientierten Fremdsprachenfrühbeginn oder in einer rein spielerischen, erlebnishaften Begegnung mit *einer einzigen* Fremdsprache weiterentwickeln kann. Es ist ebenso zweifelhaft, ob der derzeitige Fremdsprachenunterricht in den weiterführenden Schulen die weitere Entfaltung des Sprachbewußtseins überhaupt fördert. Jedenfalls wird die »nur gering ausgebildete Fähigkeit zur angemessenen Nutzung« des *prozeduralen Sprachwissens* im schulischen Fremdsprachenunterricht »für die Diskrepanz zwischen Sprachwissen und Sprachkönnen« selbst noch nach neunjähriger Unterweisung einer Fremdsprache verantwortlich gemacht.[26] Die mangelnde Fähigkeit, Wissen über Sprache adäquat einzusetzen, läßt sich u.a. darauf zurückführen, daß der Schwerpunkt in den ersten vier Schuljahren gewöhnlich auf dem *deklarativen Wissen*, also auf der Vermittlung und Memorisierung von Faktenwissen liegt, während Verarbeitungsstrategien wie »Inferieren, Elaborieren, Generalisieren, Abstrahieren, Konstruieren, Hypothesenbilden, Hypothesentesten«,[27] die die Lernenden bereits vom Erstsprachenerwerb her implizit kennen und die zur Restrukturierung und Automatisierung des deklarativen Sprachwissens beitragen können, weitgehend ungenutzt bleiben. So vermag die Einbeziehung der prozeduralen Komponente auch beim Grundschulkind auf lange Sicht den Aufbau einer allgemeinen Sprachlernkompetenz in dem Sinne zu fördern, daß es nach und nach auf seine individuellen Lernbedürfnisse aufmerksam wird, lernt, sich nicht nur eigene Ziele zu setzen, sondern auch wie man sie erreicht und dadurch auf lange Sicht eine gewisse Autonomie zu erwerben.

Eng damit verbunden ist der *affektive* Bereich, in dem Einstellungen, Überzeugungen, Haltungen angesiedelt sind. Bereits im Alter von fünf Jahren sind Kinder offenbar in der Lage, sich als Angehörige einer bestimmten ethnischen Gruppe zu begreifen. Allerdings sind die als Teil des sozialen Erlebens entstandenen Einstellungen kognitiv noch nicht allzu fest verankert, so daß bei Sechs- und Siebenjährigen im Hinblick auf die Hautfarbe durchaus noch Ansichten artikuliert werden wie: »Kleine Jungen werden Neger, wenn sie schmutzig werden, und wenn sie wieder sauber sind, werden sie weiße Jungen«.[28]

Wenn im Zusammenhang mit der Entwicklung von Vorurteilen davon die Rede ist, die Ansichten der Kinder seien kognitiv nicht allzu fest verankert, dann ist damit gemeint, daß sie noch nicht als fester Bestandteil eines vorfindlichen Wertsystems in Erscheinung treten, das aus Wissenselementen, Meinungen, Überzeugungen bestehend relativ andauernd und stabil menschliches Verhalten steuern kann. Außerdem wird angenommen, daß sich die affektiven und konativen (die Verhaltensintentionen betreffenden) Komponen-

---

25 Vgl. hierzu William E. Tunmer, Michael L. Herriman. »The Development of Metalinguistic Awareness: A Conceptual Overview«. William E. Tunmer, Christopher Pratt, Michael L. Herriman (Hg.). *Metalinguistic Awareness in Children. Theory, Research, and Implications.* Berlin: Springer, 1984, 12–36, 30; Eve V. Clark. »Awareness of Language: Some Evidence from what Children Say and Do«. Anne Sinclair, Robert J. Jarvella, Willem J. M. Levelt (Hg.). *The Child's Conception of Language.* Berlin: Springer, 1978, 17–45. Zu einer ausführlicheren Diskussion der drei Positionen – eine setzt bereits im zweiten Lebensjahr an, eine zweite in der mittleren Kindheit, also zwischen vier und acht Jahren, und eine dritte bei der Einschulung in Abhängigkeit vom Lesenlernen – vgl. Hermann-Brennecke, *Zeitschrift für Fremdsprachenforschung,* 1994.
26 Dieter Wolff. »Zur Bedeutung des prozeduralen Wissens bei Verstehens- und Lernprozessen im schulischen Fremdsprachenunterricht«. *Die Neueren Sprachen 89* (1990), 610–625, 619.
27 Ebd., 615.
28 Die Beispiele stammen aus Howard J. Ehrlich. *Das Vorurteil. Eine sozialpsychologische Bestandsaufnahme der Lehrmeinungen amerikanischer Vorurteilsforschung.* München: Reinhardt, 1979, 130.

154

ten von Einstellungen unterschiedlich schnell entwickeln.[29] Je älter das Kind wird, desto mehr differenzieren sich seine Meinungen, desto konsistenter wird deren Richtung und desto andauernder deren kognitive Verfestigung. Über den tatsächlichen Verlauf, ähnlich wie über den des Sprachbewußtseins, existieren unterschiedliche Meinungen. So steht die These, Vorurteile erreichten bei neunjährigen Kindern ihren Höhepunkt an Radikalität und Verallgemeinerung, um sich anschließend zu differenzieren, derjenigen gegenüber, daß zwischen 8 und 10 Jahren noch 50% der anläßlich einer Befragung zu beurteilenden Völker positiv bewertet wurden, während zwei Jahre später dies nur noch bei 30% der betreffenden Völker der Fall war.[30] Neueren empirischen Untersuchungen zufolge liegt die Tendenz, Gruppenunterschiede zu minimieren, vor der Zeitspanne von 8 bis 12 Jahren, das kritische Alter für die Maximierung individueller Unterschiede bei 12 Jahren.[31]

Zwischen 7 und 8 Jahren und dann noch einmal drei Jahre später, also zwischen 10 und 11 Jahren, ändern sich ethnische Kognitionen offenbar dahingehend, daß nicht mehr so sehr äußere, sondern innere Qualitäten an Bedeutung gewinnen. In diese Richtung gehen auch Ergebnisse einer Studie mit Kindern aus Vorklassen an Göttinger Grundschulen, die für Diskriminierungsformen sensibilisiert werden sollten. Beide Experimentalgruppen – in der einen war die vermittelte Information in Form des Rollenspiels, in der anderen verbal und optisch umgesetzt worden – verbesserten ihre Einstellungen. Bedeutsam für diesen Zusammenhang ist jedoch die Schlußfolgerung der Untersuchung, die die Interdependenz von emotionaler Involviertheit, kognitiver Verarbeitung und Interaktion widerspiegelt:

>>Ohne Informationsphasen und persönliche Begegnungen hätten wir vermutlich in der Verbalgruppe keine positive Einstellungsänderung erzielt, genauso wenig aber [...] in der Rollenspielgruppe. Problembezogenes Rollenspiel ohne adäquaten Informations- und Erlebnishintergrund hat keinen Sinn.<<[32]

Kognitionen können also nicht nur bestimmte Affekte auslösen, sondern diese ziehen ihrerseits neue Kognitionen nach sich; ein Kreislauf, der nicht nur innerhalb einer Person, sondern auch zwischen Personen und bezogen auf Objekte und Situationen stattfindet und das gesamte menschliche Miteinander prägt. Nicht nur Piaget bezeichnet die Affektivität als unverzichtbare Energiequelle für den reibungslosen Ablauf von Erkenntnisprozessen. Geistige und emotionale Entwicklung des Kindes verlaufen seiner Meinung nach parallel zueinander, so daß jedes Stadium der kognitiven Strukturierung einer neuen emotionalen Stufe entspricht – Erkenntnisse, die auch Eingang in die taxonomische Forschung und in die Kognitionspsychologie gefunden haben.

Gerade in den ersten Schuljahren dominiert >>noch ein weitgehend unkritisches Interesse an allen, das Neugierverhalten auslösenden Objekten, denen sich Kinder völlig undistanziert hingeben können<<.[33] Außerdem sind sie flexibel genug, ihre Wahrnehmungsurteile ohne weiteres zu ändern; eine Offenheit, die sich gegen Ende der Schulkindzeit, also zwischen 10 und 12 Jahren, grundlegend ändert.

29 Dies wurde in einer sehr frühen, von Horowitz 1936 veröffentlichten Vorurteilsstudie nachgewiesen, an der 470 weiße Jungen vom Kindergartenalter bis zur achten Klasse in New York City teilnahmen. Zitiert bei Ehrlich, 137.

30 Gisela Hermann. *Lernziele im affektiven Bereich. Eine empirische Untersuchung zu den Beziehungen zwischen Englischunterricht und Einstellungen von Schülern.* Paderborn: Schöningh, 1978, 90.

31 Frances Aboud. *Children and Prejudice.* Oxford: Blackwell, 1988, 120.

32 Rudolf Schmitt. >>Rollenspiel in einem gesellschaftspolitischen Vorschulcurriculum<<. *Zeitschrift für Pädagogik* 21 (1975), 363–377, 369.

33 Horst Nickel. *Entwicklungspsychologie des Kindes- und Jugendalters.* Bd.II. Bern: Huber, 1979, 91.

Auch *neurophysiologische* Bedingungen spielen insofern eine Rolle, als angenommen wird, daß das erste Lebensjahrzehnt sich am besten für den Spracherwerb eigne. Aufgrund ihrer biogenetischen Ausstattung sollen Kinder besonders in der Lage sein, in der Fremdsprache eine mit der Muttersprache vergleichbare Kompetenz zu erreichen. Mit dem Eintritt in das zweite Lebensjahrzehnt geht diese Fähigkeit als Folge biologisch-physiologischer Veränderungen verloren, so daß Erwachsene nur noch mühsam und unvollständig eine fremde Sprache erwerben. Wäre es nicht schade, dieses Potential brachliegen zu lassen und es statt dessen in einem mehrsprachigen Zugriff zu verzetteln?

Der These von der »sensiblen Phase« liegt das Lateralisierungskonzept zugrunde, demzufolge es die Plastizität des Gehirns gestattet, daß im frühen Alter dessen beide Hälften die Sprachfunktionen steuern. Deshalb lassen sich im Falle eines Gehirnschadens die üblicherweise in der linken Gehirnhälfte ablaufenden Sprachverarbeitungsmechanismen auf die rechte Hemisphäre übertragen, allerdings nur bis zum Abschluß der zentralen Reifung im Pubertätsalter. Danach werden Schäden irreparabel. Angesichts der Schwierigkeiten, die Erwachsene immer wieder bei der authentischen Wiedergabe von Sprache haben, wurde diese These auf den Zweitsprachenerwerb angewendet.

Inzwischen wird ihre Gültigkeit jedoch zunehmend kontrovers diskutiert. Ergebnisse verschiedener empirischer Untersuchungen lassen die Frage, ob es ein optimales Alter für den Fremdsprachenerwerb gibt, nicht mehr so einfach mit Ja oder Nein beantwortet sein.[34] Man nimmt sogar an, die Lateralisierung sei schon im Alter von vier Jahren abgeschlossen.[35] Trotz der überwiegend im phonetischen Bereich festgestellten Überlegenheit jüngerer Lerner, die ab 6 Jahren nachlassen soll,[36] läßt die derzeitige Datenlage die Vermutung zu, ältere Lerner wären jüngeren Lernern beim Fremdsprachenlernen u.a. wegen ihrer größeren deduktiven Fähigkeiten, ihrer differenzierteren Ausdrucksfähigkeit und ihres entwickelteren metasprachlichen Bewußtseins überlegen.[37]

5. Uniformität versus Pluralität

In Anbetracht der hier vorgetragenen Erkenntnisse drängt sich der Eindruck auf, es brauche für die affektive und kognitive Entwicklung der Kinder nicht unbedingt von Vorteil zu sein, wenn sie schon in der Grundschule auf *eine* einzige Fremdsprache festgelegt würden. Statt dessen sollte ernsthaft überlegt werden, die verschiedenen Ethnizitäten im

---

34 Die Forschungslage wird diskutiert von Hermann-Brennecke, *Neusprachliche Mitteilungen*, 1993.

35 Paul Bogaards. *Aptitude et affectivité dans l'apprentissage des langues étrangères*. Paris: Crédif & Hatier (Collection LAL), 1988; Klaus Vogel. »Lernen Kinder eine Fremdsprache anders als Erwachsene? Zur Frage des Einflusses des Alters auf den Zweitsprachenerwerb«. *Die Neueren Sprachen* 90 (1991), 539–550.

36 Zur phonetischen Authentizität meint Gerald G. Neufeld. »Phonological Asymmetry in Second-Language Learning and Performance«. *Language Learning* 38 (1988), 531–559, 551: »Contrary to predictions based upon the critical period, the data from our perception tests in this study suggest that older learners can acquire a native-like or near-native like phonological system in L2 and that they can use this system efficiently when listening«. Michael H. Long. »Maturational constraints on language development«. *Studies in Second Language Acquisition* 12 (1990), 251–285, 274 führt dazu aus: »[...] exposure needs to occur before age 6 to guarantee that an SL phonology can become native-like (given sufficient opportunity) before age 15 [...]. [...] there is probably not just one sensitive period for SLA, but several: one for phonology, one for morpho-syntax, and so on. No doubt, as with sensitive periods in many aspects of human and other animal development, there is some overlap due to the relationships among sub-systems across linguistic domains, and some variation across individuals«.

37 Nähere Ausführungen dazu finden sich bei Hermann-Brennecke, *Neusprachliche Mitteilungen*, 1993, 105–106: »Wenn auch noch Studien mit englischen Kindern, Erwachsenen und Jugendlichen, die Niederländisch lernten, ›eindeutig die Überlegenheit der Gruppe der Zwölf- bis Fünfzehnjährigen‹ zeigen und sich herausstellt, daß gegenüber ihren Leistungen die der jüngeren Kinder stark abfielen, wobei die Drei- bis Fünfjährigen die schwächsten Ergebnisse brachten, wozu dann ein Vorverlegung und der damit verbundene zusätzliche Aufwand an Zeit und Energie, der darüber hinaus einen Verlust an Motivation nicht ausschließen kann?« (ebd., 106).

eigenen Klassenverband als Erlebnishintergrund, Erkenntnisquelle und Handlungsreservoir in gemeinsame sprachvergleichende und interkulturelle Reflexionen einzubeziehen, um aus der unmittelbaren Anschauung heraus Zugang zum Andersartigen zu finden. Das erfordert einerseits eine stetige Überprüfung der Validität heranwachsender kognitiver Strategien an der Erfahrung, zum anderen die Bereitschaft, sich ständig mit den Repräsentanten anderer Gruppen auszutauschen, die neu gewonnenen Einsichten zuzuordnen, umzustrukturieren, die eigenen Auffassungen zu hinterfragen und die Wertmaßstäbe zu verändern.

Weitere Vorbehalte gegen eine zu frühe Festlegung auf *eine* Fremdsprache könnten sich aus dem wachsenden Mißverhältnis zwischen der ersten Fremdsprache und den weiteren Fremdsprachen ergeben, denn gestärkt wird daraus aller Voraussicht nach das Englische hervorgehen, das ohnehin seit dem Hamburger Abkommen von 1964 eine privilegierte Stellung in der deutschen Schullandschaft innehat – mit Ausnahme des Saarlandes, das einen eigenen Weg beschritt und Französisch einführte.[38] Erst allmählich bekamen »dann weitere Fremdsprachen bescheidenere Chancen«.[39]

Daß man sich der Gefahr einer einseitigen Festlegung auf das Englische ab dem Gundschulalter durchaus bewußt ist, signalisiert ein Beitragstitel wie »Englisch bereits in der Grundschule – Ein Widerspruch zur erwünschten Sprachenvielfalt?«. Doch folgt keine Antwort auf die Frage:

> »Wenn bereits in der Grundschule für die Fremdsprache, und das heißt erfahrungsgemäß für das Englische, geworben wird, bedeutet dies nicht eine noch stärkere Monopolisierung dieser Sprache zuungunsten der ›kleineren‹ Sprachen, vom Französischen bis zum Polnischen?«[40]

Selbst da, wo es eine Wahl zwischen verschiedenen Sprachen vor dem Eintritt in die Sekundarstufe gibt, wie in Frankreich, reduziert sich diese in dem Augenblick auf das Englische, in dem keine ausreichende Anzahl von Lernern für die anderen gewünschten Fremdsprachen zusammenkommt.

Festigt auf diese Art und Weise eine Fremdsprache in einer bestimmten Sprachgemeinschaft ihre Hegemoniestellung, dann wächst ihr allmählich der Status einer Zweitsprache zu, eine Entwicklung, die sicherlich nicht von heute auf morgen und ohne Widerspruch stattfindet,[41] geht sie doch zu Lasten anderer Sprachen und verhindert deren Verbreitung. Gleichzeitig läuft eine derartig dominierende Sprache Gefahr, durch ihren »lingua franca«-Charakter in internationalen Diskursbereichen zu einem operativen Medium zu degenerieren, das langfristig gesehen seiner kulturspezifischen Bezüge verlustig geht:

> »[...] a lingua franca is a language that is used for communication between different groups of people, each speaking a different language. The lingua franca could be an internationally used language of communication (e.g. English), it could be the native language of one of the groups, or it could be a language which is not spoken natively by any of the groups but has a simplified sentence structure and vocabulary and is often a mixture of two or more langua-

---

38 Noch kompromißloser als im Düsseldorfer Abkommen von 1955, das zur Vereinheitlichung der sog. Sprachenfolge in allen Bundesländern beitragen sollte, wurde nun in Hauptschulen und in Realschulen eine Fremdsprache, »in der Regel Englisch«, eingeführt.

39 Herbert Christ. *Fremdsprachenunterricht für das Jahr 2000. Sprachenpolitische Betrachtungen zum Lernen und Lehren fremder Sprachen.* Tübingen: Narr, 1991, 106.

40 Heinz Helferich, Gundi Gompf (Hg.). *Kinder lernen europäische Sprachen e.v. Jahrbuch 90.* Stuttgart: Klett, 1990, 31–40.

41 Claude Truchot. *L'anglais dans le monde contemporain.* Paris: Le Robert, 1990, 305.

ges. The pendulum has now swung the other way, and the tendency is to promote English as the *only* lingua franca which can serve modern purposes. This discourse also puts English into a class of its own. This reinforces the dominant ideology, which presupposes that English is the most eligible language for virtually all significant purposes.«[42]

Richtet sich das Augenmerk von Anfang an auf mehrere Sprachen, dann kann das die Ausbildung einer solchen sprachlichen Hegemoniestellung unterminieren. Zwar werden »öffentlich gehandelte« Vorstellungen wie Nützlichkeit, Schwierigkeit, Lernbarkeit oder Schönheit nicht so ohne weiteres ihre bewußtseinsprägende Kraft verlieren, dafür sitzen sie zu tief. Denkt man z.B. an das Französische, so bestanden schon im 17. Jahrhundert klare Ansichten über dessen ästhetischen Wert, wie aus den Bemerkungen des Grammatikers und Literaten Pater Dominique Bouhours unmißverständlich hervorgeht:

> »Mais n'avez-vous point aussi remarqué [...] que de toutes les prononciations, la nôtre est la plus naturelle, & la plus unie. Les Chinois, & presque tous les Peuples de l'Asie chantent; les Allemans râlent; les Espagnols declament; les Italiens soûpirent; les Anglois sifflent. Il n'ya proprement que les François qui parlent [...].«[43]

Einen ebenso nachhaltigen Einfluß auf die Entscheidung für eine Fremdsprache kann der Vertrautheitsgrad ausüben, wie die Motivprofile der erwähnten deutsch-französischen Studie zeigten.[44] Vertrautheit wurde hier gemessen an Hörerfahrungen, sprachlichen Vorkenntnissen, landeskundlichen Begegnungen und Bekanntschaft mit Angehörigen der Zielsprache. Weniger verbreitete Sprachen stießen auf entsprechend geringere Resonanz. Bedenkt man außerdem den in derselben Untersuchung signifikant auffälligen Zusammenhang zwischen »allgemeiner Toleranz« und dem Wunsch nach weiteren Fremdsprachen, dann gewinnt die schulische Fremdsprachensozialisation einen ganz besonderen Stellenwert: denn »allgemeine Toleranz« hängt offenbar mit einem höheren Sozialstatus zusammen, gemessen am Bildungsabschluß und am Beruf der Eltern. Das bedeutet, daß familiär angebotene Kontaktmöglichkeiten als Einflußgröße nicht zu unterschätzen sind. Finden sich in diesem Umfeld dafür keine günstigen Voraussetzungen, dann sind die Lernenden ganz besonders auf die Anregungen der Schule angewiesen.

Doch lassen sich noch weitere Argumente für eine Einführung in die Mehrsprachigkeit schon im Grundschulalter anführen. Zu lange stand im Vordergrund fachdidaktischen Interesses die Entwicklung der sprachlichen Kompetenz der Lernenden, ohne dem Kontext des lebenslangen Lernens und in ihn eingebetteter individueller Neigungen genügend Aufmerksamkeit zu schenken. Jetzt, da man sich für die sprachliche Herausforderung eines zusammenwachsenden Europas nicht genügend gewappnet fühlt, wird darüber nachgesonnen, wie der Erwerb einer Fremdsprache den einer anderen stützen könnte.[45] Eine zu frühe Weichenstellung kann sich dann als Hindernis entpuppen, wenn die Lernenden mit Lernschwierigkeiten fertig werden müssen und sie die Sprache, die dann oft auch noch obligatorisch ist, nicht einfach abwählen und durch eine andere ersetzen können.

Außerdem müßte sich das Angebot auch auf der Sekundarstufe stärker an den individuellen Lernbedürfnissen orientieren; denn die Kinder, die von der Primarstufe kommen, wissen nur wenig über die konkreten sprachlichen Ansprüche, die auf sie als Erwachsene

---

42 Robert Phillipson. *Linguistic imperialism*. Oxford: Oxford University Press, 1992, 42.
43 Dominique Bouhours. *Les entretiens d'Ariste et d'Eugène*. Paris: chez Sebastien Mabre-Cramoisy, 1671, 58. Zur weiteren Entwicklung dieses Stereotyps vgl. Candelier, Hermann-Brennecke, 1993, 48–49.
44 Hermann-Brennecke, Candelier, *französisch heute*, 1993, 238.
45 Daniel Coste. »Diversifier, certes ...«. Daniel Coste, Jean Hébard (Hg.). *Vers le plurilinguisme – Ecole et politique linguistique*. Paris: EDICEF (Le Français dans le Monde, numéro spécial), 1991, 170–176, 175f.

zukommen. So müßten sie die Möglichkeit haben, eine Fremdsprache ab dem dritten Lernjahr abzuwählen und mit einer neuen zu beginnen,[46] ohne sich deswegen das Stigma zuzuziehen, irgendwie gescheitert zu sein. Des weiteren dürfte ihnen nicht die Gelegenheit vorenthalten werden, neben den z.Zt. üblichen Pflichtfremdsprachen von bis zu neun Jahren auch Kurse zu belegen, die erheblich kürzer angelegt sind.[47] Dies würde sowohl eine Lernunterbrechung innerhalb der Schulzeit als auch sog. »Wachhaltekurse«[48] einschließen, an die man später je nach Bedarf wieder anknüpfen kann.

Vorschläge solcher Art sind von der Erfahrung geprägt, daß oft nach fünf oder sechs Jahren schulischen Fremdsprachenunterrichts der Lernfortschritt stagniert.[49] Auch in der jüngsten deutsch-französischen Studie zu den Motiven für die Wahl und Abwahl von Fremdsprachen wollten viele potentielle Abwahlwillige nicht ersatzlos aufgeben, hätte es ein entsprechendes Angebot gegeben. Dadurch entstünden Freiräume für die Unterweisung in speziellen Fertigkeiten von Nachbarsprachen oder für Intensivkurse beispielsweise zur Vorbereitung von Klassenfahrten oder zur Vertiefung persönlicher Interessen. Sicherlich ist ein solcher »Umstieg« einem Verharren über Jahre in einem Kurs vorzuziehen, der den Lernenden zwar Ausdauer und Durchhaltevermögen abverlangt, darüber hinaus jedoch wenig Erfolgserlebnisse beschert, ihnen andere Fremdsprachen vorenthält und sie vielleicht noch in ihrer Abneigung gegenüber Fremdsprachen im allgemeinen bestärkt.

Dieses letztgenannte, im Unterrichtsalltag zu wenig beachtete Argument findet sich anders formuliert in der *Koblenzer Erklärung* des Fachverbands Moderne Fremdprachen (FMF),[50] in der es heißt, daß die in einer Fremdsprache gesammelten Lernerfahrungen – und es ist evident, daß diese möglichst positiv sein sollten – auf das Lernen einer anderen Fremdsprache übertragbar sein müßten. Ein Aspekt eines solchen Transfers betrifft den Aufbau der bereits genannten allgemeinen Sprachlernkompetenz in dem Sinne, daß die Schülerinnen und Schüler im Laufe ihrer schulischen Sozialisation lernen, sich eigene Ziele zu setzen, und lernen, wie man lernt,[51] um sich dadurch vom Diktat kollektiver Sollvorstellungen zu befreien. Dies setzt allerdings ein bewußtes Erfassen sprachlicher Verarbeitungsstrategien und Erwerbsmechanismen in Form eines ausgeprägten *prozeduralen Sprachwissens* voraus. Dabei verdienen diejenigen besonderes Augenmerk, denen das Sprachenlernen nicht so leicht fällt und die deshalb aufgeben wollen. Sie sind es übrigens, die über mangelnde Transparenz nicht nur der Lerninhalte, sondern auch der Vermittlungsmethoden klagen.[52]

---

46 Eike Thürmann. »Europa und die schulische Förderung von Mehrsprachigkeit. Tendenzen, Strategien, Forderungen«. *Schulverwaltung NRW* 9 (1990), 205–209.

47 Christ, 1991, 118: »Es ist seit langem schon angefragt worden, ob ein derartiger Langzeitkurs sinnvoll ist oder ob es nicht besser wäre, ihn nach vier, fünf oder sechs Jahren abzubrechen und ihn durch einen Kurs in einer anderen Sprache ablösen zu lassen«. Vgl. auch Thomas Finkenstaedt, Konrad Schröder. *Sprachen im Europa von morgen*. Berlin: Langenscheidt, 1992, 48.

48 Finkenstaedt & Schröder, 49. Konrad Schröder spricht in seinem Beitrag »Der Single European Market und die Fremdsprachen«. *Die Neueren Sprachen* 91 (1992), 342–368, 363 davon, daß es durchaus genüge, wenn die erste Fremdsprache nicht länger als sechs Jahre unterrichtet würde, denn eine Diversifizierung ließe sich während der Schullaufbahn nicht unendlich realisieren.

49 So formuliert anläßlich eines Kolloquiums in Rauischholzhausen 1989 und wiedergegeben von Herbert Christ, Yves Bertrand. »Europe: propositions pour un enseignement des langues élargi«. *Le Français dans le Monde* 31 (1991), 44–49.

50 Franz-Josef Zapp. »Fremdsprachenlehren und Fremdsprachenlernen für die Welt von morgen. Koblenzer Erklärung des Fachverbandes Moderne Fremdsprachen«. *Neusprachliche Mitteilungen* 42 (1989), 140–142.

51 Denis Girard. »Apprendre à apprendre«. *Symposium sur l'apprentissage et didactique des langues pour une citoyenneté pluriculturelle*. Sintra/Portugal, 7–11 novembre 1989, 2–9, 2.

52 Vgl. Gisela Hermann-Brennecke, Michel Candelier. »Wahl und Abwahl von Fremdsprachen: Deutsche und französische Schüler und Schülerinnen im Vergleich«. *Die Neueren Sprachen* 91 (1992), 416–434, 429f.

Zur Übertragung von Lernerfahrungen auf eine andere Fremdsprache gehört aber auch die im Zusammenhang mit den Argumenten für eine Diversifizierung erwähnte Betrachtung benachbarter Sprachen sowie eine systematische Einübung in deren Verstehen, sei es nun schriftlich oder mündlich; ein Vorschlag, den bereits Comenius im Jahre 1657 machte.[53] In den späten sechziger Jahren stellte man fest, daß Französischlernende innerhalb von 10 Stunden eine bemerkenswerte Lesefähigkeit in Spanisch und in Italienisch erreichen konnten.[54] Unter dem Begriff *rezeptive Mehrsprachigkeit* gewinnt dieser Vorschlag derzeit wieder in Verbindung mit der zweiten Fremdsprache an Aktualität,[55] wohl nicht zuletzt deswegen, weil der herkömmliche Fremdsprachenunterricht, der die Ausbildung produktiver und rezeptiver Fertigkeiten anstrebt, trotz der dafür zur Verfügung stehenden Zeit offenbar nicht mit allgemein befriedigenden Resultaten aufwartet:

> »Das Modell der rezeptiven Mehrsprachigkeit erlaubt eine bessere Pflege der Nachbarschaftssprachen und auch mancher weniger verbreiteten und bisher in den Schulen kaum unterrichteter Sprachen. Damit wird die regionale, grenzüberschreitende Verständigung erleichtert, die auf dem künftigen Arbeitsmarkt voraussichtlich eine große Rolle spielen wird; zugleich wird der Tendenz entgegengewirkt, die Scheidung in quantitativ ›große‹ und ›kleine‹ Sprachen dem Schulunterricht zugrunde zu legen. Die Nationen müssen im künftigen Europa auf jeden Nachbarn auch sprachlich zugehen.«[56]

An solchen Aktivitäten könnte sich auch der muttersprachliche Unterricht beteiligen, besonders, wenn es sich um Sprachen benachbarter Regionen handelt.[57] Unabhängig davon dürfen jedoch die Interessen von »Spezialisten« nicht zu kurz kommen: sie müssen auch weiterhin die Möglichkeit haben, intensiv an der von ihnen gewählten Sprache weiterzuarbeiten.

6. Ausblick

Angesichts der vorfindlichen Sprachenvielfalt und der begrenzten schulischen Ausbildungszeit sowie der ebenfalls beschränkten individuellen Lernkapazität sollten Überlegungen der vorgestellten Art endlich Eingang in die Planungen von Kommissionen finden, die für die Herausgabe von Richtlinien verantwortlich sind, um die verkrusteten Ansichten zur Fremdsprachenfolge, -dauer und -anzahl aufzubrechen und mit Hilfe eines relativ überschaubaren Lerneinsatzes die Pforte zu verschiedenen linguistischen Systemen zu öffnen. Ungewohnte sprachliche Realisationsformen, abweichende Lautfolgen, unterschiedliche Schreibweisen bedeuten einen Eingriff in das kollektive und das individuelle Wertsystem und verunsichern internalisierte Wahrnehmungsmuster. Neue Informationen, die vom Vertrauten abweichen, werden als Herausforderung für das kognitive und affektive Gleichgewicht empfunden und deshalb nur zögernd, ja, mit einem gewissen Widerstand und immer in dem Bemühen aufgenommen, sie mit den vorhandenen Kogni-

---

53 Konrad Schröder. »Diversifizierter Fremdsprachenunterricht und Englisch als 1. Fremdsprache«. *Die Neueren Sprachen* 91 (1992), 474–491, 475f.
54 Frank Abel. »Die Vermittlung passiver Spanisch- und Italienischkenntnisse im Rahmen des Französischunterrichts«. *Die Neueren Sprachen* 70 (1971). 355–359. Vgl. hierzu auch Heribert Walter. »Spanisch als Sprungbrett für das Leseverständnis Portugiesisch«. *Neusprachliche Mitteilungen* 44 (1991), 155–159.
55 Vgl. Finkenstaedt, Schröder, 36 ff.
56 Ebd., 38.
57 So vorgeschlagen von Roland Posner. »Maximen der Sprachverwendung im europäischen Kulturverbund«. *Sprachreport* 1992, 2–3, 4–5.

tionen in Einklang zu halten.[58] Je öfter Wissenselemente, Meinungen, Überzeugungen, die das Ich oder die Gemeinschaft betreffen, hinterfragt werden müssen, desto größer ist die Notwendigkeit, mental und emotional flexibel zu bleiben, eine Notwendigkeit, die die Wahrscheinlichkeit erhöht, nicht so leicht dogmatischen, ethnozentrischen und engstirnigen Denkweisen zu erliegen.

Würde darüber hinaus der didaktische Schwerpunkt nicht mehr vorrangig auf der Verständigungskompetenz in einer Sprache, sondern auf der Verständnisbereitschaft für mehrere Sprachen liegen, dann erübrigte sich der Streit um die Monopolstellung bestimmter Sprachen, die Furcht vor einem Sprachimperialismus oder die Unwägbarkeit, inwieweit schulischer Fremdsprachenunterricht – sofern er erfolgreich verläuft – nicht Tür und Tor für einen Zielsprachenzentrismus öffnet, der einer universalen ethnischen Aufgeschlossenheit letztendlich zuwiderläuft.

An der Schwelle zum einundzwanzigsten Jahrhundert muß nicht nur das Fremdsprachenangebot an den Schulen, sondern auch der Zugriff darauf endlich vielgestaltiger und variabler werden. Um Ambiguität besser ertragen zu können, sollten die Lernenden die Lernprozesse, die sie durchlaufen, und die Lernstrategien, die sie dabei anwenden, interdependent und aufeinander aufbauend erfahren, so daß sie sich mit geringerem Aufwand während ihrer Schulzeit »mehrgleisig« entwickeln und dadurch ihren Blick für die Diversität im sozialen Umfeld des Alltags schärfen. Die Einsicht, »daß im Makrokosmos wie im Mikrokosmos alles mit allem zu tun hat«[59], findet inzwischen unter dem Aspekt des »vernetzenden Denkens« im gesteuerten Fremdsprachenerwerb Beachtung. Eine solche Vernetzung und Verbundenheit aller Systeme untereinander betont auch die systemische Pädagogik, die das Handeln einer Person jeweils in den Kontexten sieht, in denen sie agiert. Dabei bedeutet die

> »[...] Verschiedenheit [...] systemtheoretisch nicht einen Mangel an Stabilität, sondern ist im Gegenteil ein ›Trick‹, durch den die Natur höhere Grade von Stabilität erreicht: Die Strukturierung in Subsysteme macht ein System stabiler, und die ›Kompartmentierung‹ ermöglicht eine bessere interne Kommunikation der Subsysteme [...] So ist die Vielfalt (Diversität) [...] eine Strategie, Systeme einerseits zahlreicher und andererseits gleichzeitig stabiler und weniger störungsanfällig zu machen.«[60]

Solche Gedanken mögen denjenigen als Rückversicherung dienen, die befürchten, die Aufgabe fester Fremdsprachenfolgen und deren verbindlich definierter Lehrgangsstrukturen könne ein »babylonisches Sprachgewirr« erzeugen, das in seiner unheilvollen Wirkung von der Orientierungslosigkeit bis zum Identitätsverlust reiche. Tatsächlich besteht jedoch eine Chance, die Lernenden dazu zu befähigen, *wissender* eine diversifiziertere Fremdsprachenwahl zu treffen, *wirksamer* mehrere Fremdsprachen zu lernen und *wendiger* das Leben in einer multikulturellen Gesellschaft zu meistern – Eigenschaften, welche die Aussicht haben, gruppenspezifische Abkapselungen zu unterminieren, vielleicht sogar langfristig zu überwinden.

---

58 Sozialpsychologische Erklärungsansätze finden sich bei Gisela Hermann-Brennecke. »Vorurteile: Eine Herausforderung an den Fremdsprachenunterricht«. *Zeitschrift für Fremdsprachenforschung* 2 (1991), 64–99.
59 Josef Rohrer. »Vernetzendes Denken im Fremdsprachenunterricht«. *Neusprachliche Mitteilungen* 46 (1993), 212–217.
60 Rolf Huschke-Rhein. *Systemische Pädagogik.* Bd. III. Köln: Rhein-Verlag, 1989, 219f.

Sigrid Markmann

Interkulturelles Lernen im Fremdsprachenunterricht

In einer Gesellschaft mit engen internationalen politischen, wirtschaftlichen Verflechtungen und kulturellen Interessen innerhalb und außerhalb Europas wird der Erwerb eines kulturellen Bewußtseins, das sich sowohl auf die eigene als auch auf fremde Kulturen bezieht, als wesentlich betrachtet.[1] Die englische Sprache spielt dabei als interkulturelle Verkehrssprache eine besondere Rolle, wobei sie auf den ersten Blick als »kulturneutral« erscheinen mag.

Der Ruf nach einer »Reform des Bildungswesens« oder seiner Inhalte wird in der Regel immer dann laut, wenn es um nationale Schwierigkeiten im ökonomisch-politischen Bereich geht. Letztere führen gewöhnlich zu einer Kritik an den Bildungsinstitutionen. Die historisch bestimmte Sachlage des gegenwärtigen Diskussionsstandes um den Stellenwert des Englischunterrichts im Rahmen der Öffnung des europäischen Binnenmarktes, der demographischen Veränderungen in Europa und einer »multikulturellen/ interkulturellen Erziehung« legt nahe, didaktische Reflexion im Sinne herrschender politischer Interessen zu reduzieren, um sich für diese funktionabel zu machen. Hingegen erscheint es mit Blick auf die Geschichte des Fremdsprachenunterrichts notwendig, Einstellungen, Wertungen und Entscheidungen für didaktische Leitvorstellungen zu thematisieren.

Gerade der Fremdsprachenunterricht mit seinen Erfahrungen eignet sich für interkulturelles Lernen, weil er auch die sprachlichen Voraussetzungen für ein wertschätzendes Umgehen mit anderen Kulturen und ihren Menschen schafft. Interkulturelles Lernen im Englischunterricht auf allen Stufen ist jedoch nur dann möglich, wenn er ganzheitlich und lernerorientiert ist und wenn sich die Vorstellungen von Landeskunde und Kultur ändern.

Das Anknüpfen an die Diskussion der *Cultural Studies*[2] und des politischen handlungsorientierten Lernens im Fremdsprachenunterricht[3] kann deren spezifische Bedeutung für einen interkulturellen Wandel verdeutlichen.

1. Anfänge und Entwicklung »interkulturelles Lernen«

Die Entwicklung interkultureller Erziehungskonzepte vom *Intercultural Education Movement* in den USA bis zum interkulturellen Austausch von Schüler(innen) umfaßt etwa einen Zeitraum von fünfzig Jahren. Wenn auch der Fremdsprachenunterricht keine wichtige Rolle in diesen Konzepten spielt, so ist doch ein Blick auf ihre Begründung und Intention lohnend.

Der Begriff »intercultural« tritt in den USA zwischen den beiden Weltkriegen auf. Anfänglich ging es darum, die Einwanderungsgruppen in die US-amerikanische Gesell-

---

1 Vgl. hierzu: L. Späth. »Fremdsprachenunterricht und europäischer Binnenmarkt«. *Neusprachliche Mitteilungen* 1 (1989), 4–6; A. Raasch. »Die Chance zu Chancen«. *Neusprachliche Mitteilungen* 2 (1989), 72–73.

2 Vgl. hierzu u.a.: B.P. Lange, R. Lehberger. »Cultural Studies und Projektorientierung im Englischunterricht«. Dies. (Hg.). *Cultural Studies. Projekte für den Englischunterricht*. Paderborn: Schöningh, 1984, 7–20; J. Kramer. »Cultural Studies versus Landes-/Kulturkunde«. Ders. (Hg.) *Bestandsaufnahme Fremdsprachenunterricht*. Stuttgart: Metzler, 1976.

3 S. Markmann. »Lernen in Grenzen. Probleme des Erwerbs politischer Handlungsfähigkeit im Englischunterricht«. *Englisch-Amerikanische Studien* 3 (1981), 344–355.

schaft zu integrieren und dabei die Herkunftskulturen im Hinblick auf ihren Beitrag zur amerikanischen Gesellschaft in den Blick zu nehmen. »Intercultural education was the study of the history and cultural contributions of ethnic groups to American society«. Ziel war: »promoting intergroup harmony, and stimulating a ›Renaissance‹ of American culture«.[4] Rassistische, ethnozentrische und soziale Ursachen für die Benachteiligung von »Minderheiten« und für das Totschweigen der indigenen Bevölkerung fanden keine Beachtung. Entsprechend überlebten die harmonisierenden Vorgaben auch bei der nach dem Zweiten Weltkrieg einsetzenden »interracial education«, mit der die interkulturelle Erziehung dann gleichgesetzt wurde. Die »english-only laws«, die schon nach dem Ersten Weltkrieg den Fremdsprachenunterricht in einigen Staaten abschafften[5], mündeten in die selbstverständliche Übernahme der dominanten englischen Sprache durch die Einwandererkinder und damit in die Akkulturation.[6]

Nach dem Zweiten Weltkrieg erhielt das interkulturelle Lernen durch die Erfahrungen und die Anforderungen an die UNESCO und das *Peace Corps*, vor allem im Hinblick auf die »Dritte Welt« eine außenpolitische Orientierung. Die hierfür entwickelten Handbücher enthalten u. a. Konzepte zur Sensibilisierung gegenüber eigen- und fremdkulturellen Wert- und Normsystemen und Verhaltensweisen.[7] Sie zeigen jedoch auch, daß sich mit interkulturellen Konzepten vor allem ökonomische Gesichtspunkte verbinden. Die Zielvorstellung, »to increase the ability of people to move across national and ethnic borders«[8], soll primär dazu dienen, mit Partnern und Kunden im Ausland erfolgreich zu verhandeln und grenzüberschreitende Kontakte zu verbessern. »Cultural awareness training« macht dabei die eigenkulturellen Annahmen bewußt, landeskundliche Information über das Zielland/die Zielkultur wird über »fact-oriented training« vermittelt, und »attribution training« dient dazu, fremdkulturelles Verhalten einordnen zu können.[9] Ziel dieses »Intercultural Training« ist die Erschließung neuer Märkte. Gestützt wird diese Zielrichtung durch den Report *A Nation at Risk*, in dem festgestellt wird:

> »Our Nation is at risk. Our once challenged preeminence in commerce, industry, science, and technological innovation is being overtaken by competitors throughout the world [...] What was unimaginable a generation ago has begun to occur – others are matching and surpassing our educational attainment.«[10]

2. Frühe Vorbilder interkultureller Kontakte

Ein Blick auf frühe Vorbilder interkultureller grenzüberschreitender Kontakte zeigt, daß schon diese einen engen Zusammenhang mit ökonomischen und machtpolitischen Variablen aufweisen. Im Sinne imperialistischer Expansion haben sie besonders in Europa eine lange Tradition, die bis in die Gegenwart hineinwirkt. Ihre Legitimation bezogen sie aus der ökonomischen und politischen Macht der europäischen Kolonisatoren und dem universalistischen Anspruch eurozentrischer Sichtweisen. Im wesentlichen sind sie in

---

4 N.V. Montalto. *A History of Intercultural Education Movement 1924–1941*. New York 1982. 20.
5 Vgl. J.A. Banks. *Multiethnic Education. Theory and Practice*. London 1988, 257.
6 J.J. Pizillo. *Intercultural Studies. Schooling in Diversity*. Dubuque 1983, 10.
7 Vgl. W.H. Weeks et al. (Hg.). *A Manual of Structured Experiences for Cross-Cultural Learning*. Yarmouth 1987.
8 R.W. Brislin et al. »Conceptualizations of Intercultural Behavior and Training«. D. Landis, R.W. Brislin (Hg.). *Handbook of Intercultural Training*. 3 Bde. New York 1983, Bd. 1, 1–35, 32.
9 Ebd., 176–201, 195.
10 National Commission on Excellence in Education. *A Nation at Risk*. Washington, D.C.: US Government Printing Office, 1983, 5.

Verbindung mit Profit und Genozid zu sehen.[11] Für die kolonisierten Länder und ihre indigenen Menschen brachten sie Tod, Unterdrückung, Ausbeutung, die Zerstörung ihrer Kulturen und diskriminierende Benachteiligung bis in unsere Zeit. Diese Aspekte finden auch bis heute im Hinblick auf interkulturelle Konzepte (euro-)US-amerikanischer Provenienz offensichtlich wenig Berücksichtigung:

> »[the][...] need of the modern multicultural corporation to have personnel trained in intercultural relations is not, in principle, any different from the trappers of the Hudson's Bay Company who had to learn and accept Indian customs and folkways.«[12]

Entscheidender Bestimmungsfaktor sind wirtschaftliche Interessen. Entsprechend wird hier die komplexe historische Dimension der Kolonialisierung und ihrer Konsequenzen besonders für die Autochthonen durch die hegemoniale Kultur reduziert und instrumentalisiert.

3. Nationalstaat und kulturelle Vielfalt

Die kolonisatorische Expansion geschah weitgehend vor dem historischen Hintergrund nationalstaatlicher Entwicklung und Konsolidierung in Europa. Mit der Entstehung des bürgerlichen Nationalstaats konnte sich auch das Konzept einer Nationalsprache durchsetzen, das zur Verdrängung und Vereinheitlichung kultureller Erfahrungen, zur Minderbewertung, Marginalisierung und Zerstörung von Ausdrucksmöglichkeiten ganzer Bevölkerungsgruppen in Europa selbst geführt hat.[13] Das politische, ökonomische und kulturelle Projekt der Vereinigung Europas sieht nun im Maastricht-Vertrag vor:

> »Die Gemeinschaft trägt zum Aufblühen der Kulturen der Mitgliedstaaten in bezug auf ihre nationale und *regionale* Mannigfaltigkeit bei und stellt zugleich das gemeinsame kulturelle Erbe in den Vordergrund.«[14]

Die Versicherung des gemeinsamen kulturellen Erbes als auch des Respekts vor der kulturellen und sprachlichen Vielfalt aller Mitgliedstaaten stellt zwar einen Grundstein des Friedens zwischen den europäischen Nationen dar, berücksichtigt jedoch nicht fremdkulturelle Minderheiten in Europa.

Die gegenwärtige Diskussion um eine »multikulturelle Gesellschaft« in unterschiedlichen politischen Lagern Europas basiert auf dem politischen Scheitern der Nationalstaatlichkeit im Hinblick auf ökonomisch bedingte Entwicklungen, internationale Märkte, multinationale Konzerne, Ressourcenvernichtung, erzwungene zentralisierte Nationalstaatlichkeit. Und sie beruht auf der Befürchtung, durch Migranten eine postulierte nationalstaatliche Kultur (d.h. die hegemoniale Kultur) zu gefährden. Sie weist darauf hin, daß fremdkulturelle Minderheiten mehrheitlich in den europäischen Nationalstaaten nicht nur als bedrohlich wahrgenommen werden (»Überfremdung«), sondern auch Ziel von Anschlägen sind. Diese treffen Arbeitsimmigranten und ihre Familien sowie Menschen aus den ehemaligen Kolonien, die in ihre »Mutterländer« strömen, und Asylsuchende. Und sie trifft die jüdische Minderheit in Deutschland, zuletzt durch den Brandanschlag auf die Synagoge in Lübeck.

---

11 Dieter Buttjes. »Interkulturelles Lernen im Englischunterricht«. *Der fremdsprachliche Unterricht* 1 (1991), 2–9.
12 Brislin et al. »Conceptualizations«, Bd.1, 1.
13 Vgl. hierzu die Veröffentlichungen des Europäischen Büros für Sprachminderheiten in seiner Zeitschrift *Contact Bulletin*, Dublin.
14 § 128, Vertrag von Maastricht.

Wenn auch in Europa Grundrechte und Menschenrechte als Basis des menschlichen gesellschaftlichen Zusammenlebens gelten, so verhindern sie noch immer nicht Ausgrenzung und Unterdrückung. Bisher ist die »multikulturelle Gesellschaft« ein wenig definierter Begriff, der ebenso in respektierendes gleichwertiges Nebeneinander wie in kulturelle Anpassung oder Ghettoisierung einmünden kann. Die Entlastung durch den Begriff des Interkulturellen oder Multikulturellen ist nur eine vermeintliche; denn hinter der Hervorhebung kultureller Differenzen kann sich durchaus die Hinnahme rassistischer und ethnozentrischer Diskriminierung verbergen.

4. Das Problem »abrupter Kursänderungen« des Fremdsprachenunterrichts

Nationalstaatliche Sprachen- und Schulpolitik trugen dazu bei, eine gesellschaftliche Wertschätzung kultureller Vielfalt zugunsten einer Tendenz zu *social conformity, cohesion, consensus* zu verdrängen[15] und sprachlich vermittelte Wahrnehmung unterschiedlicher sozialer Erfahrungen aus dem staatlichen Bildungsprozeß auszuschließen.[16] Die hegemoniale Kultur, die konkurrierende Bewußtseinsformen und Lebensweisen in einem von ihr abgesteckten Rahmen interpretiert und bewertet, spiegelt sich auch im Bildungsmonopol Schule, einer Schlüsselinstitution für gesellschaftliche Qualifikations- und Sozialisationsprozesse.[17]

In diesem Kontext hat sich der Englischunterricht als ein Unterrichtsfach ausgewiesen, das sich der ideologischen Vereinnahmung und Instrumentalisierung durch die hegemoniale Kultur nationalstaatlicher Interessen kaum je zu entziehen wußte.[18] Den politischen Entwicklungen folgend kam es in den letzten einhundert Jahren im Fremdsprachenunterricht immer wieder zu »abrupten Kursänderungen«[19], die zeigten, daß gerade der Englischunterricht leicht zum Agens einer Institution wird, deren Zubringercharakter bzw. Behinderungscharakter bis heute deutlich ist: Stoff-Funktionalisierung, der die Funktionalisierung der Sprache zugrunde liegt, hat weitgehend paralysierende Wirkung. Auf der Grundlage allgemeinverbindlicher Deutungsschemata vermittelt die gegenwärtige gängige Alltagspraxis des Fremdsprachenunterrichts den Lernenden anstelle eines authentischen Kontextes sozialer und kultureller Erfahrungen dann auch eher die von Loveday[20] beklagten »recurring lessons in conformity«, in denen »das Rederecht amtlich verwaltet wird«.[21] Obwohl von der thematischen Breite die neuere Schulbuchgeneration und die Kursmaterialien für die Sekundarstufe II mit Sicherheit einen qualitativen Schritt in Richtung auf realitätsgerechte Inhalte gemacht haben, bleiben Probleme zu politischen, wirtschaftlichen und soziokulturellen Bereichen noch immer zu wenig berücksichtigt. Vor allem trifft das Inhaltsdefizit auf Aspekte von Lebenszusammenhängen zu, die aus

15 M. Craft (Hg.). *Education and cultural pluralism*. London: Palmer, 1984, 16.

16 Vgl. *Gulliver* 9, Argument-Sonderband AS 65, »Zweite Kultur« (1981),

17 Vgl. H.-P. Henecka, K.H. Wöhler. *Schulsoziologie. Eine Einführung in Funktionen, Strukturen und Prozesse schulischer Erziehung*. Stuttgart 1978; und K. Rutschky. *Deutsche Schul-Chronik. Lernen und Erziehen in vier Jahrhunderten*. Köln: Kiepenheuer und Witsch, 1987.

18 Vgl. z.B. die deutschen Auslandsstudien des Ersten Weltkriegs, den Englischunterricht im Nationalsozialismus. J.H. Harnisch, V. Kilian, U. Wickert. »Der Fremdsprachenunterricht seit 1945 – Geschichte und Ideologie«. Kramer (Hg.), *Bestandsaufnahme*, 1976, 3–45.

19 V. Raddatz. *Die Neueren Sprachen* 4 (1981), 338.

20 L. Loveday. *The sociolinguistics of learning and using a non-native language*. Oxford: Pergamon, 1982, 132.

21 W. Hüllen, zit. n. U. Rampillon. »Englisch lernen – wozu? Zur Entwicklung interkultureller Gesprächskompetenz im Englischunterricht der Sekundarstufe I«. *Neusprachliche Mitteilungen* 42 (1989), 7–11.

der Sicht der Betroffenen authentisch thematisiert werden. Damit begibt sich der Fremdsprachenunterricht seiner Möglichkeit, unterschiedliche soziale Erfahrungen, Lebensweisen und Handlungsmöglichkeiten von Angehörigen unterschiedlicher Kulturen in Kontakt zu bringen.

Bildung und Erziehung sind auf Gegenwart und Zukunft gerichtet. Demnach lassen sich Ziele und Inhalte nur dann gewinnen, wenn eine Vorstellung von der Zukunft besteht und deutlich wird, in wessen Interesse Fremdsprachenunterricht wirksam werden will. Dieser Grenzbereich zwischen wissenschaftlicher Aussage und politischer Option erfordert intersubjektiv nachprüfbare Aussagen und Entscheidungen und die Orientierung an einer interessenbewußten Fachdidaktik, der es nicht primär um Anpassungsleistung der Lernenden gehen kann und damit um die bloße Erfüllung von sogenannten Bedürfnissen der Gesellschaft. Hingegen geht es darum, »die gesellschaftliche Existenz zugleich zu ermöglichen und sie zu kritisieren und zu verändern: sie also ›in Freiheit‹ zu bestehen«.[22]

5. Cultural Studies und kulturelle Vielfalt

Wie kein anderes Fach überschreitet gerade der Fremdsprachenunterricht sprachliche, kulturelle und politische Grenzen. Hier erhält die Frage Gewicht, welche die Erkenntnismöglichkeit unserer Welt als Teil der Frage nach einer menschenwürdigen, gleichwertigen Existenz begreift. Wird die Erkenntnis von Wirklichkeiten mit dieser Fragestellung zum konstitutiven Element fremdsprachlichen Unterrichts und Lernens, dann können sich besonders in ihm grenzüberschreitend und mit Respekt vor anderen Kulturen Erkenntnis und Bewußtwerdung vollziehen. Schon Heydorn weist darauf hin, daß »die Erfahrung eines neuen Weltsinns [...] nur über die Erkenntnis des Wirklichen, mit dem wir real konfrontiert sind, gewonnen werden«[23] kann. Dieser »neue Weltsinn« basiert auf der Erfahrung qualitativer Verschiedenheiten und Gemeinsamkeiten von Menschen unterschiedlicher Kulturen, unterschiedlicher ethnischer Zugehörigkeit, verschiedenen Geschlechts und sexueller Präferenz, unterschiedlicher sozio-ökonomischer Lebenszusammenhänge. Eine solche differenzierende Erweiterung von Erfahrungen ist auf Bewußtsein und Solidarität der Menschen im Hinblick auf eine menschenwürdige Zukunft gerichtet.[24]

Die in der 80er Jahren auf der Grundlage der *Cultural Studies*[25] entworfenen Unterrichtsprojekte[26] machen deutlich, daß die Zugehörigkeit zu einer bestimmten Klasse, zu einer Region, zu einer Ethnie, zu einem Geschlecht kulturell wirksam ist und daß es geschlossene und einheitliche Kultursysteme ebensowenig gibt wie *eine* einheitliche homogene Öffentlichkeit einer Nation. Allein diese Projekte verdeutlichen, daß ein fremdsprachliches Curriculum seine Inhaltlichkeit aus einer Vielfalt kultureller Traditionen beziehen kann, die über die englische Sprache vermittelt werden. Sie entsprechen politischen Kul-

---

22 H. v. Hentig. »Allgemeine Lernziele der Gesamtschule«. Deutscher Bildungsrat. *Lernziele der Gesamtschule. Gutachten und Studien der Bildungskommission*. Bd.12. Stuttgart: Klett, 1969, 14.
23 H.J. Heydorn. *Ungleichheit für alle. Zur Neufassung des Bildungsbegriffs*. Bildungstheoretische Schriften, Bd. 3. Frankfurt/M.: Syndikat, 1980.
24 S. Markmann. *Kulturelles Lernen im Englischunterricht*. Frankfurt/M.: Lang, 1992.
25 Vgl. hierzu u.a. »Zweite Kultur«. *Gulliver* 9 (1981).
26 Vgl. hierzu die Projekte in D. Buttjes (Hg.). *Landeskundliches Lernen im Englischunterricht*. Paderborn: Schöningh, 1981; Lehberger, Lange (Hg.). *Cultural Studies*; J. Kramer, E. Mans, A. Vielau (Hg.). *Projekt Fremdsprachenunterricht 3. Englischunterricht in der Sekundarstufe II*. Stuttgart: Metzler, 1981; die Projektbeschreibungen in den Fachzeitschriften *Gulliver* und *Englisch-Amerikanische Studien (EAST)*.

turen des historischen und gegenwärtigen Alltags und bieten den Lernenden im Medium der zu erlernenden Sprache Anknüpfungspunkte, Orientierung, Denk- und Handlungsperspektiven.[27] Letzteres vor allem auch deshalb, weil sie die gesellschaftlichen Bedingungszusammenhänge der zu vermittelnden und erkennenden Lebens- und Bewußtseinsformen thematisieren. Der von Menschen gestaltete, angeeignete und gemeinsam veränderte oder zu verändernde Bedingungsrahmen ihrer Existenz und seine sprachliche Gestaltung und Vermittlung dienen der Sensibilisierung gegenüber entfremdeten, universalistischen Alltäglichkeiten. Transparent gemacht werden sowohl gegen-hegemoniale Bestrebungen der beherrschten und benachteiligten Kulturen, Ethnien, Klassen als auch Formen und Funktionen hegemonialer Kulturen.

Die Projekte basieren auf einem *integrierten Curriculum* von Kulturen und deren sprachlicher Vermittlung, wobei Differenzen und Gemeinsamkeiten weder historisch noch sozial unterschlagen werden. Im Sinne eines *handlungsorientierten* Fremdsprachenunterrichts weisen sie über den engen Rahmen schulischer Vermittlung hinaus und korrespondieren mit der Forderung des Schulgesetzes, die Lernenden zu befähigen, »die Grundrechte für sich und jeden anderen wirksam werden zu lassen« und »zur Gestaltung der demokratischen Gesellschaft beizutragen«.[28]

Dieses Konzept sieht den Fremdsprachenunterricht als inhaltliche Vorbereitung der Lernenden auf eine gesellschaftspolitische Praxis, in der das Umgehen *miteinander* bedeutsam ist und in der Menschen die Folgen ihrer Handlungen abzuschätzen wissen, um sich so zu entscheiden und zu verhalten, daß die anderen nicht in ihren Lebensmöglichkeiten eingeschränkt oder in ihrer Würde verletzt werden. Interkulturelles Lernen, das auf dem *Cultural Studies* Ansatz beruht, ist handlungsorientiert-politisches Lernen[29] und eng verknüpft mit dem von Johan Galtung[30] entwickelten Friedensbegriff, der die Ebenen der internationalen, innerstaatlichen und zwischenmenschlichen Beziehungen umfaßt.[31]

6. Voraussetzungen interkulturellen Lernens

Die *Cultural Studies* haben unter anderem nachgewiesen, daß »gerade Themen, die häufig als subkulturell ausgegrenzt und marginalisiert werden, von den zentralen gesellschaftlichen Widersprüchen der gegenwärtigen Epoche bestimmt«[32] sind. Eine praktische Veränderung des Umgangs mit Wirklichkeiten erfordert deshalb Widerstand gegen jene Kräfte, die zur gesellschaftlichen Wertebildung beitragen, indem sie über ihre Institutionen Wirklichkeiten ausgrenzen und marginalisieren. Zudem impliziert sie die Aufdeckung von Rassismus, Ethnozentrismus, Sexismus in Kultur, Gesellschaft, Bildungspolitik, in Curricula, Lehrplänen und Unterrichtsinhalten. Damit gehört sowohl der Außenbezug als auch der kritische Gesellschaftsbezug in einen theoretisch-methodischen Rahmen, der eine inhaltsorganisierende und strukturierende Funktion zur Erfassung komplexer Wirklichkeiten für den Fremdsprachenunterricht hat.

---

27 J.-U. Davids. »Orientierung und Identität. Stichworte zu einer emanzipatorischen Landeswissenschaft«. Buttjes (Hg.), *Landeskundliches Lernen*, 30–49.
28 *Niedersächsisches Schulgesetz* GVBL. Nr.19 (1974), 290.
29 Lehberger, Lange (Hg.), *Cultural Studies*, 12.
30 J. Galtung. *Strukturelle Gewalt. Beiträge zur Friedens- und Konfliktforschung*. Reinbek: Rowohlt, 1980 (1977).
31 Vgl. hierzu u. a.: I. Harks Hanke. »Ansatzpunkte für Friedenserziehung im Englischunterricht der Sekundarstufe I«. *EAST* 2/3 (1983), 218–227.
32 Lehberger, Lange (Hg.), *Cultural Studies*, 8.

Offensichtlich korrespondiert diese Prämisse auch mit den traditionellen Zielvorstellungen des Fremdsprachenunterrichts, die »Stereotypenabbau, Kooperation, Völkerverständigung und internationale Solidarität« umfassen.[33] Letztere bleiben jedoch Leerformeln und offen für Beliebigkeit, wenn sie nicht für den konkreten Fremdsprachenunterricht aufgeschlüsselt werden. Konsequenzen für didaktische und methodische Veränderungen des Unterrichts liegen auf der Hand. Sie lassen sich daran messen,

> »inwieweit sie dazu beitragen, die Fähigkeit der Lernenden zum selbstbestimmten Lernen (und Handeln) in eigener Verantwortung zu entwickeln und in welcher Relation die Art und Weise der Aneignung und Vermittlung von Informationen, Erkenntnissen, Fähigkeiten, Fertigkeiten und sozialen Kompetenzen zu dem Interesse nach [...] Veränderung der Realität stehen.«[34]

Hier werden zwei Ebenen des Unterrichts angesprochen, die die Zusammenhänge zwischen Orientieren, Verstehen und Handeln im Hinblick auf ein menschliches und solidarisches Miteinander – zunächst in der Lerngruppe selbst – herstellen können.[35] Als Voraussetzung für die Erfahrung gemeinsamen, solidarischen Lernens müßte eine dialogische Konzeption die vorherrschend monologische Struktur unterrichtlicher Kommunikation ablösen; denn Problembewußtsein, Erkenntnisse, Kritikfähigkeit, Verhaltensweisen und ein Denken, das mit der Wirklichkeit zu tun hat, finden im Vorgang partnerschaftlicher Kommunikation statt.[36] Dazu bedarf der Fremdsprachenunterricht zudem einer Inhaltlichkeit, der nicht mehr die Dinge wesentlich sind, sondern die Menschen selbst in ihrer jeweils gesellschaftlichen Lebensbedingtheit, in ihrem Handeln, Denken, Empfinden und Wollen innerhalb gesellschaftlicher Machtverhältnisse.

7. Interkulturelles Lernen: Distanz und Aneignung

Da das Medium individueller und kollektiver Erfahrung die Sprache ist, erschließt sich der Zugang zur kulturellen Ferne durch Erzählen, d.h. durch Texte.[37] Wesentlich für ihr Verstehen ist ihre Kontextgebundenheit, denn kulturelle Verschiedenheit kann dazu führen, daß manche Texte außerhalb ihres Entstehungs- und Erfahrungszusammenhangs gar nicht verstanden werden können. Faktisch heißt dies, daß Kontext und Inhalt in ihrer politischen, ökonomischen, kulturellen Relevanz erwiesen werden müssen, die nicht dem Zufall, sondern aufdeckbaren Zusammenhängen unterliegen.

Das führt im Fremdsprachenunterricht zu einer Neubestimmung der Rolle von Sprache, Text und Kultur, wie sie die *Cultural Studies* vor allem im Hinblick auf die »Zweite Kultur« schon definierten[38] und wie sie in den handlungsorientierten Projekten zur Situation von Frauen, ethnischen und sozialen Minderheiten, zur Kinderkultur, zur Arbeiterkultur ihren Niederschlag fand.[39] Sie fordern auf zur Beschäftigung und Konfrontation

---

33 Vgl. D. v. Ziegesar. »Friedenspädagogische Lernziele im Fremdsprachenunterricht«. *Linguistische Berichte* (1976), 76–87.

34 Markmann, *Kulturelles Lernen,* 73.

35 Ebd., 63ff.

36 P. Freire. *Erziehung als Praxis der Freiheit.* Stuttgart, Berlin: Kreuz, 1974; und ders. *Pädagogik der Unterdrückung.* Reinbek: Rowohlt, 1977 (1973).

37 Vgl. J.-U. Davids, P. Schmoll. »Das Fremde im Englischunterricht«. *EAST* 3 (1986), 23–35.

38 *Gulliver* 9 (1981), »Zweite Kultur«.

39 Vgl. Fußnoten 2 u. 6; S. Markmann, H. Lutz. »Situation of Women in Society«. *Kontrast* 3 (1978); P. Schmoll. »Is this why they came here?: Drei Unterrichtsbeispiele zum Thema ›Blacks and Asians in Britain‹«. *EAST* 1 (1981), 63–82; M. Kraft. »Kulturelle und fremdsprachliche Kompetenz im Literaturunterricht. Black Women Writers – ein Unterrichtsbeispiel für die Sekundarstufe II«. *EAST* 2 (1986), 239–263.

mit fremdkulturellen und fremdsozialen Erfahrungen, die mehrheitlich Konfliktsituationen auslösen, die zur kritischen Auseinandersetzung mit der gesellschaftlichen Wirklichkeit und dem eigenkulturellen Orientierungssystem auffordern.

In der Annäherung an Texte treffen das Bedeutungspotential des Textes und die Rezeptionssituation der Lernenden mit ihren Erwartungen, Vorkenntnissen und Lebenserfahrungen aufeinander. Im Akt des Lesens werden das Fremde und das Eigene vermittelt, so daß Verstehen in dem Spannungsverhältnis von Verunsicherung und Bestätigung, Abwehr und Neugier, Horizontverschiebung und Voreingenommenheit realisiert wird. Die Auseinandersetzung mit dem Fremden des Textes auf der Basis vertrauter Annäherungsstrategien führt zur Entdeckung des Vertrauten und Fremden bei sich selbst, so daß Distanz und Aneignung in ein doppeltes Spannungsverhältnis treten:

> »Verstehen ist immer sowohl Distanz vom Fremden (im Text/Leser) und vom Eigenen (im Leser/Text) als auch Aneignung des Fremden (im Text/Leser) und des Eigenen (im Leser/Text). Die fremdsprachliche Spezifik liegt nicht allein in der Überwindung der Distanz von Muttersprache und Fremdsprache, sondern in der Aufhebung der historischen, soziokulturellen und sprachlichen Distanz«[40]

und im Erkennen von Differenz und Gemeinsamkeit.

8. Überwindung des »kulturellen Ghettos«

Die angestrebte interkulturelle Offenheit und Fähigkeit zur Auseinandersetzung mit fremden Kulturen erfordern sowohl Bewußtsein als auch Eingeständnis der eigenen Subjektivität. Nur, wer sich der eigenen kulturellen Gebundenheit bewußt ist, kann die Bedingungen anderer Kulturen erkennen und begreifen und Menschen anderer Lebensweisen nach Region, Klasse, Ethnie, Geschlecht, sexueller Präferenz, Alter und Religion mit Respekt begegnen. Vor allem erfordern sie die Bereitschaft, alles von der eigenen Kultur Abweichende nicht in den eigenkulturellen Rahmen einordnen zu wollen, sondern der Differenz mit Respekt zu begegnen. Wesentlich dabei ist, Vielfalt, Widersprüche, Abweichungen sowohl kulturintern als auch interkulturell so zur Sprache zu bringen, daß Unterschiede historischer, kultureller und sozialer Art differenziert wahrgenommen werden können. Es geht nicht mehr um bewertende Kritik durch Vergleich, sondern um selbstkritische Rücknahme vertrauter Vorstellungen durch Begegnung[41] mit dem Ziel, das »kulturelle Ghetto«[42] der eigenen Befangenheit und die Fremdheit im eigenen Denken zu überwinden. Auf diese Weise trägt die interkulturelle Begegnung im Fremdsprachenunterricht mit einer einzelnen Fremdsprache nicht zur Integration in eine bestimmte Gesellschaft bei, sondern zu grenzüberschreitender Handlungsfähigkeit, die auf Empathie und Solidarität beruht.[43]

---

40 Vgl. hierzu J. Kramer. *Cultural and Intercultural Studies*. Frankfurt: Lang, 1990, 15ff.
41 Buttjes, »Interkulturelles Lernen«, 7.
42 M. Borelli. »Interkulturelle Pädagogik als pädagogische Theoriebildung«. Ders. (Hg.). *Interkulturelle Pädagogik*. Baltmannsweiler 1986, 8–36.
43 Vgl. G. Bach, J.-P. Timm (Hg.). *Englischunterricht. Grundlagen und Methoden einer handlungsorientierten Unterrichtspraxis*. Tübingen 1989, 72f u. 82f.

Dieter Kinkelbur, Stefan Kliesch

Friedensarbeit zwischen Spontaneität und Verwissenschaftlichung oder: Ein Plädoyer für die Komplementarität und Synergie von lokaler und kommunaler Friedensarbeit[1]

> »Zerstörung war bislang in Einzelprobleme zerlegt: ein Staudamm, ein Wald, ein Berggebiet. Aber jetzt, mit der weltweiten ökonomischen und technologischen Integration gehen wir auf eine *integrierte Zerstörung* zu. Daher ist jetzt auch die integrierte Antwortstrategie die einzig wirksame Arbeitsgrundlage.«[2]

Heutige Friedensarbeit mit ihren Erfahrungen und Möglichkeiten sowie ihrem Wissen um die eigenen Grenzen steht eher am Rande der öffentlichen und wissenschaftlichen Aufmerksamkeit. Machen Sie die Probe aufs Exempel und suchen Sie ein Kapitel oder das Stichwort »Friedensarbeit« in einem städtischen Jahresbericht oder einem neueren politikwissenschaftlichen Einführungs- und Studienbuch zur Kommunalpolitik[3]. Welche Analysen und Überlegungen finden sich dort, »Gewalt in der Stadt«[4] aufzudecken und Perspektiven eines gewaltärmeren Zusammenlebens zu erschließen? Bleibt sogar die Aufgabenstellung, friedliche Sozialbeziehungen zwischen den Menschen und gegenüber der Natur zu fördern, einem kommunalen Verwaltungshandeln in einer zutiefst heterogenen und konflikträchtigen Weltgemeinschaft äußerliche und für das eigene Handeln in dieser sozialen Organisation ferne Zwecksetzung?

Wir vertreten hier im folgenden die Auffassung, daß es für jede demokratische Selbstverwaltungsinstitution von Bürgerinnen und Bürgern eine beständige Aufgabe und gewiß auch eine vornehme Pflicht ist, für den Frieden zu sorgen. Die vielgestaltige Arbeit am umfassenden Frieden ist schon längst nicht mehr und war noch nie auf den Bereich der großen, als undurchschaubar erfahrenen Weltpolitik einzuschränken. Sicherlich fallen einerseits auf den internationalen Ebenen und Bühnen des Welttheaters wichtige Entscheidungen über Krieg und Frieden[5], dennoch bleiben einer Friedensarbeit, die vor Ort an lokalen Fragen ansetzt und sich den Problemlagen in der Welt zuwendet, genügend Handlungsspielräume, um Frieden konkret auszugestalten. Jede Form der Unterordnung der Theorie und Praxis von Friedensarbeit vor Ort unter internationale oder globale Friedensbemühungen impliziert eine Aushöhlung jeglicher weltgesellschaftlichen

---

1 Der Beitrag ist aus einer Lehrveranstaltung zur »Einführung in die Friedens- und Konfliktforschung« an der Universität Osnabrück im Wintersemester 1993/94 heraus entstanden und dient als Einführungstext für ein Lehrangebot über »Kommunale Friedensarbeit« an Universitäten und Fachhochschulen. Ein didaktischer Anhang über szenisches Lernen in einem Planspiel (»Krieg in Europa – Frieden in der Stadt?«) ist in Vorbereitung und kann bei den Autoren angefordert werden. Für die Hilfe bei der Erstellung der Schautafeln danken wir Stefan Breer.
2 Vandana Shiva, Alternative Nobelpreisträgerin, Stockholm, Karl Jaspers-Professorin, Oldenburg; zit.n. Weizsäcker, Bücking, 153.
3 Wir empfehlen zum Studium des politischen Handlungsspielraums von Gemeinden den Sammelband über »Kommunalpolitik« von Roth, Wollmann 1994. Hilfreich und lehrreich zugleich ist es auch, als Bürger/in Rat und Verwaltung der eigenen Kommune anzuschreiben und um Informationen zu den kommunalen Friedensaktivitäten und den finanziellen Aufwendungen zu bitten.
4 Vgl. dazu die zweibändige explorative Studie von Steinweg u.a. 1994.
5 Insbesondere die Politikwissenschaftlerin und Rechtsextremismusforscherin Christiane Rajewsky hat in ihren Beiträgen zum Thema auf die Überdeterminiertheit der »unteren« von den »oberen« Sozialebenen hingewiesen, ohne jedoch die persönlichen Handlungsalternativen, kommunalen Entscheidungsmöglichkeiten und regionalen Gestaltungschancen zu vernachlässigen.

Friedensarbeit, die auf eine vielfältige Handlungspraxis von Menschen auf den verschiedenen Sozialebenen angewiesen ist. Zugleich negiert eine auf Ungleichheit beruhende Gewichtung und Gegenüberstellung zuungunsten der vermeintlich »unteren« Sozialebenen bezüglich der zu leistenden Friedensarbeit die Mündigkeit sowie Eingriffs- und Mitgestaltungspotentiale jeder/s Einzelnen und fördert auf der personalen Ebene eine kontraproduktive Haltung des »Nicht-Zuständigseins« (Ohrensesselmentalität) mit den langfristig erfahrbaren Rückwirkungen auf alle anderen, vermeintlich »übergeordneten« Sozialebenen des letztlich *einen* Friedenhandelns. Entgegen einer der etablierten Politik geläufigen Praxis und einer dazugehörenden politikwissenschaftlichen Denktradition, die Sorge um und für den Frieden auf andere Personen und höhere Entscheidungsinstanzen zu delegieren, wird hier von uns zugunsten einer direkten Zuständigkeit der Bürgerinnen und Bürger in den Fragen des Lebens und des Überlebens argumentiert. Daß eine unmittelbare Kompetenz in den Fragen von Krieg und Frieden, von Bunkerbau und etwa auch Wehrpflichtigenberatung, sofern sie kommunale Belange betreffen, für das lokale Gemeinwesen besteht, wird nach den Debatten der 80er Jahre inzwischen sogar von der Rechtssprechung (BVerwG 7 C 37.89, 40.89, 53.89, 54.89, 58.89 und 10.90) nicht mehr in Zweifel gezogen. So bleibt die Frage, wie eine Friedensarbeit konzipiert, entfaltet und ausgestaltet wird, welche die lokale und kommunale Friedensarbeit[6] gewissermaßen auf die Füße stellt, und den beiden Seiten des friedenspolitischen Engagements vor Ort damit Kontinuität und Wirkung, Dauer und Einfluß verschafft?

Lediglich ein Artikel in der fünfbändigen Edition der *Osnabrücker Friedensgespräche* im Zeitraum von 1987 bis 1993[7] behandelt den möglichen Beitrag der Kommunen zur Förderung des Friedens. Hans-Gert Pöttering skizziert dort die Subjektrolle der Gemeinden, wenn er auf die Erfahrungen mit internationalen Städtepartnerschaften unter der Fragestellung »Konsumenten oder Gestalter des Friedens?« eingeht. Hier kann nicht auf Aktivitäten von Städten und Kreisen im Gefolge der öffentlichen Debatte über den NATO-Aufrüstungsbeschluß von 1979[8] im einzelnen eingegangen werden. Trotz vorliegender Dokumentationen der Zusammenkünfte[9] fehlt noch immer ein Überblick über die Bemühungen der – nun auch Städte aus den fünf neuen Bundesländern umfassenden –

---

6 Wir plädieren hier dafür, bei der Konzeptualisierung einer kommunalen Friedensarbeit und Friedenserziehung an die Überlegungen, Analysen und Modelle der frühen 1970er Jahre (vgl. u.a. Bahr 1972; Bahr, Gronemeyer 1974, Zoll 1974) anzuschließen. Im Gegensatz zur sozialpädagogischen Theorie und Praxis hat die Gemeinwesenarbeit in den 1980er Jahren eine Verknüpfung zu Friedensproblemen und -perspektiven nachhaltiger durchgehalten.

7 Die großen Friedensforschungsinstitute in der Bundesrepublik haben sich – wie die Politikwissenschaft an den Universitäten ebenso – mit dem Untersuchungsgebiet einer Friedensarbeit im Mikrobereich immer schwer getan. Von daher fehlen auch Einführungs- und Studienbücher zur Sache; auch sind Artikel in den sozialwissenschaftlichen Fachzeitschriften kaum nachweisbar. Drei Sammelbände aus den letzten zehn Jahren (Gronemeyer, Gronemeyer 1982; Gugel, Jäger 1988; Alfs, Dominikowski 1993) bieten einen ersten Einblick in das Thema, können aber bestehende Forschungslücken nicht verbergen.

8 Ein Ausfluß der damaligen politischen Diskussion ist der im *Handbuch Kommunale Friedensarbeit* (219–221) dokumentierte Friedensbeschluß des Kreises Minden-Lübbecke von 1985. 1990 hat die Stadt Minden im Zusammenhang mit der Diskussion über die Truppenreduzierungen der Bundeswehr einen eigenen Friedensbeschluß gefaßt; diese westfälische Kommune hat auch später eine offizielle Partnerschaft mit den Friedensgruppen vor Ort geschlossen. Zu den Hintergründen und der Tradition dieser lokalen und kommunalen Friedensarbeit auf dem Land vgl. Menze 1993.

9 Die »Gemeinden für den Frieden« haben ihre Treffen in Broschüren dokumentiert (Bezugsliteratur). Daß es den Kommunalvertretern und den in diesem Zusammenschluß mitwirkenden Städten und Gemeinden nicht gelungen ist, darüber hinaus Aktivitäten zu entfalten und Materialien für die Arbeit von Kommunen zu erstellen, kann nur als ein Versäumnis betrachtet werden. Dieser Zusammenschluß von Kommunen, dessen Zusammenkunft für über 200 friedenspolitisch aktive Gebietskörperschaften nach einem ersten gesamtdeutschen Treffen (1992 in Erfurt) 1994 in Recklinghausen stattfindet, korrespondiert im Umweltbereich mit dem »Klimabündnis der Städte gegen das Ozonloch«, Philipp-Reis-Str. 84, D-60486 Frankfurt/M. In dem schweizerischen Gegenstück zu den Friedensgemeinden, den »Gemeinden Gemeinsam«, Hotel de Ville, CH-2800 Delémont, können neben den Kommunen auch Körperschaften des öffentlichen Rechts, nichtstaatliche Organisationen und natürliche Personen Mitglied werden.

»Gemeinden für den Frieden«. Gerade nach der Involution des Ost-West-Konfliktes behält das von Pöttering empfohlene Prinzip, vom Kennenlernen und der Versöhnung zum gegenseitigen Lernen zu kommen, seine bereits damals erkannte west- und osteuropäische Dimension im Rahmen der politischen Friedensgestaltung. Die Kommunen haben heute bei der eigenen Partnerschafts- und Entwicklungszusammenarbeit ihre gesamteuropäische und weltgesellschaftliche Rolle neu zu entdecken.

Bei aller Verschiedenheit bezüglich der Bemühungen, bei einer sehr unterschiedlichen Methodenauswahl und bei einem im Vergleich mit anderen Etatposten finanziell geringen Mitteleinsatz, der vielerorts jedes Jahr von Gruppen oder einzelnen Einrichtungen den Entscheidungsgremien abgerungen werden muß, kann Friedensarbeit als eine Herausforderung an ein Tätigsein im Handlungskontinuum mit den Polen Krieg und Frieden, die unversöhnliche Gegensätze darstellen, betrachtet werden. In einem zunächst negativ definierten Verständnis von Friedensarbeit werden wesentliche Bestandteile der Begriffskomposition »Friedens-Arbeit«, das heißt ihre substantiellen Implikationen, aufeinander zu beziehen und in ihrem Gegen- und Wechselseitigkeitsbezug zu sehen sein. Friedensarbeit ist weder vorrangig die Umsetzung wissenschaftlicher, auch nicht friedenswissenschaftlicher Ergebnisse, noch allein der punktuelle Protest gegen Aufrüstungs- und Militarisierungsmaßnahmen. Zum einen begreifen wir hier »Frieden« als Prozeß und gesellschaftlich herzustellenden Zustand, zum anderen ist »Arbeit« Ausdruck einer vita activa einer professionellen, nicht jedoch unbedingt professionalisierten Arbeit gegen Gewalt[10]. Darüber hinaus ist es unsere Absicht, den Begriff der Friedensarbeit weiterzufassen und zu beobachtende vielfältige Arbeitsweisen und potentielle Handlungsfelder einzufassen. Friedensarbeit ist ein subjektorientiertes Handeln für die Verwirklichung der politischen Utopie eines unteilbaren Weltfriedens in einem gesellschaftlichen Prozeß abnehmender Gewalttätigkeit und zunehmender partizipativer Gerechtigkeit.

In den folgenden Gesichtspunkten führen wir dieses Verständnis von Friedensarbeit aus und erläutern seine qualitativen Aspekte näher. Innerhalb der beiden ersten Kapitel wird zu begründen sein, warum heute Friedensarbeit geleistet werden muß und sie sich dabei unter der Hand zunehmend auch als Berufsfeld entwickelt; in den beiden folgenden Kapiteln fragen wir danach, wer Friedensarbeit leistet und gegen wen oder was sie sich richtet; danach wird in den beiden abschließenden Kapiteln umrissen, wo mögliche Schwierigkeiten, Fehler, aber auch Erfolge bei der »Weiterarbeit am Frieden« liegen. Die eingefügten Schautafeln dienen nicht nur dazu, unsere Überlegungen zu veranschaulichen, vielmehr verdeutlichen wir in unseren thesenartigen Formulierungen diese selbst, ohne jedes einzelne Stichwort zu erklären.

1. Die Welt wächst zusammen – gegenwärtige Globalisierungstendenzen: Der offene Handlungsrahmen für die Arbeit am Frieden

Die Menschen in den westlichen Industriegesellschaften stehen und leben hier und jetzt in einer »paradoxen« Situiertheit. Einerseits trägt ein rasender Individualisierungsschub

---

10 »Arbeit« ist zum einen nicht nur bezahlte Lohnarbeit und zum anderen auch immer geleistete Beziehungsarbeit. Vgl. dazu die Überlegungen bereits von Arendt 1972, die Arbeiten feministischer Theoretikerinnen sowie die Debattenbeiträge im Themenheft der *Deutschen Zeitschrift für Philosophie* 2 (1993) von Kambartel, Kurz-Scherf u.a. über einen erweiterten, »positiven« Arbeitsbegriff. Weitaus stärker als in unseren Überlegungen wird jeder Konzeptualisierungsversuch von Friedensarbeit das implizite Arbeitsverständnis stärker bedenken müssen, auch die Chancen und Gefahren des Überschlags von Arbeit in Berufsarbeit. Pointiert formuliert: Die Friedensarbeit in Deutschland steckt gegenwärtig in den Fallstricken ihrer Semi-Professionalität.

von unten dazu bei, daß sich sehr verschiedenartige Lebenssituationen und Sozialkontexte herausbilden, andererseits ist der Globalisierungsdruck von oben so kräftig, daß weltweite Zusammenhänge und Wechselbeziehungen zu einer Zunahme von tatsächlicher und erfahrbarer Komplexität beitragen[11]. Bei den gegenwärtigen Problemlagen sind diese beiden gegenläufigen Prozesse, die sich in einer Unübersichtlichkeit und Ungleichzeitigkeit zusammenfügen, ineinander verwickelt, wodurch die bisherige Ressortierung der Bearbeitung oder Erledigung aktueller Herausforderungen vielfach obsolet wird. Ein Beispiel verdeutlicht die Verschränkung der Problemfelder und das klassische Politikbereiche übergreifende Problem: Militärische Altlasten nach dem Ende der Ost-West-Blockkonfrontation stellen auf inzwischen verlassenen Truppenübungsplätzen nicht nur eine nachhaltige und mitunter irreparable Umweltzerstörung dar, sondern sie bilden auch vielerorts den Bezugspunkt einer öffentlichen Debatte, in der supranationale Verteidigungspolitiken, wirtschaftspolitische und kommunale Interessen sowie verschiedene Handlungs- und Entscheidungsakteure zur Geltung kommen.

Die vor Ort sich auswirkenden Globalisierungstendenzen tragen dabei hinter dem Rücken der Involvierten zu einer Politisierung des Alltags bei, die subjektiv oftmals als Verlust von Kompetenzen gesehen, in einer klagend-resignativen Haltung bis hin zur politischen Apathie ausgedrückt und als Ohnmacht erfahren wird. Dieser Distanzverlust gegenüber fernen Weltgegenden und dem vormals abenteuerlich-nostalgisch, nun jedoch bedrohlich Fremden führt nicht aus sich heraus zu einer Wiedergewinnung oder Neuaneignung der politischen Handlungsfähigkeit von Einzelnen oder Kollektiven. Im Gegenteil: In der modischen Formel »Global denken – lokal handeln« verfestigt sich gerade auch bei einer Sensibilisierung für die großen Weltfragen und -probleme über eine Konzentration auf den zugewiesenen Sozialraum des Nahbereiches eine Ort- und Heimatlosigkeit in der Weltgesellschaft. Wir plädieren hier im Sinne eines emanzipatorischen Prozesses[12] dafür, daß zum einen für die unerläßliche Standortbestimmung des eigenen und auch des potentiellen Handlungsspielraumes bei der Analyse von der globalen Perspektive zu den anderen Ebenen vorangeschritten wird – gewissermaßen das Besondere im Allgemeinen zunehmend deutlicher herausgearbeitet wird –, zum anderen für die Wahrnehmung der jeweiligen möglichen Handlungsdimension die Auswahl und auch der Wechsel von Sozialebenen demgegenüber unerläßlich ist. Mit Hilfe des »offenen Handlungsraums der Friedensarbeit« kann nach der Lokalisierung und Verortung von sozialer Praxis in einem als »Würfel« konstruierten Deutungsmodell[13] gefragt werden, um so unter anderem auch Leerstellen und Handlungsalternativen in der Sozialpraxis von Einzelnen und Gruppen kennenzulernen. Absicht kann es dabei nicht sein zu zeigen, was alles nicht geleistet wird, sondern wer in seinem jeweiligen von Raum und Zeit her

---

11 Wir beziehen das von Beck in seinen Büchern *Risikogesellschaft* (1986) und *Gegengifte* (1988) aufbereitete empirische Material und die sozialtheoretischen Analysen von Giddens aufeinander, ziehen es aber nur, von Gegenkräften zu reden. Auf das »Innen« in einem und das »Draußen« gegenüber einem jeden System erlauben wir uns hinzuweisen, um nicht eine technologische Formierung zu verabsolutieren und einer Entmachtung von Menschen das Wort zu führen.

12 Emanzipation bedeutet in unserem Kontext den offensiven Prozeß der inneren und äußeren Befreiung aus dem Hergekommenen und Geprägtsein (Weltanschauung, Vorurteile, Werte und Handlungsmaximen) zum Selbst. Philosophisch ausgedrückt meint Emanzipation somit die notwendige Selbsttranszendierung als das Sich-Verlassen in das Eigene als überaus politischen Prozeß mit praxeologischer Option.

13 Wir modifizieren und erweitern auf den Ebenen sozialer Beziehungen hier den von der »Initiative Friedenswissenschaft Münster«, einem Arbeitskreis von Studierenden und jüngeren Wissenschaftlern in einem Diskussions- und Beratungsprozeß entwickelten »offenen Handlungsraum der Friedensarbeit« (vgl. Alfs, Dominikowski u.a. 1993, bes. 21). Neben der kommunikationsfördernden Funktion des Modells betont der »Würfel« handlungsbezogene Dimensionen, die in den Modellbildungen der Friedensforschung in den 70er Jahren zwar postuliert, aber selten ausgeführt worden sind.

begrenzten Sozialkontext Aspekte eines positiven Friedens in die mehrdimensionale Friedensarbeit gegen Gewalt und für soziale Gerechtigkeit in einer zusammenwachsenden Welt einbringt.

Schautafel I: *Offener Handlungsraum Friedensarbeit*

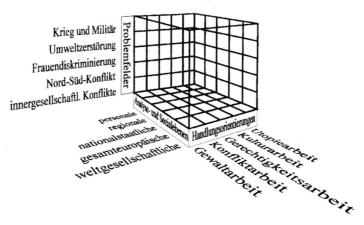

Der Würfel veranschaulicht, daß die Haltung einer kritischen und selbstkritischen Interrogativität auf allen Sozialebenen im Widerspruch zu den destruktiven Globalisierungstrends im Weltmarkt möglich und heute ein mehrdimensionales Friedenshandeln nötig ist. Als spielerisch-dynamisches Erkenntnisinstrument dient der Würfel zur individuellen und kollektiven Standortbestimmung und Verortung. Er bietet Freiraum für Interessen und Schwerpunkte unter Benennung eigener Fähigkeiten und Fertigkeiten und beugt daher Frustrationen, Aktionismus und Hypererwartungen durch vorher erkannte Zuständigkeiten und geklärte Zielsetzungen vor. Der »offene Handlungsraum für Friedensarbeit« ermöglicht, die eigene Effektivität abzuschätzen sowie eine Überprüfung der angezielten Absichten vorzunehmen. Zudem impliziert der Würfel – im spielerischen Umgang – sowohl die Synopse als auch die Wahrnehmung bestimmter Spezifika unterschiedlicher Problemfelder sowie die Eröffnung ungeahnter Handlungsoptionen und praktischer Eingriffsmöglichkeiten.

2. Die Kommune – eine Friedensstadt?

Es macht für unsere Überlegungen einen bedeutenden Unterschied aus, ob die lokalen Gemeinwesen zu einem globalen Dorf zusammengewachsen sind oder ob die Problemlagen der Welt sich auch in der einzelnen Kommune wiederfinden lassen. Da sich Kriegswirkungen, Frauenunterdrückung, Naturzerstörung und das koloniale Erbe fast in jeder deutschen Stadt aufzeigen lassen, wird von uns in der Analyse globaler Trends von der Dominanz der Unfriedensstrukturen und -potentiale gegenüber den begegnungs- und dialogorientierten Möglichkeiten einer Friedensstadt auszugehen sein. Nach Anthony

Giddens würden sowohl global als auch lokal Anzeichen von Fragmentierung und Vereinheitlichung (disembedding mechanisms) feststellbar sein. Vereinfachend lassen sich mindestens vier Dimensionen einer Globalisierung von Herrschaft mit einer Latenz zur Zerstörung – siehe die folgende Schautafel – unterscheiden. Sie bilden nicht nur Institutionen zur Reproduktion des Status quo heraus. Gleichzeitig rufen sie Typen sozialer Bewegungen hervor, die auf die Präsenz aktueller Gegenkräfte verweisen. Zwar ist der Grad einer Zivilisierung sozialer Konflikte nicht unwesentlich, dennoch läßt sich mit Blick auf die bundesdeutsche Wirklichkeit festhalten, daß in fast jeder Kommune die Existenz von Gewerkschaftsbüros, Umwelteinrichtungen, Friedensinitiativen und Menschenrechtsgruppen sowohl die Wirkungsfolgen von Industrialismus, Kapitalismus,

Schautafel II: *Gegenwärtige Globalisierungstendenzen* (nach Giddens)

(1) Tendenz der Globalisierung
(2) Institutionelle Dimension der Gegenwartsgesellschaften
(3) Zentrale Konfliktfiguration im jeweiligen Feld

(4) Leitidee einer modernisierten Sozialordnung
    vs Irreversible Risiken der Moderne
(5) Typ sozialer Bewegung: Weltgesellschaftliche, basale Gegenkräfte

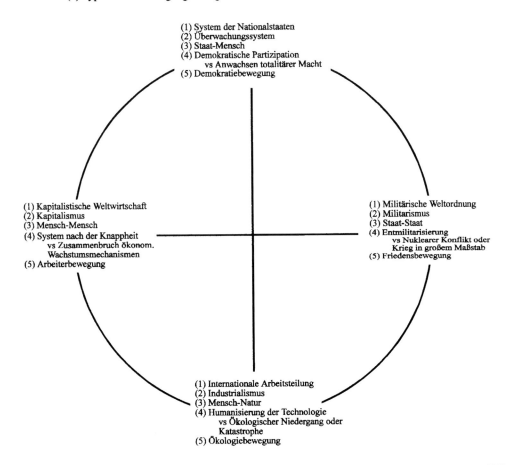

(1) System der Nationalstaaten
(2) Überwachungssystem
(3) Staat-Mensch
(4) Demokratische Partizipation
    vs Anwachsen totalitärer Macht
(5) Demokratiebewegung

(1) Kapitalistische Weltwirtschaft
(2) Kapitalismus
(3) Mensch-Mensch
(4) System nach der Knappheit
    vs Zusammenbruch ökonom.
    Wachstumsmechanismen
(5) Arbeiterbewegung

(1) Militärische Weltordnung
(2) Militarismus
(3) Staat-Staat
(4) Entmilitarisierung
    vs Nuklearer Konflikt oder
    Krieg in großem Maßstab
(5) Friedensbewegung

(1) Internationale Arbeitsteilung
(2) Industrialismus
(3) Mensch-Natur
(4) Humanisierung der Technologie
    vs Ökologischer Niedergang oder
    Katastrophe
(5) Ökologiebewegung

Nationalstaatsbildung und Militarismus und den von ihnen aufgeworfenen Problemen vor Ort anzeigt, als auch die Suche nach Alternativen vorscheinen läßt. Im Anschluß an eine Überlegung in der kritischen Theorie der Spätmoderne (Giddens 1992) fragen wir nicht nur nach den politischen Zielen in einer spätmodernen oder zumindest vollständig modernisierten Gesellschaft, sondern geben auch für eine Handlungsorientierung vor Ort und eine gemeinwesenorientierte Friedenssozialarbeit einige erste Hinweise auf Akteure des Friedens.

Eine Friedensarbeit im sozialen Nahbereich setzt an den in der Kommune auffindbaren Widersprüchen an und baut auf Vorarbeiten, Traditionen und zivilen Projekten auf. Auch wenn wir uns in unseren Vorschlägen auf die Etablierung einer Infrastruktur des Friedens und von Friedensprojekten konzentrieren[14] und nicht so sehr auf die Überwindung des sozio-politischen Ordnungsrahmens und den Dauerskandal des Geschlechterkonflikts abheben, bleiben 1) häufig die hier hervorgehobenen vier Dimensionen miteinander verschränkt. Es ist 2) bezüglich der damit identifizierten Hindernisse auf dem Weg zu einer friedensfähigen Weltzivilisation zu sehen, daß egalitäre Begegnungen, ein symmetrischer Dialog und eine nicht nur postulierte, sondern durchgehaltene Vernetzung[15] im nahen wie im fernen Sozialraum, Grundprinzipien der Friedensarbeit darstellen. Anhand der stets vor Ort festzustellenden Auswirkungen der Konfliktlinien zwischen

- Natur und Mensch (Krise des Industrialismus, unbegrenzter Wachstumsfetischismus, Ökologiebewegung),
- Armut und Reichtum (Entstehen der Arbeiterbewegung im Kapitalismus),
- Willkürherrschaft und Menschenrechtsarbeit (Gefahr von Staatswillkür, Folgen der Nationalstaatswerdung für Fremde, Flüchtlinge und Minderheiten) und
- Kriegsbereitschaft und Friedensfähigkeit (weltweite Friedensbewegung als Reflex eines globalen Militarismus)

könnte ein umfangreicher Aufgabenkatalog für eine Friedensarbeit gegenüber und in gesellschaftlichen Institutionen erstellt werden. Eine kooperationale Pluralität der Friedensakteure, seien es Initiativen, Verbände, Parteien oder kommunale Eliten, wird dabei als eine Chance angesehen werden können, um eine Kultur des Friedens zu etablieren. Eine regionale Militäranalyse, eine antimilitaristische Heimatkunde, die Umbenennung von Straßennamen, die Errichtung von Friedensdenkmälern, eine Friedenssozialarbeit mit Jugendlichen in Kooperation mit Bildungsstätten, kontinuierliche Friedensgespräche und die Berufung eines Friedensbeauftragten stellen dabei mögliche Schritte dar, damit eine Stadt ihr Friedensprofil auf Dauer stellt und eine langfristige Wirkung bezogen auf die Abschaffung von Krieg[16] und das Einüben gewaltfreier oder zumindest gewaltärme-

---

14 Eine vorzügliche Friedenskulturarbeit praktiziert die Stadt Schwerte. Zu ihren über die Friedensarbeit vor Ort hinaus wichtigen Aktivitäten vgl. den Sammelband der Stadt Schwerte (1989) und insbesondere die Erhebung über kommunalpolitische Aktivitäten in anderen westdeutschen Kommunen (1988) sowie den Bericht von Fischer (1988) über die Ergebnisse.

15 Was Vernetzung in der wissenschaftlichen Arbeit sein kann, zeigen und diskutieren die Beiträge im Sammelband von Pellert (1991). Auch für das praxisphilosophische Friedenshandeln, das die praktische Arbeit eines jeden Menschen, ein »Friedensnetz« zu knüpfen, meint, sollte gelten, daß sie eine anti-hierarchische Tätigkeit darstellt, in der es durchaus auch um den Einsturz von pyramidalen Sozial- und feudalen Abhängigkeitsstrukturen geht.

16 Wir sehen es als eine zeitgemäße Aufgabe von intellektueller und praktischer Friedensarbeit an, an der Abschaffung der sozialen Institution Krieg mitzuwirken. Das, was so ambitioniert scheinen mag, hat für uns einen Wesenskern, den wir so ausdrücken: Da Krieg von Menschen gemacht wird oder zumindest Krieg nicht ohne Menschen gemacht werden kann, wird er auch von ihnen abzuschaffen sein. Wir halten weder die atomare Situation für irreversibel noch Krieg für eine quasi natur- oder systemgesetzliche Erscheinung, geschweige denn für eine evolutionäre Konstante.

rer Konfliktlösungsstrategien erreicht werden kann. Friedensarbeit sollte sich dabei nicht in einer sich spaltenden Gesellschaft wie die der Bundesrepublik Deutschland[17] ausschließlich auf eine Friedenssozialarbeit verengen; neben einer Konversion von Rüstungsbetrieben und einer Menschenrechtsarbeit, die einer Erosion von Solidarität widerstrebt, bleiben der Frieden zwischen den Menschen und der Frieden mit der Natur unerledigte Daueraufgaben, die vielfältige Anstrengungen erfordern.[18]

3. Lokale und kommunale Friedensarbeit: Kein Gegensatz im »Friedenshaus«

Es ist für die Bemessung des menschlichen Handlungsspielraums immer gut zu wissen, wer handelt. Mit der Unterscheidung von lokaler und kommunaler Friedensarbeit, die einerseits den außerinstitutionellen und andererseits den institutionellen Aspekt einer Arbeit am Frieden betont, ist daher gerade keine Trennung beabsichtigt. Es muß jedoch – und hier ließen sich vielfältige Erfahrungen und Widerfährnisse anführen – das Eigeninteresse und die Organisationslogik verschiedener Träger von Friedensarbeit gesehen werden. Daß sich etwa Friedensgruppen über eine unzureichende Unterstützung oder sogar eine Behinderung ihrer Arbeit durch die Kommunalverwaltung und die Beschäftigten beschweren, ist nicht nur eine konkrete und häufige Alltagserfahrung, selbst wenn es nur darum geht, Veranstaltungsräume nutzen zu können. Es ist häufig ein Ausfluß des Fehlens eines integrierten Konzeptes zur Friedensförderung vor Ort und der Mangel eines nur in einigen Städten beschlossenen »Handlungsrahmens kommunaler Friedensarbeit«, der verbindliche Maßnahmen innerhalb eines überschaubaren Zeitraums be- und vorschreibt, so daß sich bei aller Initiativarbeit keine Verstetigung in der Friedensarbeit herstellt. Verwaltungsangehörige, die sich ihrerseits über die Dauer von Entscheidungsprozessen in Stadtteilinitiativen nicht bewußt sind, übersehen das Spezifische aktionsorientierter Proteste, die stärker auf eine breite Willensbildung und weniger auf eine Entscheidungsfindung einiger Amtsinhaber ausgerichtet sind. Für Vertreter von Friedensgruppen heißt das auch, daß sie sich vorurteilsfrei und dialogorientiert sowohl einer projektbezogenen als auch einer kontinuierlichen Zusammenarbeit mit der kommunalen Selbstverwaltung stellen. Wir plädieren hier gegen ein beziehungsloses Nebeneinander und für ein komplementäres und synergetisches Miteinander von Gruppen, Organisationen und Institutionen[19], die mit ihren spezifischen Mitteln Friedensarbeit leisten (können). Damit wird eine Betrachtungsweise gewählt und eine Handlungsweise angeraten, die im Hinblick auf aktuelle Probleme und konkrete Themen die mögliche und eine auf Synergie abzielende Komplementarität[20] der Akteure beachtet und lebendig zu gestalten beabsichtigt. Ein beständiger Austausch der Argumente und Positionen zwischen Initiativen, Bildungswerken, Forschungseinrichtungen, städtischen Verwaltungseinheiten und

---

17 Es soll hier nicht besonders unterstrichen werden, daß wir die Armutsberichterstattung als eine kommunale Aufgabe ansehen, die eine politische Weichenstellung im Sinne einer Grundversorgung und von Mindesteinkünften für jede Person erfordert. Die Befriedigung elementarer Grundbedürfnisse wird auch in unserem reichen Land vielen Menschen vorenthalten.

18 Vgl. Széll, 35–37.

19 Einrichtungen und Institutionen betrachten wir als gesellschaftliche Hervorbringungen, die einer permanenten Überprüfung zu unterziehen sind. Selbst das »Wesen« des Staates ist geschaffen und kein Ding an sich.

20 Zur Begriffsgeschichte von Komplementarität und zur Bedeutung des aus der Physik entlehnten Wortes für die Friedensforschung vgl. die weithin unbeachteten Arbeiten von Howe. Wir ergänzen hier die Vorstellung eines befristeten oder gleichzeitigen Nebeneinanders von Wirkungskräften um die Perspektive einer zielenthüllenden Konvergenz.

politischen Vereinigungen bildet dabei eine notwendige Voraussetzung für ein »Friedens-netz« in der Stadt, um informelle Gesprächskontakte zugunsten öffentlich inszenierter Friedensgespräche und Verwaltungshandeln festlegender Friedensbeschlüsse zu ersetzen. Der u.E. entscheidende Schwerpunkt liegt dabei auf dem prinzipiell öffentlichen und grundsätzlich dialogischen Charakter komplementären Handelns verschiedener Akteure, so daß eine prozeßhafte und inhaltliche Ausgestaltung dessen gelingt, was Frieden heute im gemeinsam bewohnten Haus der eigenen Kommune und der einen Welt sein kann.

Im Anschluß an die Gewalttypologie Johan Galtungs und seine friedenstheoretischen Arbeiten[21] skizzieren wir hier ein Friedenshaus, in dem eine elementare Bedürfnisbefrie-digung[22] aller unter ausdrücklichem Einschluß von Frauen, alten und jungen Menschen, gewährleistet wird. Wir haben dabei diese Überlegungen um den Aspekt einer Ökologi-sierung moderner Industriegesellschaften erweitert, weil die Naturerhaltung, der Res-sourcenschutz und ein ökologisches Gleichgewicht[23] überall als eine vordringliche Aufga-benstellung zu begreifen sind. Lokale und kommunale Friedensarbeit sehen wir darin verbunden, gemeinsam Überleben zu sichern, die Natur zu schützen, Wohlbefinden und Freiheit zu fördern und eine Identitätsbildung zu ermöglichen, die eine Beheimatung der Weltbürgerinnen und Weltbürger zuläßt. Im Widerspruch zu einer Ortlosigkeit der menschlichen Situiertheit und einer Individualisierung der Risiken innerhalb der techno-logischen Weltzivilisation sehen wir insbesondere Chancen, im sozialen Nahbereichs-raum über einen Aufbau von lokalen und regionalen Loyalitäten (die sich längst nicht mehr innerhalb territorialer oder nationaler Grenzziehungen entfalten) eine als Einge-meindung zu verstehende Beheimatung zu eröffnen. Für die Friedensarbeit vor Ort dürfte damit der inhaltliche Zusammenhang einer Flüchtlingssozialarbeit, einer Konver-sion der für den Export bestimmten Waffenproduktion und einer Menschenrechtsarbeit sichtbar werden.

4. Der Ansatz: Arbeit für den Frieden heißt zunächst Arbeit gegen Gewalt

Weder möchten wir mit dem Bild vom Friedenshaus die soziale Wirklichkeit harmonisch idealisieren, noch eine Allgegenwart von Gewalt behaupten. Erst im Übergang von Gewaltverhältnissen zu friedlichen Natur- und Sozialbeziehungen wird die utopisch-anti-zipative Perspektive einer unerledigten Pazifizierung des Staates und einer Humanisie-rung unserer Gesellschaft eröffnet. Um einen Frieden zu realisieren, der diesen Namen verdient, gilt es, Wege aus der Gewalt zu suchen.

Hier möchten wir die kritische Gewaltdebatte fortführen und vertiefen. Im Gegensatz sowohl zur politischen Instrumentalisierung von einzelnen Vorfällen als auch der damit verbundenen Verharmlosung fremdenfeindlicher Gewalt in Deutschland[24] geht es uns

---

21 Galtung 1986; Galtung u.a.1993.
22 Galtung 1983; 1994.
23 Neuerdings wird in der entwicklungstheoretischen Debatte über dauerhafte/nachhaltige Entwicklung (sustainable development) als Leitbegriff verstärkt gearbeitet und kontrovers diskutiert. Vgl. dazu bes. die Überlegungen von Conrad in dem Berichtsband des Osnabrücker Kongresses »Die Dritte Welt und Wir«, das »Osnabrücker Memo-randum« (beide Massarat u.a. 1993) sowie die Aufsätze von Harborth und seine hervorragenden Monographien.
24 Zur theoretischen Kritik der regierungsoffiziellen »Gewaltkommission« unter der Leitung von Schwind und Bau-mann vgl. die Beiträge in Alexis, Backes 1990. Zur praktischen Kritik einer rechtspopulistischen Regierungspolitik zu Beginn der 90er gehört unser Einspruch, daß mit der Einladung des Verhaltensbiologen Eibl-Eibesfeldt zu den Bonner Kanzlergesprächen die Vernachlässigung und eine Unterschlagung anderer Erklärungsansätze für frem-

```
                    Supra-
                    Migration

                  BEHEIMATETE
                    Integration
                    Identität
                  ENTFREMDETE
              Flüchtlingssozialarbeit
```

Militarismus, Völkermord, Massenvernichtung	Unbegrenztes Weltwirtschaftswachstum
KRIEG	**ÖKONOMIE**
Gerechtigkeit *Überleben*	*Einheit* *Gleichgewicht*
FRIEDEN	**ÖKOLOGIE**
Friedensbewegung	Ökologiebewegung
Kapitalismus	Staatswillkür/Ideologie
REICH	**MACHT/HERRSCHAFT**
Solidarität *Wohlbefinden*	*Demokratisierung* *Freiheit*
ARM	**Ohnmacht/Apathie**
Arbeiterbewegung	Menschenrechtsarbeit

Sozialebenen: personale, regionale, nationalstaatliche, gesamteuropäische, weltgesellschaftliche

kulturelle, symbolische, strukturelle, direkte

Gewalt

---

denfeindliche Gewalt und die entsprechend motivierter Morde in Deutschland einhergeht. Diskurstheoretisch gehört die inflationäre Verwendung der Begriffe »Innerer Frieden« und »Innere Sicherheit« zusammen. Beide sind sinnfällige Zeichen für die Herabsetzung der Hemmschwelle bei der Einschränkung von sozialen und kollektiven Menschenrechten und des beinahe sorglosen Einsatzes staatlicher Mittel, ein Problem »in den Griff zu bekommen«. In Richtung und Linie eines weder restriktiven noch regressiven Gewaltbegriffes argumentieren u.a. die Beiträge von Hennig (1989), Birkenbach (1993) sowie die aufeinanderbezogenen Überlegungen von Brückner und Hagemann-White (1993). Wir meinen, daß die begriffstheoretische Arbeit auch aufgrund ihrer Auswirkungen auf die Friedensforschung und die Friedensarbeit zu intensivieren sein wird.

nicht darum, Gewalttäter zu skandalisieren, sondern Gewalt besser zu begreifen, um sie zu überwinden und den Opfern angemessen zu helfen. Der folgende Strukturierungsrahmen eines »teuflischen Gewaltvierecks« ist als Analyseraster dabei geeignet, die vielfältigen Erscheinungsformen und Facetten von Gewalt nicht nur in der Weltpolitik, sondern auch im kommunalen Alltag zu identifizieren, um so geeignete kurative und präventive Friedensstrategien einzusetzen. Neben der Aufdeckung von direkten und strukturellen Gewaltverhältnissen wenden wir uns symbolisch-kulturellen Gewaltweisen[25] zu, die u.E. verschiedene Seiten von Gewaltformen in Kulturkonflikten zur Sprache bringen.

Schautafel IV: *Teuflisches Gewaltviereck*

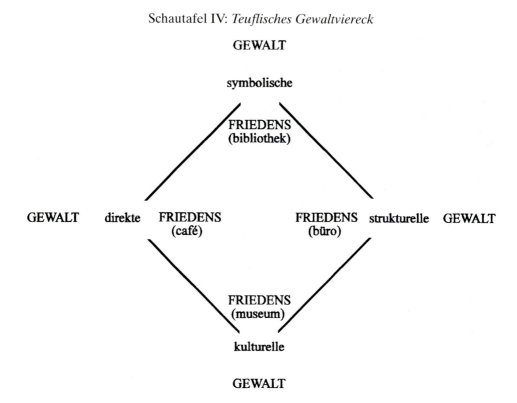

- Direkte Gewalt stellt eine unmittelbare Schädigung, im Extremfall die Tötung eines Opfers durch einen Akteur dar. Hierbei sollte klar gesehen werden, daß Kriminalstatistiken sich nur bedingt eignen, über diese Gewaltform und den vorhandenen Ausmaßen zu unterrichten. Trotz der Sensibilisierung im Gefolge der Aufklärungsarbeit durch die Frauenbewegung bleibt immer noch festzustellen, daß nicht nur häusliche (und insbesondere eheliche) Gewalt kaum erfaßt wird, sondern die Leidenserfahrungen mit familiärer und sexueller Gewalt ausgeblendet oder einzelnen Sozialfürsorgestellen und Betreuungseinrichtungen zugewiesen werden. Ein zweiter Bereich, in dem Personen körperlich verletzt oder geschädigt werden, hat mit der Gewalttätigkeit und der Gewaltlust von Jugendlichen zu tun. Gewalt in städtischen Einrichtungen, in Schulen und Jugendzentren, droht zum Normalfall in einer Gesellschaft zu werden, die in

25 Vgl. dazu die Beiträge von Saner 1982 und Galtung 1990.

ihren überwiegenden Teilen immer noch gewaltsame Konfliktbefriedungen gegenüber gewaltfreien Konfliktlösungen vorzieht und sogar über Sozialisationsagenturen prämiert.

- Strukturelle Gewalt dient dazu, Grundbedürfnisse vorzuenthalten und Selbstverwirklichung zu verhindern, wobei nicht unbedingt ein menschliches Subjekt für diese Form der Gewaltausübung auszumachen ist. Sozio-strukturelle, weltwirtschaftliche und politische Ursachenfaktoren sind hier stärker die Quelle für diese mehr sublime, aber nicht weniger verletzende und Leben vernichtende Erscheinungsform von Gewalt. Zwei Beispiele dazu mögen genügen: Zum einen mögen Wanderungs- und Flüchtlingsbewegungen, die sich nicht aus den unteren Schichten der Peripherie zusammensetzen, durch Hunger und Krieg in fernen Weltgegenden verursacht sein, sie wirken sich jedoch als eine Herausforderung für eine Integrationspolitik in vielen Kommunen der wohlhabenden Länder aus, wobei ausbeuterische Welthandelsstrukturen für die Tatsache des Gegensatzes von Elend und Wohlstand nachweisbar sind. Zum anderen ist das Menschen- und Grundrecht, eine Behausung oder Wohnung zu haben, selbst für viele bundesdeutsche Bürgerinnen und Bürger durch eine verfehlte Wohungsbau- und Mietpolitik in Frage gestellt, so daß nach vorsichtigen Berechnungen allein ein Bedarf von 200.000 Sozialwohnungen pro Jahr in den nächsten zehn Jahren zu erwarten ist.[26]
- Symbolische Gewalt ist ein durchgesetztes Deutungs- und Zeichensystem, das der Vertikalisierung einer Gesellschaft dient und diese erhält. Sie schädigt mehr in den Köpfen und Herzen der Menschen und kann als eine ideologische Formation, die Überlegenheitsvorstellungen befestigt, angesehen werden. Hohe Portale prägen immer noch die Architektur staatlicher und städtischer Behörden wie Gerichte und Rathäuser und wirken absichtsvoll einschüchternd. Derartige Herrschafts- und Machtzeichen lassen sich auch in anderen Bereichen finden. In der Werbung und generell in den erst künstliche Wirklichkeiten erzeugenden Medien gewinnt Geschichte durch Geschichten ersetzende Symbolokratie[27] Einfluß auf Menschen und ihr Handeln.
- Kulturelle Gewalt ist ein Gewalttypus, der direkte wie strukturelle Gewalt sowohl legitimiert als auch rechtfertigt. Sie trägt zu Auschließlichkeitsansprüchen gegenüber dem Anderen bei und beinhaltet Ausgrenzungen gegenüber Fremden. Kulturelle Gewalt befördert in einer sich zunehmend herausbildenden Weltgesellschaft eine konfliktverschärfende Dynamik, die eine symmetrische Begegnung der Kulturen verhindert bzw. bis in ihr Gegenteil pervertiert. Fragmentarisierung und Vereinheitlichung sind hierbei mittelbare Auslöser für die Überbetonung einer einzigen Kultur in Verbindung mit dem Verlust der Identität ethnisch-kultureller Minderheiten. Kollektive Lernerfahrungen tragen zu einer Dominanz von Feindbildern gegenüber Freundbildern im Umgang mit dem Anderen und den Fremden bei, obwohl in der globalen Situiertheit eines jeden Menschen – jenseits eines moralischen Postulats und angesichts der Kollision von Wertesystemen – aus dem Fernen ein Nächster geworden ist.

Trotz der vorgenommenen Unterteilung in dieser Gewalttypologie ist zu betonen, daß sich die genannten Gewalttypen in der sozialen Realität gegenseitig durchdringen und nur schwer diversifizierbar sind. Dies ist aber die Grundvoraussetzung, um Gewalt wirksam und aktiv gegenüberzutreten. Erst wenn über die Gewalt bedingenden Ursachen, ihre vielfältigen Erscheinungsformen und die mit ihr verbundenen leidvollen Erfahrun-

---

26 Vgl. dazu den Vortrag von Becker (1993) auf dem 73. Deutschen Fürsorgetag in Mainz (mit Themenschwerpunkt »Gewalt«).
27 Vgl. bereits Pross 1981, und bes. Saner 1993.

gen geredet wird, ohne über den Frieden zu schweigen, ist es möglich, Gewalt zu überwinden. Drei Grundeinsichten halten wir hierbei für wesentlich, wenn die Versuche, Auswege aus gewaltförmigen sozialen Beziehungen zu suchen und Antworten innerhalb einer Praxis des Friedens zu geben, nicht vergeblich sein sollen:

- Erstens ist direkte Gewalt durchaus nicht nur für viele eine alltägliche Erfahrung, sondern gleichfalls eine ultima ratio der politischen Unvernunft und Herrschaftslogik. Dabei geschieht die Abwehr von ökonomischen, politischen und sozialen Partizipationsanrechten häufig im Zusammenwirken struktureller Hindernisse und kulturalisierter Barrieren.
- Während zweitens kulturelle Gewalt mehr die historisch geronnene, in kollektiven Bewußtseinslagen gesellschaftlicher Gruppen eingeprägte und eine politisch gewissermaßen aktuell abrufbare Gewaltförmigkeit bezeichnet, hebt symbolische Gewalt die Seite einer stark subjektlosen Verfestigung von Überlegenheitsvorstellungen und Ausschließlichkeitshaltungen sowie eine ideologieträchtige Legitimation für Ungleichheit und Vertikalität hervor.
- Nicht zuletzt werden sich drittens erst dann Perspektiven des Friedens eröffnen lassen, wenn Gewalt als ein produziertes (folglich abschaffbares) soziales Übel erkannt wird: Beratung und Betreuung von Gewaltopfern ist eine Aufgabe von Einrichtungen mit kommunikativen Kompetenzen (»Friedenscafé«). Das Wissen um Gewaltverhinderung, -reduzierung und -auflösung findet seinen Niederschlag in den Berichten über gelungene Friedensprozesse (»Friedensbibliothek«). Um die vorbeugenden gegenüber den weiterhin unerläßlichen kurativen Friedenseinsätzen zu stärken, werden Friedenseinrichtungen vor Ort (»Friedensbüro«) einzurichten sein, in denen über Friedensstrukturen nachgedacht wird und welche Friedensprozesse initiieren. Ein »Friedensmuseum«[28] steht nicht nur im Widerspruch zur Verherrlichung von Krieg und Heroisierung des Kriegers in Vergangenheit und Gegenwart, sondern könnte auch lokalbezogene Aspekte eines weltweiten Friedensbewußtseins, somit »Bilder, Traditionen und Vorstellungen des Friedens« dokumentieren.

5. Ein falscher Weg: Symbolische Praxis

Symbolische Praxis heute meint jede »Arbeit am Frieden« ohne Gewaltüberwindung und Friedensperspektive. Sie wirkt kontraproduktiv zu der Zielsetzung einer Friedensarbeit, der es um eine Substituierung einer mit einer Kriegslogik behafteten Gewaltkultur durch eine Friedenskultur geht. Unter symbolischer Praxis verstehen wir eine lediglich zeichenhafte (wie bei den Protesten gegen die Brandanschläge auf ausländische und deutsche Mitbewohner/innen und Minderheiten), manchmal sogar lautstarke Politik, die die Ursachen von Gewalt nicht wirklich bekämpft und die mitunter nicht an einem Abbau von Gewaltverhältnissen interessiert ist. Symbolische Praxis ist Teil einer symbolischen Politik[29] und trägt zu dieser bei, wobei sie nicht nur auf Herrschaftseliten beschränkt ist, sondern eine die Perspektive des (Welt-)Friedens und seine Aspekte vernachlässigende Arbeit von Einzelnen, Gruppen und Kollektiven (auch der beiden Autoren) im allgemeinen betrifft. Drei kurz skizzierte und pointierte Beispiele werden hier ausgewählt, um

---

28 Vgl. dazu die internationale Befragung der Peace Education Commision (1993) und die Antworten aus Australien, Nordirland, Japan und Bradford sowie die Skizze von Garber (1992).
29 Voigt 1989.

daran anschließend in einem ersten noch sehr theoretischen Zugriff den grundsätzlichen, qualitativ nicht zu negierenden Unterschied zwischen einer an Gewalt oder einer am Frieden orientierten Sozialpraxis zu illustrieren:

Unbestreitbar sind psychische Schäden – neben physischen – feststellbare Auswirkungen menschenverachtender Gewaltanwendungen. Auch leugnen wir nicht eine innerpsychische – oder besser – intrapersonale Dimension eines Friedensverständnisses, das den Umgang mit sich selbst, der menschlichen Destruktivität und dem eigenen Körper reflektiert[30]. Dennoch bleibt die Verwechslung eines inneren, seelischen Friedens mit einem politischen, weltlichen Frieden ein Haupthindernis[31] bei der Arbeit am Frieden und dem Entwurf von Friedensstrategien. Während Gewalt ein gegenwärtig vielfach erlebbares Ergebnis ist, das auf Sozialstrukturen zurückzuführen ist und den Menschen in seiner Gesamtheit schädigt, meint Frieden einen sozialen Zustand, der erst noch eines sozioökonomischen Fundaments bedarf und der not-wendend Entfremdung ausschließt und »personales Heilsein« gewährleistet. Frieden ist nicht ein in die Privatsphäre hineinverlagertes Wohlbefinden, sondern impliziert die in höchstem Maße politische Kategorie des »Inter-esses« am Anderen und die friedliche Qualität dieses Bezogenseins.

Die Liste der Zeichen und Symbole ist verlängerbar: Kasernen, die den Namen von nationalsozialistischen Offizieren tragen; Straßennamen, die Gebietsansprüche in das heutige öffentliche Bewußtsein transportieren; Gedenkplätze für Exponenten einer Kultur und einer Praxis des Krieges. Dagegen stehen heute in vielen Städten Friedensplätze und -denkmäler, die einen Bruch mit der Kriegskultur deutlich machen sollen. Zu beachten aber ist: Bei der kommunalpolitischen Arbeit von Gruppen, die sich für die Umbenennungen von Straßen einsetzen, bleibt einerseits eine öffentliche Diskussion mit Bürgerinnen und Bürgern eine unerläßliche Voraussetzung, um mehr als lediglich einen formalen Ratsbeschluß zu erreichen. Selbst wenn eine andere Benennung einer öffentlichen Einrichtung oder die Errichtung einer Friedensskulptur nicht gelingt, so kann andererseits dennoch der Diskussionsprozeß für eine Weckung von Friedensbewußtheit von Nutzen sein.

Bezogen auf die Friedensarbeit gesellschaftlicher Gruppen innerhalb des lokalpolitischen Rahmens in der Bundesrepublik Deutschland sehen wir das kommunale Wahlrecht für alle ausländischen Bürgerinnen und Bürger als prioritäre Aufgabenstellung einer Beheimatung sämtlicher Einwohnerinnen und Einwohner einer Stadt an. Auch wenn institutionelle Diskriminierungen und rechtliche Vorschriften Zuzug und Integration be- oder sogar verhindern, bleiben zahlreiche Tätigkeitsfelder für Gruppen, kirchliche Organisationen, politische Parteien und kommunale Einrichtungen, nicht nur ethnospezifisch aktiv zu werden, sondern die inter- wie die transkulturelle Arbeit zu gestalten[32]. Neben der von einer Städtepartnerschaftsarbeit der kommunalen Eliten zu einer Entwicklungszusammenarbeit zwischen den Kommunen und ihren Bürgerinnen und Bürgern entwickelten »Außendimension« tritt eine »Innendimension« in der Gemeinde hinzu, welche die eigene Entwicklung in den Vordergrund rückt. Die Leitprinzipen des Friedenshauses sehen wir hier und jetzt als lokale und globale Herausforderung an, niemals als eine bezogen auf Nationen, Rassen und Geschlechter teilbare öffentliche und staatliche Aufgabe.

---

30 Vgl. dazu Moeller 1992.
31 Siehe zu diesem Hinweis die Überlegungen von Saner (1988), welche für uns unter religionssoziologischen Vorzeichen die Kritik politischer Theologie notwendig macht, die einen politischen Frieden relativieren, abwerten oder sogar vollständig entwerten.
32 Zu den verschiedenen Formen interkultureller Verständigungsarbeit vgl. die hilfreichen Überlegungen von Staub-Bernasconi. Auch die kritischen Bemerkungen von Radtke zum Multikulturalismus bedürfen einer handlungsermöglichenden Übertragung in gemeinwesenorientierte Konzepte einer Beheimatung.

Die entscheidende Weichenstellung, die über den Entscheidungsspielraum einer Friedensarbeit von unten mitentscheidet, sehen wir in den Konturen einer neuen deutschen Außenpolitik[33] nach der Involution der Ost-West-Blockbildung sowie bezüglich der defizitär geführten Debatte über ihre Richtungsfestlegung. Die Gefahren einer Militarisierung der bundesdeutschen Sicherheitspolitik und einer Militarisierung der Weltinnenpolitik im UNO-Kontext stehen dabei in einem Wechselverhältnis, weil bis heute eine nukleare Komponenten umfassende Entmilitarisierung der internationalen Politik versäumt worden ist. Der Parallelismus bezüglich des Insistierens zugunsten militärischer Mittel auf der nationalstaatlichen und der weltgesellschaftlichen Analyseebene enttarnt die Eindimensionalität und die zynische Widersprüchlichkeit militär- und sicherheitspolitischer Ordnungsdiskurse. Er offenbart die Notwendigkeit einer kritischen Orientierung an den Grundprinzipien eines mehrdimensionalen Friedenshandelns.

Die Option einer militärischen Friedenserzwingung und die Option einer Friedensförderung, die an zivilen, polizeiorientierten Funktionen ausgerichtet ist, verdeutlicht den Widerspruch zwischen einer Friedens- und einer Gewaltorientierung. Die Unvereinbarkeit der Strategie des peaceful change mit einer Strategie, die im Extremfall eine Massenvernichtung billigend miteinkalkuliert, ist offenkundig. So wie jede verteidigungspolitische Debatte in Deutschland ohne Nachdruck auf eine deutliche Truppenreduzierung und eine Etatkürzung einen verkehrten Weg beschreitet, bleibt jede UNO-Debatte ohne die Forderung nach einer Demokratisierung dieser Institution eine symbolische Politik im Schatten der nach Machterhalt strebenden Herrschaftslogik. Anstatt über eine Stimme und einen Sitz Deutschlands in Amtsstuben und Medien zu schwadronieren, ist ein zielgerichtetes Friedenshandeln der bundesrepublikanischen Politik gefordert, das die Demokratisierung und Zivilisierung der westeuropäischen und weltgesellschaftlichen Institutionen – wie die UNO sie darstellt – intendiert.

Eine Gewaltperspektive steht immer diametral der Friedensperspektive gegenüber. Dabei werden jedoch in der Sozialpraxis »Aspekte« aufgegriffen, die für ein Gewalt- oder Friedenshandeln von ausschlaggebender Bedeutung sind. In einer Gewaltorientierung werden Menschen physisch und psychisch beschädigt; die soziale Struktur und die menschliche Kultur tragen dort zu Verletzungen und Zerstörungen bei. Die Gewalttat hat dabei eine klare Zwecksetzung im Rahmen einer Herrschafts- oder Machtausübung. Jede Friedensorientierung hingegen zielt auf eine Förderung und einen Aufbau der in der folgenden Schautafel angedeuteten Aspekte ab:

---

33 Vgl. dazu den anregenden Essay von Bredow, Jäger, auch wenn sich dieser Diskussionsbeitrag auf einen sicherheitspolitischen Ordnungsdiskurs konzentriert. Zum einen unterschätzen die Autoren das Interesse in Politik und Militär an einer interventionistischen Bundeswehrpolitik, zum anderen bleibt die Kritik und die friedenspolitische Debatte außerhalb der vermeintlichen Zentren von politischen und Politiker beratenden Entscheidungsträgern unberücksichtigt oder unausgewogen dargestellt.

34 Wir nehmen hier die Definition von Galtung, daß Frieden die Abwesenheit von Gewalt ist, sowie dessen Überlegungen (1994) auf. Auch dürfte deutlich werden, daß über den intentionalen Aspekt von Gewalt oder Frieden nur normativ zu urteilen sein wird. Unsere Wertorientierung sieht in der Zielperspektive »Frieden« und in gewaltärmeren und gewaltfreien Sozial- und Naturbeziehungen Mittel und Zweck zugleich.

Schautafel V: *Kriegskultur versus Friedenskultur – Aspekte einer Arbeit am Frieden*[34]

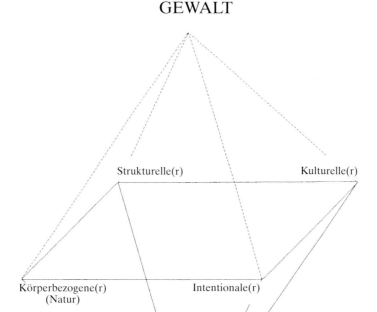

GEWALT

Strukturelle(r)   Kulturelle(r)

Körperbezogene(r)   Intentionale(r)
(Natur)

FRIEDEN

Die Stärkung von Friedensstrukturen und einer Kultur des Friedens ist auf allen Ebenen einer wissenschaftlich-technischen Weltzivilisation als Handlungsweise möglich und folglich obligatorisch. Körperbezogene Aspekte, die sich am Weltfrieden orientieren, gipfeln in einem Frieden mit der Natur und beziehen sich auf die unabdingbaren Grundlagen des menschlichen Lebens. Eine möglicherweise sinnstiftende Zielsetzung kennzeichnet jedes Friedenshandeln, das trotz aller Niederschläge auf die Realisierung von Frieden ausgerichtet und angewiesen ist. Wir können hier die Probe bezüglich verschiedene Sozialebenen ansprechender Gesichtspunkte (innerer Friede versus echten Frieden; Friedenssymbolik versus bewußtseinsfördernde Diskussionsprozesse; ausländerfreundliche Friedensrhetorik versus faktische kommunale Gleichstellung; militärdominierter Umbau versus drastischen Abbau und Freisetzung von Mitteln; neue Weltrolle der UNO versus supranationale Demokratisierungsanstrengungen) machen. Mit diesem Spiegelraster lassen sich Gewalt- oder Friedensaspekte für das jeweilige Thema identifizieren. Ungleich wichtiger aber ist es, die Friedensperspektive durch individuelle und kollektive Friedenssubjekte durchzusetzen und hier der Kommune ein neues Aufgaben- und Tätigkeitsfeld zuzuweisen.

6. Die Handlungs- und Eingriffsmöglichkeiten heute: aktuelle Tätigkeitsfelder

Eine Friedensarbeit verstanden als die Etablierung eines Weltbewußtseins vom Frieden und einer Weltordnung ohne Krieg negiert eine Stufenfolge der Handlungsdimensionen einer Anti-Gewaltarbeit. Heutige Handlungs- und Eingriffsmöglichkeiten in den Formen von Konfliktlösungs-, Gerechtigkeits-, Kultur- und Utopiearbeit beziehen sich unmittelbar auf die politische Vision vom Weltfrieden. Was für nationalstaatliche Einrichtungen, internationale Organisationen und transnationale Institutionen noch näher entfaltet werden müßte[35], ist bereits in Form aktueller Tätigkeitsfelder einer Friedensarbeit in der und durch die Kommune ansatzweise vorhanden. Bei den in der letzten Schautafel aufgeführten Feldern (einer Kreuztabelle mit den Bereichen Frieden und Soziales, Frieden und Abrüstung, Frieden und Kultur sowie Frieden und Entwicklung) wird jede Kommune in Deutschland Handlungsstrategien entwickeln und Ressourcen einsetzen können, wenn sie das Friedensthema in dieser Breite am Ausgang eines gewalttätigen Jahrhunderts zu bearbeiten wagt.

Die vielfältigen Ansätze einer kommunalen Friedensarbeit unterschiedlicher Träger (wir greifen hier die Verleihung des *Aachener Friedenspreises* an couragierte Weltbürgerinnen und -bürger heraus) werden Städte und Gemeinden ermutigen, selbst Tätigkeitsfelder in ihrer Perspektive einer kommunalen Friedenspraxis auszufüllen. Zwar halten wir eine »Stadt ohne Gewalt« bei aller sozialer Phantasie nicht für einen realisierbaren Zustand im Nahbereichsraum. Wenn aber jede Kommune die Chancen eines Abrüstungs- und Entmilitarisierungsprozesses be- und ergriffen hat, eröffnen sich spezifische Möglichkeiten, sowohl bereits (-) erkannte und vielerorts zumindest praktizierte als auch noch (+) zu entwickelnde Aktivitäten zu pflegen und die dort geleistete Arbeit zu dokumentieren.

Die sich in diesem Falle entsprechenden und ergänzenden Vorzeichen sind als Pole zu charakterisieren, die somit ein umfangreiches Spannungsfeld darstellen, das der lebendigen Ausgestaltung vor Ort bedarf. Sie implizieren keinen Gegensatz von positiv und negativ bzw. zwischen notwendig und fakultativ, sondern repräsentieren ein zielorientiertes Friedenshandeln, das (sich) nicht nur eine Militäranalyse leistet, sondern darüber hinaus eine regionale Konversion anstrebt. Derartiges friedensorientiertes Handeln macht die vorhandene Kriegskultur transparent und baut parallel eine Kultur des Friedens mit auf. Ebenso gehört zu ihrem Selbstverständnis, die Flüchtlingssozialarbeit und eine Arbeit gegen soziale Not zu unterstützen. Zudem setzt sie auch Prioritäten zugunsten einer präventiven Friedenssozialarbeit und macht Mittel für die am sozialen Wachstum zu messende eigene Entwicklung frei. Erst in diesem umfassenden Handlungsrahmen aktueller Tätigkeitsfelder sowie in der symmetrischen Komplementarität der vier Grundausprägungen einer kommunalen Friedensarbeit wird sich eine Kommune und ihr Verwaltungshandeln auszeichnen können.

Ein *jährlicher Friedensbericht* über die (bezogen auf die vier Tätigkeitsfelder) durchgeführten Maßnahmen und Projektförderungen entspricht nicht nur einer Rechenschaftspflicht über eine kommunale Arbeit gegen Gewalt und für Frieden, sondern ist als eine obligatorische Dienstleistung im Rahmen eines modernen Verwaltungshandelns anzuse-

---

35 Zu der Alternative »Verteidigungs- oder Friedensministerium« vgl. das Diskussionspapier von Störk. Für die nächsten Jahrzehnte sehen wir hier ein reiches Betätigungsfeld der Parteienvertreterinnen und -vertreter. Es geht nicht so sehr darum, daß ein Kriegsdienstverweigerer bei der Bundeswehr beschäftigt wird; vielmehr geht es um den politischen und sozialen Gestaltungsprozeß von Abrüstung als notwendige Voraussetzung für Frieden.

Schautafel VI: *Aktuelle Tätigkeitsfelder einer Friedensarbeit in der Kommune*

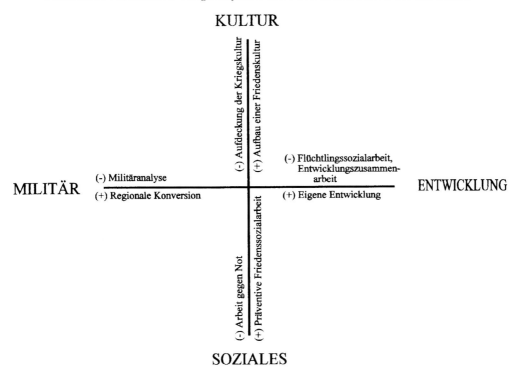

KULTUR

(-) Aufdeckung der Kriegskultur

(+) Aufbau einer Friedenskultur

(-) Flüchtlingssozialarbeit, Entwicklungszusammenarbeit

MILITÄR

(-) Militäranalyse

(+) Regionale Konversion

(+) Eigene Entwicklung

ENTWICKLUNG

(-) Arbeit gegen Not

(+) Präventive Friedenssozialarbeit

SOZIALES

hen. So stellt etwa die Friedensdeklaration der Stadt Linz[36] sowohl eine Ermutigung für die Anstrengungen anderer Städte dar als auch ein Mittel, um eine Kontinuität in der kommunalen Friedensarbeit nicht aus den Augen zu verlieren. Eine beständige Debatte über die Lage vor Ort, die politischen Ziele und die gangbaren Wege zum Frieden nimmt jede Kommune in eine Verantwortung, die von außen durch Globalisierungs- und Fragmentarisierungstendenzen an sie herangetragen wird.

Eine Friedenserklärung in Osnabrück und anderswo hat nicht nur kommunalpolitische Zielsetzungen offenzulegen, auf die Gefährdungen des internationalen und sozialen Friedens hinzuweisen. Sie hat auch zu konkretisieren, welche Einrichtung in dem mit einer Arbeit am Frieden verknüpften Tätigkeitsfeld welche Schritte unternimmt und gehen könnte. Friedensarbeit heißt bereits heute zu wissen, wo Not in der Stadt herrscht, militärische Einrichtungen vorhanden sind, welche Traditionen einer Kriegsideologie gegenwärtig sind[37] und wie strukturelle Gewalt auf uns zurückwirkt, die von den westlichen Industriegesellschaften und den OECD-Staaten ausgeht. Wie die konstruktiven Elemente einer kommunalen Friedensarbeit, die die symbolische Praxis überwindet, aussehen, kann nicht unter Verweis auf die Finanzkrise der Gemeinden beschieden werden. Wir sehen es hinsichtlich des kommunalen Verwaltungshandelns nicht als eine gewagte

---

36 Die Linzer Friedenserklärungen sind in den letzten Jahren regelmäßig im Dialog. Beiträge zur Friedensforschung dokumentiert worden. In den Heimat- und Stadtbüchern vor Ort wird jedoch seltener die »Quellenarbeit« an einer Archäologie des Friedensgedankens und des Friedensbewußtseins gepflegt.
37 Vgl. neben der Studie von Gärtner, Rosenberger (1991) den Bericht über die Ausstellung zu Kriegsdenkmälern von Schmid (1994).

187

Prognose an, daß in den bundesdeutschen Kommunen nach den Umwelt- und Frauenbüros in den nächsten Jahren zunehmend Friedens- und Entwicklungsbüros eingerichtet werden. Der Frieden, der mehr als nacktes Überleben ist, hat einen Preis – und das, weil die Entwicklung von sozialem Wohlbefinden, politischer Teilhabe, ökologischem Gleichgewicht und kultureller Identität, die Förderung und Aufbau umfaßt, im eigenen Haus beginnt. Diese Aufwendungen für zivile Zwecksetzungen bleiben jedoch deutlich unter den Kosten für den Erhalt des modernen Dinosauriers: das weltweite Militärsystem bleibt angesichts verpaßter oder noch ungenutzter Chancen ein Hindernis zu weniger Gewalt und mehr Frieden in einer zusammenwachsenden oder aufeinanderprallenden Welt. Vielfältige und gemeinsame Kraftanstrengungen erachten wir daher als einen notwendigen Beitrag, um Krieg im Zusammenleben der Menschen und der Menschheit auszuschließen und die Friedensarbeit in jeder Kommune zu fördern und zu entwickeln.

Bezugsliteratur:

Peter-Alexis Albrecht, Otto Backes (Hg.). *Verdeckte Gewalt. Plädoyers für eine »Innere Abrüstung«.* Frankfurt/M. 1990.

Michael Alfs, Thomas Dominikowski, Michael Hiegemann, Dieter Kinkelbur, Dirk Nabers, Norbert Westphal (Hg.). *Arbeit am verlorenen Frieden. Erkundungen im Spannungsfeld von Theorie und Praxis.* Münster 1993.

Hannah Arendt. *Vita activa oder Vom tätigen Leben.* München 1992.

Hans-Eckehard Bahr (Hg.). *Politisierung des Alltags – gesellschaftliche Bedingungen des Friedens.* Darmstadt, Neuwied 1972.

Hans-Eckehard Bahr, Reimer Gronemeyer (Hg.) *Konfliktorientierte Gemeinwesenarbeit. Niederlagen und Modelle.* Darmstadt, Neuwied 1974.

Ulrich Beck. *Risikogesellschaft.* Frankfurt/M.1986.

Ulrich Beck. *Gegengifte. Die organisierte Unverantwortlichkeit.* Frankfurt/M. 1988. Ruth Becker. »Was hat eine Brezelbäckerin mit dem Wohnungsbau gemein? Warum die deutsche Wohnungspolitik nicht geeignet ist, die Funktionsunfähigkeit des Marktes auszugleichen«. *Frankfurter Rundschau,* 13. Dezember 1993, 12.

Gerhard Biederbeck. *Abrüstung und Konversion an der Basis – aber wie? Kommunale Friedensarbeit.* (Schriftenreihe *Anstöße zur Friedensarbeit,* Bd.6.) Hildesheim, Zürich, New York 1991; inzwischen sind in dieser von der Stiftung »Die Schwelle« hg. Buchreihe 11 Bände erschienen.

Hanne-Margret Birkenbach. »Gewalt besser begreifen. Friedensforschung als Ausdruck des wissenschaftlich-politischen Lernens und als Beispiel für institutionalisierte Lernhemmungen«. Hanne Vack, Klaus Vack (Hg.). *Politische und soziale Lernprozesse. Möglichkeiten, Chancen, Probleme.* Beerfelden 1993, 65–84.

Wilfried von Bredow, Thomas Jäger. *Neue deutsche Außenpolitik. Nationale Interessen in internationalen Beziehungen.* Opladen 1993.

Margrit Brückner. »Einbettung von Gewalt in die kulturellen Bilder von Männlichkeit und Weiblichkeit«. (47–56); Carol Hagemann-White. »Das Ziel aus den Augen verloren?«. (57–63); Margrit Brückner. »Blickrichtungen und Zielsetzungen in der Gewaltdiskussion – Anmerkungen zum Beitrag von Carol Hagemann-White«. (63–66). *Zeitschrift für Frauenforschung,* 1993, 1/2.

Jobst Conrad. »›Sustainable Development‹ – Bedeutung und Instrumentalisierung, Voraussetzungen und Umsetzbarkeit eines Konzeptes«. Mohssen Massarrat u.a. (Hg.), *Die Dritte Welt und Wir,* 1993, 112–138.

Deutsche Zeitschrift für Philosophie. Themenschwerpunkt »Zur Sozialphilosophie der Arbeit«, 2 (1993).

Thomas Dominikowski. »Offene Handlungsräume der Friedensarbeit. Ein vernetzendes Modell und Kommunikationsmedium des sozialen Handelns für positiven Frieden«. Michael Alfs u.a. (Hg.), *Arbeit am verlorenen Frieden,* 1993, 14–28.

Thomas Dominikowski, Johannes Esser. *Die Lust an der Gewalttätigkeit bei Jugendlichen. Krisenprofile – Ursachen – Handlungsorientierungen für die Jugendarbeit.* Frankfurt/M. 1993.

Johannes Esser. »Überlegungen zu Grundlagen einer Friedenssozialarbeit«. Angelika Ehrhardt-Kramer, Walter Hanesch, Bernhard Meyer (Hg.). *Arbeitsmarktperspektiven in der sozialen Arbeit.* Frankfurt/M. 1987, 201–244.

Johannes Esser, Dieter von Kietzell. »Alltagsfriedensforschung in der Kommune – Theoretische Grundlagen, professionelle Vermittlungsstrukturen und sozialräumliche Untersuchungen«. Peter Krahulec u.a. (Hg.), *Der große Frieden,* 33–57.

Klaus Farin, Eberhard Seidel-Pielen. *Krieg in den Städten.* Berlin 1991.

Martina Fischer. »Von der atomwaffenfreien Zone zur kommunalen Friedenspolitik. Bundesweite Umfrage der Stadt Schwerte zur Friedensarbeit von Städten und Gemeinden«. *antimilitarismus information,* 1988, 9/10, IV/17–24.

Forschungsjournal Neue Soziale Bewegungen 4 (1991). Themenheft »Power in der Provinz«.

Günter Freudenberg, Mohssen Massarrat, Heinrich Bösling, Aktionszentrum Dritte Welt. »10 Jahre Colloquium Dritte Welt«. Universität Osnabrück/Arbeitsgruppe Sozialökonomie und Kultur der Dritten Welt. *Vorbereitungsreader zum Kongreß »Die Dritte Welt und Wir«.* Osnabrück 1992, 63–75.

Reinhold Gärtner, Sieglinde Rosenberger. *Kriegerdenkmäler. Vergangenheit in der Gegenwart.* Innsbruck 1991.

Johan Galtung. *Self-Reliance. Beiträge zu einer alternativen Entwicklungsstrategie.* München 1983.

Johan Galtung. *25 Jahre Friedensforschung. Zehn Herausforderungen und einige Antworten.* Bonn 1986.

Johan Galtung. »Cultural Violence«. *Journal of Peace Research* 3 (1990), 291–305.

Johan Galtung. »Friedensforschung in Deutschland – Stagnation oder Erneuerung?«. Johan Galtung, Dieter Kinkelbur, Martin Nieder (Hg.). *Gewalt im Alltag und in der Weltpolitik. Friedenswissenschaftliche Stichwörter zur Zeitdiagnose.* Münster 1993, 41–58.

Johan Galtung. *Friedensstudien: Frieden, Konflikt, Entwicklung und Kultur.* 4 Bde. Hagen 1994.

Johan Galtung. *Menschenrechte in neuer Perspektive.* Frankfurt/M. 1994.

Klaus Garber. »Die Utopie des Friedens im friedlosen Europa«. *Magazin der Universität Osnabrück,* Dezember 1992, 45–50 (Themenschwerpunktheft »Frieden«).

»Gemeinden für den Frieden«: Stadt Kassel 1983; Landeshauptstadt Saarbrücken 1985; Stadt Hannover 1987; Stadt Mainz 1989; Stadt Langenselbold 1991.

Anthony Giddens. *Kritische Theorie der Spätmoderne.* Wien 1992.

Marianne Gronemeyer, Reimer Gronemeyer (Hg.). *Frieden vor Ort.* Frankfurt/M. 1982.

Günter Gugel, Uli Jäger (Hg.). *Handbuch Kommunale Friedensarbeit.* Tübingen 1988 (vergriffen).

Hans-Jürgen Häßler, Christian von Heusinger (Hg.). *Kultur gegen Krieg. Wissenschaft für den Frieden.* Würzburg 1989.

Bernd Hamm, Harald Spehl (Hg.). *Die regionale Bedeutung militärischer Einrichtungen.* (Trierer Beiträge zur Stadt- und Regionalplanung Bd. 16.) Trier 1988.

Hans-Jürgen Harborth. *Dauerhafte Entwicklung (Sustainable Development). Zur Entstehung eines neuen ökologischen Konzeptes.* Berlin 1989.

Hans-Jürgen Harborth. *Dauerhafte Entwicklung statt globaler Selbstzerstörung. Eine Einführung in das Konzept des »Sustainable Development«.* Berlin 1993.

Hartmut Häußermann, Walter Siebel (Hg.). »Festivalisierung der Stadtpolitik. Stadtentwicklung durch große Projekte«. *Leviathan-Sonderheft* 13 (1993).

Eike Hennig. »Was leistet das Konzept der ›Strukturellen Gewalt‹?«. Wilhelm Heitmeyer, Kurt Möller, Heinz Sünker (Hg.). *Jugend – Staat – Gewalt. Politische Sozialisation von Jugendlichen, Jugendpolitik und politische Bildung.* Weinheim, München 1989, 57–89.

Günter Howe. *Kriegsverhütung und Friedensstrukturen. Eine Studie über den Vertrag zur Nichtverbreitung von Kernwaffen.* Gütersloh 1968.

Egbert Jahn. »Friedensforschung und Friedensbewegung«. *Friedensanalysen: Die neue Friedensbewegung,* Bd.16. Frankfurt/M. 1982, 146–165; diese Schriftenreihe wird nun in ihrem 20. Erscheinungsjahr eingestellt werden.

Jahrbuch Frieden 1990–1994. München 1989–1993; in jedem Jahrbuch wird im Kapitel III. über Initiativen und Projekte einer »Arbeit am Frieden« berichtet.

Peter Krahulec. »Alltagsfriedensforschung – eine Perspektivenerweiterung«. Ders. u.a. (Hg.), *Der große Frieden,* 17–32.

Peter Krahulec, Horst Kreth, Konrad Seyffarth (Hg.). *Der große Frieden und die kleinen Kriege.* Münster 1993.

Markus Kreis. »Social Work and Peace – Some Sceptical Remarks«. Vortragsmanuskript, Unna 1986.

Mohssen Massarrat, Birgit Sommer, György Széll, Hans-Joachim Wenzel (Hg.). *Die Dritte Welt und Wir. Bilanz und Perspektiven für Wissenschaft und Praxis.* Freiburg 1993.

Marburger Juristen für den Frieden (Hg.). *Handbuch für kommunale Friedensarbeit. Rechtliche Regeln für das Militär, Rechtsschutz für Bürger, Gemeinden und Gemeindevertreter.* Baden-Baden 1988.

Siegfried Menze. »Zwanzig Jahre Friedensarbeit in der Provinz: Das Beispiel: Aktionsgemeinschaft Friedenswoche Minden e.V.«. Michael Alfs u.a. (Hg.), *Arbeit am verlorenen Frieden,* 42–55.

Michael Lukas Moeller. *Der Krieg, die Lust, der Frieden, die Macht.* Reinbek 1992.

»Osnabrücker Memorandum 1992«. Mohssen Massarrat u.a. (Hg.), *Die Dritte Welt und Wir,* 497–505.

Peace Education Commision (Hg.). *Peace, Environment and Education* 4 (1993).

Ada Pellert. *Vernetzung und Widerspruch. Zur Neuorganisation von Wissenschaft.* München, Wien 1991.

Hans-Gert Pöttering. »Konsumenten oder Gestalter des Friedens? Der Beitrag der Kommunen zur Förderung des Friedens in Europa«. Manfred Spieker (Hg.). *Friedenssicherung.* Bd. 2 der *Osnabrücker Friedensgespräche.* Münster 1988, 167–176.

Frank-Olaf Radtke. »Die Konstruktion des Fremden im Diskurs des Multikulturalismus«. Asit Datta (Hg.). *Die neuen Mauern. Krisen der Nord-Süd-Beziehung.* Wuppertal 1993, 47–60.

Christiane Rajewsky. »Möglichkeiten und Ansatzpunkte friedensorientierter Kommunalpolitik«. *Rundbrief des Vereins für Friedenspädagogik Tübingen,* 4 (1985), 2–10.

Christiane Rajewsky. »Friedensforschung – eine unbequeme Wissenschaft«. *Ringvorlesung Kölner Wissenschaftler: Fragen zu Frieden und Krieg.* Köln 1984, 55–81.

Ines Reich-Hilweg. »*Friedensstadt*«. *Kommunale Rechte im Militärraum.* Ahlheim 1990.

Harry Pross. *Zwänge. Essay über symbolische Gewalt.* Berlin 1981.

Roland Roth. »In und gegen Institutionen. Anmerkungen zur paradoxen Situation neuer sozialer Bewegungen«. Wolfgang Luthardt, Arno Waschkuhn (Hg.). *Politik und Repräsentation. Beiträge zur Theorie und zum Wandel politischer und sozialer Institutionen.* Marburg 1988, 184–203.

Roland Roth, Helmut Wollmann. *Kommunalpolitik. Politisches Handeln in den Gemeinden.* Opladen 1994.

Hans Saner. »Personale, strukturelle und symbolische Gewalt«. Ders. *Hoffnung und Gewalt. Zur Ferne des Friedens.* Basel 1982, 73–95.

Hans Saner. »Der innere Frieden und der Frieden der Welt«. Ders. *Identität und Widerstand. Fragen in einer verfallenden Demokratie.* Basel 1988, 63–78.

Hans Saner. » Die Symbolokratie als Herrschaftsform in einer Kultur des Verfließens und Vergessens«. Johan Galtung u.a. (Hg.), *Gewalt im Alltag und in der Weltpolitik,* 128–138.

Gregor Sauerwald, Wigbert Flock, Reinhold Hemker (Hg.). *Soziale Arbeit und Internationale Entwicklung.* Münster 1992.

Bernd Schmid. »Kriegsdenkmäler – Ein Ausstellungsprojekt«. *puzzle. Zeitschrift für Friedenspädagogik* 1 (1994), 8–12.

Peter Schmitt-Egner. »Friedensarbeit im Raum Saar-Lor-Lux«. Alfred Diwersg, Rainer Silkenbeumer (Hg.). *Kultur im Karrée: Kulturpolitik im Städteviereck Saarbrücken – Metz – Luxemburg – Trier.* Lebach 1989, 113–124.

Stadt Linz. »Friedenserklärung 1990«. *Dialog. Beiträge zur Friedensforschung* 20 (1991), 1/2, 301–305; »Friedenserklärung 1991«. *Dialog. Beiträge zur Friedensforschung* 21 (1992), 3/4, 346–350; »Friedenserklärung 1992«. *Dialog. Beiträge zur Friedensforschung* 24 (1993), 1/2, 215–221.

Stadt Schwerte (Hg.). *Impulse. Umfrageergebnisse zur kommunalen Friedensarbeit.* Schwerte 1988.

Stadt Schwerte (Hg.). *Frieden in der Stadt. Stadt – Kultur – Frieden.* Essen 1989

Silvia Staub-Bernasconi. »Formen interkultureller Verständigungsarbeit«. *Neue Wege* 4 (1991), 103–111.

Reiner Steinweg, Arbeitsgruppe »Gewalt in der Stadt«. *Gewalt in der Stadt. Wahrnehmungen und Eingriffe. Das Grazer Modell* (Bd.1); *Stadt ohne Gewalt. Verringerung, Vermeidung, Vorbeugung. Die Grazer Vorschläge* (Bd.2). Münster 1994.

Jürgen Störk. »The Quest for a Social Peace Developing Process«. *European University Center for Peace Studies: Spectrum.* Bd. 6. Schlaining 1994, 3–44.

György Széll. »Umweltkonflikte als neue Dimension der Friedens- und Konfliktforschung«. *Universität Osnabrück Magazin,* Dezember 1992.

Christine von Weizsäcker, Elisabeth Bücking (Hg.). *Mit Wissen, Widerstand und Witz. Frauen für die Umwelt.* Freiburg, Basel, Wien 1992.

Ralf Zoll. *Kommunalpolitik und Machtstruktur.* München 1974.

Wichtige Adressen und Broschüren:

- MaterialDienstAsyl, Obere Holtener Straße 28, D-47167 Duisburg (10 Ausgaben, Jahresabonnement 50 DM).
- Verein für Friedenspädagogik Tübingen e.V., Bachgasse 22, D-72070 Tübingen (Zahlreiche Broschüren, Materialien).

III. Materialien und Dokumente

Konzeption Friedensförderung

Beschluß des Rates der Stadt Osnabrück vom 13. Oktober 1992

1. Aus der Tradition der Stadt des westfälischen Friedensschlusses fühlt sich Osnabrück der Förderung des Friedensgedankens und der Friedenssicherung in besonderem Maße verpflichtet. Dies bringt die Stadt durch vielfältige Aktivitäten zum Ausdruck, die sich auf die Sicherung des inneren und äußeren Friedens richten.

2. Um die städtische Friedensförderung auf eine den vielfältigen Aspekten der Friedenssicherung und zu beteiligenden gesellschaftlichen Gruppen gerecht werdende Basis zu stellen, wird nachfolgende Organisationsstruktur empfohlen:

2.1. Rat
Der Rat beruft auf Vorschlag der Initiativbereiche die Mitglieder des Friedenskomitees und benennt sechs Mitglieder des Friedensforums. Er befaßt sich mit den vom Komitee entwickelten Grundsätzen und Empfehlungen zur Friedensförderung und Friedenssicherung. Er stellt im Rahmen der jährlichen Haushalte die notwendigen Finanzmittel zur Verfügung.

2.2. Friedenskomitee
Das Friedenskomitee besteht aus dem Präsidenten der Universität Osnabrück, den geschäftsführenden Vorsitzenden der einzelnen Initiativbereiche und einem Vertreter des Friedensforums, der von Zweidrittel der Mitglieder des Friedensforums gewählt ist. Das Komitee erarbeitet im Einvernehmen mit dem Friedensforum Empfehlungen zu den Grundsätzen der Friedensförderung und Friedenssicherung. Das Friedenskomitee gibt Anregungen zur weiteren Entwicklung der Initiativbereiche, koordiniert deren Arbeit und nimmt an den Sitzungen des Friedensforums teil.

2.3. Friedensforum
Das Friedensforum bildet sich aus gesellschaftlichen Gruppen, die sich mit der Friedensförderung in Osnabrück befassen. Es umfaßt 16 Mitglieder. Von diesen 16 Mitgliedern sind zehn als »geborene Mitglieder« festgelegt. Dies sollen sein: zwei Vertreter der Kirchen, ein Vertreter von terre des hommes, ein Vertreter des Aktionszentrums Dritte Welt, ein Vertreter der Gewerkschaften, ein Vertreter der Osnabrücker Wirtschaft, ein Vertreter des Ausländerbeirates, ein Vertreter der Ärzte gegen den Atomtod, ein Vertreter der Frauenverbände, ein Vertreter der Bundeswehr.[1]

Zu diesen zehn »geborenen Mitgliedern« kommen weitere sechs vom Rat zu benennende Mitglieder. Der Oberbürgermeister kann auf mehrheitlichen Vorschlag des Forums weitere Institutionen und Personen für eine dauerhafte Mitarbeit oder für konkrete Einzelthemen hinzuladen.

Den Vorsitz im Friedensforum führt der Oberbürgermeister. Das Forum erarbeitet Empfehlungen zur Friedensarbeit in der Stadt Osnabrück und richtet diese an das Friedenskomitee. Das Forum tagt mindestens einmal jährlich.

---

1 Nach Vorlage für einen Ratsbeschluß zu erweitern um folgende Organisationen mit jeweils einem Vertreter: Aktionsgruppe Homosexualität (AHO), Arbeitsgemeinschaft der Osnabrücker Bürgervereine, Deutsch-Christlich-Jüdische Gemeinschaft, Erich-Maria-Remarque-Gesellschaft, Guernica-Gesellschaft, Islamische Gemeinschaft, Jüdische Gemeinde, Pax Christi; für die Bundeswehr: Verband der Reservisten der Deutschen Bundeswehr.

2.4. **Initiativbereiche**

Den einzelnen Initiativbereichen obliegt die inhaltliche Gestaltung und konkrete Umsetzung der Beschlüsse, die das Friedenskomitee unter Berücksichtigung der Vorschläge des Friedensforums entwickelt hat. Die Arbeit der Initiativbereiche wird vom Komitee koordiniert.

2.4.1. Für den **Remarque-Friedenspreis** gelten unverändert die bereits entwickelten inhaltlichen und organisatorischen Strukturen. Die Jury schlägt aus ihrer Mitte ein vom Rat zu berufendes Mitglied für das Friedenskomitee vor.

2.4.2. Für die **Friedensgespräche** und die entsprechende Veröffentlichung ist ein wissenschaftlicher Rat zuständig, der aus drei bis fünf von den Osnabrücker Hochschulen benannten und vom Rat zu berufenden Vertretern besteht. Sie wählen aus ihrer Mitte den geschäftsführenden Vorsitzenden, der dem Rat zur Berufung in das Friedenskomitee vorgeschlagen wird. Gemeinschaftlich tragen sie die Verantwortung für die wissenschaftliche Aufarbeitung der Friedensförderung und deren Umsetzung in Form von Friedensgesprächen, Kolloquien und Veröffentlichungen.

2.4.3. Die inhaltliche Gestaltung des Osnabrücker **Friedenstages** und begleitender kultureller Aktivitäten (Klingendes Rathaus, Steckenpferdreiten u.a.) obliegt einem Kuratorium. Das Kuratorium bilden die Kultusverwaltung, Vertreter des Kulturausschusses und vom Ausschuß zu berufende Vertreter kultureller Gruppen. Geschäftsführender Vorsitzender ist der Kultusdezernent. Er ist zugleich Mitglied im Friedenskomitee.

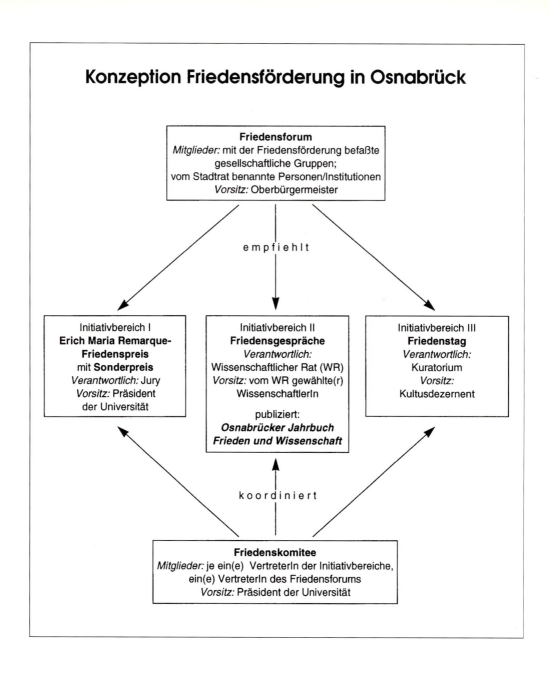

Konzeption Friedensförderung in Osnabrück

Friedensforum
Mitglieder: mit der Friedensförderung befaßte
gesellschaftliche Gruppen;
vom Stadtrat benannte Personen/Institutionen
Vorsitz: Oberbürgermeister

empfiehlt

Initiativbereich I
**Erich Maria Remarque-
Friedenspreis**
mit **Sonderpreis**
Verantwortlich: Jury
Vorsitz: Präsident
der Universität

Initiativbereich II
Friedensgespräche
Verantwortlich:
Wissenschaftlicher Rat (WR)
Vorsitz: vom WR gewählte(r)
WissenschaftlerIn

publiziert:
***Osnabrücker Jahrbuch
Frieden und Wissenschaft***

Initiativbereich III
Friedenstag
Verantwortlich:
Kuratorium
Vorsitz:
Kultusdezernent

koordiniert

Friedenskomitee
Mitglieder: je ein(e) VertreterIn der Initiativbereiche,
ein(e) VertreterIn des Friedensforums
Vorsitz: Präsident der Universität

194

Initiativbereich I

Der Erich-Maria-Remarque-Friedenspreis und der Sonderpreis der Stadt Osnabrück

Stadt und Universität Osnabrück haben es gemeinsam unternommen, das Vermächtnis des in Osnabrück geborenen Schriftstellers Erich Maria Remarque (1898–1970) zu pflegen und in seinem Sinne für eine humanere Welt zu arbeiten. Dieser Zielsetzung zu dienen, hat die Stadt Osnabrück im Jahre 1991 den Erich-Maria-Remarque-Friedenspreis gestiftet. Er wird verliehen für Arbeiten im Rahmen der Themen »innerer und äußerer Frieden« im weitesten Sinne (z.B. Krieg und Frieden, Abrüstung, Entspannung, Menschen- und Freiheitsrechte, Exil, Vertreibung, Asyl), entsprechend dem Motto Remarques:

»Mein Thema ist der Mensch dieses Jahrhunderts – die Frage der Humanität«.

Der Erich-Maria-Remarque-Friedenspreis (inzwischen mit DM 25.000,– dotiert) ist für Arbeiten in deutscher Sprache und für solche, die als Übersetzungen in deutscher Sprache vorliegen, welche die Diskussion in der Bundesrepublik Deutschland und anderen deutschsprachigen Ländern entscheidend beeinflussen, vorgesehen, und zwar für

- Belletristik (Romane, andere Prosaformen, Lyrik, Dramen)
- journalistische Arbeiten in Zeitungen/Zeitschriften oder im Hörfunk/Fernsehen (Serienpublikationen, Reportagen, Dokumentationen etc., Fernseh-Features, Fernseh- oder Hörfunkbeiträge und -reihen, Dokumentarsendungen)
- allgemeinverständliche wissenschaftliche Darstellungen, Sachbücher, dokumentarische Arbeiten.

Auf Vorschlag der Jury kann darüber hinaus ein Sonderpreis (mit mindestens DM 5.000,– dotiert) vergeben werden.

Die Preisvergabe erfolgt alle zwei Jahre durch die verbindliche Entscheidung der jeweils amtierenden Jury. Eine Eigenbewerbung um den Preis ist nicht möglich; die Jury ist jedoch berechtigt, Vorschläge von dritter Seite einzuholen. In einem Zeitraum von sechs Jahren sollen nach Möglichkeit im Wechsel Arbeiten aus den drei genannten Bereichen berücksichtigt werden. Eine Preisvergabe aus demselben Bereich kann in einem Sechs-Jahres-Zeitraum höchstens zweimal erfolgen.

Die Jury, deren Arbeit von der Stadt Osnabrück, insbesondere durch die Stadtbibliothek und das Literaturbüro Westniedersachsen, unterstützt wird, besteht aus zehn Mitgliedern. Sie wird jeweils für einen Zeitraum von sechs Jahren gewählt und setzt sich folgendermaßen zusammen:

- aus fünf überregional bekannten Juroren/Jurorinnen, die für die genannten Bereiche sachkompetent sind
- aus weiteren fünf Personen, die aus Osnabrück benannt und hier tätig sind; sie sollen die Kontinuität der Preisvergabe gewährleisten. Es sind
  - der Oberbürgermeister/die Oberbürgermeisterin (oder eine von ihm/ihr benannte Person)

- der Oberstadtdirektor/die Oberstadtdirektorin (oder eine von ihm/ihr benannte Person)
- der Leiter/die Leiterin der Stadtbibliothek (oder eine von ihm/ihr benannte Person)
- der Präsident/die Präsidentin der Universität (oder eine von ihm/ihr benannte Person)
- ein Vertreter/eine Vertreterin der Erich-Maria-Remarque-Gesellschaft Osnabrück e.V.

Die fünf auswärtigen Juroren/Jurorinnen werden von den fünf Osnabrücker Jury-Mitgliedern benannt und durch den Verwaltungsausschuß der Stadt Osnabrück berufen. Bei vorzeitigem Ausscheiden von Jury-Mitgliedern erfolgt eine Nachwahl bzw. eine Benennung für die verbleibende Zeit einer Sechs-Jahres-Periode. Die Jury gibt sich eine Geschäftsordnung, in der u.a. das Beschluß- und Wahlverfahren geregelt sind.

Der Jury für die Preisvergabe 1995 gehören folgende Persönlichkeiten an: Universitätspräsident Prof. Dr. Rainer Künzel (Vorsitzender), Oberbürgermeister Hans-Jürgen Fip, Oberstadtdirektor Dierk Meyer-Priess, Stadtbibliotheksdirektor Dr. Dirk Bergmann, Vertreter der Remarque-Gesellschaft Prof. Dr. Tilman Westphalen (stellv. Vorsitzender); darüber hinaus als auswärtige Mitglieder: der Publizist Heinz Ludwig Arnold, die Staatsministerin a.D. Dr. Dr. h.c. Hildegard Hamm-Brücher, der Historiker Prof. Dr. Hans Mommsen, die Direktorin des NDR-Landesfunkhauses Niedersachsen Lea Rosh und der Pressechef des Zweiten Deutschen Fernsehens Dr. Dieter Schwarzenau.

Die Preisträger 1991 und 1993:

Mit dem Erich-Maria-Remarque-Friedenspreis 1991 wurde **Prof. Dr. Lew Kopelew** ausgezeichnet, und zwar in Würdigung seines Gesamtwerkes, das als Ausdruck tief erfahrener und praktizierter Humanität von herausragender Bedeutung ist:

> »In besonderm Maße hat er mit seiner unantastbaren demokratischen Gesinnung und seinem nie ermüdenden Einsatz zur Verständigung zwischen den Völkern der Sowjetunion und den Deutschen beigetragen. Seine Schriften und sein persönliches Handeln erfüllen das humanitäre Engagement Erich Maria Remarques.«

Aus Anlaß der erstmaligen Verleihung des Friedenspreises 1991 wurde die Schriftstellerin **Anja Lundholm** mit einem Sonderpreis geehrt:

> »Damit würdigt die Stadt ihr Buch *Das Höllentor. Bericht einer Überlebenden,* in dem sie in einfühlsamer Weise Leiden und Gedanken der Opfer im Konzentrationslager und die Rollen der Täter beschrieben hat. Es ist ihr gelungen, menschliche Schicksale aus einer unmenschlichen Zeit einer größeren Öffentlichkeit nahezubringen.«

Der Erich-Maria-Remarque-Friedenspreis 1993 wurde **Dr. Hans Magnus Enzensberger** in Würdigung seines Gesamtwerkes als Schriftsteller, Kulturkritiker und Herausgeber zuerkannt:

> »Als skeptischer Aufklärer dem Zeitgeist immer um einen Schritt voraus, hat er mit seinem Essay *Die große Wanderung. 33 Markierungen mit einer Fußnote »Über einige Besonderheiten bei der Menschenjagd«* den Diskurs über die Xenophobie der Menschen vor der Jahrtausendwende im Angesicht von Migration, Asylpolitik, Fremdenfeindlichkeit und Gewalt analytisch unterwandert und die Diskussion darüber auf vielfältige Weise angeregt. Seine Schriften und sein Handeln erfüllen das humanitäre Engagement Erich Maria Remarques.«

Mit dem Sonderpreis aus Anlaß der zweiten Verleihung des Friedenspreises 1993 wurde **Dr. Dörte von Westernhagen** ausgezeichnet:

»Damit würdigt die Stadt Osnabrück ihr Buch *Die Kinder der Täter. Das Dritte Reich und die Generation danach* als historisch-analytische Aufarbeitung eines emotionsbesetzten Themas. In der thematischen Verbindung von Gestern und Heute ist ihre Arbeit von hoher Aktualität und Brisanz, weil sie Ideologien und Denkstrukturen offenlegt, die gegenwärtig in der Ausgrenzung von Ausländern und Asylanten deutlich werden.«

Jutta Sauer, Tilman Westphalen

Initiativbereich II

Die *Osnabrücker Friedensgespräche*

Die *Osnabrücker Friedensgespräche* als Institution der wissenschaftlich orientierten Aufarbeitung der Friedensförderung und -sicherung sollen in Form von Vorträgen, Diskussionen, Streitgesprächen und ähnlichen Präsentationsformen einschlägige aktuelle Problematiken auf wissenschaftlichem Niveau, gleichwohl aber allgemeinverständlich, einer breiten Öffentlichkeit nahebringen. Friedensförderung und -bereitschaft ist nicht nur ein an politische Gruppen gerichtetes Postulat, sondern auch eine zwingende Aufgabe jedes einzelnen Menschen. Diesen Gedanken in unserer Stadt wachzuhalten und die Auseinandersetzung mit den Gefährdungen eines menschenwürdigen Zusammenlebens zu intensivieren, ist Zweck der *Friedensgespräche*.

Sie werden bereits seit 1986 durchgeführt. Mit der vom Rat der Stadt im Oktober 1992 beschlossenen »Konzeption Friedensförderung« ist die Beteiligung aller friedensengagierten Kräfte und Institutionen in der Stadt und damit deren demokratische Mitwirkung garantiert. In Zusammenarbeit mit der Universität Osnabrück trägt seit 1993 ein aus Wissenschaftlern und Wissenschaftlerinnen der ortsansässigen Hochschulen bestehender Wissenschaftlicher Rat (WR) die Verantwortung für die *Friedensgespräche* und entsprechende Veröffentlichungen. Im WR vertreten sind zur Zeit Wissenschaftler und Wissenschaftlerinnen folgender Disziplinen: Erziehungs-, Literatur-, Musik-, Politik-, Rechts-, Sozialwissenschaft, Sozialpsychologie und Kath. Theologie.

Der WR hat – einvernehmlich mit der Stadt und dem Friedensforum – Ziele formuliert, die mit der seit über einem Jahr praktizierten Durchführung der *Friedensgespräche* realisiert werden sollen. Genannt seien u.a.:

- die *Friedensgespräche* sollen intensiviert, möglichst viele gesellschaftliche Gruppen angesprochen werden; sie sollen nicht den Charakter von »Honoratiorenveranstaltungen« tragen;
- sie sollen den kritischen Dialog zwischen Wissenschaft, Gesellschaft, Politik und Kultur fördern;
- sie sollen – neben grundlegenden Friedensaspekten – besonders auch aktuelle, die Öffentlichkeit bewegende Probleme thematisieren;
- es sollen ausgewählte Untersuchungen und Ergebnisse der Wissenschaft zur Friedens- und Konfliktforschung im Sinne einer umfassenden politisch-ökonomischen und sozialpsychologischen Ursachenforschung einer breiteren Öffentlichkeit zugänglich gemacht werden.

Mit dem *Osnabrücker Jahrbuch Frieden und Wissenschaft*, auf Wunsch des verantwortlichen WR vom Oberbürgermeister und dem Präsidenten der Universität herausgegeben, werden diese Zwecke auch publizistisch verfolgt. Es löst die von 1987 bis 1993 erschienene *Schriftenreihe Osnabrücker Friedensgespräche* ab.

Rolf Düsterberg

Initiativbereich III

Der Osnabrücker Friedenstag

In Erinnerung an die Unterzeichnung des Westfälischen Friedensschlusses im Rathaus zu Osnabrück am 25. Oktober 1648 wird alljährlich an diesem Datum der Friedenstag begangen.

Den Mittelpunkt stellt das zu diesem Tag stattfindende Friedensgespräch dar, und zwar i.d.R. der Vortrag einer renommierten Persönlichkeit aus dem In- oder Ausland zu aktuellen Themen der Friedensförderung bzw. -forschung. Die Planung hierzu liegt in den Händen des Initiativbereichs II *(Friedensgespräche)*.

Seit jeher finden allerdings auch kulturelle Aktivitäten anläßlich des Friedenstages statt. Hierfür war bisher das Kulturamt allein zuständig; nach der »Konzeption Friedensförderung in Osnabrück« (Stadtratsbeschluß) werden diese nun vom Initiativbereich III und in Zusammenarbeit mit dem Kulturamt konzipiert und durchgeführt. Dem Initiativbereich mit dem Kultusdezernenten als Vorsitzendem gehören weitere sechs Personen aus folgenden Institutionen als Mitglieder an: Kulturamt (1), Kulturausschuß (1), Osnabrücker Grund- und Sonderschulen (2) sowie jeweils ein(e) Vertreter(in) aus den Bereichen Musik und Literatur.

Unter den Veranstaltungen, die dieses Gremium konzeptionell gestaltet, ist an erster Stelle das *Steckenpferdreiten* zu nennen: Auf selbstgebastelten Steckenpferden und mit farbigen Hüten geschmückt begeben sich die Schülerinnen und Schüler der 4. Klassen der Osnabrücker Allgemeinbildenden Schulen auf einen Umzug durch die Stadt. Dabei werden sie von straßentheatralischen Bildern und Aktionen, Musik und Feuerwerk begleitet. Den Abschluß bildet der »Ritt über die Rathaustreppe«, wobei allen Teilnehmer(innen) vom Oberbürgermeister eine eigens zu dieser Veranstaltung hergestellte süße Steckenpferdbrezel – eine Osnabrücker Besonderheit – überreicht wird. Zum Steckenpferdreiten sind wiederholt Kinder aus Enschede (NL), Greifswald, Hengelo (NL) und Münster eingeladen worden. Es findet in Osnabrück seit etwa 40 Jahren statt und lockt in jedem Jahr eine große Anzahl von Zuschauern an.

Das Steckenpferdreiten geht auf eine überlieferte Begebenheit aus der Zeit der Unterzeichnung des Westfälischen Friedens zurück: In der gesamten Stadt freute man sich über die Beendigung des 30jährigen Krieges, und man wollte den Feldherrn Piccolomini sehen, der aus Wien kommen sollte, um den Frieden zu verkünden. Da die Jungen jedoch von den Feierlichkeiten ausgeschlossen waren, beschlossen sie, den Feldherrn am nächsten Morgen auf Steckenpferden und mit lauten »Vivat!«-Rufen zu überraschen. Der Überlieferung nach hat der Kaiser daraufhin zur Belohnung besondere, viereckige Pfennige für die Steckenpferdreiter anfertigen lassen. Historische Forschungen haben allerdings ergeben, daß sich diese Begebenheit nicht in Osnabrück, sondern in abgewandelter Form wahrscheinlich in Nürnberg ereignete.

Während in den vergangenen Jahren das Steckenpferdreiten vor allem durch traditionelle Elemente wie Trachten- und Volkstanzgruppen sowie Blaskapellen geprägt war, wird in der neuen Konzeption zur Friedensförderung versucht, hieraus ein Friedensfest für Kinder zu entwickeln, das diesen jungen Menschen die Gedanken der Toleranz und des friedlichen Zusammenlebens auf spielerische Weise nahebringt und vielleicht in der großen Menge der jeweils ca. 2.000 Mitwirkenden auch unmittelbar erfahren läßt. Zu diesem Zweck wurde 1993 erstmals das insbesondere im Bereich des Straßentheaters ausgewiesene Theaterlabor Bielefeld beauftragt, ein entsprechendes Konzept zu entwickeln und durchzuführen. Diese Veränderungen erfuhren seitens der Kinder eine überaus positive Resonanz, was die Organisatoren ermutigt, das Steckenpferdreiten in dieser Richtung weiterzuentwickeln. Einen Auftrag hierzu hat 1994 die neu entstandene Initiative freier Osnabrücker Theatergruppen IFATOS erhalten.

Darüber hinaus gibt es Überlegungen, im Rahmen der Konzeption Friedensförderung erstmals auch mit Kindern anderer Altersstufen Veranstaltungen zu realisieren. So wird z.B. die Regionale Arbeitsstelle für Kinder aus Zuwandererfamilien (RAZ) ein *Friedensgespräch für Kinder* vorbereiten, das Schülern und Schülerinnen die Gelegenheit bieten soll, sich untereinander über Themen des Friedens – wie sie sich für Kinder darstellen und wie sie in ihrem eigenen Lebensbereich Bedeutung erlangen – auszutauschen. Unverzichtbarer Bestandteil wird hierbei die Mitwirkung von Schüler(innen) der vielen unterschiedlichen Herkunftsländer sein, die in Osnabrück z.T. schon in der zweiten oder dritten Generation leben. Diese Veranstaltung soll in Zusammenarbeit mit den Schulen organisiert und z.B. in Form einer Podiumsdiskussion durchgeführt werden.

Neben den genannten Veranstaltungen ist der Initiativbereich III weiterhin für das *Klingende Rathaus* zuständig. Unter dieser Bezeichnung findet in jedem Jahr am Vorabend des Friedenstages ein Konzert im Friedenssaal des Osnabrücker Rathauses unter der Schirmherrschaft des Oberbürgermeisters statt. In den letzten Jahren wurden Programme dargeboten – meist in kammermusikalischer Besetzung bzw. mit einer Rezitation verbunden –, die das Thema des *Friedensgespräch*-Vortrags musikalisch beleuchten. Als exemplarische Titel seien hier genannt: »Deutsche und russische Klaviermusik« und »In der Fremde«. Vor 1989 wurden hinsichtlich dieser Veranstaltung zudem durch die wiederholte Einladung von Ensembles der Osnabrücker Partnerstadt Greifswald (ehem. DDR) friedenspolitische Akzente gesetzt.

1993 war das Klingende Rathaus als Konzert mit musikwissenschaftlichem Kommentar konzipiert und fand erstmals unter dem Titel »musica pro pace/Klingendes Rathaus« in Kooperation mit dem Initiativbereich II *(Friedensgespräche)* statt. Eine Fortsetzung dieser Zusammenarbeit wird erwogen. Es ist zu überlegen, ob dieses Programm z.B. 1995 mit Künstlern und Künstlerinnen und/oder Wissenschaftlern und Wissenschaftlerinnen der Osnabrücker Partnerstädte ausgerichtet werden kann.

Schließlich sei noch auf den *Ökumenischen Gottesdienst* hingewiesen, der seit einigen Jahren von der Arbeitsgemeinschaft Christlicher Kirchen in Osnabrück (ACKOS) zum Friedenstag ausgerichtet wird.

Reinhard Sliwka

The International Center for Peace in the Middle East (ICPME)

(Das Internationale Zentrum für den Frieden im Mittleren Osten)

Adresse: 13, Kalisher St., P.O.Box 29335 Tel Aviv 61292, Israel
Tel. 00972/3/660337, Fax. 00972/3/660340

Das ICPME wurde 1982 als eine auf breiter Ebene arbeitende Organisation mit dem Ziel gegründet, den Friedensprozeß im Mittleren Osten mit energischem Impetus zu fördern. Seine leitenden Prinzipien sind: gegenseitige Anerkennung des Rechts auf Selbstbestimmung und friedliche Koexistenz, Beendigung der Herrschaft eines Volkes über ein anderes.

Das Zentrum aktiviert ein breites Spektrum nicht nur politischer Mitarbeiter. Sein Kuratorium rekrutiert sich aus Gelehrten, Erziehern, Politikern sowie Geschäftsleuten aus Israel (Juden und Araber) und dem Ausland. Das ICPME bemüht sich, die Gefährdungen des Friedens in der Region zu analysieren und deren Minimierung oder Beseitigung zu betreiben, darüber hinaus die Aktivitäten weiterer Organisationen der Friedensförderung zu koordinieren. Dazu gehören die Kontaktpflege mit Repräsentanten der arabischen Welt (insbesondere der Palästinenser), der Kampf um gleiche Rechte für alle israelischen Bürger – Juden wie Araber – sowie Anstrengungen, öffentliche Akzeptanz für weitreichende gesellschaftliche Veränderungen herbeizuführen, um das Ziel *Frieden* zu erreichen.

Das Programm des ICPME zielt darauf ab, einen auf Forschungsprojekten beruhenden »master-plan« zu entwickeln, der die besten Kräfte der israelischen Juden und Araber zu gewinnen sucht. Seine Direktoren und Mitarbeiter berücksichtigen diesen Ansatz in allen Aktivitätsbereichen:

- *Öffentlichkeit:* langfristig angelegte Informations- und Ausbildungsprogramme, ausgerichtet sowohl auf die breite Öffentlichkeit als auch auf ein spezielles Zielpublikum, dem nach Einschätzung des Zentrums eine besondere Priorität eingeräumt werden muß;
- *Parlament:* »The Knesset Members' Forum«, ein Gremium der Friedensförderung, das eng mit dem ICPME kooperiert; es bringt parlamentarische Anfragen und Gesetzesvorlagen ein, welche die sozialen Bedingungen in den besetzten Gebieten betreffen;

- *Erziehung und Ausbildung:* Entwicklung und Verbreitung von Lehrplänen und innovativen Lernhilfen in Hebräisch und Arabisch, um den akuten Bedarf in Schule und Jugendgruppen nach Materialien zur Erziehung zur Demokratie, Koexistenz und Friedfertigkeit zu decken, flankierend begleitet durch spezielle Ausbildungsprogramme für jüdische und arabische Lehrer und Berater;
- *Forschung und Publikationen:* einschlägige Forschungsaktivitäten, um eine seriöse Basis für konkrete Aktionen zu schaffen; umfassende Studien und aktuelle Untersuchungen, Informationsschriften und Meinungsäußerungen zu Friedensproblematiken;
- *Dialog mit der arabischen Welt:* andauernde Beziehungen mit arabischen und palästinensischen Persönlichkeiten zur Etablierung eines für den Friedensprozeß im Mittleren Osten günstigen Klimas;
- *Internationale Aktivitäten:* weltweite Kontakte zu Persönlichkeiten und Institutionen, darüber hinaus Teilnahme an und Unterstützung von internationalen Konferenzen zur Förderung des Friedensprozesses.

Das ICPME hat seinen Sitz in Tel Aviv; es wird unterstützt von zahlreichen Personen und Organisationen im Ausland (Australien, Belgien, Canada, Deutschland, Frankreich, Großbritannien, Italien, Neuseeland, Niederlande, Österreich, Schweden, USA), die auch in ihren Ländern aktiv sind und zugleich den Kontakt zum ICPME in Israel pflegen.

The International Center for Promotion of Interreligious Dialogue, Justice and Peace *Zajedno,* Sarajevo

(Das Internationale Zentrum zur Förderung des interreligiösen Dialogs, der Gerechtigkeit und des Friedens *Zajedno,* Sarajevo)

Adressen: c/o Klaus Klein, Blumenweg 2, D-85435 Erding-Langengeisling
Tel. 08122/15338, Fax. 08122/50822;
Jews Community Sarajevo (Sekretariat), c/o Jovan Nikolic, Nehajska 42, HR-41000 Zagreb
Tel.: 0038/41/337947

Direktor: Prof. Dr. Marko Oršolić

Am 10. Dezember 1991, am Tage der UN-Menschenrechtserklärung, wurde im Jüdischen Gemeinschaftszentrum in Sarajevo in Anwesenheit religiöser Würdenträger und zahlreicher Freunde aus fünf europäischen Ländern das Zentrum unter dem Namen *Zajedno* (Gemeinsam) gegründet. Zu den Gründungsmitgliedern zählen Repräsentanten der drei monotheistischen Weltreligionen Judentum, Christentum (mit seinen verschiedenen Konfessionen) und Islam, unabhängige Intellektuelle und Politiker.

Das Zentrum *Zajedno* will zunächst eine Armee-Kaserne in Sarajevo in ein Haus des Gebets, der Meditation und der Forschung (mit Biblio- und Mediothek) umwandeln, und zwar hinsichtlich folgender Themen: Frieden, Interreligiöser Dialog und Gerechtigkeit. Um diese Ziele zu fördern, soll eine Zeitschrift in Kooperation mit der Universität Münster und bekannten Gelehrten aus aller Welt herausgegeben werden. Weiterhin ist geplant, eine Woche des Interreligiösen Weltdialogs zu veranstalten, da Frieden auf dem Balkan ohne einen solchen Dialog unmöglich erscheint.

Das Zentrum *Zajedno* ist keine karitative Organisation. Dennoch arbeitet es während des gegenwärtigen Krieges in Bosnien-Herzegowina als eine Institution, die humanitäre und materielle Hilfe für die vom Krieg betroffenen Menschen unabhängig von deren religiöser und nationaler Herkunft organisiert, wobei vor allem Kinder und Erwachsene aus Mischehen berücksichtigt werden, da sie in diesem Konflikt besonderen Gefahren ausgesetzt sind. Darüber hinaus bemüht sich *Zajedno*, Kriegsflüchtlinge in sichere Gebiete zu bringen, wo sie mit seelischer und geistlicher Hilfe versorgt werden, damit sie nicht der Intoleranz oder Rache verfallen.

Zentrale politische Forderungen *Zajednos* sind die Entmilitarisierung Bosniens und Herzegowinas durch die Vereinten Nationen sowie die europäische Integration. Grundlage der humanitären und politischen Arbeit sind die Menschenrechte, insbesondere die Gedanken der religiösen Freiheit, der Toleranz und des Dialogs.

Referenten und Referentinnen der *Friedensgespräche/* Beiträger und Beiträgerinnen dieser Ausgabe

Klaus J. Bade, Prof. Dr. phil. habil., geboren 1944, studierte Geschichte, Germanistik, Politik- und Sozialwissenschaften; 1972 Promotion, 1979 Habilitation. 1981 wurde er zum Professor für Neuere und Neueste Geschichte an die FAU Nürnberg-Erlangen berufen; seit 1982 ist er o. Universitätsprofessor für Neueste Geschichte an der Universität Osnabrück. Gastprofessuren an der Havard University und in Oxford; Leiter verschiedener Forschungsprojekte; Direktor des Instituts für Migrationsforschung und interkulturelle Studien (IMIS) der Universität Osnabrück; Vorsitzender der Gesellschaft für Historische Migrationsforschung; Autor und Herausgeber zahlreicher Bücher zur Kolonialgeschichte, zur Sozial- und Wirtschaftsgeschichte sowie zur Entwicklung von Bevölkerung und Wanderung in Geschichte und Gegenwart, zuletzt: *Homo Migrans: Wanderungen aus und nach Deutschland – Erfahrungen und Fragen.* Essen 1994.
Adresse: Universität Osnabrück, Fachbereich Kultur- und Geowissenschaften, Schloßstraße 8, D-49074 Osnabrück

Henry G. Brandt, Landesrabbiner von Niedersachsen, wurde 1927 in München geboren, emigrierte 1939 nach Palästina und diente im israelischen Befreiungskrieg als Flottenoffizier (1948–1950). An der Queens University of Belfast (Nordirland) studierte er bis 1955 vier Jahre Nationalökonomie (Bachelor of Science), dem sich ein weiteres Studium als Rabbiner am Londoner Leo-Baeck-College anschloß. Daraufhin versah er seinen Dienst auf verschiedenen Rabbinatsposten in England, der Schweiz und Schweden, bis er 1983 niedersächsischer Landesrabbiner wurde. Brandt ist darüber hinaus u.a. Jüdischer Präsident des deutschen Koordinierungsrates der Gesellschaften für Christlich-Jüdische Zusammenarbeit, Ehrenvorsitzender der Freunde des Magen David Adom (Roter Davidstern) in der BR Deutschland. Zusätzlich engagiert er sich als Mitarbeiter des Norddeutschen und des Bayerischen Rundfunks sowie als Lehrbeauftragter an den Universitäten Hannover, Marburg und Gießen.
Adresse: Heckelstraße 10, D-30173 Hannover.

Ignatz Bubis, 1927 in Breslau geboren und 1935 aufgrund des Nazi-Terrors mit den Eltern nach Polen ausgewandert, wurde 1942 in ein deutsches Arbeitslager verschleppt, wo er in den Jahren bis zum Kriegsende eher durch Zufall dem Abtransport in ein Vernichtungslager entging. Nach Jahren in Berlin, Stuttgart und Pforzheim ließ er sich 1956 als Schmuck- und Edelmetallkaufmann in Frankfurt/Main nieder; seit 1975 liegt sein beruflicher Schwerpunkt im Immobiliengeschäft. Nach Jahrzehnten des Engagements rückte

Bubis seit den frühen achtziger Jahren zunehmend in Spitzenpositionen der jüdischen Verbände in der Bundesrepublik Deutschland auf. 1982 wurde er Mitglied und später Vorsitzender des Direktoriums des Zentralrates der Juden in Deutschland, 1992 schließlich Vorsitzender des Zentralrates, nachdem er schon seit 1989 die Stellvertretung inne gehabt hatte. Neben zahlreichen anderen ehrenamtlichen Tätigkeiten ist er seit 1987 Vorsitzender des Hessischen Rundfunkrates und war (1987–1991) Mitglied des Landesvorstandes der hessischen F.D.P.

Adresse: Schumannstraße 65, D-60325 Frankfurt/M.

Abdoldjavad Falaturi, Prof. Dr., geboren 1926 in Isfahan, legte sein Abitur an einer deutsch-persischen Schule ab. Zunächst studierte er nach traditionell-islamischer Weise an mehreren theologischen Hochschulen (Medresen) »islamische Wissenschaften« und schloß seine Studien mit dem höchsten Grad, dem Ijtihad-Grad ab, der zur Ausübung des islamischen Richteramts befähigt. Seine philosophische und theologische Ausbildung beendete er mit der Lehrerlaubnis für verschiedene islamische Philosophierichtungen. 1954 nach Deutschland gekommen, studierte Falaturi hier u.a. Vergleichende Religionswissenschaft und Psychologie; Promotion 1962. Seit 1974 lehrt er Islamwissenschaften an der Universität zu Köln. Er ist Mitglied des »Obersten Rates für

die Angelegenheiten der Islamischen Welt« an der al-Azhar-Universität Kairo. Seit 1978 ist er Direktor der von ihm mitbegründeten *Islamischen Wissenschaftlichen Akademie* in Köln, die einerseits den Dialog mit der christlichen Welt sucht, andererseits eine Neuordnung und neue Sinngebung des Islam anstrebt.

Adresse: Islamische Wissenschaftliche Akademie, Zülpicher Straße 83, D-50937 Köln

Willy Gafni, Geschäftsführender Direktor des International Center for Peace in the Middle East (ICPME), Tel Aviv, war zunächst Filmproduzent, bevor er 1977 Direktor und Mitherausgeber der Zeitschrift *Newoutlook* wurde, deren Thema der israelisch-palästinensische Konflikt ist. Als einer der Mitbegründer der israelischen Friedensbewegung »Peace Now« war er dort von 1978 bis 1981 an führender Stelle tätig, um daraufhin das ICPME zu gründen, das er bis heute leitet. Gafni setzte sich frühzeitig für die Verständigung zwischen Palästinensern und Juden ein; er organisierte in den vergangenen 15 Jahren zahlreiche Begegnungen und internationale Symposien nicht nur in Israel, sondern auch in Amerika und Europa. Seine Kontakte führten ihn immer wieder mit exponierten Vertretern der Palästinenser, einschließlich der PLO, zusammen. Gafni ist als Mitglied der Labour Party in zentralen Ausschüssen seiner Partei engagiert.

Adresse: 13, Kalisher St., P.O. Box 29335, Tel Aviv 61292, Israel

Stefan Hanheide, Jahrgang 1960, Dr. phil., ist Akademischer Rat für Historische Musikwissenschaft im Fachbereich Erziehungs- und Kulturwissenschaften an der Universität Osnabrück. Er studierte die Fächer Musik und Französisch, legte seine zweite Staatsprüfung für das Lehramt an höheren Schulen ab und wurde mit einer Arbeit über *Johann Sebastian Bach im Verständnis Albert Schweitzers* promoviert. Sein Forschungsschwerpunkt liegt in der Untersuchung von Musik im gesellschaftlichen und politischen Kontext, insbesondere bezogen auf das Thema »Musik und Pazifismus«.
Adresse: Bergstraße 72c, D-49191 Belm

Gisela Hermann-Brennecke, Dr. phil. habil., M.A., ist Hochschuldozentin für Didaktik der englischen Sprache im Fachbereich Sprach- und Literaturwissenschaft der Universität Osnabrück. Sie studierte die Fächer Englisch, Geschichte, Pädagogik und Philosophie in Münster (1965–1973), unterbrochen von Studienaufenthalten in Cambridge und London. Nach Assessorexamen (1971) und Magister Artium (1972) u.a. als Wissenschaftliche Assistentin tätig. Seit 1975 lehrt und forscht sie in Osnabrück. 1977 wurde sie auf dem Gebiet der Sprachlehr- und -lernforschung/Fachdidaktik Englisch promoviert. 1993 erhielt sie hierfür die Venia legendi. Ihre Forschungen sind empirisch und interdisziplinär angelegt; sie publizierte zahlreiche Texte in deutscher, englischer und französischer Sprache, die sich mit der Rolle von Einstellungen, Vorurteilen, Motivation, Sprache und Denken beim schulischen Fremdsprachenerwerb auseinandersetzen. Ihre jüngste Studie zu den Motiven für die Fremdsprachenwahl in deutschen und französischen Schulen erschien 1993 in Kooperation mit Michel Candelier (*Entre le choix et l'abandon: Les langues étrangères à l'école, vues d'Allemagne et de France*. Paris: Didier). Sie ist Mitautorin des 1993 im Auftrag der UNESCO veröffentlichten Berichts *Language policies for the world of the twenty-first century*.
Adresse: Universität Osnabrück, Fachbereich Sprach- und Literaturwissenschaft, Neuer Graben 40, D-49069 Osnabrück

Maria Jepsen, Bischöfin der Nordelbischen evangelisch-lutherischen Kirche. Nach ihrem Studium der Theologie in Tübingen, Marburg und Kiel legte Frau Jepsen (geb. 1945) im September 1972 ihr 2. Examen ab, trat in den Kirchendienst und nahm bis 1977 ihre Aufgaben als Pfarrerin in verschiedenen Kirchengemeinden (u.a. gemeinsam mit ihrem Ehemann) wahr. In der Landeskirche gehörte sie ab 1986 der Kirchenleitung an. In Studium und Beruf war und ist für sie die feministische Theologie ebenso bedeutsam wie die Begegnung mit dem Judentum. Als Befürworterin einer »sanften feministischen Theologie« geht sie theologische und kirchliche Fragen aus der Sicht der Frau an. Im Januar 1991 wurde

sie Pröpstin im Kirchenkreis Hamburg-Harburg und damit die erste Frau in einem solchen Amt; zudem ist sie Mitglied der Synode der EKD. Im April 1992 wurde sie zur weltweit ersten Bischöfin in der evangelisch-lutherischen Kirche gewählt.
Adresse: Neue Burg 1, D-20457 Hamburg

Dieter Kinkelbur, Dr. phil., M.A., geb. 1959, studierte Sozialwissenschaften und Religionsphilosophie. Er arbeitet am Koordinations- und Studienzentrum Frieden und Umwelt in Göttingen und ist Lehrbeauftragter am Fachbereich Sozialwissenschaften der Universität Osnabrück. Als wissenschaftliches Beiratsmitglied des Österreichischen Studienzentrums für Frieden und Konfliktlösung (ÖSFK) und als Mitglied der Arbeitsgruppe Friedensstudien innerhalb der Arbeitsgemeinschaft für Friedens- und Konfliktforschung (AFK) beschäftigt er sich derzeit insbesondere mit den Möglichkeiten eines Hochschulunterrichts über Friedensthemen sowie der Etablierung friedenswissenschaftlicher Studienangebote.

Adresse: Nordwalder Straße 20, D-48341 Altenberge

Stefan Kliesch, Diplomtheologe, geb. 1966, studiert Politik- und Literaturwissenschaft an der Universität Osnabrück. Er arbeitete nach dem Abschluß seines Studiums der katholischen Theologie in Münster (1990) als Referent für Jugendbildung in der Jugendbildungsstätte Marstall Clemenswerth in Sögel. Seine Arbeitsschwerpunkte lagen in der Durchführung von Seminaren mit Jugendlichen zur Gewaltprävention und Sozialisation, die in Kooperation mit außerschulischen Einrichtungen und Schulen durchgeführt werden. Derzeitige Studienschwerpunkte: Politische Theologie im Rahmen politologischer Theoriebildung, Zusammenhänge von Entwicklungstheorie, Migrations- und Friedensproblematiken.

Adresse: Lodtmannstraße 17, D-49082 Osnabrück

Klaus Künkel, Prof. em., geboren 1927, studierte Evangelische Theologie in Marburg, Tübingen und Göttingen. Nach seiner Tätigkeit als Pastor in Hameln und Osnabrück wurde er 1962 Dozent, später Professor für Evangelische Theologie und Didaktik des Religionsunterrichts an der Pädagogischen Hochschule Osnabrück bzw. an der dortigen Universität. Im Verlauf seiner Lehr- und Forschungstätigkeit wandte er sich zunehmend dem Arbeitsgebiet der Religionswissenschaften zu, insbesondere auch den ostasiatischen Religionen, wobei die Probleme der Weitervermittlung von Bildungsinhalten im Zentrum seines Interesses stehen, z.B. hinsichtlich der Möglichkeiten für das Erfassen des Inhaltes der eigenen und der anderen Religionen anhand der Methoden der »themenzentrischen Interaktion« (TZI) und der Meditation.

Adresse: Johann-Sebastian-Bach-Str. 2, D-49076 Osnabrück

Judith Kumin, Dr. phil. (PhD), Jahrgang 1950, seit August 1993 Vertreterin der Hohen Flüchtlingskommissarin der Vereinten Nationen in der Bundesrepublik Deutschland, Bonn. Sie studierte an der Harvard University (USA) und in Freiburg Deutsche Sprache und Literatur, in Brüssel Philologie, an der Fletcher School of Law and Diplomacy in Medford (USA) Internationales Recht und wurde dort im Fach Internationale Beziehungen 1987 promoviert. Bereits seit 1979 im Bereich des Hohen Flüchtlingskommissariats der Vereinten Nationen (UNHCR) u.a. in Genf und Bangkok tätig, war sie zuletzt (1989–1993) Missionschefin des UNHCR in Belgrad.
Adresse: Der Hohe Flüchtlingskommissar der Vereinten Nationen, Amt des Vertreters in der Bundesrepublik Deutschland, Rheinallee 6, D-53173 Bonn

Thomas Lob-Corzilius, Dr. med., 1952 in Wuppertal geboren, war schon als Schüler aktives Mitglied bei amnesty international und engagiert in Entwicklungshilfegruppen. Studium der Humanmedizin in Aachen und Münster, darüber hinaus einige Semester Philosophie und Politologie und Mitarbeit in einer wissenschaftskritischen »Basisgruppe«. 1978 Approbation als Arzt und Beginn der Ausbildung zum Kinderarzt, zuerst in Datteln, später in Dortmund und Osnabrück. Seit 1987 Oberarzt am Kinderhospital in Osnabrück und Mitarbeit in einem interdisziplinären Team zur Betreuung asthmakranker Kinder und Familien. Seit 1985 Mitglied der »Osnabrücker Ärzte zur Verhütung eines Atomkriegs, IPPNW«. Der Schwerpunkt seines derzeitigen Engagements liegt in der medizinisch-humanitären Hilfe für Flüchtlinge in und aus Ex-Jugoslawien.
Adresse: Wielandstraße 15, D-49078 Osnabrück

Sigrid Markmann, Dr. phil. habil., Privatdozentin, ist Akademische Oberrätin an der Universität Osnabrück im Fach Anglistik. Nach dem Studium an der Pädagogischen

Hochschule Niedersachsen, der Université de Sorbonne, der University of London und der Universität Osnabrück war sie zunächst im Schuldienst an Grund-, Haupt- und Realschule sowie an einer Gesamtschule (Zweites Staatsexamen). Neben ihrer Tätigkeit als Hochschulassistentin in der Anglistik absolvierte sie ein Zweitstudium der Erziehungswissenschaft, Psychologie und Anglistik (Diplompädagogin); Promotion 1986, Habilitation 1992. Ihre Forschungsschwerpunkte sind Neue Literaturen in englischer Sprache, Literatur von Frauen – Frauen in der Literatur.
Adresse: Universität Osnabrück, Fachbereich Sprach- und Literaturwissenschaft, Neuer Graben 40, D-49069 Osnabrück

Reinhold Mokrosch, Prof. Dr. theol., geboren 1940, Studium der Evangelischen Theologie in Tübingen, Berlin, Zürich und Hamburg; 1. theologisches Staatsexamen in Hamburg 1965; 1968–1972 wissenschaftlicher Angestellter am Institut für Spätmittelalter und Reformation der Universität Tübingen; Promotion in Systematischer Theologie (1972); Vikariat und 2. theologisches Staatsexamen; Assistent in Kirchengeschichte an der Universität Tübingen 1973–1975; Akademischer Oberrat für Kirchengeschichte und Religionspädagogik an der Universität Dortmund; seit 1984 Professor für Evangel. Theologie (Religionspädagogik/Praktische Theologie) an der Universität Osnabrück.
Adresse: Felix-Nußbaum-Straße 20, D-49076 Osnabrück

Marko Oršolić, Prof. Dr., Direktor des Internationalen Zentrums zur Förderung des interreligiösen Dialogs, der Gerechtigkeit und des Friedens *Zajedno,* Sarajevo, das er im November 1991 mit etwa 50 Vertretern der Katholiken, Orthodoxen, der Muslime und Juden gegründet hat. Selbst Franziskanermönch, ist er Inhaber eines Lehrstuhls für Philosophie und Religionssoziologie an der Universität in Sarajevo. Seit 1973 ist er Herausgeber der theologischen Zeitschrift *Nova et Vetera,* die an der Universität Krakau/Polen erbrachte religionssoziologische Beiträge publiziert. Er selbst hat über 200 Artikel veröffentlicht und bis dato an zahlreichen internationalen Symposien und Kongressen (u.a. in Nairobi, im Vatikan und in Washington, D.C.)  teilgenommen. Von Deutschland aus, wo er z.Zt. im Exil lebt, führt er zusammen mit gleichgesinnten Bosniern seine Arbeit für den Frieden im früheren Jugoslawien fort.
Adresse: c/o Klein, Blumenweg 2, D-85435 Erding-Langengeisling

Hans-Gert Pöttering, Dr. jur., geboren 1945 in Bersenbrück, studierte Rechtswissenschaften, Politik und Geschichte an den Universitäten Bonn und Genf, bevor er an der Columbia University in New York einen zweiten Studienaufenthalt absolvierte. 1974 wurde er im Fach Politische Wissenschaft promoviert; 1976–1979 wissenschaftlicher Angestellter. Noch heute ist er als Lehrbeauftragter an der Universität Osnabrück tätig. Seit 1979 gehört Pöttering als CDU-Abgeordneter dem Europäischen Parlament an, ist u.a. seit 1984 Vorsitzender des Unterausschusses »Sicherheit und Abrüstung« und wurde 1989 zum stellvertretenden Vorsitzenden der CDU/CSU-Gruppe im Europäischen Parlament gewählt. Seine politischen Schwerpunkte liegen im Bereich einer gemeinsamen europäischen Außen- und Sicherheitspolitik.
Adresse: Sophienstraße 8, D-49186 Bad Iburg

Janusz Reiter, geboren 1952 in Koscierzyna/Polen, war nach seinem Studium der Germanistik an der Universität in Warschau (1971–1977) zunächst vier Jahre lang als außenpolitischer Redakteur für die Tageszeitung *Zycie Warszawy* tätig. Er wurde einer der Gründer der Stiftung für Internationale Unternehmungen und des Industriellen Zentrums für Internationale Studien in Warschau. Seit der Verhängung des Kriegsrechts in Polen arbeitete er für mehrere oppositionelle Untergrundblätter der »Solidarität«. Im September 1990 wurde er zum Botschafter der Republik Polen in der Bundesrepublik Deutschland ernannt. Reiter ist Autor zahlreicher Beiträge zu Fragen internationaler Beziehungen, die in polnischen und deutschen Zeitungen (u.a. *Rheinischer Merkur, Die Zeit, Die Weltwoche*) erschienen sind.
Adresse: Lindenallee 7, D-50968 Köln

Elmar Schmähling, geb. 1937 in Bad Neustadt/Saale, trat 1957 als Offizieranwärter in die Bundeswehr ein und nahm im Laufe seines etwa 15jährigen Einsatzes als Marineoffizier auf Schulschiffen und Zerstörern an zahlreichen Auslandsreisen teil. Während der zweiten Phase seines Dienstes in der Marine war er in der Personalabteilung des Verteidigungsministeriums, im Militärischen Abschirmdienst (MAD), zuletzt als dessen Chef, und als Leiter des Amtes für Studien und Übungen der Bundeswehr tätig. Vor seiner Versetzung in den einstweiligen Ruhestand (Januar 1990) hatte der mittlerweile zum Flottillenadmiral beförderte Schmähling in Publikationen und öffentlichen Vorträgen wiederholt zu Fragen der Sicherheitspolitik von NATO und Bundesregierung kritisch Stellung bezogen. Seit Mitte der 80er Jahre kooperiert er mit Organisationen der Friedensforschung sowie mit Gruppen der Friedensbewegung und hat an zahlreichen Konferenzen zur Sicherheits-, Verteidigungs- und Friedenspolitik im In- und Ausland teilgenommen; er ist mit einer Vielzahl von Aufsätzen zu einschlägigen Themen an die Öffentlichkeit getreten. Schmähling arbeitet heute als freier Publizist und selbständiger Personal- und Unternehmensberater.
Adresse: Paul-Schallück-Straße 5, D-50939 Köln

Hermann Josef Spital, Dr. theol., Bischof von Trier und Präsident von *Pax Christi*. Der 1925 in Münster geborene Spital studierte zunächst ein Semester Medizin, bevor er zur Theologie wechselte. 1952 zum Priester geweiht, war er bis zu seiner Berufung zum Generalvikar der Diözese Münster im Jahre 1969 Kaplan und Pfarrer verschiedener westfälischer Kirchengemeinden. 1980 zum Weihbischof für das östliche Münsterland ernannt, wurde er 1981 von Papst Johannes Paul II. zum Bischof von Trier berufen. Im September 1986 wurde er bischöflicher Ansprechpartner für die katholische Friedensbewegung *Pax Christi*; vier Jahre später nominierte ihn die Deutsche Bischofskonferenz zum Kandidaten

für das Präsidentenamt dieser Organisation, deren Delegiertenversammlung ihn im Juni 1989 nahezu einstimmig in diese Funktion gewählt hat. Spital ist zudem Vorsitzender der publizistischen Kommission der Katholischen Bischofskonferenz.
Adresse: Postfach 3444, D-54224 Trier

Eugen Wollfarth, geboren 1958 in Karlsruhe, ist Legationsrat I. Klasse im Auswärtigen Amt, Referat Bosnien/Herzegowina, Bonn. Nach seinem Studium des Wirtschaftsingenieurwesens (Dipl.-Wirtschafts-Ing.) an den Universitäten Karlsruhe, Cambridge und Notre Dame (USA) trat er 1986 in den Auswärtigen Dienst ein, war an den deutschen Botschaften in Bogotá und Belgrad Wirtschafts- bzw. politischer Referent und ist seit September 1992 im Südosteuropa-Referat des Außenministeriums tätig.
Adresse: Auswärtiges Amt, Referat 215, Postfach 1148, D-53001 Bonn

Kalman Yaron, Prof. Dr., Mitbegründer und von 1965 bis 1990 Direktor des Martin-Buber-Instituts der Hebrew University of Jerusalem, bemüht sich seit Jahrzehnten um die Aussöhnung zwischen Arabern und Juden. 1925 in Deutschland geboren und elf Jahre später nach Palästina ausgewandert, studierte er Bibelwissenschaften und Hebräische Literatur. 1951 wurde er am Martin-Buber-Institut für Erwachsenenbildner promoviert und legte 1960 sein Post-Graduierten-Diplom in Erziehungswissenschaft an der Hebrew University ab. Der heutige Vorsitzende der Israelischen Erwachsenenbildungsvereinigung wurde u.a. mit dem *Ministry of Education and Culture Award* für innovative Erwachsenenbildungsprogramme (1979), mit dem *Newoutlook Peace Prize* (1980) und dem *Lord Ziev Prize* (1990) für herausragenden Einsatz im Bereich arabisch-jüdischer Koexistenz geehrt.
Adresse: Hebrew University of Jerusalem, Martin Buber Institute for Adult Education, Mt. Scopus, Jerusalem 91905, Israel

Photonachweis:
E. Scholz (Brandt, Bubis, Jepsen, Schmähling, Spital, Yaron)
E. Gotthardt (Gafni, Reiter)

Ankündigung

Osnabrücker Jahrbuch *Frieden und Wissenschaft*

II/1995

mit Beiträgen von

• *Osnabrücker Friedensgespräche* 1994

Egon Bahr (Zur Europäischen Sicherheitsgemeinschaft ESG); **Dan Bar-On** (Kinder nationalsozialistischer Täter); **Heinrich Lummer** und **Bahman Nirumand** (Zur Doppelten Staatsbürgerschaft); **Jens Reich** (Zur Situation in Deutschland vier Jahre nach der Einheit); **Dieter Senghaas** (Erfordernisse einer Weltinnenpolitik) u.a.

• Osnabrücker Beiträge zur Friedens- und Konfliktforschung

Eberhard Eichenhofer (Sozialer Friede); **Hero Schall** und **Gesa Schirrmacher** (Gewalt gegen Frauen und in der Familie – Staatliche Interventionsmöglichkeiten); **Anton Schindling** (Der Westfälische Friede von 1648); **György Széll** (Umweltkonflikte als neue Dimension der Friedens- und Konfliktforschung); **Hans-J. Wenzel** (Flüchtlingsproblematik in Mosambik) u.a.

Auslieferung ab Februar 1995